SERGEJ O. PROKOFIEFF
DIE ZWÖLF HEILIGEN NÄCHTE

SERGEJ O. PROKOFIEFF

Die zwölf heiligen Nächte
und
die geistigen Hierarchien

Philosophisch-Anthroposophischer
VERLAG AM GOETHEANUM

Aus dem Russischen von Ursula Preuß

Einbandgestaltung von Walther Roggenkamp

2. Auflage 1986 (photomechanischer Nachdruck)

Gesamtherstellung: Benziger AG, Einsiedeln

ISBN 3-7235-0433-7

Inhalt

Einleitung

Die drei Aufsätze, die hier erstmals unter dem Titel «Die zwölf heiligen Nächte und die geistigen Hierarchien» veröffentlicht werden, bedürfen einiger einführender Bemerkungen. Der eigentliche Inhalt des ersten Aufsatzes entstammt einem regelmäßigen, durch viele Jahre geübten Feiern der heiligen Nächte und – im Zusammenhang damit – der Vertiefung in ihr esoterisches Wesen.

Als erstes weist ihre Anzahl, Zwölf – von der Bedeutung der dreizehnten Nacht wird an entsprechender Stelle gesprochen werden –, auf ihren Zusammenhang mit dem Jahreskreislauf im ganzen hin und durch ihn mit dem unsere Erde umgebenden Kosmos. Wir können auch sagen: Die kosmischen Mächte, welche den Gang des Jahres der Reihe nach im Lauf der zwölf Monate lenken, wirken einmal im Jahr, in der Zeit vom 25. Dezember bis zum 6. Januar, so, daß die zwischen ihnen liegenden Tage und Nächte ihrem geistigen Gehalt nach gleichsam zu einem konzentrierten Abbild jener Kräfte werden, die den Jahreskreislauf aus dem Makrokosmos heraus gestalten. Rudolf Steiner nennt diese Kräfte: «Die zwölf heiligen Kräfte des Universums ...», die symbolisch dargestellt sind in den zwölf Zeichen des Tierkreises» oder «die zwölf universellen Kräfte des Kosmos», und er weist darauf hin, daß, «die zwölf heiligen Nächte dastehen zwischen dem Christfest und dem Fest, das am 6. Januar gefeiert sein sollte», um sich in diese Kräfte zu versenken (21. 12. 1911).

Schon die äußere Lage dieser Tage innerhalb des Jahreskreislaufs – in der Wintermitte, der Zeit der größten Wachheit des Erdengeistes in seinem Planetenleib – zeugt von ihrer Bedeutung für das gesamte Leben des Jahres. Denn im Winter, ganz besonders während der zwei Wochen nach der Wintersonnenwende, *erinnert* die Erde am stärksten das, was sie im Lauf des Sommers in den kosmischen Fernen, in der Welt der Planeten, vor allem aber in der Fixsternwelt erlebt hat. Und wenn Seele und Geist der Erde während des Sommers in den Weltenfernen weilen – geistig gesprochen im Schoße der höheren Hierarchien –, gibt die Erde im Winter, besonders aber während der zwölf heiligen Nächte, den höheren Hierarchien durch ihre Gedanken-Erinnerungen die Möglichkeit, übersinnlich in ihrer Sphäre anwesend zu sein und zu wirken.

Gleichsam große kosmische Tore öffnen sich zu dieser Jahreszeit am Himmel. Und während die geistige Sonne in der Finsternis der Winternacht aufleuchtet, eröffnet sich dem Menschen die Möglichkeit, auf eine in ihrer Art einmalige Weise in den hierarchischen Kosmos, in das Weltenwirken der unsere Erde führenden höheren Hierarchien zu schauen (27. 6. 1924).

Aus einem solchen Versuch, sich der Sphäre der höheren Hierarchien während der zwölf heiligen Nächte zu nähern, ist der erste der hier veröffentlichten Aufsätze hervorgegangen.

Es wurde jedoch auch deutlich, daß die auf diesem Wege gefundene Beziehung zwischen den zwölf heiligen Nächten als der irdischen Offenbarung der Tierkreissphäre und der kosmischen Tätigkeit der Wesenheiten der höheren Hierarchien noch weiterreicht. Denn neben der Bedeutung, die diese Beziehung für ein tieferes Erfassen der heiligen Nächte durch die Erkenntnis der realen Gegenwart der Kräfte der höheren Hierarchien in ihnen hat, erwies sie sich auch als ein wichtiger Schlüssel zu bestimmten geistigen Geheimnissen.

So soll in den folgenden Aufsätzen an zwei konkreten Beispielen gezeigt werden, wie wir uns mit Hilfe dieses Schlüssels dem Verständnis einiger schwieriger Fragen der anthroposophischen Christologie nähern sowie zur Lösung eines Rätsels, das mit der Grundsteinlegung und dem Bau des ersten Goetheanum zusammenhängt, beitragen können.

Es ist noch hinzuzufügen, daß im ganzen gesehen diese Schrift ihrem Charakter nach für Leser gedacht ist, die schon über gewisse anthroposophische Vorkenntnisse verfügen, das heißt, die mit den grundlegenden Büchern und besonders den christologischen Vorträgen Rudolf Steiners bekannt sind.

Stuttgart, Oster-Zeit 1986   *Sergej O. Prokofieff*

I.

Der Tierkreis
und die geistigen Hierarchien
(Ein Weg durch die zwölf heiligen Nächte)

«Wieder, ohne daß man es so recht ge-
wußt hat in der bisherigen Wissenschaft,
stehen sie da, diese zwölf heiligen
Nächte, wie aus den verborgenen weisen
Seelentiefen der Menschheit festgesetzt,
wie wenn sie sagen wollten: Empfindet
alle Tiefe des Christfestes; aber versenkt
euch dann während der zwölf heiligen
Nächte in die heiligsten Geheimnisse des
Kosmos! – Das heißt in das Land des Universums, aus dem der Christus heruntergezogen ist auf die Erde.»

Rudolf Steiner, 21. Dezember 1911

Gleich zwei majestätischen Säulen erheben sich die zwei winterlichen Feste von Weihnachten und Epiphanias in dem Tempel des Jahres, die Feste, die auf die Geburt des Menschen und die Geburt des Gottes in der Erdensphäre hinweisen: die Geburt des Ur-Menschen Jesus von Nazareth und die darauf in seinen Hüllen erfolgende Geburt des höchsten Geistes unseres Kosmos, des Gottessohnes, des Christus.

Und zwischen diesen zwei Festen erstrecken sich – wie eine mächtige kosmische Leiter – die zwölf heiligen Nächte als zwölf aufsteigende Stufen des Weltbewußtseins, welche die Menschheit mit der Sphäre der höchsten kosmischen Geistigkeit verbinden.

«Von Jesus zu Christus» – mit diesen wenigen Worten kann die ganze Bedeutung dieses großen Überganges oder Aufstiegs beschrieben werden, der von der Menschenstufe durch die neun Stufen der Wesenheiten der geistigen Hierarchien, welche die Entwicklung unserer Erde lenken, zu den höchsten Stufen des Heiligen Geistes und des Gottessohnes, des Christus, führt, soweit sich ihr Wirken in den Grenzen unseres Kosmos, das heißt in den Grenzen der ihn umfassenden Tierkreissphäre offenbart.

In diesem Sinne kann der Weg von Weihnachten bis Epiphanias auch für uns zu einem Aufstieg in das große «Land des Universums» werden, «aus dem der Christus heruntergezogen ist auf die Erde», zu einem Weg, der uns im Laufe der zwölf heiligen Nächte durch alle zwölf Regionen der Sternenwelt führt, vom Bereich der Fische, welche den Ursprung des Menschseins bewahren, bis zu der Sphäre des Widder, durch dessen Tor der Christus einst aus der höchsten makrokosmischen, jenseits des Tierkreises liegenden Vatersphäre in unseren Kosmos eintrat.

Die nachfolgende Darstellung ist ein Versuch, auf Grund der Ergebnisse der modernen Geisteswissenschaft Rudolf Steiners eine Beschreibung dieses Weges zu geben, der durch die zwölf Regionen des Tierkreises zur bewußten Vereinigung mit dem hierarchischen Kosmos führt.

Die Beziehung zwischen dem ersten, dem Tierkreisbereich der Fische, und dem Wesen des Menschen kann uns verständlicher werden, wenn wir beachten, daß mit dem Sternbild der Fische die Entwicklungsstufe verbunden ist, auf der der Mensch sich befand, als sich in der Mitte der hyperboräischen Epoche die Sonne von der Erde trennte (GA 106, 10. 9. 1908).

Von dieser Zeit an strahlte die Sonne nicht mehr geistig aus dem Innern der Erde heraus, sondern beleuchtete sie nur von außen. Das charakterisiert Rudolf Steiner: «Dann kam der Zeitpunkt, wo die Sonne sich heraushob aus der Erde. Sie trennte sich von ihr, und ihr Licht fiel von außen auf die Erde herab ... Im Innern des Menschen war es jetzt finster geworden. – Das war der Beginn seiner Entwickelung zu jenem Zukunftszeitpunkt hin, wo er das innere Licht leuchtend wiederfinden soll im Inneren.

Der Mensch mußte mit seinen äußeren Sinnen die Dinge der Erde erkennen lernen. Er entwickelt sich dahin, wo im Innern wieder glüht und leuchtet der höhere Mensch, der Geistesmensch. Vom Lichte durch die Finsternis zum Lichte – das ist der Gang der Entwickelung der Menschheit» (GA 96, 17. 12. 1906). Und diese Entwicklung wird durch die Fische symbolisiert. Es waren die Kräfte des ihnen entsprechenden Tierkreisbereiches zu der Zeit wirksam, als das Christus-Wesen zusammen mit der Sonne die Erde verließ; und sie werden aufs neue wirken, wenn in dem Menschen, der in der Dunkelheit der Seele die individuelle Freiheit errungen hat, die innere geistige Sonne wiederum aufzugehen beginnt, wenn der Christus, der sich durch das Mysterium von Golgatha mit der Erdenentwicklung verbunden hat, in der Menschenseele allmählich den höheren, den Sonnenmenschen erweckt. Erst mit dem Beginn seines Erwachens wird die Menschheit den Weg betreten, der zum Werden der zehnten Hierarchie führt, das heißt den Weg,

der zur Verwirklichung des Zieles führt, das ihm im Kosmos vorher-
bestimmt ist. Und der Beginn dieser Epoche fällt in unsere Zeit, die
abermals im Zeichen der Fische steht, wo die Menschheit unter der
Leitung des führenden Erzengels Michael allmählich zum ätherischen Erleben des Christus als der inneren Seelen-Sonne gelangen
soll (GA 152, 2.5.1913 und GA 26, 31.8.1924). Deshalb wies das
Zeichen der Fische die ersten Christen nicht nur auf die Epoche hin,
als der Christus die Erde gemeinsam mit der Sonne verließ, sondern
auch prophetisch auf diejenige Zeit, da der Christus abermals wie
eine Sonne in der freien, voll bewußten Menschenseele leuchten
wird. Und es wird der Christus selbst eine solche Seele zu ihrem
höchsten Ziel – zehnte Hierarchie zu werden – führen, so daß sie
wiederum, nun aber mit vollem Bewußtsein, in ihrer Eigenschaft
als zehnte Hierarchie und als letztes, vollkommenes Glied in das
große hierarchische Ganze eintreten kann. So finden wir das Alpha
und das Omega der gesamten Menschheitsentwicklung in dem Zeichen der Fische, dem Zeichen, das das eigentliche Wesen des Menschen – Anthropos – zum Ausdruck bringt. Damit wird auch verständlich, daß das erste Menschenwesen, welches den Christus auf
der Erde empfing – Jesus von Nazareth – (d.h. die nathanische
Seele, die unmittelbar aus der alten lemurischen Zeit stammt, zu
der die vorhergehende Epoche der Fische hinführte), als Vorbereitung zu seiner Mission die Einweihung der Fische erhalten, das
heißt die Einweihung in das Geheimnis empfangen mußte, wie die
Menschheit in der Zukunft durch die Vereinigung mit dem Christus
als der wahren Sonne der Seele zehnte Hierarchie werden wird (GA
124, 6.12.1910). Deshalb finden wir das Zeichen der Fische auch
überall dort, wo in den esoterischen Schulen oder Gemeinschaften
ein Wissen von dieser Bestimmung der Menschheit vorhanden war
und wo ein Weg zu ihrer Verwirklichung gesucht wurde. So waren
zum Beispiel die dem Christus Jesus am nächsten stehenden Jünger
Fischer, denn sie sollten den ersten Keim der künftigen Menschheit als zehnte Hierarchie bilden. «Der Christus zieht alle diejenigen an, die nach dem Fisch suchen. Deshalb sind seine ersten Apostel alle Fischer», sagt Rudolf Steiner in diesem Zusammenhang

(GA 124, 12. 12. 1910). Darauf weisen auch die Worte, die der Christus zu Petrus spricht: «Von jetzt an sollst du ein Menschenfischer sein» (Luk 5,10). In demselben Sinne wurde der Hüter des Grals in der esoterischen christlichen Tradition «Fischerkönig» genannt. Und wir finden ähnliche Hinweise in vorchristlichen Zeiten. So erfuhr der große Manu von der bevorstehenden Sintflut durch die Fische (Mahabharata III und Matyapurana I,2), und im Gilgamesch-Epos wird Enkidu «Fisch-Sohn» genannt.

Im menschlichen Organismus entsprechen den Fischen die Füße. Sie sind in ihrer Form, ihrem «gewölbten» Bau, nur bei einem aufrechtstehenden Wesen möglich. In diesem Bau besteht, wie schon Goethe bemerkte, der hauptsächliche Unterschied zwischen dem menschlichen und dem tierischen Leib. Auch wird durch die Füße das rechte Verhältnis des Menschen zu den Kräften der Erde geregelt. In alten Zeiten war die Aufrichtung die erste und wichtigste Folge der Ausgießung der Substanz des Ich in den Menschen. Wie eine verborgene Erinnerung an diesen wichtigen Augenblick in der Menschheitsevolution, von dem an der Mensch den Weg der Erdenwanderung begann, bergen die Fische – die Füße – im menschlichen Leibe. Sie bewahren gleichsam das Geheimnis des *physischen Seins* des Menschen in sich. So geht auch der Stammbaum des lukanischen Jesus (der nathanischen Seele) durch die ganze Entwicklung der Menschheit bis zu Adam und sogar bis zu Gott zurück, auf diese Weise die Herkunft des physischen Leibes aufzeigend, in den später der Christus einziehen sollte. Und dieses Geheimnis der Herkunft des physischen Leibes des Christus bewahren auch die menschlichen Füße. Derjenige aber, der ihm seinen physischen Leib überlassen sollte, mußte dieses Geheimnis kennen, was wiederum nur durch die Fische-Einweihung möglich war. Zu dieser Einweihung aber vorbereiten sollte Johannes der Täufer, von dem Rudolf Steiner sagt: «Johannes bereitet vor die Fisch-Initiation, die der Nazarener [Jesus von Nazareth] haben muß, damit er den Christus in sich aufnehmen kann» (GA 124, 18. 12. 1910).[1] «Daher das bekannte Fischzeichen für den *Träger* des Christus, das ein altes Symbolum ist. Denn ... so war die In-

16

itiation ... die auf geheimnisvolle Weise durch alle Mysterien zustandekam, die sich um den Jesus abgespielt haben, eine Fisch-Initiation» (GA 124, 12.12.1910).

Der Bereich des Wassermanns ist mit der Hierarchie der Engel verbunden. Sie haben eine ganz besondere Beziehung zum Wasser, ist doch dieses das irdische Abbild der Substanz des Weltenäthers, aus dem ihre Ätherleiber sowie die der Menschen gebildet sind. Zwei Eigenschaften hat der Ätherleib vor allem: Leben und Erinnerung. Deshalb wird in den Sagen und Legenden der verschiedensten Völker vom «lebendigen Wasser» oder «Wasser des Lebens» als Symbol der lebenspendenden Kräfte des kosmischen Äthers gesprochen. Auch schildert Rudolf Steiner in «Wie erlangt man Erkenntnisse der höheren Welten?» (im Kapitel über die Einweihung), daß der Geistesschüler den «Gedächtnistrank» und den «Vergessenheitstrunk» einnehmen muß. Ähnliche Vorstellungen finden wir in der «Göttlichen Komödie», wo Dante, beim Übergang aus der Seelenwelt in das Geisterland, in den Wassern zweier Flüsse baden muß, in dem Fluß des Gedächtnisses und dem des Vergessens, in Lethe und Eunoe.

Die Engel haben, im Gegensatz zum Menschen, keinen physischen Leib als niederstes Glied, sondern einen ätherischen (GA 99, 3.5.1907).[2] Deshalb nennt Rudolf Steiner sie auch in der «Geheimwissenschaft im Umriß» «Söhne des Lebens». Wenn sie sich jedoch aus eigenem Willen eine Art physischen Leib schaffen wollen, der bei ihnen stets ein Abbild ihrer höheren geistigen Prinzipien (Glieder) ist, so ist das Wasser das dichteste Element, aus dem er sich bilden kann (GA 110, 16.4.1909).[3] Diese Beziehung der Hierarchie der Angeloi zum Element des Wassers geht bis zur Epoche des alten Mondes zurück. Denn der alte Mond, auf dem sie ihren Menschenzustand durchmachten, bestand aus einem wässrigen, flüssigen Element. Damals ergossen die Engel in den noch auf der Tierstufe seiner Entwicklung stehenden menschlichen Organismus, was später zu den Substanzen des Blutes und der Säfte in ihm wurde: «Es war die Arbeit der Engel, ... daß sie diese Blutsäfte einfließen ließen in die Menschen» (GA 99, 3.6.1907). So wird auch der künftige Jupiter, auf dem der heutige Mensch die Engelstufe erreichen wird, das Wasser als dichtestes Element haben. Auf der Erde ist den Engeln die Aufgabe zugeteilt, die einzelnen Menschen während ihrer aufeinanderfolgenden Erdenleben zu führen. Sie «sind wachsame Wesenheiten, die sozusagen das *Gedächtnis* bewahren von einer Inkarnation zur andern, solange der Mensch selber es nicht kann» (GA 110, 15.4.1909). Innerhalb des Tierkreises weist das Zeichen des Wassermanns auf den idealen, vergeistigten Menschen hin. Daher auch seine besondere Beziehung gerade zur Hierarchie der Engel. Denn jeder Engel offenbart dem Menschen sein nächstes geistiges Ideal, eine Art höheres, ideales Ziel seines geistigen Strebens: «Es ist in der Tat so, wie wenn der Mensch seit dem Beginn seiner Erdenwanderung hinaufsehen könnte nach einem erhabenen Geist, der sein Vorbild ist, der ganz seinen astralischen Leib beherrschen kann [das Bild des in voller Ruhe und Harmonie reines Wasser vergießenden Wassermannes], der ihm sagt: So mußt du sein, wenn du einst aus dieser Erdenentwickelung heraustrittst ... Und ob man sagt, der Mensch blickt auf zu seinem höheren Selbst [Manas], dem er immer ähnlicher werden soll, oder ob man sagt, er schaue zu seinem Engel als zu seinem großen Vorbilde hinauf, das ist im Grunde genommen geistig ganz dasselbe» (GA 105, 6.8.1908). Die nächste Möglichkeit, sich diesem hohen Ideal *bewußt* zu nähern, wird sich den Menschen – wenn sie nicht den Weg der individuellen okkulten Entwicklung betreten – während der sechsten Kulturepoche, die unter dem Tierkreiszeichen des Wassermanns steht, eröffnen. Dann wird die ganze Menschheit gleichsam auf «natürliche Weise» von Manas-Substanz überleuchtet werden, welche ihr Engelwesen als hohe Himmelsgabe herabsenden werden. Und da in der sechsten Epoche gleichsam eine Art von geistigem Kern durch die slawischen Völker gebildet werden wird, beginnt sich schon heute unter ihnen eine besonders intime und unmittelbare Beziehung des Menschen zu dem ihn führenden Engelwesen zu entwickeln.[4]

Diese unmittelbare Beziehung zu dem Engelwesen ist in unserer Zeit jedem Menschen im wesentlichen möglich, wenn er sich nur entschließt, den Weg der geistigen Entwicklung, der heute allen Menschen mit der modernen Geisteswissenschaft gegeben ist, bewußt zu betreten. Ausgangspunkt und zugleich sicherste Grundlage dieses Weges ist das Durcharbeiten und die Vergeistigung des menschlichen Denkens. Es muß das Denken als Ergebnis der höheren Entwicklung ganz lebendig und «flüssig» werden wie eine wässrige Substanz – und schließlich ätherisch. Ist dieses erreicht, dann ist der Mensch in der Lage, in sein belebtes ätherisches Denken die Impulse des Engelwesens aufzunehmen. Und dann wird ein solcher Mensch durch den Engel, der zu seinem höheren Führer wird, in die imaginative Welt, die Ätherumgebung der Erde (die Mondensphäre) geleitet. – Zum Schluß ist noch zu beachten, daß Johannes der Täufer eine besondere, mit dem kosmischen Bereich des Wassermanns verbundene Einweihung erhalten hat: «Johannes des Täufers Blick wurde so geschult, daß er in der Nacht schauen konnte durch die materielle Erde hindurch auf das Sternbild des Wassermanns» (GA 124, 6.12.1910). Als Folge einer solchen besonderen Einweihung konnte eine bestimmte, zur Hierarchie der Angeloi gehörende Wesenheit (ebd.) durch ihn wirken, wie das auch in den Evangelien erwähnt wird (z.B. Mark 1,2). Durch seine Wassertaufe rief dann Johannes bei den Menschen, die zu ihm kamen, um sich taufen zu lassen, ein teilweises Sichherauslösen des ätherischen aus dem physischen Leib hervor, was ein unmittelbares Erleben des Schutzengels bewirkte, welcher dann eine solche Seele auf die sich der Erde nähernde Christus-Wesenheit hinzuweisen vermochte.[5]

Die Region des Steinbocks ist mit der Hierarchie der Erzengel verbunden. Im Naturkreislauf entspricht der Einfluß dieses Sternbilds der dunkelsten Jahreszeit. Jedoch gerade in der Dunkelheit der Winternacht geschieht die Geburt der neuen Geistessonne, und zu dieser Geburt stehen die Erzengel in einer besonderen Beziehung. Um ihren Anteil an diesem Geschehen zu verstehen, ist an die Aufgabe zu erinnern, welche die Erzengel auf der alten Sonne hatten. Sie waren bereits damals so hoch entwickelt, daß sie dem gesamten Weltenraum etwas Bestimmtes zu geben vermochten. Und das, was sie ihm damals gaben, das war das *Licht,* die Substanz des Lichtes: «Sie [die Erzengel] haben sich in einer gewissen Beziehung schon auf der Sonne dazu herangentwickelt, daß sie dem Weltenraum das Licht geben können» (GA 110, 13. 4. 1909), sagt Rudolf Steiner über sie. Und in einem anderen Vortrag stellt er diese ihre Mission noch eindeutiger dar: «die Erzengel sind ... die Schöpfer des Lichtes ... Daher müssen wir sagen: Trifft uns ein Licht, so stecken dahinter die Archangeloi ...» (GA 132, 7. 11. 1911). Das war die Tätigkeit der Erzengel auf der alten Sonne. Es ist die Entwicklung seit jener Zeit jedoch weitergeschritten, so daß die Archangeloi in der Erdenepoche nun nicht nur die Schöpfer des äußeren Lichtes, sondern vor allem des geistigen Lichtes sind. Und so geht das Leuchten der Geistessonne in der Finsternis der Weihnachts-Nacht vor allem aus ihren Kräften hervor. Schaut der Hellseher zur Weihnachtszeit die Mitternachtssonne, dann offenbaren sich ihm als erstes die zwölf Erzengel in ihrer Umgebung, ihr Gefolge, oder anders gesagt, eine Art von Aura für den Christus-Impuls, der in der Erdensphäre geboren wird, bildend. Auf diese zwölf Erzengel wies bereits Zarathustra, als er von den zwölf Amshaspands sprach, den Gesandten des großen Sonnengeistes Ahura-Mazdao.[6] In unserer Epoche erscheinen diese zwölf Erzengel als eine Art Träger der zwölf Aspekte des Christus-Impulses, die dadurch in unserem Kosmos entstanden sind, daß der Christus durch den Tierkreis geschritten ist.*

Ebenso sind die Erzengel die himmlischen Hüter und Inspiratoren der zwölf heiligen Nächte, welche gerade in die Jahreszeit fallen, die unter dem Einfluß der Kräfte aus dem Bereich des Steinbocks steht. Auch feiern wir zwei der wichtigsten christlichen Feste in dieser Zeit des Jahres: Weihnachten und die Taufe im

---

* Siehe Genaueres dazu in Kap. II

Jordan, wobei jedes Fest auf besondere Weise mit der Sphäre des Erzengelwirkens verbunden ist. So wird das Geburts-Mysterium der Maria aus dem Lukas-Evangelium durch den Erzengel Gabriel verkündet. Und bei der Taufe im Jordan geht der Christus unmittelbar aus der Erzengelsphäre (GA 152, 1. 6. 1914) in die Hüllen des Jesus von Nazareth ein – den Engel-Bereich übergehend – und trägt damit die neue Möglichkeit in die Erdenentwicklung, nicht nur mit Wasser zu taufen, sondern auch mit Geist und Feuer (Matth 3,11). Die Substanzen der Luft und des Feuers aber sind – gemäß Rudolf Steiner – die einzigen auf der Erde, aus denen ein Archangeloi-Wesen sich einen physischen Leib bilden kann (GA 110, 16. 4. 1909). So bedeutet auf Althebräisch «Wind, Luft, Atem» auch «Geist» – «Ruach». – In der gegenwärtigen Epoche ist es ganz besonders notwendig, daß der Mensch im Schlaf mit der Erzengelsphäre in Berührung komme. Dazu muß er während des wachen Tageslebens die größtmögliche Spiritualisierung, Vergeistigung seiner Worte, seiner Sprachfähigkeit erreichen (GA 222, 11. 3. 1923). Dabei können ihm vor allem diejenigen Kräfte helfen, welche aus dem Bereich des Steinbocks zuströmen, Kräfte, die zu allen Zeiten die Menschen zur Begründung spiritueller Weltanschauungen inspirierten (GA 151, 22. 1. 1914).[7] – Eine besondere Beziehung zur Vorbereitung der jährlichen Geburt der geistigen Sonne, des Christus, in der Erdensphäre hat der Erzengel Michael. Darauf weist Rudolf Steiner mit folgenden Worten: «Während die Sommer-Ausatmung geschah [gemeint ist das Herausgehen von Seele und Geist der Erde aus ihrem planetarischen Leib in der Sommerzeit], ist die Erde ahrimanisiert. Wehe, wenn in diese ahrimanisierte Erde die Geburt Jesu hineinfiele! Bevor wiederum der Kreislauf vollendet ist und der Dezember herankommt, der den Christus-Impuls in der durchseelten Erde geboren werden läßt, muß die Erde durch geistige Kräfte gereinigt sein von dem Drachen, von den ahrimanischen Kräften. Und vereinigen muß sich die Michaelkraft mit dem, was als Erdenatmung von der Septemberzeit an bis in die Dezemberzeit hineinflutet, vereinigen muß sich damit die reinigende, die das böse Ahrimanische besiegende Michaelkraft, damit in der richtigen Weise das Weihnachtsfest herankommen kann, und in der richtigen Weise sich die Geburt des Christus-Impulses vollziehen kann» (GA 223, 31.3.1923). Dabei erreicht dieser jährliche Kampf Michaels mit dem Drachen gerade zur Zeit der letzten Adventswoche, wenn die Erde in den Wirkungsbereich der Kräfte des Steinbocks eintritt, ihren Höhepunkt. Denn Ahriman hofft jedes Jahr in dieser dunkelsten und kältesten Zeit aufs neue, das Aufleuchten der Geistessonne in der Erdensphäre zu verhindern. Und er wird von Jahr zu Jahr immer wieder vom Erzengel Michael besiegt, damit die Christus-Sonne ungehindert unter dem Zeichen des Steinbocks für die Erde aufgehen könne.[8] In der historischen Menschheitsentwicklung wird dieser Gegensatz zwischen der natürlichen Finsternis und den aufsteigenden Mächten der geistigen Sonne in der zweiten Hälfte der sechsten und ganz besonders in der siebenten, der amerikanischen, unter dem Zeichen der Kräfte des Steinbocks stehenden Epoche seine Kulmination erreichen.

Noch eine weitere Beziehung zwischen der Region des Steinbocks und der «zukünftigen» Hierarchie der Erzengel ist hier zu erwähnen. Wie bekannt, besteht im menschlichen Organismus eine Beziehung des Kniegelenkes, das nach vorn durch die Kniescheibe abgeschlossen wird, mit dem Bereich des Steinbocks. Gemäß den Mitteilungen der Geisteswissenschaft wird in der Venus-Epoche aus dieser Kniescheibe, nachdem sie auf dem Jupiter durch entsprechende Metamorphosen hindurchgegangen sein wird, die äußere Form des menschlichen Kopfes entstehen. Und aus ihm werden dann die Kräfte hervorgehen, welche die Gestalt des Venus-Menschen formen werden, der dann die Erzengel-Stufe erreicht haben wird (GA 156, 6.10.1914).[9]

Die Sphäre des Schützen ist mit der Hierarchie der Archai verbunden. Ihre Beziehung zu dieser Sphäre können wir uns am besten am Beispiel des Kindes klarmachen, welches das Sich-Aufrichten lernt. Im Laufe einer bestimmten Zeit unternimmt es immer neue Versuche sich aufzurichten, sich auf die Beine zu stellen, und fällt doch immer wieder in eine horizontale Lage zurück. Da zeigt es uns, in einer äußerlich sichtbaren Weise, die Imagination des Kentauren. Menschliche und tierische, vertikale und horizontale Kräfte befinden sich in ihm im stärksten Kampfe, dessen Ergebnis schließlich der Sieg der ersteren über die letzteren ist. Die Tatsache, daß dieser Kampf für jeden Menschen mit dem Sieg der Aufrichtekraft endet, dankt er vor allem der Hilfe, die ihm die Wesen aus der Hierarchie der Archai oder Geister der Persönlichkeit gewähren. Denn sie sind es, die dem Menschen jene Kräfte aus dem Kosmos bringen, die ihn befähigen, ein aufrecht stehendes Wesen auf der Erde zu sein (GA 226, 18. 5. 1923). Auf diesen Aufrichtungsprozeß, der die erste Manifestation der individuellen Persönlichkeit und die wichtigste Vorbedingung für das Entstehen des Ich-Bewußtseins war, weist auch die Form des Bogens, den der Schütze in seinen Händen hält. Der Bogen ist gekrümmt, wenn der Pfeil auf ihm liegt. Setzt sich der Pfeil (ein Bild der Denkkräfte als Träger des Ich-Bewußtseins) in Bewegung – und das geschieht mit dem ersten Aufleuchten des Ich-Impulses im menschlichen Organismus –, biegt sich der Bogen wieder gerade, was dem Einnehmen der vertikalen Lage beim Menschen entspricht. Andererseits weist der Pfeil als Imagination der aktiven Denkkräfte darauf, daß die Verwaltung der Weltgedanken des Kosmos, der himmlischen Intelligenz, von den Geistern der Form (den Exusiai) zu den Archai, den Geistern der Persönlichkeit, übergegangen ist (GA 222, 18. 3. 1923). Seitdem sind sie es, die die Weltgedanken in die Menschheitsentwicklung tragen.[9a] Und diese ihre neue Tätigkeit ist eine Art Wiederholung, nun aber auf einer höheren Stufe, dessen, was sie einst auf dem alten Saturn vollbrachten. Darauf weist Rudolf Steiner mit den folgenden Worten hin: «Welche Kraft ist es denn eigentlich, die da in den Geistern der Persönlichkeit auf dem alten Saturn waltet? Das ist keine andere Kraft als diejenige, die wir heute kennen am Menschen als die Denkkraft. Denn im Grunde genommen tun die Geister der Persönlichkeit auf dem alten Saturn nichts anderes, als die Kraft ihrer Gedanken ausüben» (GA 110, 13. 4. 1909).

Was im heutigen Menschen, dem Mikrokosmos, als individuelles Denken in Erscheinung tritt, dem entsprechen im Makrokosmos, in der äußeren Natur, die Erscheinungen von Blitz und Donner. Und so können wir den fliegenden Pfeil des Schützen, vom makrokosmischen Aspekt aus betrachtet, der Naturerscheinung des Blitzes gleichsetzen, dem einzigen irdischen Phänomen, in dem die Leiblichkeit der Hierarchie der Archai innerhalb der physischen Erde sichtbar werden kann (GA 110, 16. 4. 1909). Schließlich ist noch zu beachten, daß der bewußt vom Bogen abgeschossene Pfeil auch ein Bild für den auf ein bestimmtes Ziel gerichteten menschlichen Willen ist. Das letzte Ziel aber der gesamten Erdenentwicklung ist das Erreichen des Vulkanzustandes, wo sich die ganze Menschheit auf die Stufe erheben wird, auf der in der heutigen Zeit die Geister der Persönlichkeit (die Archai) stehen. Gleichsam als eine Art prophetischer Vorahnung dieses höchsten Entwicklungszustandes erscheint die Zeit, die mit dem Ende der siebenten nachatlantischen Epoche beginnt. Denn wenn schon vom Ende unserer fünften nachatlantischen Epoche an die ersten Impulse des Geistselbst aus der Engelsphäre in die Menschheit herabkommen werden und vom Ende der sechsten Epoche an die Impulse des Lebensgeistes aus der Erzengelsphäre, so eröffnet sich der Menschheit mit dem Beginn «des Krieges aller gegen alle» die Möglichkeit, etwas von den Impulsen des Geistesmenschen zu empfangen. Das wird geschehen, wenn der Punkt der Frühlings-Tag-und-Nacht-Gleiche in den Bereich des Schützen rücken und auf der Erde die zwei menschlichen Hauptrassen, die gute und die böse, voll in Erscheinung treten werden. Dann wir sich das Bild des Kentauren (des Schützen) gleichsam geistig in zwei Teile teilen, so daß die gute Rasse die Kräfte seines oberen, menschlichen Teiles in sich aufnehmen wird, die böse aber diejenigen des unteren, tierischen. Der guten Rasse werden sich aber nur diejenigen Menschen anschließen können, welche in dieser Epoche alle ihre Kräfte im Dienst jener hohen Christus-Offenbarung hingeben können, die dann durch die dem Christus dienenden und die Menschheit in seinem Geiste führenden geistigen Wesenheiten aus der Hierarchie der Archai auf die Erde kommen wird (GA 15, Kap. 3).[10]

Die Sphäre des Skorpion-Adlers steht in Verbindung mit der Hierarchie der Exusiai oder Geister der Form. Schon auf dem alten Saturn bereiteten sich diese Geister auf ihre ordnende und gestaltende Tätigkeit dadurch vor, daß sie alles, was durch die höheren Hierarchien auf ihm vollbracht wurde, in seinem Bereich *bewahrten* (GA 110, 14. 4. 1909). Während der Erden-Epoche erweisen sich die Geister der Form (die Elohim nach der biblischen Namengebung) als die Schöpfer und Lenker der ganzen Erdenentwicklung. Sie geben allem auf der Erde Bestehenden die abgeschlossene Form (GA 105, 7. 8. 1908), indem sie das aus dem Erdeninnern heraufströmende Wirken der Throne und der in der Peripherie wirkenden Dynamis gleichsam «erhärten» und ausgestalten (GA 121, 11. 6. 1910). Die Kräfte für ihre Tätigkeit aber empfangen sie aus dem Tierkreisbereich des Skorpion-Adlers, die, wenn sie sich ergießen, das Erstarren und Einhalten aller Bewegung hervorrufen (in der äußeren Natur treten diese Kräfte ganz besonders im November hervor). Zur Zeit der lemurischen Epoche war die Menschheitsentwicklung schon so weit fortgeschritten, daß die Geister der Form etwas von ihrer eigenen Substanz in den Menschen ergießen konnten, die in ihm sodann zur Substanz seines Ich wurde. Und im Doppelbild des Skorpion-Adlers ist das Geheimnis des Ich verborgen. Denn das menschliche Ich nahm im Laufe seiner weiteren Entwicklung als Folge der luziferischen Versuchung zusammen mit der Freiheit auch eine gewisse Neigung zum Bösen in sich auf. Aus diesem Grunde wird in der Apokalypse das Ich im Bilde des zweischneidigen Schwertes dargestellt (GA 104, 25. 6. 1908). Erstaunlich genau ist dieses doppelte Bild des Ich auch in dem «Abendmahl» von Leonardo da Vinci wiedergegeben. In ihm ist das hingebungsvolle Streben des menschlichen Ich zu seinem höchsten Ideal, dem göttlichen Ich, in die Gestalt des Johannes, des Adlers, zur Rechten des Christus Jesus geprägt. Den entgegengesetzten Aspekt des Ich, das nur seinen eigenen, egoistischen Zielen dienen will, zeigt Judas, der Skorpion. Zwischen beiden befindet sich Petrus, der zur gleichen Zeit zum höchsten Opferdienst fähig ist: «Du bist der Fels», sagt zu ihm der Christus Jesus (Matth 16,18) – und zum Verrat. Er strebt jedoch mit allen Kräften seiner Seele nach ersterem. Das wird auf dem Fresko noch dadurch betont, daß er sich zu Johannes neigt.

Heute wirken die Geister der Form von der Sonne aus auf die Erde, weshalb das wichtigste Element, durch das sie ihren Einfluß geltend machen, das Licht ist. In ihm haben sie eine Art äußeren Kleides (GA 105, 7. 8. 1908), während ihr eigenes Wesen nicht zum äußeren Licht gehört, sondern dem geistigen Licht verwandt ist.[11] Auch das menschliche Ich, das eine rechtmäßige Entwicklung durchmacht, strebt nach dem geistigen Licht. Das Bild dieses Strebens ist in dem fliegenden Adler gegeben, der sich so hoch als möglich zu erheben sucht, um von den Strömen der sonnenlicht-durchfluteten Luft umgeben zu sein. Ganz entgegengesetzt ist das Verhältnis des egoistisch eingestellten Ich zum geistigen Licht. Es haßt und meidet es. Äußerlich kommt diese Beziehung in dem Bild des Skorpion zum Ausdruck, der sich vor dem Licht fürchtet und sich vor ihm verbirgt. Wird er aber doch dem Sonnenlicht ausgesetzt und daran gehindert, sich vor ihm zu verbergen, dann beendet er sein Leben selbst und ersticht sich.

Die Beziehung der Kräfte des Skorpion-Adlers zu den Geistern der Form zeigt sich auch an Folgendem: In der Mitte der Atlantis, der Epoche des Skorpions, betrat der Mensch, aus der Erdenumgebung kommend, erstmals die feste Erde. Gleichzeitig wurden mineralische Substanzen seinem physischen Leib eingefügt, wodurch dieser allmählich eine dauernde und abgeschlossene *Form* erhielt (GA 105, 10. 8. 1908). Das Bild des Adlers andererseits ist mehr mit der künftigen, von den Kräften des vollentwickelten Menschen-Ich ausgehenden Vergeistigung aller geschaffenen Formen verbunden. Und in der Gestalt des Evangelisten Johannes haben wir einen hohen Eingeweihten, dessen Aufgabe es ist, eben dieses Ziel zu erreichen. Deshalb ist der Adler sein Symbol. Eine besonders tiefe Beziehung zur Sphäre der Geister der Form hat auch Christian Rosenkreutz, dessen Einweihung, bald nach 1250, genau in dem Augenblick der Menschheitsentwicklung stattfand, als die *geistige* Wirkung dieser Hierarchie innerhalb des irdischen Geschehens ganz besonders groß war (GA 126, 31. 12. 1910), so daß sie im Sinne des Adler-Impulses auf vergeistigende Weise sogar bis zur physischen Form des Einzuweihenden sich erstrecken konnte (GA 130, 27. 9. 1911). Diese Einweihung wird es Christian Rosenkreutz in der Zukunft möglich machen, die neue Aufgabe zu übernehmen, den Skorpion in den Adler zu verwandeln, was für ihn selbst mit den größten Leiden, dem größten Martyrium, dem sich ein Mensch unterziehen kann, verbunden sein wird (GA 133, 20. 6. 1912).

Zum Schluß ist noch ein weiterer Aspekt des Skorpion-Einflusses im Zusammenhang mit dem Wirken der Geister der Form zu nennen. Denn bald nachdem diese den Menschen mit dem Ich-Prinzip begabt hatten, geschah die Trennung der Geschlechter. Diese vollzog sich unmittelbar unter der kosmischen Einwirkung aus dem Bereich des Skorpion (GA 105, 7. 8. 1908), durch die der Mensch einen Teil der Kräfte in sich zurückbehalten konnte, die er früher gebraucht hatte, um seinesgleichen hervorzubringen. Aus diesen zurückgehaltenen Kräften bildete sich mit der Zeit das menschliche Gehirn (GA 11, Kap. 4) als physische Grundlage für die spätere Entwicklung des individuellen Ich-Bewußtseins. Eine weitere Folge davon war, daß zu der rein geistigen Liebessubstanz, deren Träger die Geister der Form in der Erdenepoche sind und die diese der Menschheit seit dem Anfang ihrer Entwicklung allmählich einprägen (GA 121, 11. 6. 1910), die Möglichkeit der Verfälschung hinzukam, die heute in der Vermischung von geistiger und sinnlicher Liebe in Erscheinung tritt. Die letztere wirkt sich besonders gefährlich bei unrichtiger okkulter Entwicklung aus, da der Mensch, wenn er die astralische Welt vorzeitig betritt, Gefahr läuft, unter den Einfluß bestimmter dämonischer Wesenheiten zu geraten, die das Gefolge der zurückgebliebenen Geister der Form bilden, welche mit der Fortpflanzung der verschiedenen

Rassen auf der Erde zu tun haben (GA 121, 11.6.1910). Eine solche Vermischung von Okkultismus und Erotik führt mit der Zeit zu einer vollständigen Verdunkelung des menschlichen Ich-Bewußtseins.

Mit dem Bereich der Waage ist die Hierarchie der Dynamis oder Geister der Bewegung verbunden. Diese Beziehung können wir nachempfinden, wenn wir das Folgende beachten.

Alle Planeten unseres Systems bilden nur dadurch mit der Sonne ein solch stabiles und in sich geschlossenes Ganzes, daß sie sich dauernd in einer *sich im Gleichgewicht zueinander haltenden Bewegung* befinden. Vom geistigen Standpunkt aus ist die Ursache einer solchen ausgewogenen gegenseitigen Bewegung die Tätigkeit der Geister der Bewegung. Denn diese Geister weilen, gemäß Rudolf Steiner, vornehmlich in der Sonne, während ihre Kräfte von der Sonne zu den Planeten wirken, von den Planeten aber zur Erde (GA 136, 13.4.1912), wodurch sie eine gesetzmäßige Bewegung der einzelnen Planeten herbeiführen, was Stetigkeit und Gleichgewicht aller im Innern des Sonnensystems wirkenden Kräfte zur Folge hat.[12] Vom Standpunkt der inspirativen Erkenntnis aus tritt diese Wechselwirkung der Kräfte unseres Sonnensystems unter der Leitung der Geister der Bewegung in der schon von den Pythagoräern so genannten Sphärenmusik in Erscheinung – sie ist der lebendige Ausdruck des beweglichen Gleichgewichtes, das in unserem planetarischen Kosmos herrscht. Ihr Abbild aber auf der Erde ist die chemische Beschaffenheit der Materie, die auf dem beweglichen Gleichgewicht zwischen den Prozessen des Verbindens und Trennens in der physischen Welt beruht. In bezug auf die Erde haben die Geister der Bewegung jedoch noch eine ganz besondere Aufgabe: sie bieten, aus der Peripherie der Planetensphäre heraus wirkend, den Kräften der Throne, die aus dem Innern der Erde strahlen, Einhalt und bringen sie ins Gleichgewicht, was das Entstehen und die Konfiguration der Erdoberfläche zur Folge hat. «Das, was wirklich da ist, ist ein Ausgleich von Kräften und gleichsam ein Vertrag zwischen den Geistern des Willens und den Geistern der Bewegung, der so geschlossen wird, daß er die Erde in der verschiedensten Weise konfiguriert» (GA 121, 11. 6. 1910). Alle die genannten Taten können die Geister der Bewegung nur dank ihrer Beziehung zu dem Tierkreisbereich der Waage vollbringen, dessen geistige Kräfte schon auf dem alten Mond durch sie in Erscheinung zu treten begannen. Denn bereits damals war es ihre Hauptaufgabe, Sonne und Mond, die sich voneinander getrennt hatten, ins Gleichgewicht, in die rechte Beziehung zueinander zu bringen. Und so ist ihre Lage im Kosmos zu dieser Zeit mit der von zwei gigantischen Waagschalen, die des Ausgleichs bedürfen, zu vergleichen. In dem Seelensein der alten Mondenwesen rief der Anblick des Nicht-Ausgeglichen-Seins das Gefühl der Sehnsucht hervor; das Gleichgewicht, das die Geister der Bewegung herstellten, brachte ihnen dagegen Befriedigung und die Möglichkeit der Weiterentwicklung (GA 132, 21. 11. 1911).

Die Region der Jungfrau steht mit der Hierarchie der Kyriotetes oder Geister der Weisheit in Verbindung. Das Bild der himmlischen Jungfrau als Hinweis auf das kosmische Wesen der göttlichen Sophia, *der Ur-Weisheit der Welt,* zeigt uns seine tiefe Beziehung gerade zu dieser Hierarchie. Noch genauer weist im 12. Kapitel der Apokalypse die Imagination des Weibes, das mit der Sonne bekleidet ist, auf das Wirken der Kräfte hin, die durch die Hierarchie der Kyriotetes im Lauf der Entwicklung von Saturn, Sonne und Mond aus der Region der Jungfrau kommen. So sprechen in dieser Imagination die zwölf Sterne um das Haupt der Jungfrau von der Tätigkeit der Geister der Weisheit während der Saturnentwicklung[13], als diese alles so anordnen, «daß eine Zusammenstimmung stattfinden kann, zwischen dem einzelnen Weltenkörper, der da entsteht, zwischen dem Saturn und dem ganzen Universum» (GA 110, 14. 4. 1909). Weiter weist das Bild der Sonne, mit der die Jungfrau bekleidet ist (Rudolf Steiner spricht auch von der Jungfrau, die die Sonne gebiert [am 16. 9. 1907]), auf die Tätigkeit der Geister der Weisheit während der ersten Verkörperung unserer Erde, als diese die Menschheit mit dem aus kosmischen Sonnenkräften gebildeten Ätherleib begabten und ihn so mit dem Lebensprinzip versahen. Und schließlich weist die Jungfrau mit dem Mond zu ihren Füßen auf die Tätigkeit der Geister der Weisheit zur Zeit der alten Monden-Entwicklung, die das Entstehen des Silbers auf der Erde zur Folge hatte (GA 136, 14.4.1912), des Metalles, das von der Überwindung der niederen Monden- durch die höheren Sonnenkräfte zeugt. Alle diese Eigenschaften finden wir in höchstem Maße in der Gestalt der Maria aus dem Lukas-Evangelium wieder, die, nach den Angaben Rudolf Steiners, gleichsam das irdische Abbild der Wesenheit der himmlischen Sophia ist. Die besondere Beziehung zum Geistkosmos, die Bereitschaft, die «lebendige Seele»[13a] zu gebären, den Knaben Jesus aus der nathanischen Linie des Hauses David, der bestimmt war, die Welten-Geistes-Sonne in sich aufzunehmen, und, schließlich, die Reinheit und Unschuld, die darin zum Ausdruck kommt, daß sie keinerlei Teil hatte an den niederen Mondenkräften – das waren die wichtigsten Eigenschaften ihrer Seele. Und diese Eigenschaften hat sie dann nach ihrem frühen Tod aus der geistigen Welt heraus der anderen Maria, der Maria des Matthäus-Evangeliums, übergeben, als sie sich im Augenblick der Taufe im Jordan übersinnlich mit ihr verband (GA 114, 19.9.1909). So entstand die jungfräuliche Frauengestalt, die zur Trägerin der höchsten menschlichen *Tugend* für die ganze christliche Menschheit werden sollte. Das kosmische Urbild jedoch dieser höchsten menschlichen Tugend können wir auf der alten Sonne bei der Hierarchie der Kyriotetes oder Geister der Weisheit finden, die in den Anblick des großen Opfers versunken sind, das die Throne den Cherubim bringen. Denn «durch den Anblick dieser Opfertaten werden sie veranlaßt, von sich auszustrahlen, was ihr eigenes Wesen ist: strömende, flutende Weisheit als ‹schenkende Tugend›» (GA 132, 7.11.1911). Repräsentantin aber dieser «schenkenden Tugend» innerhalb der Menschheit ist die Jungfrau, die in der christlichen Welt als «Mutter Gottes», als irdisches Abbild der himmlischen Sophia gilt. Um jedoch eine solche Repräsentantin werden zu können, mußte sie die hohe Opferweisheit, die aus dem Miterleben des Erdenlebens des Christus Jesus erfloß, in ihr Herz nehmen, die Weisheit, die dieses Herz wie ein Schwert durchdringen sollte (Luk 2,35), damit sich aus ihm die höchste «schenkende Tugend» in die Welt der Menschen ergieße.

Der Bereich des Löwen steht mit der Hierarchie der Throne oder Geister des Willens in Verbindung. Ehe wir uns jedoch dieser Beziehung zuwenden, ist zu beachten, daß eine gewisse Verschiebung in der Beziehung der Tierkreisbereiche zu den entsprechenden Hierarchien schon von dem Tierkreisbild der Waage an stattgefunden hat. Das hängt damit zusammen, daß die Kräfte, die in dem einen Entwicklungszyklus sich gleichsam mehr auf eine äußere Weise zeigen, in dem nächsten bereits als innerliche Kräfte der einzelnen Wesen wirken. So sind die Geister der Bewegung ihrem Wesen nach die Regenten des alten Mondes. Sie bereiten zu dieser Zeit jedoch bereits aktiv die Entwicklung unserer Erde als eines Planeten vor, auf dem die Weisheit des alten Mondes «beweglich», schöpferisch im Innern der auf ihm lebenden Menschenwesen werden soll. Und deshalb gehört ihr Symbol – die Waage – eigentlich zur Erde und nicht zum Mond, versinnbildlicht doch von allen Tierkreiszeichen allein die Waage einen «unbelebten Gegenstand«, der durch den Schöpfergeist des Menschen hervorgebracht worden ist. Sie weist uns darauf hin, wie die unter der Einwirkung der Geister der Bewegung aus dem alten Mond stammende «Weisheit der Außenwelt ... innere Weisheit im Menschen [das heißt bewegliche, schöpferische Weisheit] wird» (GA 13), um sodann, das Ich durchdringend, unter der Einwirkung der Geister der Form, die dem Menschen auf der Erde dieses Ich gegeben haben, allmählich in die Kräfte der Liebe verwandelt zu werden.
  Eine ähnliche Verschiebung finden wir auch im Zusammenhang mit dem Zeichen der Jungfrau. Die mit ihrer Sphäre verbundenen Geister der Weisheit sind die Regenten der alten Sonne. Was sie jedoch geistig in jener Zeit vollbringen, das findet dann seinen äußeren Ausdruck auf dem Monde, der nun unter dem Einfluß

der Geister der Bewegung zum Planeten der Weisheit wird – im Gegensatz zur Erde, auf der die Liebe geboren werden soll (GA 102, 24.3.1908). Deshalb ist die Jungfrau, die die Sonnenkräfte nur verborgen in ihrem Innern trägt, das Symbol der Geister der Weisheit. Die Geister des Willens, schließlich, die Throne, sind in erster Linie Regenten des alten Saturn, der durch das kosmische Opfer entstand, das sie in jener Zeit den Cherubim brachten. Und diese Opferkräfte wurden dann auf der alten Sonne zu den innerlich bewegenden Kräften für die gesamte Sonnenentwicklung. Deshalb sind die Throne ganz besonders mit dem Sonnenzeichen des Löwen innerhalb des Tierkreises verbunden. Als der höchste Ausdruck dieser inneren Sonnen-Opferkraft aber geschah die Opfertat der Christus-Wesenheit auf der alten Sonne, die Rudolf Steiner im letzten Vortrag des Zyklus «Der Mensch im Lichte von Okkultismus, Theosophie und Philosophie» (GA 137) beschreibt. Es ist jedoch mit dem Sternbild des Löwen selbst auch ein Hinweis auf eine bestimmte, innere Eigenschaft der Geister des Willens gegeben. So galt seit dem Altertum das Bild des Löwen als Zeichen hoher königlicher Würde; schon der Thron König Salomos war mit zwölf goldenen Löwen verziert (2. Chronik; 9,18–20). Denn in der Gestalt des Löwen haben wir den Übergang vom Opferwillen zu den Herzenskräften des Mutes, zu der Bereitschaft, dasjenige, was durch den höheren Willen vorbestimmt ist, aus den Kräften des eigenen Innern im Äußeren zu verwirklichen. Diese Verbindung von Opferbereitschaft (Willen) und Mutkraft finden wir auch in den Worten Rudolf Steiners, mit denen er die Imagination der auf dem alten Saturn den Cherubim opfernden Throne charakterisiert: «Die Throne in dieser Opferwilligkeit, der *die Stärke, der Mut zugrunde liegt,* wie knieend vor den Cherubim und das Opfer zu ihnen hinaufschickend . . .» (GA 132, 31.10.1911).[14] Weiter oben, bei der Beschreibung des Bereiches der Waage und ihrer Beziehung zu den Geistern der Bewegung wurde auf ihre ausgleichende Tätigkeit in bezug auf die aus dem Erdeninnern strahlenden Kräfte der Geister des Willens hingewiesen. Diese «Ausstrahlungen», die Rudolf Steiner als die «Wirkungen der

Throne» charakterisiert (GA 121, 11.6.1910), kann man im Bild des mächtigen Löwen sehen, der, gerüstet mit seiner Wirkungskraft und königlichen Würde, aus der Berghöhle hervortritt. So kann die aus dem Tierkreisbereich des Löwen hervorgehende innere Kraft des Mutes dem Menschen ganz besonders helfen, ein rechtes Verhältnis zu den Prüfungen, die ihm das Schicksal auferlegt, das heißt das rechte Verhältnis zu seinem eigenen Karma zu gewinnen, es tragen und bewußt an ihm arbeiten zu lernen.[14a] Ein solches Bemühen kann auch ein bewußteres Verhältnis zur Hierarchie der Throne herbeiführen. Denn was diese Hierarchie einst auf dem alten Saturn vollbrachte, diese «Gesetze des alten Saturn», sie sind weiterhin – in vollkommen verwandelter Form – auch in unserer Zeit wirksam und äußern sich heute in den karmischen Gesetzmäßigkeiten des individuellen menschlichen Schicksals (GA 161, 10.1.1915).

Im Jahreskreislauf ist es die Zeit von Ende Juli und Anfang August, die unter dem Zeichen des Löwen steht. Im August beginnt die Lichtkraft der Sonne allmählich abzunehmen, während ihre Wärmewirkung besonders groß ist. Es bewahrt diese heißeste Zeit des Jahres gleichsam in der Naturerinnerung den letzten, schwachen Nachklang an den Saturnzustand, an das opfervolle Ausströmen der Substanz der Wärme durch die Geister des Willens (die Throne).

Aus dem Bereich des Krebses wirkt die Hierarchie der Cherubim oder Geister der Harmonie. Das Krebszeichen ist eine Abwandlung des sogenannten Wirbels: ℞ eines uralten okkulten Symbols, das das harmonische Verhältnis zweier Prozesse oder Zyklen darstellt, den harmonischen, der Weltenweisheit entsprechenden, richtigen Übergang des einen in den anderen. «Es gibt», so sagt Rudolf Steiner, «in der höheren Welt einen Vorgang, der sich auch in die physische Welt hinein auswirkt: das Drehen des Wirbels. Sie können das Drehen des Wirbels beobachten, wenn Sie einen Sternnebel, beispielsweise den Orionnebel, ansehen. Da sehen Sie eine Spirale. Nur ist das auf dem physischen Plan. Aber

Sie können das auch *auf allen Planen* betrachten. Es stellt sich so dar, daß sich ein Wirbel in einen anderen hineinschwingt» (GA 96, 20. 10. 1906).

Diese Übergänge von einem Prozeß oder Wirbel in den anderen werden, damit sie harmonisch, gemäß der Weltenweisheit vor sich gehen, auf allen Planen des Seins von den Cherubim geleitet. Denn die zur höchsten Harmonie gebrachte Weltenweisheit, «solche Weisheit, die in Jahrtausenden, in Jahrmillionen des Weltenwerdens gesammelt ist, die strömt uns entgegen in erhabener Macht aus den Wesenheiten, die wir Cherubim nennen» (GA 135, 7. 4. 1912). Wollen wir nun solche Prozesse betrachten, die von den Cherubim nach dem Gesetz des harmonischen Wirbels geleitet werden, so müssen wir uns zunächst dem Entstehen und dem Übergang eines planetarischen Zustandes in den anderen zuwenden, so zum Beispiel dem Entstehen des alten Saturn aus dem Zustand, der im Okkultismus die «selige Ruhe in der Dauer» genannt wird (GA 104, 19. 6. 1908), dann weiter dem Übergang vom Saturn zur Sonne usf. Dabei entsprechen die Spiralen des Wirbels dem Offenbarungszustand oder Manvantara, der Zwischenraum aber zwischen ihnen dem Pralaya. Mit Hilfe der unter den Cherubim stehenden Hierarchien werden diese Prozesse dann auch in den kleineren Zyklen wiederholt, so zum Beispiel beim Übergang aus einer Runde oder einem Globus in den anderen und so weiter. Auch in der äußeren Natur beobachten wir ähnliche Prozesse. Die im Sommer voll entwickelten Pflanzen werden im Herbst zum Samenkorn, das im Lauf des Winters in der Erde «stirbt», das heißt durch eine Art mikrokosmisches Pralaya hindurchgeht, um im nächsten Frühjahr wiederum «in die Erscheinung» zu treten (GA 97, 16. 11. 1907). Alle diese Prozesse, sofern sie in der äußeren Natur und auf den höheren Planen bis zu den höchsten sich innerhalb der harmonischen Weisheit abspielen, leiten und lenken die Geister der Harmonie, die Cherubim. Wenn nun die Seraphim den höchsten Auftrag unmittelbar von der Gottheit selbst empfangen, so arbeiten die Cherubim ihn dergestalt aus, daß er den ersten Anstoß (aus dem Zentrum des Wirbels, wo die Spiralen «geöffnet» sind) zum neuen In-Erscheinung-Treten gibt, das dann von den Thronen weitergeführt und so Wirklichkeit wird (GA 110, 14. 4. 1909). Es kann der Übergang aus einem Zustand oder Zyklus in den anderen aber auch einen dramatischeren Charakter annehmen. Das war zum Beispiel bei dem von Rudolf Steiner beschriebenen Geschehen der Fall, als ein Teil der Cherubim auf der alten Sonne darauf verzichtete, das ihnen von den Thronen dargebrachte kosmische Opfer anzunehmen. Dieses Ereignis beeinflußte dann die ganze folgende Entwicklung und brachte einen besonderen Wirbel in der Weltentwicklung hervor (GA 132, 14. 11. 1911). Weiter wirkt der Wirbel-Impuls in der Epoche, die direkt im Zeichen des Krebses steht, beim Übergang von der Atlantis zur nachatlantischen Epoche, auf eine ganz andere Art. Und wiederum anders erscheint dieser Impuls, als der Christus in Jerusalem einzieht, wie das im 21. Kapitel des Matthäus-Evangeliums beschrieben wird (GA 123, 11. 9. 1910), wo das Bild der Christus-Wesenheit vor uns hintritt, die in die kulturell-historische Entwicklung der Menschheit eintritt und einen ganz neuen Wirbel erzeugt.[15] In all den genannten Ereignissen wirken, wenn auch auf sehr verschiedene Weise, die Kräfte aus der Sphäre der Cherubim, sich in dem kosmischen Bereich des Krebses modifizierend und den Wirbel-Impuls hervorrufend, der den Übergang der Entwicklung von einem Zyklus in den andern ermöglicht.

Nun sind noch zwei Tatsachen im Zusammenhang mit dem Sternbild des Krebses und dem Wirken der Cherubim zu beachten. Als erstes erscheint die Tatsache ganz besonders wichtig, daß es gerade die Cherubim waren, die während der alten Sonnenepoche den Tierkreis ungefähr in der Form schufen, wie er sich bis heute erhalten hat. Zwar bestand er auch schon auf dem alten Saturn, jedoch damals waren, nach den Worten Rudolf Steiners, seine «Bilder» noch nicht «so dicht, so kompakt vorhanden wie während des Sonnendaseins» (GA 110, 17. 4. 1909). Deshalb ist das, «was man heute so materiell den Tierkreis nennt, ... zurückzuführen auf den Reigen der Cherubim, die vom Weltenumkreis herunterwirken auf die alte Sonne, die ihre Kraft als Leuchtekraft in dieses Universum hinausstrahlte» (GA 110, 13. 4. 1909). In anderen Worten: Die Cherubim schufen eine Art Schutzhülle um die alte Sonne, die den ganzen heutigen Tierkreis umfaßt und ganz besonders mit der kosmischen Sphäre des Krebses verbunden ist. Das wird auch durch die Form dieses Zeichens bestätigt, das an dem höchsten Punkt des Tierkreises steht, die Form, die gleichsam eine gewisse Sphäre umfaßt und sie gegenüber der «äußeren» Welt abschließt. An dem entgegengesetzten Pol aber zu dem des Krebses befindet sich der Bereich des Steinbocks, aus dem die Kräfte der Archangeloi wirken, und diese Polarität gestaltet das ganze alte Sonnendasein (– gemäß Rudolf Steiner gehörten die hierarchischen Wesen, die an der Entwicklung der alten Sonne unmittelbar teilnahmen, zu den Hierarchien von den Cherubim bis zu den Erzengeln) (GA 132, 7. 11. 1911). Auch besteht eine Verbindung vom Sternbild des Krebses zum Brustkorb im menschlichen Organismus, dessen erste Anlagen auf dem alten Saturn gebildet wurden. Später, als sich der zwölfgliedrige Tierkreis auf der alten Sonne endgültig ausgestaltete – auf dem Saturn war er noch nicht zwölfgliedrig – und als auch der erste Keim des künftigen Herzens entstand, da wurde, unter dem Einfluß des Krebses, der menschliche Brustkorb zum Abbild des großen makrokosmischen Ganzen: Im Zentrum das Herz – die Sonne [16] –, in der Hülle des Brustkorbs eingeschlossen, aus zwölf Rippenpaaren bestehend als Abbild des zwölfgliedrigen Tierkreises, der zur Zeit der alten Sonne ganz besonders unter der Beteiligung der Kräfte aus dem kosmischen Krebs-Bereich von den Cherubim geschaffen wurde.

Als zweites ist noch zu beachten, daß Johannes der Täufer unter dem Zeichen des Krebses geboren wurde. Wenn das Zeichen des Wassermann uns vor allem darauf hinweist, daß ein bestimmtes Engelwesen durch ihn wirkt, so charakterisiert Johannes des Täufers Beziehung zum Bereich des Krebses seine Individualität und seine Mission als Vorläufer und Vorbereiter der Erdenwege des Christus Jesus von einer ganz besonderen Seite, und das gerade im Zusammenhang mit der Hierarchie der Cherubim. Denn diese

Hierarchie spielt eine besondere Rolle in seinem Schicksal. Aus den Mitteilungen Rudolf Steiners ist bekannt, daß wir es in der Person Johannes des Täufers oder des Elias mit der ältesten Individualität der Menschheit, in gewissem Sinne mit der Adams selbst zu tun haben (GA 114, 19. 9. 1909). Andererseits wissen wir aus der biblischen Geschichte vom Sündenfall, daß Gott der Herr nach der Vertreibung Adams aus dem Paradies «den Cherub mit dem flammenden Schwert» (1. Moses 3,24) vor den Garten «lagerte», wodurch die Menschheit von der makrokosmischen Sphäre des Vater-Gottes abgeschnitten wurde, die *hinter* dem Tierkreis sich befindet und aus der einst der Christus auf die Sonne herabkam.[17] Dieses Erlebnis des Cherubs mit dem feurigen Schwert, der den Menschen den Eintritt in jenen höchsten Bereich verwehrt, lebte als ein mächtiger Impuls in dieser Individualität durch alle folgenden Inkarnationen bis zu ihrer Inkarnation als Johannes der Täufer. Dann verwandelte sich allmählich dieses Erlebnis in die innerliche Fähigkeit, die wir heute als Stimme des Gewissens kennen und die, vom höchsten Aspekt aus betrachtet, gemäß den geisteswissenschaftlichen Forschungen Rudolf Steiners von der Hierarchie der Cherubim ausgeht. Denn was ist die Stimme des Gewissens? Sie ist nichts anderes als die Fähigkeit, das Christus-Ereignis zu verstehen; und sie ist gleichzeitig mit diesem Ereignis in der Menschheit entstanden. »So sehen wir, wie auf der Erde drüben im Osten die Liebe auftaucht, hier im Westen das Gewissen. Das sind zwei Dinge, die zusammengehören: wie im Osten der Christus erscheint, wie im Westen das Gewissen erwacht, um den Christus als Gewissen entgegenzunehmen. In diesem gleichzeitigen Entstehen der Tatsache des Christus-Ereignisses und des Verständnisses des Christus-Ereignisses ... sehen wir walten eine unendliche Weisheit, die in der Entwickelung vorhanden ist» (GA 116, 2. 5. 1910). Der Impuls des Gewissens entsteht zuerst im Westen. Nach 500 vor Christi Geburt erscheint er in Griechenland (GA 116, 2. 5. 1910), sodann an der Zeitenwende durch Johannes den Täufer in Palästina, um dort in seiner Person dem Christus zu begegnen.[17a] Das Gewissen, so sagt Rudolf Steiner, ist «das Ich-Gefühl, das den Menschen hinaufträgt vom Niederen zum Höheren, [das] schon in der Empfindungsseele wie eine Gottesstimme spricht, wie sonst nur Triebe, Begierden und Leidenschaften in der Empfindungsseele sprechen, und dort so spricht mit dem Drang, das Richtige zu tun, um hinaufzudringen zu dem höheren Ich» (GA 116, 2. 5. 1910). Jede ungereinigte Seele wird durch ihre Leidenschaften und Begierden verwüstet, sie wird durch sie zu einer unfruchtbaren Wüste, doch aus dieser Wüste heraus kann die Stimme Gottes, die Stimme des Gewissens ertönen und künden, daß der «Herr» der Seele, der «Kyrios, das Ich» kommt (GA 124, 6. 12. 1910).[18] So war es durch die Weisheit der Weltenlenkung Johannes dem Täufer bestimmt, als erster dem Christus auf der Erde zu begegnen, um ihn durch die Kräfte seines Gewissens zu erkennen und ihn der ganzen Menschheit zu zeigen. Und Johannes vollbringt es, auf den Christus als das *Lamm Gottes* (Joh 1,36) weisend und so seine kosmische Herkunft bezeugend, seine Verbindung mit den Sternenwelten, mit der Tierkreissphäre, die auf der alten Sonne dank der Tätigkeit der Cherubim entstanden ist. Und diese «inspirierte Imagination» (GA 214, 28. 7. 1922) ruft in ihm den Gewissensimpuls hervor, dessen höchster Quell bei der Hierarchie der Cherubim zu suchen ist.

Zum Abschluß kann noch das Folgende hinzugefügt werden. Wie wir aus den Vorträgen Rudolf Steiners wissen, wurde die geistige Wesenheit des Elias-Johannes des Täufers nach seinem Tode zur Gruppenseele der Apostel, wodurch er die hütende und schützende Atmosphäre des wachen Gewissens um den Christus Jesus schuf, in der er seine Taten am besten vollbringen konnte (GA 139, 20. 9. 1912). Wenn wir hier einen recht paradox erscheinenden Vergleich nicht scheuen, so können wir sagen, daß diese beschützende Tätigkeit der übersinnlichen Wesenheit des Elias-Johannes mit der Aufgabe verglichen werden kann, die der Brustkorb im menschlichen Organismus in bezug auf das Herz, die innere Sonne seiner physischen Organisation, wahrnimmt.

Der Bereich der Zwillinge steht in Beziehung zu der Hierarchie der Seraphim oder Geister der Alliebe. Ein irdisches Abbild des von ihnen im Weltenall repräsentierten makrokosmischen Liebesimpulses ist der griechische Mythos der Dioskuren-Zwillinge Kastor und Polydeukes. Nach dieser Mythe ist Kastor ein Sohn der Leda und des Königs Tyndareos, Polydeukes dagegen ein Sohn der Leda und des Zeus. Deshalb besitzt Polydeukes Unsterblichkeit, Kastor aber ist sterblich. Die Brüder geraten in Streit mit ihren Verwandten, den Aphariden, und erkämpfen sich die von ihnen geraubte Rinderherde.[19] Bei diesem Kampf wird Kastor durch einen der Aphariden getötet. Aus Liebe zum Bruder will nun Polydeukes seine Unsterblichkeit opfern und bittet Zeus, ihm den Tod zu schikken. Da versetzt Zeus beide Dioskuren zur Belohnung ihrer brüderlichen Liebe als Sternbild der Zwillinge an den Himmel.

Um die okkulten Grundlagen dieses Mythos recht zu würdigen, muß man sich bewußt machen, wie die Grundeinstellung der alten Griechen gegenüber dem Tod und der Unsterblichkeit war. Sie bestand darin, daß die alten Griechen die Form des menschlichen Leibes, die sie mit einem starken und hellen Bewußtsein ihrer selbst, mit einem Ich-Bewußtsein begabte, über alles in der Welt schätzten. Deshalb erschien der Tod, der diese Form und mit ihr auch das irdische Ich-Bewußtsein zerstörte, den alten Griechen als das größte Übel, mit dem sie sich innerlich nicht abfinden konnten. «Wir haben im Griechentum», sagt Rudolf Steiner, «dasjenige Menschentum, das die äußere Form des physischen Leibes am meisten liebte und schätzte und alle Traurigkeit durchmachte, die bei seinem Untergang im Tode durchgemacht werden konnte», so daß das Griechentum «die äußere Form des physischen Leibes als die äußere Form des Ich am höchsten schätzte ... [und deshalb] sagte der Grieche: Ich schätze mein Ich so stark, daß ich nur mit Schaudern hinschaue auf das, was mit dem Ich nach dem Tode wird ...» Und das ist «ganz griechisch, daß der Heros sagt: ‹Lieber ein Bettler sein in der Oberwelt› – das heißt mit der menschlichen Leibesform – ‹als ein König im Reich der Schatten› ...» (GA 131, 9. 10. 1911)[20].

Aus den angeführten Worten geht der Charakter des Verhältnisses klar hervor, das die Griechen zum Problem des Todes und ebenso zur Unsterblichkeit hatten, die ihnen so gesehen als das höchste denkbare Gut auf der Erde erschien. Aus Liebe zu einem anderen Menschen seine Unsterblichkeit zu opfern, war deshalb nach den Vorstellungen der alten Griechen das größte Opfer, das ein Mensch überhaupt bringen konnte. Und so haben wir in dem Mythos von den Dioskuren einen Hinweis auf die *höchste Form der Liebe,* die dem Erdenmenschen in der Weltvorstellung der Antike zugänglich war.

Suchen wir nun etwas Entsprechendes in der christlichen Zeit, dann müssen wir beachten, daß von dem Augenblick an, da der Christus-Impuls in die Erdenentwicklung eintrat, nicht mehr die auf Blutsbanden sich gründende Liebe (die Dioskuren sind Brüder von der Mutter her), sondern die rein geistige Christus-Liebe zum höchsten Opfer anregt. Das ist die Liebe zweier Freunde, die durch sie zu Brüdern werden, aber nicht von Blutes wegen, sondern infolge des neuen Christus-Geistes. Und da ist noch ein Unterschied. Wie wir sahen, war es das höchste Gut für den Erdenmenschen in der vorchristlichen Zeit, Unsterblichkeit zu erlangen. Im Christentum aber wurde die Seele selbst zum höchsten Gut, das heißt das menschliche Ich, das als *Träger* der individuellen Unsterblichkeit [21] von allem Anfang an im Zentrum des christlichen Bewußtseins stand. Und so ist die christliche Liebe unendlich viel höher als die Liebe in der alten Zeit, denn sie vermag nicht nur die Unsterblichkeit, sondern sogar ihren Träger, ihr wertvollstes Eigentum, ihr Ich zu opfern, um es wiederum als das unsterbliche wahre Ich von dem Christus selbst zu empfangen. Das wird durch die Verwirklichung des Hauptprinzips aller wahrhaft christlichen Mysterien – «Nicht ich, der Christus in mir» – eintreten. Auf diese höchste, seraphische Liebe weisen auch die folgenden Worte des Christus: «Das ist der Auftrag, den ich euch gebe: Liebet euch untereinander so, wie ich euch geliebt habe. Eine größere Liebe kann niemand haben als die, seine Seele hinzugeben für seine Freunde. Ihr seid meine Freunde, wenn ihr dem Auftrag folgt, den ich euch gebe» (Joh 15,12–14). So spricht der Christus in seinen Abschiedsgesprächen zu seinen Jüngern. Und dann verwirklicht er selbst diese Liebe als ihr höchstes Urbild für alle Menschen, indem er, um das Mysterium von Golgatha zu vollenden, alle makrokosmischen Kräfte seines Ich opfert.[21a] Und von dieser Liebe spricht auch Johannes, sein nächster Jünger und der unmittelbare Zeuge der von ihm beschriebenen Ereignisse: «Daran haben wir das Wesen der Liebe erkannt, daß er seine Seele für uns dahingegeben hat. So ist es auch an uns, unser Leben für *unsere Brüder* hinzugeben ... Ihr Kindlein, wir wollen einander nicht nur mit Gedanken und Worten lieben, sondern mit der Tat und mit der Wahrheit» (1. Brief Johannes' 3,16 und 18)[22]. Nun ist zum Schluß über den Zusammenhang zwischen dem Bereich der Zwillinge und der Hierarchie der Seraphim noch zu beachten, daß besonders aus ihm die Impulse zum sozialen Leben hervorgehen, die Impulse zur Vereinigung aus gegenseitiger Liebe und aus innerem Interesse aneinander. Dem entspricht im Makrokosmos die Tätigkeit der Seraphim, um ein richtiges «soziales» Zusammenwirken zwischen den verschiedenen Planetensystemen herbeizuführen. Rudolf Steiner schildert das folgendermaßen: «Wie die Menschen ein soziales System begründen dadurch, daß sie Gegenseitigkeit haben, so gibt es auch eine Gegenseitigkeit der Planetensysteme. Von Fixstern zu Fixstern waltet gegenseitige Verständigung. Dadurch kommt allein der Kosmos zustande. Das, was sozusagen die Planetensysteme durch den Weltenraum miteinander sprechen, um zum Kosmos zu werden, das wird geregelt durch diejenigen Geister, welche wir Seraphim nennen» (GA 136, 7.4.1912).

Die Sphäre des Stieres ist mit dem Prinzip des kosmischen Geistes verbunden. Durch sie läßt er seine Kräfte in das Planetensein erstrahlen. Um diese nicht einfache Beziehung besser zu verstehen, wollen wir von einer Vorstellung ausgehen, die zunächst recht unerwartet zu sein scheint. Wenn der moderne Eingeweihte einen Stier oder eine Kuh hellsichtig betrachtet, dann erschaut er ihre mächtige Verdauungstätigkeit wie eine ganze Welt. «Bei der Kuh ist in den Verdauungsvorgängen etwas, was, astralisch angesehen, ganz großartig ist, eine ganze Welt ist! ... Das ist schön, das ist großartig, das ist etwas ungeheuer Geistiges», sagt Rudolf Steiner (GA 230, 19. 10. 1923). Verfolgt ein solcher Eingeweihter das Bild der Kuh mit seinem imaginativ-inspirativen Bewußtsein im astralen Kosmos weiter (das heißt innerhalb der Sphäre, die vom Tierkreis eingeschlossen wird), dann nimmt die Kuh unter dem Einfluß der Inspiration die imaginative Gestalt eines Vogels an: «Astralisch würde sie ein Vogel sein ... Physisch geworden ist an der Kuh dasjenige, was astralisch ist am Vogel. Es sieht natürlich in der Astralität anders aus, aber es ist so» (GA 230, 19. 10. 1923)[23]. Das erklärt auch, warum sich Johannes in der astralischen Umgebung der Erde (der Mondensphäre) das Prinzip des Geistes bei der Taufe des Jesus im Jordan als Imagination der Taube offenbarte (Joh 1,32–34).[24] Und wir verstehen andererseits die Bedeutung des Stierkultes – oder auch die Anbetung des Kalbes – bei den alten Völkern in Indien, Ägypten, Babylonien[25], Griechenland und Kleinasien. Weiter wissen wir aus der Geisteswissenschaft, daß das Prinzip des Geistes in unserem Sonnensystem ganz besonders durch die Mondensphäre wirkt, das Sohnes-Prinzip dagegen durch die Sonnensphäre. Deshalb ist der Stier als irdisches Abbild der Tätigkeit des Geistes stets mit dem Mond verbunden (so wird zum Beispiel der sumerische Mondgott Sin mit einem Stierleib dargestellt). Auch ist bekannt, daß die ägyptische Isis mit der Mondensphäre in Beziehung steht. Ihr Bild entstand in den Mysterien der alten Ägypter aus der Verbindung zweier kosmischer, aus den himmlischen Bereichen der Jungfrau und des Stieres stammender Ströme in der Mondensphäre. Überwog der Einfluß der Jungfrau, so wurde im Bilde der Isis mehr ihre Beziehung zur Weltseele betont, zur göttlichen Sophia, sowie ihr Verhältnis zu Horus, durch den sie mit der Welt der Menschen verbunden wurde. Herrschte dagegen der Stiereinfluß vor – in diesem Falle trug das Bildnis der Isis Stierhörner –, dann wurde ihre Beziehung zum Makrokosmos, zum Sonnengott Osiris hervorgehoben. Osiris selbst dagegen gewinnt, obwohl seine kultische Verehrung während der Stierepoche entsteht (in der dritten Kulturepoche), durch seine Verbindung mit dem Christus (sein Bild weist prophetisch auf das Näher-zur-Erde-Kommen des Christus hin) auch eine Beziehung zu dem kosmischen Bereich des Widders.[26]

Deshalb kommt dieses Streben der Isis vom Stier zum Widder oder im Bereich des Sonnensystems aus der Monden- in die Sonnensphäre in der weiteren Metamorphose des äußeren Antlitzes der Isis zum Ausdruck: Es erscheint die Sonnenscheibe zwischen den beiden Stier-Monden-Hörnern auf ihrem Haupte. Dieses verwandelte Bild der Isis weist prophetisch auf den Übergang von der Monden- zur Sonnenepoche hin oder, okkult gesprochen, vom Monden-Logos zum Sonnen-Logos (GA 227, 29. 8. 1923), historisch betrachtet dagegen auf den Übergang von der dritten zur vierten Kulturepoche.[27]

Eine interessante Parallele zu dieser Metamorphose der Isis-Gestalt ist die analoge Verwandlung des Stierkopfes im ägyptischen Apiskult. Auch hier erscheint in dem Maße, in dem sich dieser dem Osiriskult annähert (Apis wird allmählich zum «Stier des Osiris»), die Sonnenscheibe zwischen den Hörnern, welche die Form einer horizontal liegenden Mondenscheibe haben. Beim Übergang von der dritten zur vierten Kulturepoche (das heißt vom Stier zum Widder) verschmelzen dann diese zwei Kulte vollständig zu dem einen des Osarapis (Osiris-Apis) oder Serapis. Dieser neue Kult tritt zunächst in Ägypten auf, wird jedoch später mit dem Beginn der letzten vorchristlichen Herrschaftsepoche Michaels (550–200 v. Chr.) innerhalb der griechisch-römischen Welt weit verbreitet. Unter der Dynastie der Ptolemäer ist Serapis dann der Hauptgott Ägyptens und der Beschützer Alexandriens – seiner neuen Hauptstadt.[28]

Es spielt die Gestalt des Stieres jedoch in der alten Welt noch eine ganz andere Rolle. Denn der Stier ist einerseits, sofern er als Träger der Sonnenscheibe erscheint und so prophetisch auf die beschriebene Entwicklung vom Stier zum Widder hinweist, Repräsentant des *rechtmäßigen Zeitgeistes*. Will er sich jedoch andererseits nicht in die Richtung des Widders bewegen, will er nicht mit der Sonnensphäre in Berührung kommen, sondern egoistisch für immer in der Mondensphäre bleiben, dann tritt er gegen die rechtmäßige Entwicklung auf und wirkt als unrechtmäßiger *luziferischer* Geist der Zeit. Dann wird das Bild des Stieres zum Zeichen für die Kräfte Luzifers, die das kosmische Prinzip des Geistes entstellen.[29] Dann wird der Stier zum Repräsentanten des menschlichen Egoismus sowie der ungezügelten Leidenschaften. Und nicht selten begegnen wir dem Stier bei den alten Völkern in dieser Rolle: das ist der Himmelsstier, den die Göttin Venus-Ischtar im «Gilgamesch-Epos» gegen Eabani und Gilgamesch sendet; das ist der Stier, den der Sonnengott Mithras besiegt, und schließlich das «goldene Kalb»[30], das die Hebräer anbeten, als Moses auf dem Berg Sinai weilt (Jesaja 31,1–4; 1. Könige 12,25–30).[31]

Zum Schluß wollen wir noch einen besonders wichtigen Aspekt betrachten, der den Einfluß aus dem Stierbereich mit dem künftigen Wirken des Heiligen Geistes verbindet. Wie bekannt, ist das Organ, das unmittelbar unter dem Einfluß der Stiersphäre im menschlichen Organismus gebildet wurde, das Sprachorgan oder der Kehlkopf. Von ihm und von der Metamorphose, die er in der Zukunft durchmachen soll, sagt Rudolf Steiner: «... dagegen ist der Kehlkopf in voller Umbildung begriffen, und wenn der Mensch wieder keusch geworden sein wird, wird sich der Kehlkopf der geistigen Sonne wieder zuwenden [siehe das oben Gesagte]. Der Kelch der Pflanze entwickelte sich zu der leidenschaftserfüllten Fleischesform, und wieder wird der Kehlkopf zum keuschen, reinen Kelche, der vom Geiste befruchtet wird, der der heiligen Liebeslanze entgegengehalten wird. Das ist auch das Symbol des Heiligen Gral, sein hohes Ideal» (GA 98, 5.11.1907).[32]

Die höchste, alles vollendende Sphäre des Widders, die an der Spitze – dem Kopf – des gesamten Tierkreises, des kosmischen Ur-Anthropos steht, ist mit dem Prinzip des Sohnes, des Christus, verbunden. Unter diesem Sternbild, das die vierte nachatlantische Epoche überleuchtete, trat das Sonnenwesen des Christus bei der

Taufe im Jordan in die Hüllen des Jesus von Nazareth ein. – «An dem zweiten Tag [nach der Taufe] stand Johannes wieder dort, und zwei seiner Jünger waren bei ihm. Und als er Jesus vorübergehen sah, sprach er: Siehe, Gottes Lamm» (Joh 1,35–36). Mit diesen Worten zeugt Johannes der Täufer von der kosmischen Beziehung des Christus zu der Himmelssphäre des Widders, durch die er aus den Bereichen jenseits des Tierkreises in unseren Kosmos eintrat.[33] Auf diese, nicht unmittelbar zu unserem Kosmos gehörenden Sphären weist bei der Taufe die Stimme aus dem Himmel: «Dies ist mein vielgeliebter Sohn, heute habe ich ihn gezeugt.»[34] Wie ein entferntes Echo dringt in diesen wenigen Worten die Kunde aus Weltbereichen zu uns, die *jenseits* des Tierkreises liegen. Deshalb können wir gerade diese Worte auf den inneren Gehalt der letzten, *dreizehnten* heiligen Nacht am Vorabend – okkult betrachtet jedoch am Tag – von Epiphanias, dem Fest der Geburt des Christus im irdischen Leib des Jesus, beziehen. Und so haben wir mit Epiphanias gleichsam die abschließende Stufe, eine Art Summe des ganzen Weges, der im Lauf der zwölf heiligen Nächte, und ganz besonders der zwei letzten, gegangen werden kann. Denn im Augenblick der Taufe spiegelt sich die höchste Dreiheit in den Tiefen des irdischen Seins: das Prinzip des Geistes als Taube (Stier), das Prinzip des Sohnes als Lamm (Widder) und das Prinzip des Vaters als Stimme aus den Himmeln, aus jenen Sphären, wohin sich die Kraft menschlicher Imagination noch nicht zu erheben vermag. Doch es ist von dort, aus dem Schoße des Vaters, daß der Christus in unseren Kosmos kam. In ihm wirkt er zunächst als der Dreizehnte im Kreis der Zwölf, als «... der Geist, der die Welt durchleuchtet» (GA 107, 22.3.1909), «als der göttliche Geist unseres Sonnensystems» (GA 112, 3.7.1909), als «Der Repräsentant des Kosmos-Geistes..., des ganzen Weltalls» (GA 15,3), um sodann durch die Taufe im Jordan von der Sonne auf die Erde herabzusteigen, «... um die Erde von einer neuen Kraft» zu durchstrahlen, daß «... die Grundlage» gelegt werde «zum Sonnewerden der Erde» (GA 112, 6.7.1909).

Mit diesem Hinweis auf das zukünftige Sonnewerden der Erde sei die Beschreibung des Weges «von Jesus zu Christus» durch die zwölf Regionen des Tierkreises abgeschlossen, die Regionen welche sich in den zwölf heiligen Nächten zwischen dem Weihnachtsfest und dem Fest von Epiphanias offenbaren.

II.

Die Sternenschrift als ein Schlüssel
zur anthroposophischen Christologie

«Nun ist für alles das, was überhaupt in
der geistigen Welt vorgeht, vorgesorgt,
so daß wirklich am Himmel sich in Sternenschrift das zeigt, was eigentlich geistige Tatsachen sind.»

Rudolf Steiner, 12. Dezember 1910

Eine der bedeutendsten und zugleich rätselhaftesten Stellen im Bereich der anthroposophischen Christologie ist die Beschreibung des «mystischen Lammes» in dem Vortrag Rudolf Steiners vom 27. Januar 1908 (GA 102), in dem der Christus «als dem ganzen Kosmos angehörig» charakterisiert wird, als das höchste Prinzip des kosmischen «Großen Opfers».

Es ist die Aufgabe der folgenden Betrachtung, zum Verständnis dieser wichtigen Stelle aufgrund des vorhergehenden Aufsatzes beizutragen sowie einige sich daraus ergebende Perspektiven der anthroposophischen Christologie darzustellen.

Zunächst soll jedoch der Vortrag, soweit erforderlich, im Wortlaut zitiert werden:

«Kommen wir einmal einen Augenblick zurück auf das, was wir im Anfange unseres heutigen Vortrags sagten. Wir haben gesagt, daß aufsteigende und absteigende Kräfte vorhanden sind, zum Tierkreis aufsteigende, vom Tierkreis absteigende Kräfte. Wodurch ist der Mensch überhaupt in die Lage gekommen, daß von ihm irgend etwas aufströmen kann? Was ist denn mit dem Menschen geschehen, daß von ihm selbst etwas aufströmen kann aus seinem Wesen heraus? Er ist dadurch in diese Lage gekommen, daß erst lange vorbereitet worden ist und dann immer weiter und weitergeschritten ist – sein Ich. Dieses Ich ist lange, lange vorbereitet worden. Denn im Grunde genommen ist alles Dasein auf dem Saturnzustand der Erde, auf dem Sonnenzustand und auf dem Mondzustand, welches die Hüllen geschaffen hatte, die das Ich aufnehmen sollten, Vorbereitung für das Ich. Da haben andere Wesenheiten die Wohnung geschaffen für das Ich. Jetzt auf der Erde ist die

Wohnung so weit geschaffen, daß das Ich im Menschen Platz greifen konnte, und von da an fing das Ich im Menschen an, die äußeren leiblichen Hüllen von innen heraus zu bearbeiten. Daß das Ich von innen arbeiten kann, hat zu gleicher Zeit bewirkt, daß das Übermaß, das über die Gleichheit hinausgehende Maß von aufsteigenden und absteigenden Kräften entstanden ist. Solange das Ich im Menschen noch nicht arbeiten konnte, entwickelten sich nach und nach die Kräfte, die die aufsteigenden sind, bis zur Mitte [d. h. bis zur Jungfrau]; und als das Ich im Menschen einschlug, waren die Kräfte so weit, daß die aufsteigenden und die absteigenden sich die Waage hielten. Der Einschlag des Ich im Menschen bedeutet, daß die aufsteigenden und die absteigenden Kräfte sich die Waage hielten, und am Menschen liegt es, diese Waage in der richtigen Weise zum Ausschlag zu bringen. Daher haben die Okkultisten dasjenige Sternbild, das betreten wurde in dem Moment, wo es anfing an das Ich heranzugehen, die ‹Waage› genannt. Bis zum Ende der ‹Jungfrau› wurden die Taten des Ich in unserer planetarischen Entwicklung zwar vorbereitet, aber es kam nicht bis zum Ich. Nun hatte das Ich mit dem Moment der Waage begonnen, selbst seinen Anteil zu nehmen, so daß das Ich einen wichtigen Moment seiner Entwickelung dadurch zustande gebracht hat.

Denken Sie einmal, was das heißt, daß das Ich zu diesem Entwickelungsstadium gekommen ist: Das Ich durfte von nun an teilnehmen an den Kräften, die dem Tierkreis angehören, es durfte hineinwirken in den Tierkreis. Es ist durchaus wahr: je mehr das Ich den höchsten Punkt seiner Entwickelung anstrebt, desto mehr arbeitet es hinein in den Tierkreis. Nichts geschieht im Innersten des Ich, was nicht seine Folgen bis hinauf in den Tierkreis zieht. Das ist durchaus wahr. Und indem der Mensch mit seinem Ich als Mensch eigentlich die Anlage legt, um sich bis zu seinem Atma oder Geistesmenschen zu entwickeln, bildet er immer mehr und mehr die Kräfte aus, welche ihn instand setzen, in die Waage des Tierkreises hinaufzuwirken. Er wird seine volle Macht über diese Waage des Tierkreises erlangen, wenn er sein Ich durchgedrückt hat bis zum Atma oder Geistesmenschen. Da wird er ein Wesen sein, das etwas ausströmt, das aus dem Stadium der Zeit in das Stadium der Dauer, der Ewigkeit, übergeht.

Indem der Mensch so seinen Weg geht, gibt es aber andere Wesenheiten, bei denen das, was beim Menschen sozusagen höchste Wirkung ist, niederste Wirkung ist. Suchen wir jetzt diese Wesen, bei denen das Niederste ebensolche Wirkung ist wie beim Menschen die Waage im Tierkreis. Wenn wir uns den Menschen im Tierkreis aufschreiben, so haben wir ihn bis zur Waage reichend. Die Wesenheit, die mit ihrem eigentlichen Wesen ganz dem Tierkreis angehört, deren Kräfte ganz dem Tierkreis angehören und die sich im Planetenleben nur in ihrem niedersten Glied äußert, das mit der Waage bezeichnet ist – wie beim Menschen das niederste Glied mit den Fischen bezeichnet ist –, das ist diejenige Wesenheit, welche, wie Sie sehen, Leben verbreitet über unser ganzes Weltenall:

	♈ Widder	12. Glied	
	♉ Stier	11. Glied	
	♊ Zwillinge	10. Glied	
	♋ Krebs	9. Glied	«Mystisches Lamm»
	♌ Löwe	8. Glied	
7. Geistesmensch	♍ Jungfrau	7. Glied	
6. Lebensgeist	♎ Waage	6. Glied	
5. Geistselbst	♏ Skorpion		
4. Ich	♐ Schütze		
3. Astralleib	♑ Steinbock		
2. Ätherleib	♒ Wassermann		
1. Physischer Leib	♓ Fische		

Wie der Mensch das Leben aufnimmt, strahlt diese Wesenheit Leben über unser ganzes Weltenall aus. Das ist diejenige Wesenheit, die das große Opfer zu bringen vermag, und die im Tierkreis eingeschrieben ist als die sich für unsere Welt opfernde Wesenheit. Wie der Mensch aufstrebt in den Tierkreis hinein, so sendet uns diese

Wesenheit aus dem Widder, der ihr angehört wie dem Menschen die Waage, seine Opfergabe dar. Und wie der Mensch sein Ich hinaufwendet zur Waage, so strömt diese Wesenheit ihr Wesen über unsere Sphäre als Opfer. Man bezeichnet diese Wesenheit daher als das sich opfernde ‹mystische Lamm›, denn Lamm ist dasselbe wie Widder; daher die Bezeichnung des sich opfernden Lammes oder Widders für Christus. Christus wird Ihnen jetzt so charakterisiert als dem ganzen Kosmos angehörig. Sein Ich strebt bis zum Widder; und strömt das Ich bis zum Widder, so wird er dadurch das ‹Große Opfer› selber und steht so mit der ganzen Menschheit in einem Verhältnis, und in einer gewissen Weise sind diese Wesenheiten und Kräfte, die auf der Erde sind, seine Schöpfungen. Er steht seiner ganzen Wesenheit nach in der Sonne und ist in seinen Schöpfungen mit dem Mond und der Erde verbunden, und seine Kraft liegt im Sternbild des Lammes. So liegen die Kräfte, daß er Schöpfer dieser Wesen werden konnte, im Sternbild des Widders oder Lammes. Aus dem Himmel selbst ist die Bezeichnung des ‹Opferlammes› oder des ‹mystischen Lammes› herabgeholt.

Das ist einer der Aspekte, eine der Ansichten, zu denen man kommt, wenn man von unserem engbegrenzten Dasein aufblickt in Himmelsräume und sieht, wie die Himmelskräfte und Wesenheiten im Weltenraum ineinanderwirken. Und dadurch werden uns allmählich die Kräfte, die von Himmelskörper zu Himmelskörper gehen, ebensolche Kräfte wie die, die von Menschenseele zu Menschenseele gehen als Liebe und Haß. Wir sehen Seelenkräfte von Stern zu Stern herüber- und hinübergehen, und wir lernen erkennen, daß uns am Himmel geschrieben ist, was von solchen Kräften im Weltenraum gewirkt, getan, gehandelt wird.»

In diesem Auszug wird auf eine bestimmte *Sternenschrift* hingewiesen, die «uns am Himmel geschrieben» ist. Aus anderen Vorträgen aber wissen wir, daß Anthroposophen die Aufgabe haben, diese himmlischen Schriftzeichen lesen zu lernen. «Versuchen wir, meine lieben Freunde, uns würdig zu machen, diese Sternenschrift in neuer Gestalt wieder lesen zu lernen; versuchen wir es, sie so lesen zu lernen, wie sie uns jetzt gegeben werden muß ... Versuchen wir, eine Weisheit zu ergründen, die uns den Zusammenhang des Irdischen und des Himmlischen wiederum enthüllen kann, enthüllen kann ohne alte Tradition, so, wie wir sie versuchen zu finden, wie sie in der Gegenwart geoffenbart werden kann» (GA 149, 2.1.1914).

Versuchen wir also das, was «uns» in der Sternenschrift dieses Auszugs «geschrieben ist», auf der Grundlage der in ihm befindlichen Hinweise zu lesen. Als erstes fällt uns auf, daß hier von zwei Wesen gesprochen wird: von dem sich von unten hinaufentwikkelnden mikrokosmischen Menschenwesen und von dem von oben herabkommenden makrokosmischen Christus-Wesen, dem «mystischen Lamm».

Wir wollen unsere Betrachtung zunächst mit dem mikrokosmischen Menschenwesen beginnen. Gemäß den Hinweisen des angeführten Auszugs vollzieht sich der *Anfang* der menschlichen Ich-Entwicklung aus den Kräften des Waage-Bereiches heraus. Das scheint der Tatsache zu widersprechen, daß die Geister, die dem Menschen zur lemurischen Zeit die Ich-Substanz schenkten, die Geister der Form, mehr mit dem Bereich des Skorpion-Adler verbunden sind, mit der Waage dagegen die Geister der Bewegung, die dem Menschen auf dem alten Mond seinen Astralleib gaben. Dieser «Widerspruch» löst sich jedoch auf, wenn wir das Folgende beachten: Gemäß Rudolf Steiner war der Beweggrund für die Throne, auf dem alten Saturn ihr Weltenopfer zu bringen, daß sie die Cherubim in der Umgebung des Saturn schauten. Es war aus diesem Schauen heraus, daß die Throne – gleichsam durch sie angeregt – den Willensimpuls in sich fühlten, sich den Cherubim zu opfern. «Das ist die letzte Vorstellung, zu der man überhaupt kommt, wenn man sich, rückwärtsgehend, dem Saturn nähert – die sich opfernden Geister des Willens, die ihre Opfer hinauflenken zu den Cherubim» (GA 132, 31.10.1911).

So sehen wir, daß es die Cherubim sind, welche die Throne zu ihrem Opfer bewegen. Dasselbe wiederholt sich auf der alten Sonne. «So bekommen wir ein Bild der alten Sonne. Wir denken uns gleichsam einen Zentralsitz, wo vereinigt ist das, was vom alten Saturn herübergekommen ist: die Opfertaten der Throne gegenüber den Cherubim, im Anblick dieser Opfertaten versunken die Geister der Weisheit. Durch den Anblick dieser Opfertaten werden sie veranlaßt, von sich auszustrahlen, was ihr eigenes Wesen ist: strömende, flutende Weisheit als schenkende Tugend» (GA 132, 7.11.1911). Und ähnliches vollzieht sich auch auf dem alten Monde. Hier werden die Geister der Bewegung zu ihrem Opfer dadurch angeregt, daß sie die Folgen des Opfers für den alten Mond schauten, das die Geister der Weisheit auf der Sonne brachten. Dasselbe wiederholt sich noch einmal, wiederum eine Stufe tiefer, auf der Erde. Hier werden die das Opfer darbringenden Geister der Form von den Geistern der Bewegung angeregt. Deshalb entspricht es vollkommen den okkulten Tatsachen, wenn *der erste Impuls* zum Entstehen des individuellen Ich der Waage und nicht dem Skorpion-Adler zugeschrieben wird. Rudolf Steiner drückt sich hier außerordentlich genau aus, indem er nur den *Anfang* der menschlichen Ich-Entwicklung mit der Waage in Zusammenhang bringt («... wo es *anfing* an das Ich heranzugehen ... nun hatte das Ich mit dem Moment der Waage *begonnen,* selbst seinen Anteil zu nehmen ...»). So geht der erste, anfängliche, man kann auch sagen: der «alles veranlassende» Impuls zur Ich-Entwicklung von den Geistern der Bewegung (Waage) aus.[34a] Sodann ergießt sich infolge des Opfers der Geister der Form die Ich-Substanz in den Menschen (Skorpion-Adler). Danach wird diese Ich-Substanz durch die Geister der Persönlichkeit (Schütze) im Menschen weitergestaltet, und es wird ihr nun gleichsam eine endgültige Form gegeben. Eine solche Beteiligung der Geister der Persönlichkeit (Archai) an der Arbeit am menschlichen Ich beruht darauf, daß das Menschen-Ich ihr niederstes Wesensglied ist, das heißt (von oben zählend) das letzte Glied am Menschen, zu dem sie noch einen *unmittelbaren* Zugang haben. Das niederste Glied der Geister der Form hingegen entspricht dem menschlichen Geistselbst, die Ich-Substanz aber,

54

die sie dem Menschen jetzt opfern, haben sie zur Erde mitgebracht aus ihrer Entwicklung auf dem alten Mond, als sie selbst auf der Archai-Stufe standen und die Ich-Substanz ihr niederstes Glied war.[34b]

Das stellt Rudolf Steiner so dar: «Die Geister der Form kommen herüber vom Monde. Ihr niederstes Glied ist das Ich; dieses Ich opfern sie jetzt auch noch hin und befruchten den Menschen in seiner Anlage mit dem Ich, so daß das Ich, wie es auf der Erde auftritt, eine befruchtende Kraft ist, die jetzt ausströmt von den Geistern der Form; und die Geister der Form behalten als niederstes Glied ihrer Wesenheit das Geistselbst oder Manas. Wenn wir sie also beschreiben wollten, müßten wir sagen: Über uns walten in unserer Umgebung in der Erdenatmosphäre die Geister der Form. Ihr niederstes Glied ist Geistselbst oder Manas, in dem leben und weben sie, und geopfert haben sie dasjenige, was sie noch auf dem Monde hatten, das nach allen Seiten wirkende Ich. Das träufelte herunter und befruchtete den Menschen» (GA 102, 29. 2. 1908).

So haben wir, im ganzen gesehen, drei Stufen des Prozesses, durch den der Mensch mit seinem Ich begabt wird: Die Geister der Bewegung rufen ihn hervor, die Geister der Form verwirklichen ihn, und die Geister der Persönlichkeit vollenden ihn. (In der Sternenschrift kommt das durch den Gang von der Waage über den Adler-Skorpion zum Schützen zum Ausdruck). Jetzt lebt die Ich-Substanz auf der Erde und muß allmählich selbst die menschlichen Hüllen durchdringen. Dabei helfen die folgenden Hierarchien dem Menschen. Es durchdrangen – gemäß Rudolf Steiner – gegen Ende der lemurischen Epoche die Ich-Kräfte den Astralleib, auf der Atlantis den Ätherleib und gegen das Ende der Atlantis sowie im Laufe der nachatlantischen Entwicklung den physischen Leib (GA 102, 29. 2. 1908), wobei der Mensch, als die Ich-Kräfte den Astral- und Ätherleib durchdrangen, noch in hohem Grade hellsichtig war und in hellsichtigem Zustand die Erzengel wahrnahm, die sein Ich im Astralleib und später die Engel, die es im Ätherleib leiteten. Und erst als die Ich-Kräfte bis zum physischen Leib vordrangen, trat die Führung durch die Hierarchien allmählich vom Menschen zurück, so daß er, als sich sein Ich-Bewußtsein endgültig in den physischen Leib gesenkt hatte, sein altes Hellsehen vollkommen verlor und ganz auf sich gestellt war.[34c] Dieser tiefste Punkt des Abstiegs in die Materie war in der fünften nachatlantischen Epoche erreicht. In der Sternenschrift entspricht diese Entwicklung dem Fortgang im Tierkreis vom Steinbock (Erzengel) zum Wassermann (Engel) und schließlich zu den Fischen (Mensch).[35]

Erst jetzt, in den Fischen, erlebt der Mensch die vollkommene Abtrennung von der Welt der Hierarchien, gleichzeitig aber auch seine Freiheit, da sein Ich sich nur in den schattenhaften, wesenlosen Bildern des abstrakten Denkens als freies Wesen erleben kann, in Bildern, die infolge ihres abbildhaften Charakters nichts Zwingendes haben (GA 187, 28. 12. 1918).

Andererseits eröffnet sich für jeden Menschen heute dank der Anthroposophie gerade von diesem niedersten Punkt aus die Möglichkeit, seine höhere Entwicklung selbst in die Hand zu nehmen, sein neues, nun aber voll bewußtes Aufsteigen in die höheren Welten zu beginnen. Vom Standpunkt der Sternenschrift ist das der Weg zurück von den Fischen über den Wassermann, Steinbock und so fort bis zur Waage und sogar zur Jungfrau. Vom Standpunkt des anthroposophischen Erkenntnisweges würde eine solche Entwicklung dem Gang durch die sieben Stufen der christlich-rosenkreuzerischen Einweihung, wie sie in der «Geheimwissenschaft im Umriß» von Rudolf Steiner beschrieben wurden, entsprechen.

In diesem Falle entspräche die erste Stufe, das Studium der Geisteswissenschaft mit Hilfe der gewöhnlichen, in der physisch-sinnlichen Welt gewonnenen Urteilskraft, der rechten Verbindung mit den Kräften, die aus dem Bereich der Fische kommen. Die zweite Stufe der Imagination wäre mit dem Aufsteigen zu den Kräften des Wassermann-Bereiches verbunden. Die Stufe der Inspiration würde zum Aufsteigen in den Bereich des Steinbocks führen; die Intuition zu den Kräften des Schützen; die Erkenntnis der Verhältnisse von Mikrokosmos und Makrokosmos zu den Kräften des Skorpion-Adler; weiter das Einswerden mit dem Makrokosmos zu den Waage-Kräften; und, schließlich, die «Seligkeit in Gott» zu den

Kräften der Jungfrau.[36] Als ein Beispiel für ein solches Aufsteigen, das zwar unter den vorchristlichen Entwicklungsbedingungen stattfand und deshalb einen ganz anderen Charakter hatte, kann die Individualität des Gautama-Buddha genommen werden. In dem Buch «Rudolf Steiner und die Grundlegung der neuen Mysterien» wurde schon gezeigt, daß ein Wesen, das auf der Bodhisattva-Stufe steht, an der Bildung seines Geistselbst in einem bestimmten Grade arbeitet. Wenn der Bodhisattva zum Buddha geworden ist, wie im Falle des Gautama im 6. Jahrhundert vor Christi Geburt, dann eröffnet sich ihm die Möglichkeit, bewußt an der Bildung der ersten Keime des Lebensgeistes in sich zu arbeiten. In der Sprache der Sternenschrift bedeutet das (siehe das Schema in dem Zitat Rudolf Steiners auf Seite 51), daß jeder Bodhisattva ein unmittelbares Erleben der Tierkreiskräfte bis hin zum Bereich des Skorpion-Adler erreicht (wenn auch auf einem anderen Wege, als das heute möglich ist), und das entspricht in der christlich-rosenkreuzerischen Einweihung der fünften Stufe der Erkenntnis der Verhältnisse von Mikrokosmos und Makrokosmos. Buddha geworden, gelangt eine solche Individualität im Tierkreis noch weiter und kann die Kräfte aus dem Bereich der Waage unmittelbar erleben, was in der christlich-rosenkreuzerischen Einweihung der sechsten Stufe, dem Einswerden mit dem Makrokosmos, entspricht, das heißt im Falle Buddhas, dem Eingehen in das Nirwana, nachdem er aus seinem eigenen Karma heraus weiterer Verkörperungen auf der Erde nicht bedurfte.

Wenn wir uns nun daran erinnern, daß die Hierarchie der Geister der Bewegung mit dem Tierkreisbereich der Waage verbunden ist, so können wir die folgenden Worte Rudolf Steiners verstehen: «Jene Individualität, die im neunundzwanzigsten Jahre ihres Lebens der Buddha wurde, die konnte in dem Zeitpunkt, der uns symbolisch angedeutet wird durch das Sitzen unter dem Bodhibaum, anfangen, sich von dem Geist der Bewegung, der auf dem Merkur thront, inspirieren zu lassen ... Das Wesentliche ist, daß von dem Zeitpunkte an die anderen Geister, der unteren Hierarchien, wegfielen, daß er [der Gautama Buddha] *unmittelbar sozu-*

sagen zu jenen Wesenheiten hinkommen konnte, welche man als die normal entwickelten Geister der Bewegung bezeichnet» (GA 136, 13.4.1912). Und so müssen wir den Geistesstern des Buddha (den Merkur) in der Waage sehen.

Ehe wir nun von der Betrachtung des aufsteigenden, mikrokosmischen Weges des Menschen zur Betrachtung des absteigenden, makrokosmischen Weges der Christus-Wesenheit übergehen, ist auf die entscheidende Veränderung von Ort und Aufgaben des Tierkreisbereiches der Waage einzugehen. Eine Veränderung, die in einem bestimmten Augenblick der Erdenentwicklung stattfand. Als Ausgangspunkt kann uns hier der Begriff der aufsteigenden und absteigenden Tierkreiskräfte dienen, von denen Rudolf Steiner in dem oben angeführten Auszug spricht. In demselben Vortrag – nur etwas früher – konkretisiert er diese Kräfte folgendermaßen: «Wenn Sie sich also den ganzen Tierkreis denken, so haben Sie sich vorzustellen, daß aus diesem Tierkreis ein Teil von Kräften absteigt, ein Teil von Kräften aufsteigt. Diejenigen Kräfte, die heute in aufsteigender Entwickelung begriffen sind, fassen wir zusammen, weil sie diesen Sternbildern auch angehören, unter den Sternbildern Widder, Stier, Zwillinge, Krebs, Löwe, Jungfrau, *Waage*. Das sind die sieben Sternbilder, die den aufsteigenden Kräften entsprechen. Fünf Sternbilder *etwa* entsprechen den absteigenden Kräften: Skorpion, Schütze, Steinbock, Wassermann und Fische» (GA 102, 27.1.1908). Hier wird unsere Aufmerksamkeit auf das Wort «etwa» gelenkt. Und tatsächlich gehörte der Bereich der Waage nicht immer zu den sogenannten «hellen Sternbildern», sondern erst seit der Mitte der atlantischen Epoche: «Seit der Mitte der atlantischen Rasse ist die Zeit gekommen, in der überhaupt erst für den Menschen diejenigen Zustände begonnen haben, wo ein Übermaß des Aufsteigens da ist. Würden wir das Verhältnis von absteigenden und aufsteigenden Kräften zum Tierkreis *vor* der Mitte der atlantischen Zeit messen, würden wir sagen müssen: es ist ein Gleichmaß vorhanden. Wir müßten dann anders sprechen und als die aufsteigenden -

Kräfte aufzählen: Widder, Stier, Zwillinge, Krebs, Löwe, Jungfrau. Wir müßten die *Waage* zu der anderen Partie zählen, zu denen, die im Heruntersteigen sind» (GA 102, 27. 1. 1908).[37]

Daraus ersehen wir, daß der sogenannte «helle Tierkreis» sich
erst nach der Mitte der atlantischen Entwicklung bildete, nachdem
die Waage zu der Gruppe der Sternbilder übergegangen war, die
mit den aufsteigenden Tierkreiskräften verbunden ist. Von der Tätigkeit der Hierarchien aus betrachtet bedeutet das, daß eine große
Gruppe der Geister der Bewegung den Weg zum Aufsteigen in den
Rang der Geister der Weisheit begonnen hatte. Eine solche Entwicklung in der Welt der Hierarchien sollte uns nicht verwundern,
denn wir kennen aus den Mitteilungen der Geisteswissenschaft
schon solche Ereignisse in den höheren Welten. So sind in unserer
Zeit eine ganze Reihe von Geistern, die zur Hierarchie der Archai
gehören, im Begriff, Geister der Form zu werden (d. h. in der Sternensprache: sie suchen den Übergang vom Tierkreisbereich des
Schützen zu dem des Skorpion-Adler), und es ist mit diesem Wechsel auch in hohem Grade der Charakter der modernen Einweihung
im Zusammenhang zu sehen (GA 187, 28. und 31. 12. 1918). Wir
wollen jedoch zunächst keine weitere Erklärung für diese Veränderung im Bereich der Waage suchen. Später werden wir noch sehen,
welche Bedeutung sie für die Entwicklung unseres gesamten Kosmos hat.

Nachdem Rudolf Steiner die Bereiche der aufsteigenden und
absteigenden Tierkreiskräfte (sieben und fünf Sternbilder) aufgeführt hat, fährt er fort: «Diejenigen Kräfte, die aufsteigen, entsprechen auch im Menschen den höheren Gliedern seiner Wesenheit,
den höheren, edleren Eigenschaften. Diejenigen Kräfte, die in ab-
steigender Entwickelung sind, *müssen erst durch den Menschen
durchgehen, müssen erst im Menschen jene Stufe sich erringen,
durch die auch sie aufsteigende Kräfte werden können*» (GA 102,
27. 1. 1908).

Diese Worte können wir am besten verstehen, wenn wir uns
dem Bild des Kentauren zuwenden und uns vergegenwärtigen,
daß heute jeder Mensch dieses Wesen bis zu einem gewissen Grad

in sich trägt, wenn das auch nur der Hellseher schauen kann (GA 145, 28. 3. 1913). Der Kentaur ist halb Mensch und halb Tier. Versuchen wir, ihn in der Sternensprache zu beschreiben, so ergibt sich das Folgende. Vom Kopf (Widder) bis zum Sonnengeflecht (Jungfrau) ist der Kentaur Mensch. Weiter von den Geschlechtsorganen bis zu den Füßen (das heißt vom Skorpion bis zu den Fischen) ist er Tier. Seine Hüfte (Waage) aber nimmt eine Mittelstellung ein. Sie beginnt als menschliche Form und setzt sich dann als tierische Form fort. In anderen Worten: in ihr überwindet der Mensch – der Kentaur – seine Tierheit endgültig. Wenn wir nun die Waage für unsere Zeit zu den hellen Sternbildern zählen, so weisen uns die fünf dunklen auf die noch immer tierhafte, das heißt von absteigenden Kräften durchsetzte Menschennatur. Und gerade diese absteigenden Kräfte müssen «durch den Menschen durchgehen», um durch die Berührung mit dem Christus-Impuls in seinem Ich die Kraft zu eigener aufsteigender Entwicklung zu gewinnen.

Deshalb beginnt jeder Mensch, der den Weg der modernen christlich-rosenkreuzerischen Einweihung heute bewußt betritt, an der «Umwandlung des Tierkreises», an der Verwandlung seiner dunklen Bereiche in helle, unmittelbar teilzunehmen. Denn in dem Maße, in dem der Mensch die erste Stufe dieses Weges beschreitet, trägt er dazu bei, daß die kosmischen Kräfte aus dem Bereich der Fische, die durch sein Ich hindurchgehen, zu hellen Kräften in unserem Kosmos werden können. Macht der Mensch die zweite Stufe durch, trägt er zur Verwandlung des Wassermann-Bereiches bei; auf der dritten Stufe zur Verwandlung der Sphäre des Steinbocks und so fort bis zur sechsten Stufe, welche den höchsten Punkt der Entwicklung des individuellen Ich in der Waage bedeutet. Und wenn einst die ganze Erdenmenschheit diese Stufe erreicht haben wird, dann wird der «dunkle Tierkreis» in einen hellen umgewandelt sein, und die Menschheit kann, nachdem sie das planetarische Prinzip in sich vollkommen verwandelt hat, zu rein kosmischem Sternenschaffen übergehen (siebente Stufe).[37a]

Rudolf Steiner weist mit folgenden Worten auf diese höchste Stufe hin: «Er [der Mensch] wird seine volle Macht über diese

Waage des Tierkreises erlangen, wenn er sein Ich durchgedrückt hat bis zum Atma oder Geistesmenschen [Jungfrau]. Da wird er ein Wesen sein, das etwas ausströmt, das aus dem Stadium der Zeit in das Stadium der Dauer, der Ewigkeit übergeht.»

Das ist zugleich auch ein wichtiger Hinweis auf die kosmische Wirkenssphäre des Wesens der *Anthropos-Sophia.* Denn wenn die erste Stufe des modernen Einweihungsweges mit dem Bereich der Fische zusammenhängt, das heißt mit dem Prinzip des Ur-*Anthropos* (siehe Seite 15), so ist die siebente und letzte Stufe mit dem Bereich der Jungfrau, mit der Hierarchie der Geister der Weisheit verbunden, die in unserem Weltall die Kräfte der kosmischen *Sophia* repräsentieren. So steigt der Mensch auf diesem Wege von seiner gegenwärtigen Entwicklungsstufe durch die allmähliche Verwandlung der Kräfte des planetarischen Kosmos in sich zur höchsten Sternenweisheit, der göttlichen Sophia, auf, die im «mystischen Lamm» das letzte Sternenglied bildet und zugleich das Tor zum kosmischen Reich des Christus darstellt. Denn darin besteht die Hauptaufgabe der Anthroposophie in der Welt: einen Weg zu bahnen, der den Menschen von seinem begrenzten, irdischen Sein zur Vereinigung mit der Sphäre des «mystischen Lammes« führt, zur Vereinigung mit dem kosmischen Christus. «Anthroposophie ist ein Erkenntnisweg, der das Geistige im Menschenwesen zum Geistigen im Weltenall führen möchte» (GA 26).

Wie bereits erwähnt, ist dieses erhabene Ziel der zukünftigen Entwicklung heute vor allem mit dem modernen Einweihungsweg verbunden, und dieser ist allen Menschen zugänglich, obwohl ihn bis jetzt nur wenige wirklich gehen. Daß die übrige Menschheit jedoch trotzdem nicht von einer positiven Entwicklung abgeschnitten ist, das danken wir dem Christus-Impuls.

Denn die Aufnahme der christlichen Wahrheiten während der Zeit, die seit dem Mysterium von Golgatha bis heute vergangen ist, bewirkt die Umwandlung der absteigenden zu aufsteigenden, im Bereich der Fische wirkenden Kräfte im Menschen. Und das in unserer Zeit beginnende Erscheinen des Christus im Ätherleibe aus der Angeloi-Sphäre heraus (GA 152, 2.5.1913), das allmählich durch die in der Menschheit erwachenden imaginativen Fähigkeiten wahrgenommen werden wird, wird zu einer ähnlichen Umwandlung der im Menschen aus dem Bereich des Wassermanns heraus wirkenden Kräfte führen. Nach dem weiteren Verlauf von 3000 Jahren wird sich sodann der Menschheit durch die Inspiration die Möglichkeit eröffnen, den Christus in seinem Astralleib in der Erzengelsphäre zu erleben, und das wird den Impuls zum Umwandeln der Kräfte des Steinbocks im Menschen geben. Schließlich wird sich der Christus noch später durch die Intuition als Welten-Ich in der Archai-Sphäre offenbaren, was dem Menschen die Möglichkeit geben wird, diejenigen Kräfte in sich zu verwandeln, welche aus der Sphäre des Schützen herabströmen.[38] Jetzt wird uns die okkulte Bedeutung der Tatsache verständlich, die schon in der Anmerkung 35 erwähnt wurde, daß in der Epoche der Fische die oben beschriebene hierarchisch-zodiakalische Entwicklung beginnt mit der historisch-zodiakalischen zusammenzufallen. In der sechsten Kulturepoche, die unter dem Zeichen des Wassermanns steht, wird sodann das ätherische Wahrnehmen des Christus allgemein werden, das astralische Wahrnehmen des Christus in der siebenten, unter dem Zeichen des Steinbocks stehenden Epoche und, schließlich, das Wahrnehmen des Christus als Ich nach dem «Krieg aller gegen alle» in jener fernen Epoche, in welcher der Punkt der Frühlings-Tag-und-Nachtgleiche in den Bereich des Schützen rücken wird.

Nachdem wir so über Vergangenheit und Zukunft des Menschen in der Sternenschrift gelesen haben, können wir versuchen, in ihr auch etwas über den Christus, das «mystische Lamm», zu entziffern; über sein Leben im Kosmos bis zum Mysterium von Golgatha und über sein Herabsteigen durch alle höheren Hierarchien zur Erde und zur Menschheit, um ihrer Vollendung willen. Für diese Betrachtung müssen wir uns jedoch vorbereiten, und dazu sollen uns einige Mitteilungen dienen, die in dem Zyklus Rudolf Steiners «Die geistigen Wesenheiten in den Himmelskörpern und

Naturreichen» (GA 136) enthalten sind. Dort finden wir im Vortrag vom 10. April 1912 die folgende Klassifikation der Hierarchien im Verhältnis zu ihrem Wirken in den Fixsternen, den Planeten und den Trabanten der Planeten (ganz besonders der die Erde umgebenden Mondensphäre): in den Fixsternen wirken die höheren Hierarchien von den Seraphim bis zu den Geistern der Weisheit einschließlich, in den Planeten die Seraphim bis zu den Geistern der Form und auf dem Mond (in der Mondensphäre) die Seraphim bis zu den Erzengeln. Eine besondere Stellung aber nimmt die Sonne in dieser Hinsicht ein, denn sie hat zwei Aspekte: einen Fixstern- und einen Planetenaspekt. Jedoch auch hier gilt die angeführte Gesetzmäßigkeit: die Hierarchien von den Seraphim bis zu den Geistern der Weisheit sind nur mit dem «Sternenaspekt» der Sonne verbunden, die Geister der Bewegung sowie die Geister der Form dagegen, deren Wirken auch von ihr ausgeht, haben eine Beziehung nur zu ihrem planetarischen Aspekt. Und hier wird nun die Bedeutung des Übergangs der Waage von dem «dunklen» Tierkreisbereich in den «hellen» deutlich, denn jener Teil der Geister der Bewegung, der in den Rang der Geister der Weisheit aufzusteigen begonnen hat, er hat sich aus der Sphäre der Planetenwirkung in die Sphäre der Fixsternwirkung erhoben, und damit ist die Waage zu dem Bereich des Tierkreises geworden, unter dessen Leitung die Kräfte der Planeten mit den Kräften der Fixsterne in die richtige Beziehung treten. Das läßt sich auch folgendermaßen zum Ausdruck bringen: die nun mit der Waage verbundenen Geister der Bewegung halten gleichsam das Gleichgewicht, indem sie als Vermittler zwischen dem reinen Fixsternbereich der Geister der Weisheit (Jungfrau) und dem Planetenbereich der Geister der Form (Skorpion-Adler) wirken.[39]

Diese besondere Stellung der Waage im Tierkreis – die damit zusammenhängt, daß die Sonne gleichzeitig ein Planet und ein Fixstern ist – kann uns das Verständnis einer weiteren, zunächst widersprüchlich erscheinenden Stelle des oben angeführten großen Zitates erschließen. Denn wenn Rudolf Steiner über das höchste Ziel der Entwicklung des Menschen-Ich, über die Stufe des

Geistesmenschen, spricht, der nach dem Schema auf Seite 51 zum Bereich der Jungfrau gehört, dann verbindet er dieses Ziel auch mit der Waage, obwohl die Waage selbst mit dem Lebensgeist verbunden ist. Mit anderen Worten: Rudolf Steiner beschreibt den Menschen nur bis zur Waage, obgleich er bis zur Jungfrau in den Tierkreis eingeschrieben ist. Und etwas ähnliches liegt auch bei dem Lamm vor, nur in der Richtung von oben nach unten. Rudolf Steiner trägt es nur bis zur Waage in den Tierkreis ein, und doch gehört zum »kosmischen Leib« des Lammes in einem gewissen Sinne auch der Bereich des Adlers (Skorpion). So berühren sich beide Bereiche – der des Lammes und der des Menschen – im Zeichen der Waage, und das ist auch der Grund, warum dieses Zeichen von Rudolf Steiner besonders hervorgehoben wird. Denn da der «Leib des Lammes» seinem Wesen nach nur mit der Welt der Fixsterne verbunden ist, erwähnt Rudolf Steiner den Bereich des Adlers (Skorpion) im Zusammenhang mit ihm nicht, obwohl das einzige planetarische Glied des Lammes sich im Adler (Skorpion) befindet.[40] (Darüber, wie im Laufe der Entwicklung zum Sternenleib des Lammes dieses planetarische Glied hinzukam, werden wir noch sprechen.) Der Mensch dagegen wird sich zunächst nur innerhalb der Grenzen des Planetendaseins realisieren können. Und deshalb legt Rudolf Steiner, wenn er vom Menschen spricht, den Akzent auf die Waage und nicht auf die Jungfrau. (Das wird durch die folgende Darstellung noch deutlicher bestätigt werden.)[40a]

Nun können wir uns dem Prozeß des Abstiegs der Christus-Wesenheit aus den kosmischen Höhen auf die Erde unmittelbar zuwenden und versuchen, ihn in der Sprache der Sternenschrift zu schildern. Als Ausgangspunkt wollen wir eine bestimmte Darstellung des Zyklus «Die geistigen Wesenheiten in den Himmelskörpern und Naturreichen« (GA 136) vor unsere Seele stellen. Hier sagt Rudolf Steiner, im Vortrag vom 7. April 1912, daß im Kosmos außer den Wesenheiten der neun Hierarchien, die den Anthroposophen bekannt sind, noch andere, höhere und umfassendere Wesenheiten wirken, die ihre einzelnen Glieder aus den Geistern der verschiedenen Hierarchien bilden. Diese Wesenheiten sind ihrer Natur nach so erhaben und so verschieden von allem, womit der Mensch gewöhnlich zu tun hat, daß es nur möglich ist, durch Vergleich oder Analogie sich eine auch nur entfernte Vorstellung von ihnen zu bilden.

Rudolf Steiner gebraucht in diesem Zusammenhang den Vergleich mit dem Menschen. Er sagt: so wie der Mensch aus physischem, ätherischem, astralischem Leib und weiter aus der Empfindungs-, Verstandes- und Bewußtseinsseele besteht und von der letzteren aus vorläufig nur von unten nach oben auf die über ihm schwebende höhere Dreiheit seines Wesens, auf Manas, Buddhi, Atma schauen kann, so bestehen auch die genannten kosmischen Wesenheiten gleichermaßen aus sechs Gliedern, nur haben sie zu ihrem (niedersten) Glied nicht so etwas, «was wir nur als physischen Leib wie beim Menschen bezeichnen, sondern was wir selber als eine Wesenheit bezeichnen müssen, als *Geist der Form*. Wie wir in unserem physischen Leibe leben, so leben Wesenheiten von höherer Erhabenheit so, daß sie die Geister der Form, oder einen Geist der Form meinetwillen, zu ihrem untersten Gliede haben. Wir Menschen haben dann den ätherischen Leib, statt dessen haben diese Wesenheiten als zweites Glied Geister der Bewegung; statt des astralischen Leibes des Menschen haben diese Wesenheiten Geister der Weisheit; statt dessen, was wir Menschen als Empfindungsseele haben, haben diese Wesenheiten als ihr viertes Glied Throne oder Geister des Willens; statt unserer Verstandesseele haben diese Wesenheiten als fünftes Glied Cherubim; als sechstes haben sie, wie wir die Bewußtseinsseele haben, Seraphim. Und wie wir hinaufschauen zu demjenigen, was wir uns allmählich erst aneignen in zukünftigen Erdentagen, so schauen diese Wesenheiten hinauf zu dem, was überragt das Wesen der Hierarchien. Wie wir von unserem Manas, Buddhi, Atma oder Geistselbst, Lebensgeist, Geistesmenschen sprechen, so schaut gleichsam aus seinem seraphischen Glied, wie wir aus unserer Bewußtseinsseele, diese Wesenheit hinauf zu einer Urgeistigkeit. Da erst haben diese Wesenheiten dann etwas dem Analoges, was wir unser geistiges Innenleben nennen. Es ist außerordentlich schwierig, von dem, was da oben über den Hierarchien gleichsam als die geistige Wesenheit *höchster Geister* selber vorhanden ist, Vorstellungen zu erwecken» (GA 136, 7. 4. 1912).

Wenn wir nun versuchen, in Sternensprache das Wesen dieser «höchsten Geister» auszudrücken, dann müssen wir sagen, daß sie zu dem Bereich am Himmel gehören, der sich vom Adler (Geister der Form) bis zu den Zwillingen (Seraphim) erstreckt. Wir können, den von Rudolf Steiner gebrauchten Vergleich weiterführend, aber auch von der Tatsache ausgehen, daß der Mensch der Entwicklung unterliegt. So lebt die ganze Menschheit in der Gegenwart in der Epoche der Bewußtseinsseele, in der sechsten Kulturepoche wird der Mensch vom Geistselbst überleuchtet werden (das wird die erste irdische Vorwegnahme des Jupiterzustandes sein), und in der siebenten Kulturepoche werden ihm die Kräfte des Lebensgeistes – zwar nur als eine Gabe von oben – zugänglich sein (und das wird die erste Vorwegnahme des zukünftigen Venuszustandes sein). Etwas ähnliches können wir auch in bezug auf die genannten «höchsten Geister» voraussetzen. Auch sie können sich als Ergebnis ihrer Entwicklung eine noch höhere Einflußsphäre als die der Seraphim erschließen, es kann sich ihnen der Weg zu dem eröffnen, was, christlicher Terminologie folgend, der Göttliche oder Heilige Geist und der Göttliche Sohn, der Gottes-Sohn, genannt wird. In der Sprache der Sternenschrift hieße das, daß die «höchsten Geister» ihrem höchsten «seraphischen» Glied, das sich im Zeichen der Zwillinge befindet, den noch höheren Einfluß aus den Bereichen von Stier und Widder eingliedern und somit in gewissem Sinne eine achtgliedrige Wesenheit bilden würden, die mit der Sphäre außerhalb des Tierkreises in Berührung steht.

Was aber hätte das Entstehen einer solchen «Über-Wesenheit» zur Folge? Die Folge davon wäre, daß sich zum ersten Mal in unserem Kosmos die Möglichkeit eröffnete, daß das göttliche *Prinzip des Sohnes* unmittelbar von oben nach unten bis zur Hierarchie der Geister der Form (das heißt bis zur Sphäre des Skorpion-Adlers) zu wirken vermag, die «Über-Wesenheit» aber würde zum wahren kosmischen Leib des «mystischen Lammes».

Gibt es nun ein Ereignis in der Geschichte der Entwicklung unserer Erde, das das oben Gesagte bestätigt, das heißt, das von einer solchen Teilnahme des *Sohnes selbst* an unserer planetarischen Entwicklung durch die Geister der Form zeugt? Ja, ein solches Ereignis gibt es, und das ist die in der Bibel beschriebene Schöpfung des Menschen durch die Elohim. Rudolf Steiner spricht über dieses Ereignis: «Die Elohim ... sagten: Nun lasset uns den Menschen machen! – Da woben sie alles das, was sie im einzelnen konnten, zu einem Gesamtwerk zusammen. Alle Tätigkeiten, die sie herüberbrachten von früheren Stufen, woben sie zusammen, um zuletzt den Menschen hervorzurufen. Alle diese Hierarchien also, die der des Menschen vorangegangen sind und die wir bezeichnen als Seraphim, Cherubim, Throne, als Geister der Weisheit, der Bewegung, der Form, als Archai oder Geister der Persönlichkeit, als Feuergeister oder Erzengel und als Engelwesen, alle diese Wesenheiten, wir haben sie gefunden webend und wesend in all diesem Dasein. Und wenn wir das, was uns die Genesis berichtet, verfolgen bis zu jener Krönung des Gebäudes hin, die mit dem Menschen erscheint am sogenannten sechsten Schöpfungstage, wenn wir das ganze Weben und Wesen sozusagen der vormenschlichen Erdenentwicklung in Betracht ziehen, so finden wir schon darin alle die verschiedenen Hierarchien. Und alle diese Hierarchien mußten zusammenwirken, um das vorzubereiten, was zuletzt im Menschen zutage trat.

Wir dürfen also sagen: Es ist ein Bewußtsein vorhanden gewesen bei jenem Seher oder jenen Sehern, denen die Genesis entsprang, daß alle die aufgezählten Hierarchien schon für das Vorbereitungsstadium des Menschen wirken mußten. Aber auch davon mußten sie ein Bewußtsein haben, daß zur Hervorbringung des Menschen selber, *zur letzten Krönung dieser ganzen hierarchischen Ordnung*, noch eine Hilfe kommen mußte von einer Seite her, die in einer gewissen Beziehung noch höher liegt als alle diese

Hierarchien. Wir blicken also gleichsam über die Seraphim hinauf nach einer zunächst unbekannten, nur geahnten göttlichen Wesenheit. Verfolgen wir einmal die Tätigkeit zum Beispiel irgendeines Gliedes der hierarchischen Ordnung, sagen wir, die Tätigkeit der Elohim. Solange sie nicht zu dem Entschlusse gekommen waren, ihre Werke durch die Bildung des Menschen zu krönen, so lange reichte es aus, daß sie ihre eigene Tätigkeit in Einklang versetzten mit der Tätigkeit der Hierarchien bis zu den Seraphimen hinauf [das heißt: innerhalb der Bereiche von Skorpion-Adler bis zu den Zwillingen]. Dann aber mußte ihnen eine Hilfe kommen von jener Seite, zu der wir eben ahnend den geistigen Blick erheben, die *sozusagen über den Seraphimen steht»* (GA 122, 22. 8. 1910).

Dazu sei noch hinzugefügt – und das ist für unsere Betrachtung besonders wichtig –, was Rudolf Steiner über die Elohim selbst und ihre eigene innere Entwicklung sagt: «Wenn die Elohim zu dieser schwindelerregenden Höhe hinauf ihre schöpferische Tätigkeit richten wollten, so daß sie Hilfe von dieser Seite empfangen konnten [das heißt: aus den Bereichen über den Seraphim], dann mußte etwas eintreten, was wir seiner ganzen Tragweite nach verstehen wollen. Sie mußten sozusagen *über sich selbst hinauswachsen*. Sie mußten lernen, mehr zu können, als sie bloß im Vorbereitungswerke gekonnt hatten ... Es mußte also die Gruppe der Elohim gewissermaßen über sich selber hinauswachsen.» Denn «das, was der Mensch war, war gleichsam nur eine Vorstellung, in der sie zusammenwirken konnten ... In dieser Arbeit selber entwickelten sie sich aber höher, entwickelten sie ihre Einheit zu einer Realität, so daß sie jetzt nicht nur sieben waren, sondern daß die Siebenheit ein Ganzes war, so daß wir jetzt von einer Elohimheit sprechen könnten, welche sich auf siebenfache Weise offenbart. Diese Elohimheit ist erst geworden. Sie ist das, wozu sich die Elohim hinaufgearbeitet haben ... Und diese reale Einheit der Elohim, in welcher die einzelnen Elohim tätig als Glieder, als Organe wirken, nennt die Bibel Jahwe-Elohim.» (GA 122, 22. 8. 1910).

Stellen wir nun diese Worte Rudolf Steiners neben das oben

Gesagte, so sehen wir, daß das siebengliedrige Wesen, das aus dem «Zusammenwachsen» der Elohim entstanden ist, gleichsam in der Sphäre der Geister der Form eine Art Abbild derjenigen «Über-Wesenheit» bildet, von der oben gesprochen wurde. So gehören die Elohim selbst einerseits zu dem niedersten Glied dieser «Über-Wesenheit», andererseits vereinigen sie sich in ihrer eigenen Sphäre zu einem *neuen Wesen*, das gleichsam mikrokosmisch in seinen sieben Gliedern die *sechs* Glieder der «Über-Wesenheit», von den Geistern der Form bis zu den Seraphim, (s. S. 65 f.) und im siebenten die genannte Entwicklung der «Über-Wesenheit» bis zur Sphäre des kosmischen Geistes (Stier) widerspiegelt.[41] Dadurch ist diese siebenfache Einheit der Elohim in der Lage, *wie ein Ganzes* einen Impuls aus einer noch höheren, der achten Sphäre, zu empfangen, den Impuls des Sohnes, um mit Hilfe dieses Impulses «den Menschen zu schaffen», zu schaffen wahrhaftig «zum Bilde Gottes» (Genesis 1,26–27). Das ist auch ein Hinweis auf das Geschehen, durch das zu dem kosmischen Leib des «mystischen Lammes», der zunächst nur aus Sternengliedern bestand, noch ein planetarisches Glied hinzukam, das von der Gesamtheit der sieben Elohim gebildet wurde.

Nun können wir das Herabsteigen des Sohnes-Prinzips oder des Christus als «mystisches Lamm» näher betrachten. Wie schon gesagt, gehört der Leib des «mystischen Lammes» vollkommen zur Fixstern-Sphäre und umfaßt, außer den höchsten Tierkreisbereichen des Sohnes und des Geistes (Widder und Stier), vor allem die «Sternen»-Hierarchien von den Seraphim bis zu den Geistern der Weisheit (oder, in der Sprache der Sternenschrift, von den Zwillingen bis zur Jungfrau). Das ist die Ursprungssphäre des «mystischen Lammes». In ihr durchdringt das Prinzip des Sohnes oder der kosmische Christus sodann, nachdem er durch das Tor des Widders aus den Weltbereichen jenseits des Tierkreises in diesen eingetreten ist, nacheinander alle Bereiche bis zur Jungfrau. *Das ist das erste große Opfer des Sohnes und zugleich das erste Stadium seines Abstiegs zur Erde,* während dessen das Prinzip des Sohnes noch immer allein mit dem Sternenkosmos verbunden ist. Um sich der Erde aber noch mehr zu nähern, muß er auch den Weg aus den Sternensphären in den Wirkensbereich der Wandelsterne oder Planeten finden, und dafür ist die Vereinigung mit der Sonne notwendig, denn die Verbindung mit den Planeten geht in den Grenzen des Sonnendaseins vor sich.

Gemäß den Angaben der modernen Geisteswissenschaft betritt der Christus die Sonne durch das Tor eines Sonnengeistes der Weisheit: «Das heißt, dasjenige, was man in der Sprache der heiligen Rishis als Vishvakarman bezeichnet, in der des Zarathustra als Ahura Mazdao, in der der ägyptischen Kultur, wenn man wirklich versteht, was hinter dem Namen steckt, als Osiris, und was man bezeichnete in der Sprache des vierten Kulturzeitraumes mit dem Wort Christus, das hat hereingeleuchtet durch das Tor des Sonnengeistes der Weisheit ... Er [der Sonnengeist der Weisheit] war das Tor, um hinauszurichten den okkulten Blick in unendliche Sphären, worin die Geister der höheren Hierarchien vorhanden sind; aber der Einlaß war der Geist der Weisheit, der Sonnengeist der Weisheit» (GA 136, 13. 4. 1912).

Und so tritt das Prinzip des Sohnes oder der Christus *durch das Tor der Jungfrau* in die Sonnensphäre ein, sich zunächst nur mit dem verbindend, was noch zu ihrer Sternennatur gehört (das heißt: sich mit der Sonne als Fixstern verbindend). Um dann aber den Weg zu ihrem zweiten, dem «Planeten»-Aspekt zu finden, verbindet sich der Christus noch innerhalb des Sonnenlebens mit dem Bereich der Geister der Bewegung, die, wie wir sahen, das Gleichgewicht zwischen der Fixstern- und der Planetenwelt herstellen. In ihrem Kreis (das heißt: im Waage-Bereich) weilt der Christus noch in den Grenzen des uranfänglichen Leibes des «Mystischen Lammes» (siehe Schema auf S. 51), denn die Sternenkräfte wirken noch unmittelbar in dieser Sphäre, wenn auch im Wechsel mit Planeteneinflüssen.[42]

Nun vollzieht der Christus das *zweite große Opfer, das zugleich das zweite Stadium seines Näherkommens zur Erde bedeutet:* Er muß von den Sterngliedern des «Mystischen Lammes» zu seinem niedersten, dem «planetarischen» Glied übergehen, das in der Sprache der Sternenschrift dem Bereich des Adler-Skorpion entspricht. Und das ist dadurch möglich, daß die sieben Sonnen-Elohim «über sich selbst hinauswachsen» und in ihrer Gesamtheit ein neues höheres Wesen zu bilden vermögen, das (von oben nach unten zählend) zum achten «planetarischen» Glied des Lammes werden kann. So vereinigt sich der Christus infolge seines zweiten großen Opfers mit dem planetarischen Aspekt der Sonne und durch sie auch mit allen Planetenwirksamkeiten innerhalb unseres Sonnensystems.

Danach muß der Christus, um sich der Erde noch mehr zu nähern, eine weitere Stufe herabsteigen und aus dem Planeten- in das Mondendasein übergehen. Wenn nun, wie oben (S. 63) bereits gesagt, im Planetendasein die Hierarchien von den Seraphim bis zu den Geistern der Form wirken, so kommen im Mondendasein die Geister der Persönlichkeit (Archai) und die Archangeloi zu ihnen hinzu. Um aber in das Mondendasein einzutreten, muß der Christus die Sonne *durch das Tor des Skorpion-Adler* verlassen. Diesen Aspekt des Skorpion als Aspekt des «Sterbens» können wir in den folgenden Worten Rudolf Steiners, mit denen er diesen Prozeß charakterisiert, ganz besonders nachempfinden: Christus «starb kosmisch von der Sonne zur Erde herab, er kam zur Erde herunter» (GA 240, 27.8.1924). In diesem Herabkommen in die Mondensphäre haben wir *das dritte große Opfer des Christus und zugleich ein weiteres Stadium auf seinem Wege zur Erde*. In der Sprache der Sternenschrift können wir über dieses Ereignis sagen: Der Christus verließ auf seinem Weg zur Erde die Sphäre des Skorpion-Adler und trat, nachdem er durch die Region des Schützen hindurchgegangen war, in das Gebiet des Steinbocks ein. Dieser ist ganz besonders mit der Hierarchie der Erzengel verbunden. Und hier, in ihrem Kreise, begegnet der Christus auch den *sieben* bedeutendsten unter ihnen und ganz besonders ihrem Sonnenführer, dem Erzengel Michael, der seit dieser Zeit den Weg geht, der es ihm ermöglicht, allmählich vom Antlitz Jahwes zum Antlitz Christi zu werden.

Wenn wir nun – ehe wir zu dem letzten und größten Opfer des Christus übergehen – alles bisher Gesagte vom Standpunkt der geistesgeschichtlichen Entwicklung der Menschheit betrachten, dann sehen wir, daß die *sieben* heiligen Rishis im alten Indien den Christus – man nannte ihn damals Vishva-Karman –, der in den Bereichen jenseits des Tores des Sonnengeistes der Weisheit (in den Sphären vom Widder bis zur Jungfrau) weilte, als «über ihrer Sphäre» auffaßten (GA 136, 13. 4. 1912). Denn ihre Sphäre war die der Planetenentwicklung, die nicht bis zur Welt der Fixsterne hinaufreicht (von der Jungfrau an aufwärts).[43] Weiter wurde die Christus-Wesenheit, als sie in dem Bereich *diesseits* vom Tor des Geistes der Weisheit in den Sphären der Geister der Bewegung und ganz besonders der Geister der Form weilte, in der Epoche des alten Persien Zarathustras, als der Sonnengeist Ahura Mazdao, dessen Gegner der Geist der Finsternis Angramanyu (Ahriman) war, aufgefaßt. Und dieser Dualismus der Religion Zarathustras ist auch in dem Charakter des Skorpion-Adler-Gebietes zu finden: einerseits im Adler – andererseits im Skorpion.[44] Das Herabsteigen der Christus-Wesenheit in die Mondensphäre, schließlich, wurde bereits in der Erdenumgebung und sogar in den Erdenelementen unmittelbar wahrgenommen. Hier wirkte die Christus-Wesenheit nun, wie wir sahen, aus der Sphäre der Erzengel heraus und offenbarte sich durch sie den verschiedenen Völkern der Erde auf verschiedene Weise: den Griechen als Apollon, den Ägyptern als Osiris, in Kleinasien als Adonis, in Persien als Mithras, im europäischen Norden als Baldur und im alten Israel als «Ejeh asher ejeh» (Ich bin der Ich-Bin) im brennenden Dornbusch vor Moses auf dem Berge Sinai.[44a] Jetzt befindet sich die Christus-Wesenheit ganz nah bei der Erde. Und es steht ihr noch das *größte, vierte Opfer* bevor, das ihre Abtrennung aus der Sphäre der Hierarchien und ihre Vereinigung mit dem Menschen Jesus von Nazareth auf der Erde bedeutet, mit Jesus, der unter der Einwirkung des Fische-Bereichs steht, denn er soll der Erstling und Stammvater der Menschheit als neue zehnte Hierarchie werden. Zu diesem höchsten Opfer, das durch das Mysterium von

Golgatha vollendet wurde («Doch darum bin ich in diese Stunde gekommen», Joh 12,27), steigt der Christus durch das *Tor des Steinbocks* und zieht, die Engelsphäre auslassend (GA 152, 1.6.1914), unmittelbar in die Hüllen des Jesus ein. (Wenn die Taufszene richtig geschildert wird, dann werden die Engel stets rechts als eine gesonderte Gruppe in einiger Entfernung dargestellt, denn sie schauen auf dieser Stufe das letzte Stadium des Herabkommens des Christus nur von außen.)

Nun wollen wir diesen ganzen Weg nochmals betrachten und die wichtigsten Stufen hervorheben. Zu Beginn tritt die Christus-Wesenheit als Sohnes-Prinzip durch das Tor des Widder in den Tierkreis ein. Dadurch wird der Christus, da er sich opfervoll in den geschaffenen Kosmos hineingegeben hat, zum «Großen Opfer», zum «mystischen Lamm», das alle Sternenhierarchien bis zu den Geistern der Weisheit und zum Teil sogar zu den Geistern der Bewegung umfaßt. Das ist das erste Opfer des Christus. Sodann betritt er durch das Tor der Jungfrau die Sonne, sich zunächst nur mit ihrem «Sternen»-Aspekt vereinigend (zweites Opfer). Allmählich durchdringt und durchgeistigt er jedoch die ganze Sonnensphäre mit seinem eigenen Wesen und vereinigt sich auf diese Weise mit dem «planetarischen» Aspekt der Sonne, dem Bereich der Geister der Form, indem er seine Macht auch auf alle einzelnen Planeten unseres Sonnensystems ausdehnt. Dann verläßt der Christus die Sonne durch das Tor des Skorpion und tritt, sich der Erde nähernd, in die Mondensphäre, den Kreis der Erzengel, ein (drittes Opfer). Schließlich verläßt er durch das Tor des Steinbocks auch diese Sphäre, um sich bei der Taufe im Jordan mit dem Menschen Jesus von Nazareth zu vereinigen (viertes Opfer).

So haben wir im ganzen gesehen *vier* große Opfer, die die Christus-Wesenheit auf ihrem Wege zur Erde bringt, und jedes von ihnen ist mit dem Durchgang durch ein Tor im Makrokosmos verbunden. Wir zählen vier solcher Tore. In der Sprache der Sternenschrift können wir die drei ersten als das Tor des Widder, das der Jungfrau und Skorpion-Adler und das des Steinbock bezeichnen, wobei das Tor des Widder in die Tierkreissphäre hineinführt, das doppelte Tor von Jungfrau und Skorpion-Adler als Ein- und Ausgang der Sonnensphäre mit der Sonne verbunden ist und das Tor des Steinbock, auch Tor des Mondes, den Zugang zur Mondensphäre bildet. Und so haben wir drei kosmische Stufen beim Herabkommen des Christus: die Sternenstufe (Widder), die Sonnenstufe (in ihren zwei Aspekten als Jungfrau und als Skorpion-Adler) und die Mondenstufe (Steinbock). Zu diesen drei Stufen kommt sodann die vierte, *irdische Stufe* (ihr Zeichen wird das der Fische sein), die Vereinigung des Christus mit dem Jesus bei der Taufe im Jordan, hinzu. So können wir die vier Stufen, über die der Christus zur Erde herabstieg, auch folgendermaßen benennen: Die erste Stufe ist die Sternenstufe *(Widder)*, die zweite die *Sonnen-*, die dritte die *Monden-* und die vierte die *Erden*stufe. Damit haben wir den Schlüssel für die Worte Rudolf Steiners, die oben (auf S. 52) angeführt wurden: «Er [der Christus] steht seiner ganzen Wesenheit nach in der *Sonne* und ist in seinen Schöpfungen mit dem *Monde* und der *Erde* verbunden, und seine Kraft liegt im Sternbild des Lammes *(Widder)*» (GA 102, 27.1.1908).

Das erklärt auch die verschiedenen Bezeichnungen des Christus. Wenn er durch das Tor des Widders in den Tierkreis eintritt, erscheint er als der Sohn, auf der Sonne als der «große Sonnengeist» (eine Bezeichnung, die sehr oft von Rudolf Steiner angewendet wird). Und den Namen Christus (aus dem Griechischen «Christos» – der Gesalbte) erhält er zu der Zeit, da er seinen Einfluß bis zur Mondenumgebung der Erde ausdehnt; auf der Erde aber wirkt er als Christus-Jesus, als Gottmensch. Und durch alle diese Stufen geht, sie gleichsam mit einem alleinen Strom durchdringend, die Offenbarung des Christus als dem Logos oder Wort. Es tritt im Tierkreis in der Widder-Sphäre, aus der Sphäre jenseits des Zodiak kommend («Im Urbeginne war das Wort, und das Wort war bei Gott, und ein Gott war das Wort»), als neuer Schöpfungsimpuls in Erscheinung («Alles ist durch dasselbe geworden, und außer durch dieses ist nichts von dem Entstandenen geworden»), und tönt von dort durch alle absteigenden Ränge der Hierarchien [45], indem es auf der Sonne – in ihrem Sternenaspekt – Leben («In diesem war das Leben») und in ihrem Planetenaspekt Licht («Und das Leben war das Licht ...») wird, um in der Mondensphäre ihren dunklen Kräften zu begegnen und sie zu überwinden («Und das Licht scheint in die Finsternis, aber die Finsternis hat es nicht begriffen»), auf der Erde sodann zum verkörperten Wort, zum Gottmenschen, dem Christus-Jesus zu werden («Und das Wort ist Fleisch geworden ...»). So daß wir mit den Worten Rudolf Steiners sagen können: «Der Christus aber in seiner ihm eigenartigen Wesenheit ist darin nicht etwa beschlossen, daß er in der Hülle des Jesus von Nazareth drei Jahre war, sondern *er ist der Führer und Lenker auch aller Wesenheiten der höheren Hierarchien*» (GA 129, 21. 8. 1911).[45a]

Viele tiefe weltumfassende Geheimnisse kann man durch das Lesen der Sternenschrift erschließen. Wir wollen zum Abschluß noch bei einem einzigen verweilen.[46] Wir sahen bei der Beschreibung der vier himmlischen Tore, durch welche die Christus-Wesenheit im Makrokosmos hindurchschreitet, daß wir sie als die Zeichen Widder, Jungfrau, Skorpion-Adler und Steinbock bezeichnen können. Führen wir nun alle zwölf Tierkreis-Bereiche in der Reihenfolge auf, wie sie uns bei den zwölf heiligen Nächten entgegentritt, indem wir vom Jesus-Geburts-Fest (Fische) zum Christus-Geburts-Fest (Widder) durch die zwölf Stufen fortschreiten, dann ergibt sich uns, wenn wir so bei den Fischen beginnen, an der dritten Stelle – Steinbock, an der fünften – Skorpion-Adler, an der siebenten – Jungfrau und der zwölften – Widder. Damit erhalten wir in der Mysteriensprache der Zahlen eine Reihenfolge, welche die erhabensten und heiligsten Ereignisse *in unserem Kosmos* zum Ausdruck bringt: (1)* 3 – 5 – 7 – 12.

---

* Das erste Ereignis (der Fische) findet nicht im Kosmos, sondern auf der Erde statt.

Wie bekannt, beachtete Rudolf Steiner gerade diese Reihenfolge, als er den Grundstein des ersten Goetheanum legte, der in
der Form zweier miteinander verbundenen Dodekaeder, eines
großen und eines kleinen, gestaltet war und dann in die Erden-
substanz versenkt wurde als Sinnbild «der strebenden, als Mikrokosmos in den Makrokosmos eingesenkten Menschenseele»[46a].
Danach wurde dieser Grundstein auf dreifache Weise geweiht.
Zunächst als Sinnbild aus den Kräften der die Erde unmittelbar
umgebenden geistigen Welt oder Mondensphäre. Sind doch alle
Bilder so wie alle alten Symbole, die größtenteils auf vorchrist-
liche Zeiten zurückgehen, nichts anderes als Abbilder von Wel-
tengeheimnissen, die in der imaginativen Mondensphäre geschaut wurden. Sodann wurde der Grundstein durch 3 – 5 – 7
Schläge auf seinen kleinen Teil und 12 auf den großen* aus einem
Sinnbild zu einem *Zeichen* geweiht. Dies erklärte Rudolf Steiner
später folgendermaßen: «Dreifach steigt auf die Menschenseele
zu den drei Geheimnissen des Daseins: Sinnbilder sind sie zuerst,
Zeichen sind sie dann, indem die *Seele liest das ewige Weltenwort*,
doch die tiefsten Tiefen der Weltengeheimnisse, sie werden lebendig verbunden mit der Seele, wenn diese Seele aus dem Reiche der Hierarchien sich selber zu geben vermag die Hülle.» So
«liest die Seele das ewige Weltenwort» auf der zweiten Stufe, und
das hängt damit zusammen, daß wir das okkulte Zeichen nicht
mehr nur in der Imagination sehen, sondern auch geistig in der
Inspiration beim Lesen des Sonnen-Welten-Wortes «hören» können, wie es sich unaufhörlich in der Sonnensphäre offenbart. Auf
der dritten Stufe aber muß sich die Seele selbst unmittelbar in
den Sternenwelten, im Tierkreis, erleben, um sich dort aus den
Kräften der höheren Hierarchien eine *Hülle* zu bilden. Und eine
solche Hülle braucht die Seele in den höheren Geistessphären,

---

* Der Grundstein wurde so in die Erde gelegt, daß sein kleiner Dodekaeder nach
  dem Westen hin lag, auf der Seite der großen Kuppel des ersten Goetheanum,
  und der große nach Osten, auf der Seite der kleinen Kuppel.

wenn sie ihr individuelles Ich, ihr Selbstbewußtsein nicht verlieren will.

Wir können auch, von dem in diesem Aufsatz dargelegten Standpunkt aus, sagen: Die Menschenseele, deren Ausgangsimpuls für ihre innere Entwicklung im Tierkreisbereich der Fische zu suchen ist, sie erhebt sich zunächst in die Monden-Sphäre, die Wirkenssphäre der Kräfte aus dem Bereich des Steinbocks; sodann steigt sie in die Sonnen-Sphäre auf, in der die Kräfte wirken, die von dem Tierkreisbereich zwischen dem Skorpion-Adler und der Jungfrau ausgehen. Schließlich kann sie sich mit den Kräften verbinden, die aus der Sphäre jenseits des Tores der Jungfrau erfließen. Und dann wird die menschliche Seele im Makrokosmos, in der wahren Sternenwelt, geboren und kann sich ihre Hülle nicht nur aus den Kräften der höheren Hierarchien, sondern aus dem «mystischen Lamm» selbst bilden.

Dieses dreistufige Aufsteigen ist bei der Grundsteinlegung des ersten Goetheanum in dem Augenblick geschehen, da «Merkurius als Abendstern in der Waage stand»[47]. Der Tierkreisbereich der Waage aber ist, wie wir sahen, mit jener Sphäre im Innern des Sonnendaseins verbunden, wo die Vereinigung und das gegenseitige Sich-Durchdringen des planetarischen und des Fixstern-Kosmos stattfindet (siehe S. 63ff.). Und das ist zugleich der Bereich, wo die Taten des Menschen als eines Planeten-Wesens sich mit den Sternen-Taten (den makrokosmischen) der höheren Hierarchien verbinden können, wo das einheitliche Menschen-Ich «den höchsten Punkt seiner Entwickelung anstrebend ... teilnehmen [kann] an den Kräften, die dem Tierkreis angehören», wo es «in den Tierkreis hineinwirken» kann (GA 102, 27.1.1908).

Das ist die Grundrichtung der Menschheitsentwicklung aus der Gegenwart in die Zukunft. Mit ihrer Verwirklichung soll aber im Laufe der zweiten Hälfte der gegenwärtigen Erdenverkörperung, die unter der Führung der Merkur-Kräfte steht, begonnen werden, und das zu ermöglichen, dazu ist im besonderen die moderne, anthroposophisch orientierte Geisteswissenschaft berufen.

III.

Die Sternenschrift
und der Baugedanke des ersten Goetheanum

«Versuchen wir einen Augenblick daran
zu denken, daß, indem wir das getan haben, was wir heute abend vollbringen
wollten, wir das Bewußtsein in uns tragen
müssen, hinauszuschauen in weite, weite
Zeitenkreise, um gewahr zu werden, wie
sich die Mission, deren Wahrzeichen werden soll dieser Bau, einreihen wird der
großen Mission der Menschheit auf unserem Erdenplaneten.»

*Rudolf Steiner, Ansprache bei der Grund-
steinlegung des ersten Goetheanum am
20. September 1913.*

Die folgende Betrachtung ist der Frage gewidmet: Was ist die geistig-okkulte Bedeutung der Sternkonstellation zur Zeit der Grundsteinlegung des ersten Goetheanum, der Konstellation, die mit den Worten beschrieben wurde: «da Merkurius als Abendstern in der Waage stand», und wie ist ihre Beziehung zum Baugedanken des Goetheanum?

Schon die bedeutsame Tatsache, daß sich in der Urkunde, die in den Grundstein gelegt wurde, ein Hinweis auf diese Konstellation findet, führt gleichsam von selbst zu dem Gedanken, ob sie wohl wie in einem kosmischen Brennpunkt die Grundidee des Baues enthält. In anderen Worten: Kann diese Grundidee auch *in den Zeichen der Schrift gelesen werden*, die am Abend des 20. September 1913 dem Himmel eingeschrieben war?

Auf der Grundlage des Versuchs zum «Lesen der Sternenschrift» im vorangehenden Aufsatz wollen wir nun auch diese Konstellation zu entziffern suchen. Um sie im eigentlichen Sinne lesen zu können, müssen wir uns jedoch vorbereiten und uns zunächst ihrem äußeren astronomischen Aspekt zuwenden, über den Elisabeth Vreede in dem dieser Konstellation gewidmeten Artikel schreibt.

«Gehen wir von der äußeren Konstellation aus, die da erwähnt wird: Merkur in der Waage. Schlagen wir eine sogenannte Ephemeride für den 20. September 1913 auf, so finden wir, daß an demselben Tage gegen 11 Uhr vormittags der Planet Merkur den himmlischen Äquator nach abwärts überschritten hatte, *so daß er abends noch im ersten Grad des Z e i c h e n s der Waage stand*. Unweit von ihm stand die Sonne, mit der er kurz vorher in Konjunktion gewesen war. Durch diese Konjunktion war Merkur von der

Westseite der Sonne als Morgenstern zu der Ostseite übergegangen, war Abendstern geworden und hatte sich, für das äußere Auge noch ganz unwahrnehmbar, erst 3½° von ihr entfernt. Da nun die Sonne am 20. September in Dornach um 6.30 MEZ untergeht[48], war in jenem Augenblick, da die eigentliche Grundsteinlegung stattfand, Merkur unmittelbar auf dem Horizont im Untergehen begriffen. Da er aber soeben den Äquator überschritten hatte, stand er im ‹Herbstpunkte›, der Herbst-Tag- und Nachtgleiche, welche die Sonne erst am 23. September erreichen sollte. Der Äquator aber berührt den Horizont eines jeden Orts genau im Osten und Westen. Die Ost-West-Linie bezeichnet immer die Schnittpunkte des Himmelsäquators mit dem Horizont. Folglich stand Merkur in bezug auf den Bau genau im Westpunkt, das heißt er war unmittelbar in der Längsachse des ja streng ‹orientierten› Goetheanum gelegen, zu gleicher Zeit durch die Erddrehung den Horizont und durch seine Eigenbewegung den Äquator nach abwärts überschreitend.»

Das heißt: Es bewegte sich der Merkur, als er in bezug auf die Sonne rückläufig war, in bezug auf das Goetheanum genau in der Richtung der Längsachse: von Westen nach Osten.

Nun ist noch zu beachten, daß Rudolf Steiner das *Zeichen*, nicht das *Sternbild* der Waage meinte, als er davon sprach, daß der Merkur im Augenblick der Grundsteinlegung in der Waage stand. Elisabeth Vreede äußert dazu in einem anderen Artikel[49]: «Wir finden die alten Namen auch in dieser Weise von Rudolf Steiner angewendet [das heißt die Namen nicht der Sternbilder, sondern der Zeichen], zum Beispiel ... in dem bei der Grundsteinlegung des ersten Goetheanum gebrauchten Ausdruck: ‹Da Merkurius als Abendstern in der Waage stand.› Merkur hatte an dem betreffenden Tage (20. September 1913) kurz vor der feierlichen Handlung den Äquator überschritten, hatte eine ‹Waage›-Stellung zwischen dem oberen und dem unteren Tierkreisbogen. *Doch liegt dieser Punkt heute in der Jungfrau.* Wäre aber gesagt worden: Da Merkur in der Jungfrau stand – so würde das, worauf es ankam, das Stehen im Gleichgewicht, nicht zum Ausdruck gekommen sein.»

Und tatsächlich befand sich vom Standpunkt der modernen Astronomie aus nicht nur die Sonne, sondern auch der Merkur, ungeachtet seiner rückläufigen Bewegung, im Augenblick der Grundsteinlegung im *Sternbild* der Jungfrau. Denn in das *Sternbild* der Waage tritt die Sonne erst am *1. November*[50], das heißt beinahe *vierzig Tage* nach der Grundsteinlegung ein. Der Merkur andererseits eilt bei seiner rückläufigen Bewegung «nach Osten» der Sonne nicht so weit voraus, daß er schon am 20. September in dieses Sternbild eintreten würde. In das *Zeichen* der Waage tritt die Sonne jedoch bereits am *24. September*[50], was es dem ihr vorauseilenden Merkur ermöglicht, diesen Übergang etwas früher zu vollziehen, so daß er schon am 20. September in den «ersten Grad» dieses Zeichens eintritt.

Damit ist ganz deutlich zu sehen, daß der Merkur im Augenblick der Grundsteinlegung einerseits ganz zum *Sternbild* der Jungfrau gehört und andererseits schon in den ersten Grad des Waage-*Zeichens* eintritt. Folglich haben wir es hier nicht nur mit einer bestimmten Konstellation, sondern vor allem mit einem bestimmten *Prozeß* zu tun, und zwar mit dem Prozeß des Übergangs vom Merkur (in seiner rückläufigen Bewegung in bezug auf die Sonne) aus dem Bereich der Jungfrau in den der Waage.

Betrachtet man dazu die bereits erwähnte physische Bewegung des Merkur vom Westen nach dem Osten im Augenblick der Grundsteinlegung, so offenbart auch sie ihr okkultes Wesen. Die physische Sonne war gerade im Westen unter die Horizontlinie gesunken. Einem solchen «Untergehen» der physischen Sonne im Westen entspricht aber ein allmähliches «Aufgehen» der geistigen Sonnenkräfte im Osten. Deshalb lag der Weg zum Erleben der Sonne um Mitternacht seit den ältesten Zeiten in der Richtung von Westen nach Osten[51]. In einem seiner späten Vorträge beschreibt Rudolf Steiner, sich an den okkulten Ausspruch Jakob Böhmes von der «Morgenröte im Aufgang» anlehnend[52], das Erlebnis des alten Eingeweihten so, daß er am Morgen, beim Erwachen, zu sich selbst sagen konnte: «Ich weiß, was ich während des nächtlichen Lebens erlebt habe. Ich erinnere mich ganz genau, daß ich geschaut habe, wie nach und nach ein bläulich glimmerndes Licht von der Abenddämmerung aus weiterhin *ging von Westen nach dem Osten*, und wie ich schaute, woran ich mich jetzt genau erinnere, um die Mitternachtsstunde die Sonne am entgegengesetzten Himmelspunkte, gegenüber dem Punkte, wo sie in ihrer glänzenden Mittagsstärke war ... Ich habe gesehen die Sonne um Mitternacht» (GA 236, 27. 6. 1924).

Und der Merkur weist uns, sich beim Untergehen vom Westen nach dem Osten bewegend, auf eben diesen Weg: von der physischen Sonne zur geistigen. An uns aber ist es, ihm zu folgen. Vermögen wir das zu tun, dann wird er zum wahren geistig-himmlischen Führer für uns, der uns hilft, den Weg aus der Erdensphäre durch die geistige Mondensphäre in die höhere Sonnensphäre zu finden. Über diese Tätigkeit des Merkur-Geistes als Führer und Leiter in der an die Erde grenzenden geistigen (imaginativen) Welt spricht Rudolf Steiner in den folgenden Worten:

«An diesem geistigen Nachthimmel erglänzt jetzt in wunderbarem glimmenden Lichte Merkur. Es geht der Stern Merkur in dieser in den Tag hineingezauberten Nacht wirklich auf, aber nicht so, wie man den Merkur durch das Teleskop sieht, sondern man wird gewahr: das ist etwas Lebendiges. Man kann nicht gleich die lebendigen Geistwesen, die den Merkur bewohnen, unterscheiden, aber man wird gewahr im allgemeinen, an der Art und Weise, wie einem der Merkur entgegentritt, daß man es mit einer geistigen Welt zu tun hat, dann geht allmählich der Geiststern Merkur in dieser in den Tag hineingezauberten Nacht auf. Heraus tritt aus diesem funkelnden Dämmern und dämmernden Funkeln, in dem einem der Merkur entgegentritt, diejenige Wesenheit, die dann als das Götterwesen Merkur bezeichnet wird. Den braucht man. Den braucht man unbedingt, sonst kommt Verwirrung zustande. Man muß zunächst in der geistigen Welt dieses Wesen finden, von dem man genau weiß, es gehört zu den Merkurwesen ... Man braucht nicht mehr so wie ein Mondenwandler sich unbestimmten Wegen zu überlassen, sondern man kann an der Hand dieses Götterboten Merkur die bestimmten Wege in die geistige Welt hinein tun.

Und so handelt es sich darum: Will man die richtigen Wege in die geistige Welt hinein finden, so muß man ganz bestimmte Erfahrungen zunächst machen, welche lenkend und leitend sind. Aber indem man in die Merkur-Wirkungen eintritt, gehen diese Imaginationen zu ihren Wesenheiten über ... Und so werden Sie sich der Merkur-Wirkungen bewußt, indem Ihre visionäre Welt in eine wahre Wahrnehmungswelt des Geistigen hineinfließt» (GA 243, 21. 7. 1924).

So tritt der Mensch unter der Führung des *Abendsterns* Merkur, der sich vom Westen nach dem Osten bewegt und den Weg vom verdämmernden physischen zum aufgehenden geistigen oder astralischen Licht weist, allmählich in die geistige Welt ein, indem er ein *wahres* Leben in Imaginationen erlangt, durch die sich ihm auch der *geistige Aspekt* der Konstellation des 20. September erschließt, der darin besteht, daß in dem Augenblick, da der physische Merkur den Übergang aus dem Bereich der Jungfrau in den der Waage vollzieht, der *geistige Merkur* vom Standpunkt der übersinnlichen Welten *umgekehrt, aus dem Bereich der Waage in den der Jungfrau übergeht*. Vom Standpunkt der im Kosmos wirkenden geistigen Hierarchien aus betrachtet, entspricht dem das Aufsteigen aus der Sphäre der Geister der Bewegung in die Sphäre der Geister der Weisheit oder, anders gesagt, aus den mit der Erde verbundenen Planetenbereichen in den Wirkensbereich der Fixsterne (und vom Standpunkt der okkulten Zahlensymbolik aus: der Übergang von der Gesetzmäßigkeit der Sieben zu der der Zwölf).[52a]

Und nun wollen wir, dieser Führung des «Götterboten» Merkur folgend, versuchen, in Gedanken das erste Goetheanum in der Richtung von Westen nach Osten zu betreten. Da erweist sich schon sein allgemeiner Bauplan als eine Art «Erinnerung» an die Himmelskonstellation bei seiner Grundsteinlegung. Das stellt Elisabeth Vreede folgendermaßen dar: «Wir sehen, wie die Längsachse des Baues – die einzige Symmetrie-Achse, die von West nach Ost geht und die auch die Symmetrie-Achse des Grundsteines ist – unmittelbar hinführt zu dem unter den Horizont tauchenden Merkur, der genau seine Gleichgewichtsstellung zwischen Himmel und Erde – Äquator und Ekliptik –, zwischen oberirdischer und unterirdischer Welt einhält. Diese Symmetrie-Achse ist zu gleicher Zeit die Willensachse des Baues.» (Siehe die Zeichnung in dem Aufsatz von Elisabeth Vreede.)

Folglich entsteht im Augenblick der Grundsteinlegung schon aus der Stellung des Merkur «zwischen Himmel und Erde», zwischen der großen und der kleinen Welt (beim Grundstein wurde der große Dodekaeder nach dem Osten, der kleine nach dem Westen ausgerichtet), geistig gesehen im «Waage-Gleichgewicht» zwischen der mit der Erde verbundenen Planetenwelt und der Fixsternwelt, gleichsam aus sich heraus das erhabene Bild des doppelkuppeligen Baues, in dessen einer Kuppel die Planetengesetzmäßigkeit der Sieben und der anderen die Sternengesetzmäßigkeit der Zwölf herrscht. So offenbart sich uns das erste Goetheanum, wenn wir es von Westen aus betreten.

Wie aber erscheint es uns von diesem Standpunkt aus in bezug auf die äußere Welt, in bezug auf die es umgebende Landschaft und Natur, und wie ist sein Verhältnis zur Welt des gewöhnlichen Tagesbewußtseins? Wir wissen aus den Mitteilungen der Geisteswissenschaft, daß die Naturkonfiguration der Erde, soweit sie konkrete *Formen* hat, eine Schöpfung der führenden Geister unserer gegenwärtigen Erdenverkörperung, der Elohim oder Geister der Form ist (GA 105, 10. 8. 1908; GA 121, 11. 6. 1910). Sie sind aber zugleich auch diejenige Hierarchie, die schon zur Zeit des alten Lemurien den Menschen mit dem individuellen Ich-Prinzip begabte, auf dessen Grundlage das moderne wache Tages-Ich-Bewußtsein allmählich entstand.

Ganz anders ist das Goetheanum in seinen Formen und seiner plastischen Ausgestaltung. In ihm erhielt gleichsam die Substanz der imaginativen Welt ihren äußeren Ausdruck in auch für das gewöhnliche Tagesbewußtsein sichtbaren Formen und plastischer

Gestaltung. Unter gewöhnlichen Bedingungen erleben wir die imaginative Welt nur nachts, in voller oder teilweiser Unbewußtheit. Es kann der Mensch jedoch durch okkulte Entwicklung eine Stufe erreichen, auf welcher er, um ein Wort Rudolf Steiners zu gebrauchen, «die Nacht in den Tag hineinzaubert», das nächtliche, imaginative Bewußtsein im wachen Tagesbewußtsein zu erwecken, das heißt ein voll bewußtes Erleben *objektiver Imaginationen* zu erreichen vermag. Und eine solche, *auch für äußere Augen sichtbar gewordene Imagination war das erste Goetheanum.* Es ist in Wahrheit in allen seinen Formen und Farben, in seiner Plastik das Ergebnis der Tatsache, daß die nächtlichen, imaginativen Erlebnisse in den Bereich des Tagesbewußtseins, in die den Bau umgebende, sonnenerhellte Naturlandschaft getragen wurden, und aus dieser, zunächst rein naturhaften Umgebung müssen wir nun mit vollem Bewußtsein in die Welt der in das Tagesreich getragenen nächtlichen Imaginationen eintreten. Denn im Goetheanum können wir bewußt, in unserem Tagesbewußtsein erleben, was wir sonst unbewußt im Laufe der Nacht durchmachen. Deshalb können wir sagen: Indem wir über die Schwelle des Westportals des Goetheanum treten, überschreiten wir in Wirklichkeit zugleich auch die Schwelle zur geistigen Welt, selbst dann, wenn das für uns *zunächst* weitgehend ein mehr symbolischer als ein realer Akt zu sein scheint. Und dann ist das erste, was uns jenseits der Schwelle des Westportals begegnet, das mittlere rote Glasfenster, welches den Menschen darstellt, der das *Schwellenerlebnis* auf die rechte Weise durchmacht und der zur gleichen Zeit die Widersachermächte (die drei Tiere) besiegt, die den Menschen nicht in die geistige Welt eindringen lassen, in diesem Falle aber ihn am Betreten des Goetheanum hindern wollen (das heißt kein richtiges Verhältnis zu ihm gewinnen lassen wollen).

Unter dem mittleren Bilde des roten Fensters lesen wir nun die Worte: «*Ich* schaue». Das «Ich» ist hier der Repräsentant des wachen Tagesbewußtseins, das eine Folge der ursprünglichen Gabe der Geister der Form ist und auf dessen Felde der die Schwelle überschreitende Mensch die «Nachterlebnisse» bewußt hervorrufen soll, die sich dann als die Welt der objektiven Imaginationen offenbaren, des objektiven, geistigen Schauens: «Ich *schaue*.» Und das, was sich so «jenseits der Welt der Formen» offenbart – jenseits des Goetheanum-Westportals –, das ist diejenige geistige Welt, in welcher der verwandelte Merkur als «Bote der höheren Götter» erscheint, der Merkur, der sodann im «funkelnden Dämmern und dämmernden Funkeln» der acht farbigen Glasfenster des großen Saales den Schüler durch die sich unaufhörlich wandelnde, bewegliche Bilderwelt der Imaginationen führt, die in den Farben der Kuppel und den Metamorphosen der Motive der Architrave und Säulen zum Ausdruck kommen. Wobei der verwandelte Merkur, sich vom Westen nach dem Osten bewegend und den Schüler in diese Richtung führend, gleichsam selbst im Dämmerlicht der Glasfenster die ihm ursprünglich eignende Form des Caduzeus[53], des *vierstufigen* Merkurstabes* schafft, dessen Windungen und Schnittpunkte durch den Inhalt und die Lage der neun farbigen Glasfenster die Stufen «Ich», «Form», «Leben», «Bewußtsein» bilden (siehe Zeichnung auf Seite 89). Denn das sind die Hauptstufen, über die der Merkurbote den Schüler im dämmernden, funkelnden Lichte der farbigen Glasfenster führt.[54]

Den Ausgangspunkt dieser Bewegung bildet, wie wir sahen, das Ich-Erlebnis (rotes Fenster im Westen), der Ur-Impuls der Erdenentwicklung, den Moses einst als höhere Offenbarung des Jahwe-Elohim auf dem Berge Sinai schaute. «Ejeh asher ejeh» – «Ich bin der Ich-bin», dieses grundlegende Erlebnis ist der einzig richtige Boden und Ausgangspunkt des modernen Geisteweges, weshalb es auch sogleich zu Beginn der Führung durch den Merkur auftritt. Nur durch dieses Erlebnis gerüstet, ist es möglich, Stützpunkt und *Gleichgewicht* zwischen den zwei Kategorien von Widersacherwesen (die Motive der zwei grünen Fenster) in der geistigen Welt zu finden. – Nun folgt die zweite Windung des Merkurstabes. Hier

---

* Eine solche vierstufige Form des Merkurstabes gibt Rudolf Steiner im Vortrag vom 28.3.1910 (GA 119).

O

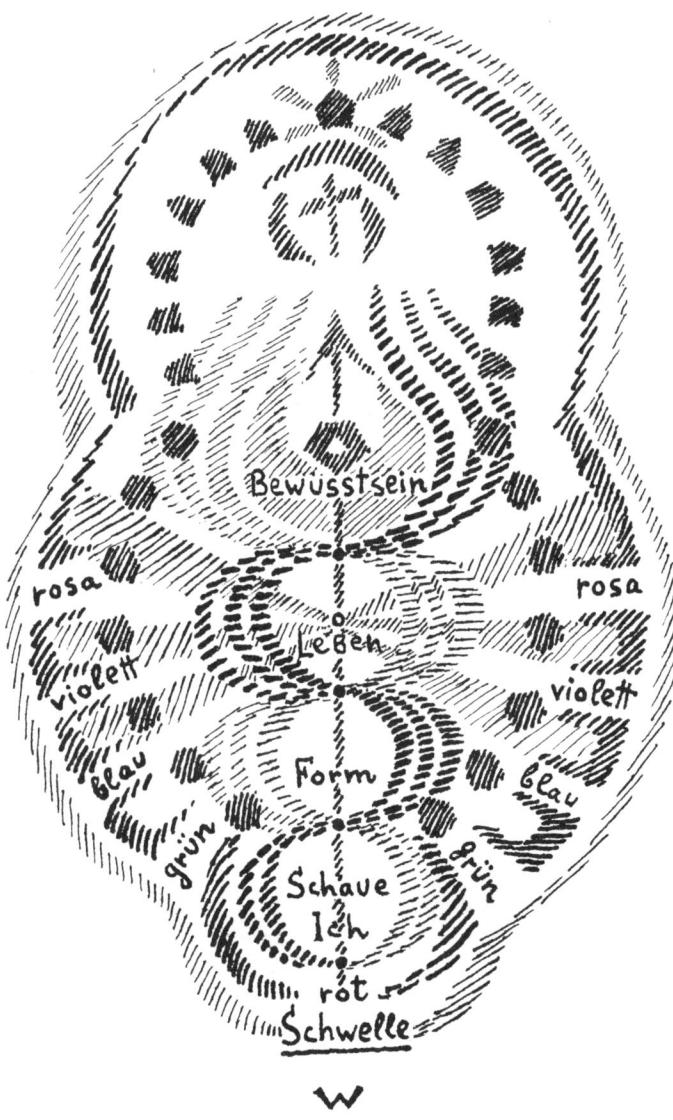

Zeichnung nach A. Turgenieff[55] von S.O.P.

nähern wir uns, indem wir uns der Urquelle der äußerlich sichtbaren Raumeswelt zuwenden, jener Stufe der Erdenentwicklung, da die gesamte sichtbare Welt der *Form* aus dem mächtigen Geist der Schöpfer der Erde, der sechs Sonnen-Elohim, hervorging, deren kosmisches Schaffen auch den *westlichen* Teil der Malerei der großen Kuppel prägt. Dieses Aufsteigen zu den geistigen Urquellen aller irdischen Formen (die Motive der beiden blauen Fenster) unter der Führung des Merkurgeistes leitet uns bereits unmittelbar in die imaginative Welt hinein, die im Grunde nichts anderes ist als das immer bewegliche, sich unaufhörlich metamorphosierende *Leben* des Weltenäthers. Das ist die dritte Windung des Merkurstabes, dessen Mitte ungefähr mit dem geometrischen Zentrum des großen Saales zusammenfällt. Sie bildet eine Art zentraler Quelle der nach allen Seiten strahlenden Kräfte der Bewegung (Leben ist stets Bewegung[57]), die gleichsam von der in den Planetensphären wirkenden Hierarchie der Dynamis selbst ausgehen, welche die Metamorphosen der Säulen, Architrave, Sockel und Kapitelle plastisch formen. (Dieses sich unaufhörlich bewegende, Gestalt wechselnde Lebensprinzip im Verhältnis zum Gang der Weltenzeit ist den zwei violetten Fenstern eingeprägt.) – Doch weiter und weiter führt uns der Götterbote Merkur. Jetzt nähern wir uns allmählich dem vierten Knotenpunkt des Merkurstabes, um durch ihn in den Bereich einzutreten, der durch seine abschließende, letzte Windung bestimmt wird, von der aus sich uns erstmals der Blick auf den *ganzen* Raum der kleinen Kuppel eröffnet. Hier, auf der Schwelle einer vollständig neuen Welt, muß in uns schließlich das höhere *Geistbewußtsein* erwachen, das von allen Eigenschaften und Attributen der Erdenwelt wie «Form», «Raum», «Zeit» frei ist und nur den Ausgangsimpuls bewahrt, der erst jetzt seine volle Verwirklichung erfährt: «*Ich schaue.*» Und das, was der Geistesschüler, der den beschriebenen Weg vollendet, nun schaut, das ist in den zwei rosa Glasfenstern abgebildet, die eine Art Praeludium zu dem grundlegenden Erlebnis bilden: das Aufgehen der geistigen Christus-Sonne im Osten im Mittelpunkt der kleinen Kuppel, zu deren bewußtem Schauen der

Merkurbote den Menschen in der Richtung, die durch seinen Stab bestimmt wird, vom Westen nach dem Osten führt.

Nun können wir die geistige Bedeutung dieser wunderbaren Form des Merkurstabes verstehen. Denn der von uns zurückgelegte geistige Weg, der vom Ich-Impuls ausgeht und der, wie wir sahen, die Vereinigung der Nacht- und Tageserlebnisse zum Ziel hat, die «Überwindung der Gegensätze von Schlafen und Wachen in der Bewußtseinssphäre durch das höhere Selbst» (A. Turgenieff, «Rudolf Steiners Entwürfe für die Glasfenster»), er findet seinen symbolischen Ausdruck in der Form, von der Rudolf Steiner in einem seiner Vorträge sagt: «Wir haben in demjenigen, was man den Merkurstab nennt, ein Symbolum für die menschliche Entwicklung, wie wir sie dargestellt haben durch die Tages- und Nachterlebnisse und durch das Vorrücken des Ichs» (GA 119, 28. 3. 1910).

Nachdem wir so den Gang von Westen nach Osten entlang der Längsachse des Goetheanum unter der Führung des Merkurboten beschrieben haben, müssen wir nun die oben genannten übersinnlichen Aspekte oder das Gegenbild dieser Bewegung betrachten, das heißt: das geistige Aufsteigen aus dem Bereich der Waage in den der Jungfrau, aus dem Planeten- in den Sternenkosmos und im Goetheanum den Übergang aus dem Raum der großen Kuppel in den der kleinen. Auch hier ist unser Ausgangspunkt die Schwelle des Westportals als Mittelpunkt und Wirkensquelle der Kräfte der Geister der Form, die den Menschen mit dem Impuls seines Ich begabten. Sie schenkten ihm auch die Fähigkeit des alltäglichen, «gegenständlichen» Denkens, das er im allgemeinen zum Erfassen der vielgestaltigen *Formen* der natürlichen Welt (hier der äußeren Umgebung des Goetheanum) verwendet und dessen Quellen im Reich der Geister der Form zu suchen sind. Bleibt der Mensch jedoch bei diesem Denken stehen, dann kann er eigentlich nicht weiter in das Goetheanum hineingehen als bis zu seinem westlichen Portal. Denn es würde ihm alles, was ihm bereits unter der großen Kuppel begegnet, vollkommen unverständlich bleiben. Um das zu verstehen, was sich den Sinnen dort bietet, ist es notwendig, wenigstens anfänglich den Übergang vom erstorbenen, aus dem Reich der Geister der Form stammenden zum *lebendigen*, beweglichen, mit dem Reich der folgenden Hierarchie der Geister der Bewegung verbundenen Denken zu vollziehen. Nur dieses lebendige, bewegliche und zu immerwährender Metamorphose fähige Denken kann der Lösung der zahlreichen Geheimnisse näherkommen, die in der Malerei und Plastik des großen Saales enthalten sind. «Denn es erfordert das wirkliche [lebendige] Denken immer ein ganz enges, in gewisser Beziehung unbewußtes Berührtsein von einem Hauch aus dem Reiche der Geister der Bewegung» (GA 151, 20.1.1914).

Über ein solches Denken verfügte auch Goethe. Er »brachte« in seiner «Metamorphose der Pflanzen» und seiner «Metamorphose der Tiere» die «starren Begriffe der Formen in Bewegung» (siehe Genaueres in GA 151, 20.1.1914). Deshalb haben wir in der Plastik der Architrave, Kapitelle und Sockel der Säulen gleichsam das Prinzip der Goetheschen Metamorphose*, jedoch in vergeistigter Form durch ihre Übertragung aus dem «ätherischen» in den seelischen und geistigen Bereich. Daher auch der Name «Goetheanum», über dessen Baugedanken Rudolf Steiner einmal sagte: «Wir gehen in Verehrung in den Geist ein, auf daß wir eins werden mit dem Geiste, der sich ausgießt um uns herum in den Formen, weil um uns herum die Geister der Form sind, und der in Bewegung kommt, weil hinter den Geistern der Form die Geister der Bewegung stehen – das ist der neue ‹baukünstlerische Gedanke›» (GA 286, 28.6.1914). Wir können auf dem genannten Wege jedoch noch eine Stufe weitergehen. Goethe selbst blieb zwar bei der seelischen Anschauung der «ätherischen Idee» der Pflanzen stehen: er ging nicht weiter. Er fand den Weg vom seelischen Erleben der «ätherischen Idee» zum rein geistigen Schauen in der Welt der Imaginationen, zum geistigen Forschen nicht.

---

* Ebenso liegt in der Malerei der großen und der kleinen Kuppel des ersten Goetheanum der Versuch vor, die Goethesche Farbenlehre künstlerisch zu verwirklichen.

Zum Wahrnehmen der «hinter» der Urpflanze wirkenden Gruppenseele als einem konkreten geistigen Wesen konnte Goethe sich nicht erheben[58]. Nichtsdestoweniger besteht in dem Übergang vom lebendigen, beweglichen Denken zum geistig schauenden Denken, das die lebendigen Gedankenwesen der geistigen Welt zu erleben vermag[59], nicht nur die wichtigste Stufe der Menschheitsentwicklung nach dem Ende des Kali-Yuga, sondern in gewissem Sinne auch die *Hauptaufgabe der fünften nachatlantischen Kulturepoche*, die zu verwirklichen die eigentliche Aufgabe der modernen anthroposophisch orientierten Geisteswissenschaft ist. Vom Standpunkt der hierarchischen Sphären bedeutet ein solcher Übergang ein weiteres Aufsteigen, nun aber aus dem Reich der Geister der Bewegung in das Reich der Geister der Weisheit; in der Sprache der Sternenschrift: aus dem Waage-Bereich in den Bereich der Jungfrau. Im Goetheanum entspricht dieser neuen Stufe die gesamte Architektur, Malerei und Plastik der kleinen Kuppel – und dem Übergang das Betreten dieses Kuppelraumes beim weiteren Vorwärtsschreiten vom Westen nach dem Osten in der Richtung der Längsachse des Goetheanum.[60]

Ein seltsames Gefühl kann den Menschen bei diesem Übergang erfassen. Denn alles, was in der großen Kuppel so veränderlich und beweglich zu sein schien, das erstarrt hier gleichsam aufs neue, wird bewegungslos, dem mächtigen Strom vergleichbar, der in den unbeweglichen See strömt, welcher die ungezählten Geheimnisse des Sternenhimmels in seinen stillen durchsichtigen Wassern spiegelt. Wie der reinste Kristall der höchsten Sternenweisheit öffnet sich uns nun der Blick auf den Raum der kleinen Kuppel mit ihren zwölf Säulen und zwölf Thronen, auf denen die strebende Seele einmal reale, geistige Wesen gegenwärtig erblikken soll. Ebenso finden wir in der Malerei die Bilder der zwölf großen Eingeweihten, die der Menschheit im Laufe der Epochen die zwölf Hauptwege zeigten, welche zu der alleinen Quelle des gesamten Lebens und aller Weisheit unseres Kosmos, zu dem Christus-Logos führen.[61]

Während so in der großen Kuppel alles dem Prinzip der Bewegung und Metamorphose untergeordnet ist, herrscht in der kleinen Kuppel überall, bis zum kleinsten Detail Harmonie und leuchtende Weisheit.[62] Dieses Erlebnis höchster Weisheit, das jedem Menschen beim Übergang aus dem Raum der großen in den der kleinen Kuppel begegnet, entspricht auf das genaueste einem der ersten Erlebnisse nach dem Tode oder, was dasselbe ist, den ersten wahren Einblicken in die geistige Welt. «Das nämlich ist das Überraschende, daß es dem Menschen in der geistigen Welt nicht an Weisheit fehlt» (GA 153, 12. 4. 1914), äußert Rudolf Steiner in diesem Zusammenhang. Denn in der geistigen Welt wird alles von den aus allen Richtungen erstrahlenden kosmischen Weisheitskräften durchdrungen.[63] Und dieses Prinzip der kosmischen Weisheit tritt uns, wie in den Formen höchst vergeistigter Kunst verkörpert, im Raum der kleinen Kuppel entgegen.[64].

So haben wir uns vom gewöhnlichen, gegenständlichen Denken (Geister der Form) zum lebendigen, beweglichen Denken (Geister der Bewegung) und schließlich zum schauenden Denken (Geister der Weisheit) bewegt. Das läßt sich auch noch auf die folgende Weise ausdrücken: Indem wir, aus dem Bereich der gewöhnlichen natürlichen Welt kommend, unter das Westportal des Goetheanum treten, versetzen wir uns innerlich in den eigentlichen Quell des menschlichen Ich und zugleich der gesamten materiellen Welt der Formen (dieses Motiv enthält der westliche Teil der Malerei der großen Kuppel), uns gleichzeitig mit unserem ganzen Wesen in die Erinnerung an den geistigen Ursprung der Welt und des Menschen im Sinne des Wortes «Übe Geist-Erinnern» versenkend[65]. Treten wir dann unter das Gewölbe der großen Kuppel, versetzen wir unser denkendes Erinnern in Bewegung. Dieses verliert nun die ihm eigene Tendenz, die erstarrten Form-Bilder (Erinnerungen) mechanisch auf einen Gedankenfaden zu reihen, und wird beweglich und plastisch. Das ist bereits ein realer *Prozeß*, den man mit den Worten «Übe Geist-Besinnen» beschreiben kann. Schließlich wird beim Übergang vom großen zum kleinen Saal das dritte Wort verwirklicht, das «Übe Geist-Erschauen», in diesem Falle des neuen Heiligen Geistes, der vom

Menschheitsrepräsentanten, vom Dreizehnten, dem Christus-Geist, ausgeht und die Zwölf erfüllt.

Vom Standpunkt der Sternenschrift aus können wir dann sagen: In der großen Kuppel herrscht die Gesetzmäßigkeit der Waage. Deshalb erscheint das Gesetz der Symmetrie in ihr ganz anders als in der kleinen Kuppel. In der ersteren haben wir eine «absolute» Symmetrie, die durch die vollständige Wiederholung der gesamten siebengliedrigen planetarischen Entwicklung vom Saturn bis zur Venus auf der Nord- und Südseite des Saales zum Ausdruck kommt; in der kleinen Kuppel dagegen ist die Symmetrie eine relative, denn wenn auch die Zwölfheit der Säulen durch die Symmetrieachse des Baues in sechs zu sechs unterteilt wird, so bleibt sie doch nichtsdestoweniger eine *in sich abgeschlossene Einheit*, eine Art geistiger Organismus, der berufen ist, das in seiner Mitte in Erscheinung tretende und ihn zu einem einheitlichen Ganzen vereinigende dreizehnte Prinzip zu *spiegeln* und *zum Ausdruck zu bringen*, so daß die Symmetrie in der großen Kuppel das Resultat des beweglichen Gleichgewichts der Waage ist, die Symmetrie in der kleinen Kuppel dagegen der harmonische Ausdruck der einen einheitlichen Wesenheit, des Trägers der allumfassenden zwölffachen Weltenweisheit[66].

Im Raum der großen Kuppel begegnen wir gleichsam den sieben hauptsächlichen planetarischen Geistern der Bewegung (GA 136, 10. und 13. 4. 1912) bei ihrem Schöpferwirken und aus noch höheren Sphären, aus dem Raum der kleinen Kuppel, kommen ihnen, sich offenbarend, die zwölf fortgeschrittensten Geister der Weisheit entgegen, in deren Mitte, aus Sternenwelten in die Planeten- und Erdensphäre herabsteigend, die Gestalt des Christus-Logos erscheint, der durch das Tor des führenden «Sonnengeistes der Weisheit» in unser Sonnensystem eintritt («die Sonne betritt», GA 136, 13. 4. 1912).

Mit diesem Blick auf die Christus-Wesenheit an der Ostseite der kleinen Kuppel – in der Skulpturgruppe und der über ihr befindlichen Malerei – ist unser Gang durch das Goetheanum unter der Führung des Merkurboten und zugleich auch der geistige Übergang vom Waage-Bereich der großen Kuppel in den Bereich der Jungfrau – kleine Kuppel – vollendet, den Bereich der Kuppel, in deren Mittelpunkt bislang noch auf verborgene Weise und gleichsam «*hinter*» den plastisch dargestellten Figuren des Menschheitsrepräsentanten zwischen den Widersachermächten Luzifer und Ahriman, die *schlafende* Wesenheit der neuen Isis[67], der göttlichen Weisheit, der himmlischen Jungfrau Sophia ruht (siehe GA 180, 6. 1. 1918).

Zum Abschluß wollen wir nochmals die so ganz besondere Stellung betrachten, welche die Waage in dem von uns beschriebenen Übergangsprozeß einnimmt. Wie wir sahen (siehe Seite 58), erhebt sich die Waage erst seit der Mitte der atlantischen Zeit aus dem «dunklen» in den «hellen» Teil des Tierkreises oder, anders gesagt, aus dem noch mit den Planetenwirksamkeiten verbundenen Bereich in den von ihnen freien. Bis heute ist dieser Prozeß des Aufsteigens bei weitem noch nicht vollendet.[68] In gewissem Sinne hat er in unserer Zeit etwa die Hälfte des Weges zurückgelegt. Seine Vollendung hängt mit der Entwicklung des Menschen-Ich zusammen, das eine bestimmte Stufe erreicht haben muß, denn «. . . je mehr das Ich den höchsten Punkt seiner Entwickelung anstrebt, desto mehr arbeitet es hinein in den Tierkreis. Nichts geschieht im Innersten des Ich, was nicht seine Folgen bis hinauf in den Tierkreis zieht . . . und indem der Mensch mit seinem Ich als Mensch eigentlich die Anlage legt, um sich bis zu seinem Atma oder Geistesmenschen zu entwickeln, bildet er immer mehr und mehr die Kräfte aus, welche ihn instand setzen, in die Waage des Tierkreises hinaufzuwirken. Er wird seine volle Macht über diese Waage des Tierkreises erlangen, wenn er sein Ich durchgedrückt hat bis zum Atma oder Geistesmenschen [das heißt bis zum Bereich der *Jungfrau*, siehe Seite 51]. Da wird er ein Wesen sein, das etwas ausströmt, das aus dem Stadium der Zeit in das Stadium der Dauer, der Ewigkeit übergeht» (GA 102, 27. 1. 1908).

So haben wir im ganzen drei Stufen in der Entwicklung des menschlichen Ich, die ihrerseits mit drei Veränderungen in der kosmischen Stellung der Waage zusammenhängen: 1. Das Ich-

Prinzip beginnt im Menschen zu wirken; der Mensch betritt den Weg seiner Individualisierung, indem er allmählich das Tages-Ich-Bewußtsein entwickelt. Die Waage beginnt, aus dem «dunklen» Teil des Tierkreises in den «hellen» überzugehen. 2. Der Mensch verfügt vollständig über sein Tages-Ich-Bewußtsein, wodurch sich ihm nun die Möglichkeit eröffnet, den Weg zu beginnen, der allmählich zu einem neuen, geistigen Bewußtsein führt. Die Waage hat etwa die Mitte ihres Übergangsprozesses erreicht. Ein Teil ihrer Kräfte hat sich bereits mit dem Wirken der Sternenmächte (Jungfrau) vereinigt, während sie durch den anderen Teil noch immer mit dem Bereich des Skorpion-Adler verbunden ist (siehe Anm. 21 und Zeichnung). 3. Der Mensch erreicht die erste Stufe zum Geistesmenschen (noch im Erdbereich). – Die Waage ist vollkommen zum «Sternen»-Zeichen geworden.

So haben wir in diesen drei Stufen den Werdeprozeß des Menschen-Ich *in den Grenzen der Sonnen-Sphäre*, in der die Geister der zweiten Hierarchie, die Exusiai, Dynamis, Kyriotetes, ihren Hauptsitz haben und aus der heraus sie vornehmlich wirken (GA 236, 27.6.1924). Graphisch kann man die genannten Stufen versuchsweise etwa folgendermaßen darstellen:

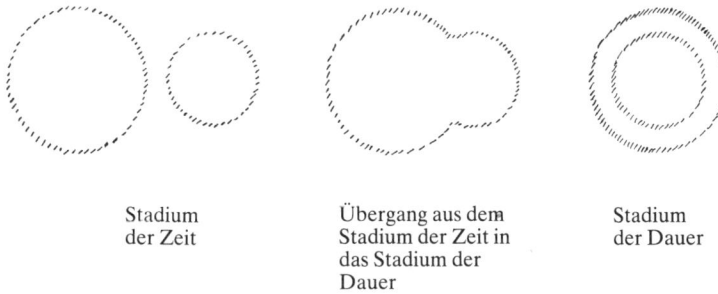

| Stadium der Zeit | Übergang aus dem Stadium der Zeit in das Stadium der Dauer | Stadium der Dauer |

Damit haben wir auf der ersten Stufe den Plan der ältesten Tempel des Ostens (der sogenannten «Stupas»), auf der zweiten den Plan des ersten Goetheanum und auf der dritten den des zukünftigen Tempels des Heiligen Gral (GA 194, 13.12.1919).[69]

Daraus folgt, daß schon die Grundidee des ersten Goetheanum

als doppelkuppeliger Bau, der das *Gleichgewicht* der Planeten- und Sternenkräfte im Menschen und gleichzeitig den allmählichen Übergang der einen in die anderen im Aspekt des sich vom Mikrokosmos zum Makrokosmos entwickelnden freien individuellen Ich zeigt, unmittelbar aus der damaligen Himmelskonstellation «da Merkurius als Abendstern in der Waage stand [das heißt: bei seiner Bewegung vom Westen nach dem Osten]», hervorgegangen ist.[70] Diesem erhabenen Ziel – dem Erwachen des neuen Geistbewußtseins in der Menschheit – («Wir gehen in Verehrung in den Geist ein, auf daß wir eins werden mit dem Geiste ...», siehe Seite 92) war das erste Goetheanum geweiht, das so gestaltet war, daß der Mensch, der bewußt im Tierkreis wirken will, sich in ihm vom Westen nach dem Osten durch die Kräfte seines freien Ich aus dem planetarischen in das Sternen-Sein erhebt. Und es kommt ihm, aus dem Sternen- in das Planeten-Sein schreitend, sich vom Osten nach dem Westen bewegend, der Christus, der Repräsentant des makrokosmischen Ich-Prinzips entgegen, was allein den beschriebenen Übergang möglich macht.

Vom Standpunkt des christlich-rosenkreuzerischen Erkenntnisweges kann dieser Prozeß etwa folgendermaßen charakterisiert werden: Wir betreten das Goetheanum durch das Westportal zunächst mit unserem gewöhnlichen Tages-Ich-Bewußtsein, das sodann durch das Miterleben der Formverwandlungen im Raum der großen Kuppel zum imaginativen Bewußtsein erwacht; weiter wird dieses beim Übergang in den Raum der kleinen Kuppel von den Kräften der Inspiration durchdrungen, wenn vom Rednerpult her, an der Grenze der beiden Kuppeln, das Wort erklingt, das in den Lauten der menschlichen Sprache die es umgebenden Formen zum Ausdruck bringt (hier empfängt die – imaginative – wellenmäßige Entwicklungsbewegung, zur Inspiration werdend, zugleich einen «Kehlkopf» für ihr «Laut-Werden» und wird zum Wort); und schließlich werden wir durch den Anblick der Gestalt des Menschheitsrepräsentanten im Osten zur Intuition erweckt, zum intuitiven Erleben des Christus als dem höheren Ich des Menschen und der Menschheit.[71]

So wird das Goetheanum zum wahren Tempel der modernen christlichen Einweihung für uns, indem wir, vom Westen her eintretend, vom Merkur-Geist geleitet, den vom Osten her wirkenden Boten des kosmischen Christus, den Geistern der zweiten, der Sonnen-Hierarchie begegnen: den Geistern der Weisheit (in der kleinen Kuppel), den Geistern der Bewegung (in der großen Kuppel) und den Geistern der Form (im Westportal):

> «Kyriotetes, Dynamis, Exusiai,
> Lasset vom Osten befeuern,
> Was durch den Westen sich formet»[72].

Aus der Sphäre dieser «Lichtes-Geister» kam das Goetheanum zur Erde[73], aus dem erhabenen Sonnenreich der zweiten, der «Christus»-Hierarchie[74], um auf der Erde zum Haus des Wortes zu werden, zur sichtbaren Offenbarung des

Sonnen-Logos.

Anmerkungen

1. Gemäß den Mitteilungen des Fünften Evangeliums trafen sich der nathanische Jesus und Johannes der Täufer im Laufe der sieben Jahre vor der Taufe des Jesus im Jordan oft und sprachen viel miteinander (GA 148, 4. 10. 1913).

2. Aus diesem Grunde übten gerade die Engel eine besonders starke Wirkung auf Bildung und Charakter der alt-indischen Kulturepoche aus (GA 126, 31. 12. 1910), da es die Aufgabe der alten Inder war, vornehmlich den Ätherleib zu entwikkeln (GA 103, 30. 5. 1908).

3. Dazu sagt Rudolf Steiner in einem anderen Zyklus: «Für denjenigen, der mit hellseherischem Blick die Welt betrachtet, ist deshalb das, was man als flüssiges Element kennt, besonders das Wasser, nicht etwa nur von den Wesenheiten belebt und durchsetzt, die wir als Wasserwesen, Fische und so weiter kennen; sondern ein solcher weiß, daß trotz der sozusagen verfließenden Gestalt des Flüssigen, trotzdem keine feste Form in diesem wäßrigen Element festgehalten wird, daß trotzdem geistige Wesenheiten darin wohnen. Und zwar wohnen sie darin richtig verkörpert in dem wäßrigen Element, in verfließender, fortwährend sich verändernder Gestalt, die man deshalb auch mit dem äußeren Auge nicht unterscheiden kann. Da leben sie, diese Wesenheiten, die wir als Engel bezeichnet haben» (GA 105, 7. 8. 1908).

4. Das stellt Rudolf Steiner folgendermaßen dar: «Die Seele geht auf dem Wege durch die Inkarnationen durch alle möglichen Nationalitäten hindurch und muß auch durch diese Inkarnation gehen, wo sie den Impuls erhält, mehr in dem Angelos aufzugehen, mit dem Angelos zusammenzuwachsen,

mit seinem Geistesauge zu schauen in die geistige Welt» (GA 158, 9.11.1914). Siehe auch das Motiv des slawischen Menschen in der Malerei der kleinen Kuppel des ersten Goetheanum.

5. Gemäß den Hinweisen Rudolf Steiners nahmen die Engel den Christus schon in der ägyptisch-chaldäischen Kulturepoche auf (GA 15, Kap. 3).

6. Im Vortrag vom 31.12.1910 (GA 126) spricht Rudolf Steiner davon, daß durch die Einwirkung der zwölf Amshaspands (Erzengel) die zwölf Hauptnerven, die das menschliche Gehirn mit dem übrigen Organismus verbinden, geschaffen wurden: «Von den zwölf Seiten des Tierkreises aus wirkten die zwölf Erzengel-Wesen – so haben die alten Perser es sich vorgestellt; und um allmählich das hervorzubringen, was heute unsere Intelligenz ist, wirkten sie in zwölf Strahlen herein in das menschliche Haupt». Deshalb ist auch das menschliche Denken, die Intelligenz, im Jahreslauf am wachsten, am stärksten lichtdurchdrungen gerade zu der Zeit, die unter der kosmischen Einwirkung der Kräfte aus dem Bereich des Steinbocks steht (Dezember–Januar). Es waren diese zwölf Erzengel auch die ersten Wesenheiten der Erzengelhierarchie, die in der urpersischen Epoche den Christus aufnahmen (GA 15, Kap. 3).

7. Hier ist noch hinzuzufügen, daß im Jahreslauf die Zeit, die unter der Einwirkung der Kräfte aus dem Bereich des Steinbocks steht, die Zeit des stärksten Wachens der Erde ist, wo ihr *Geistbewußtsein* die größte Intensität erreicht. Im Leben des Menschen entspricht dieser Zustand seinem nachtodlichen Aufsteigen in die Sphäre der *Erzengel*, durch deren Tätigkeit in ihm ein «starkes, helles» Bewußtsein in bezug auf die ihn umgebende geistige Welt auftritt (s. GA 174, 22.1.1917).

8. Hier ist daran zu erinnern, daß – gemäß den Hinweisen Rudolf Steiners – die Haupttätigkeit Ahrimans sich in der

Sphäre der Erzengel abspielt (GA 154, 25.5.1914), wo er als ihr größter Gegner auftritt. Deshalb waren schon im Mittelalter seine äußeren Attribute die negativen Eigenschaften der Tiernatur des Steinbocks, und der Satan wurde stets mit Bockshörnern sowie -unterleib dargestellt (dieser Tradition folgte auch Goethe bei der Ausgestaltung seines Mephistopheles).

9. Deshalb ist für den inneren Zustand des Menschen, wenn er sich einem Engel nähert, der richtige Ausdruck eine Haltung, bei der er, aufrecht stehend, die Hände betend auf die Brust legt, während der Blick nach oben gerichtet ist zu der von den Engeln ausgehenden Milde. Für die Begegnung mit einem Erzengel dagegen ist es angemessen, eine Haltung zum Ausdruck zu bringen, wo der Mensch die Knie beugt, die Hände vor der Brust kreuzt und den Kopf neigt, gleichsam vor der geistigen Kraft, die von den Erzengeln ausgeht (GA 154, 25.5.1914 und GA 156, 6.10.1914). Beide Haltungen in verschiedenen Variationen findet man oft auf den Darstellungen mittelalterlicher Heiliger, Einsiedler und Mönche.

9a. Auch im Jahreskreislauf steht die Zeit, während der die Denkkräfte besonders aktiv im Menschen wirksam sind, unter dem Zeichen des Schützen: November–Dezember.

10. Wesenheiten aus der Hierarchie der Archai werden schon im Laufe der siebenten Kulturepoche, mit dem Beginn des Wirkens der Kräfte aus dem Bereich des Schützen, zu Menschheitsführern werden (GA 129, 21.8.1911). Der Impuls des Geistesmenschen wird jedoch erst am Ende dieser Epoche auszuströmen beginnen und dann weiter in der Zeit nach dem «Krieg aller gegen alle». Eine ähnliche Verschiebung haben wir auch in den vorhergehenden Epochen. So wird unsere fünfte Kulturepoche von den Engeln geführt (ebd.), sie werden jedoch erst in der sechsten Epoche reif geworden sein, das Geistselbst in die Menschheit «auszugießen», während diese Epoche sich schon unter der Führung der Erzengel

(ebd.) befindet und die Sonne im Frühling im Steinbock aufgehen wird. Die Erzengel ihrerseits werden erst zur Zeit der siebenten Kulturepoche reif sein, den Lebensgeist der Menschheit herabzusenden (GA 103, 30. 5. 1908).

11. Die Beziehung zum Licht ist bei den Geistern der Form eine ganz andere als bei den Erzengeln. Letztere leben und schaffen im Lichte; die Geister der Form haben in ihm dagegen nur ihre niedere Offenbarung.

12. Das hier Gesagte steht nicht im Widerspruch zu dem, was Rudolf Steiner im Vortrag vom 10. 4. 1912 (GA 136) äußerte, wo davon gesprochen wird, daß die Geister der Bewegung mehr mit der inneren Bewegung der Planeten zusammenhängen, während ihre äußere Bewegung durch den Raum von den Geistern des Willens bewirkt wird, Harmonie und Ordnung im gesamten Planetensystem dagegen von den Cherubim. Weiter gibt Rudolf Steiner in demselben Zyklus die folgenden Erklärungen: «Seraphim, Cherubim, Throne, Geister der Weisheit, bis hierher ist für alle einzelnen Planeten unseres Plantensystems das Ergebnis für den okkulten Blick ganz das gleiche, ob Sie die Beobachtung anstellen für den Mars, für den Jupiter, für den Merkur oder die Venus. Überall finden Sie, wenn Sie die Arbeiten der Seraphim, Cherubim, Throne und Geister der Weisheit ins Auge fassen, dieselben Ergebnisse. Dagegen finden wir nicht mehr dieselben Ergebnisse, wenn wir für die anderen Planeten unseres Systems ins Auge fassen, was an Wirkungsweisen herrührt von den Geistern der Bewegung und von den Geistern der Form ... So daß wir eigene Geister der Form, eigene Geister der Bewegung unterscheiden müssen für einen jeden einzelnen Planeten unseres Planetensystems.» Aus diesen Worten ersehen wir, daß die Cherubim und Throne die Bewegungen der Planeten hervorrufen und harmonisieren, von dem ausgehend, was für alle Planeten *gleich* ist. Die Geister der Bewegung aber, deren Hauptsitz auf der Sonne ist (13. 4. 1912), versetzen die Planeten von dorther in den Zustand des *Gleichgewichts*, ausgehend von den Eigenschaften und Beson-

derheiten, die ihren (der Planeten) Bewegungen einen mehr individuellen Charakter verleihen, *verschieden* bei jedem einzelnen Planeten. Man kann auch sagen, daß der allgemeinere, kosmische Einfluß der Cherubim und Throne von den Geistern der Bewegung zunächst individualisiert und dann abermals ins Gleichgewicht gebracht wird, wodurch unser Planetensystem ein solch vielgestaltiges und in seinen einzelnen Gliedern so verschiedenartiges und trotzdem vollkommen harmonisches Ganzes ist.

13. Auf dem fünften apokalyptischen Siegel sind nur neun Sterne abgebildet, was auf den *Prozeß* hinweist, der allmählich zur Bildung des Tierkreises während des alten Saturn führte.
13a. 1. Mose 2,7.

14. Als Rudolf Steiner über die frühe Saturn-Epoche sprach und über die in dieser Zeit wirkenden Geister des Willens, charakterisierte er sie folgendermaßen: «Diese Geister des Willens lernen wir gerade so kennen, daß es wie eine richtige Gegenständlichkeit für uns wird, man könnte sagen: ein wogendes Meer des Mutes ... Das ist nicht etwa bloß ein gleichgültiges, undifferenziertes Meer, sondern alle Möglichkeiten und Unterschiedlichkeiten dessen, was man bezeichnen kann mit dem Gefühl des Mutes, tritt uns da entgegen, wenn man sagt, man treffe Wesenheiten, die ebenso real sind wie der Mensch aus Fleisch und die nicht aus Fleisch, sondern aus Mut bestehen. Als solche Wesenheiten treffen wir die Geister des Willens – und zunächst bezeichnen wir nur das als ‹Saturn-Dasein›, was die Geister des Willens, die aus Mut bestehen, darstellen –, nichts sonst ... [Auf dem Saturn findet man nach allen Seiten] immer Geister des Mutes oder des Willens» (GA 132, 31. 10. 1911). So ist der alte Saturn aus einer Art Meer des Mutes entstanden (Mut, das Hauptattribut des Löwen). Dann wurden im Laufe der Entwicklung aus dem Feueropfer der Throne warme eigestaltige Formen gebildet – die erste Anlage des menschlichen physischen Leibes, dessen Entstehen nach den Worten Rudolf Steiners mit der aus dem Zeichen des Löwen hervorgehenden Tätigkeit der Throne zusammenhängt. Das «Zusammenfallen» aller

warmen Eiformen schließlich zu einem Ganzen am Ende der Entwicklung des alten Saturn geht ebenso unter dem Einfluß der Kräfte des Löwen vor sich (GA 110, 17.4.1909). Und so wirken die Throne im Laufe der Saturn-Epoche dreimal aus dem Sternbild des Löwen heraus: zu Beginn, in der Mitte und am Ende der Epoche, sein Dasein auf diese Weise umfassend und bestimmend.

14a. Siehe: K. L. Althoff, «Das Vaterunser», Kap. «Die Zwölf in der Zwölf», Teil 7, Stuttgart 1978.

15. Auf eine ungewöhnlich dramatische Weise wird im Matthäus-Evangelium das Eintreten dieses neuen Wirbels in das irdische kultur-historische Werden der Menschheit beschrieben. So stellt das 21. Kapitel das Entstehen des Wirbels im Schoße der vierten Kulturepoche dar (der Einzug Christi in Jerusalem, die Reinigung des Tempels). Im 22. Kapitel werden wir dann auf die Entwicklung des Wirbels in der fünften Kulturepoche hingewiesen (das Gespräch mit den Pharisäern und Sadduzäern als Repräsentanten der zukünftigen materialistischen Zivilisation). Weiter wird im 23. Kapitel das Wirken des Wirbels in der sechsten Kulturepoche beschrieben (die Weh-Rufe über die Pharisäer und die Verfolgung der Propheten). Im 24. und 25. Kapitel schließlich wird von der Kulmination dieser ganzen Entwicklung in der siebenten Kulturepoche gesprochen und von ihrem Übergang über die Zeit des «Krieges aller gegen alle» zu dem neuen Entwicklungszyklus (die kleine Apokalypse, die Zerstörung des Tempels, die Kriege, die Verfolgung, das Kommen des Menschensohnes und das Gericht über die Völker).

16. Auch für das Herz wurde der Keim im wesentlichen während des Saturn-Daseins gelegt. Das geschah durch die Hierarchie der Throne, die aus dem Tierkreisbereich des Löwen heraus wirkten. Deshalb ist das Herz nicht nur mit dem Element des Lebens verbunden (Blutkreislauf) – diese Funktion erhielt es erst auf der Sonne –, sondern es ist auch ein Wahrnehmungsorgan für *seelische Wärme* (GA 110, 17.4.1909).

17. Gemäß dem ptolemäischen Weltsystem sind die Cherubim nur mit der Tierkreis-Sphäre verbunden, die Hierarchien unter ihnen auch mit den Planetensphären: die Throne mit dem Saturn, die Herrschaften mit dem Jupiter, die Mächte mit dem Mars usw. (GA 110, 15. 4. 1909).

17 a. Nach Angaben Rudolf Steiners war der Gewissensimpuls schon vor dem sechsten vorchristlichen Jahrhundert unter den germanischen und nordeuropäischen Völkern von dem zukünftigen Gautama-Buddha, der damals auf der Bodhisattva-Stufe stand und unter dem Namen «Wotan» unter ihnen wirkte, vorbereitet worden (siehe dazu GA 116, 25. 10. 1909 und GA 105, 14. 8. 1908). Später breitete sich dieser Impuls ostwärts bis nach Griechenland aus. Dem nach dem mosaischen *Gesetz* erzogenen alttestamentarischen Volk war der aus dem *Innern* sprechende Impuls der Gewissensstimme dagegen noch zur Zeit der Ereignisse von Palästina fremd. Deshalb bildete Johannes der Täufer eine absolute Ausnahme, die in erster Linie auf seiner karmischen Vergangenheit beruhte. Diese besondere Stellung Johannes des Täufers innerhalb des jüdischen Volkes, die aus seinen an die Pharisäer und Sadduzäer gerichteten Worten hervorgeht (Matth 3,7–12), war später der eigentliche Grund für seinen gewaltsamen Tod.

18. Matth 3,3 und Mark 1,3; vergleiche auch mit dem Hinweis Rudolf Steiners, daß Elias in gewissem Sinne der Geist des althebräischen Volkes war, der als Geist des Ich wirkte, welcher zur Zeit des Erdenlebens von Johannes dem Täufer aus einem Gruppengeist zum individuellen Ich-Impuls werden mußte, der in jeder einzelnen Menschenseele lebt (GA 139, 17. 9. 1912).

19. In dem Bild vom Kampf der Dioskuren um eine Rinderherde wird in irdischer Gestalt auf die Weiterentwicklung aus dem Bereich der Zwillinge in den des Stiers hingewiesen.
Im Makrokosmos entspricht dem das unaufhörliche Streben der Seraphim zu der «über ihnen» befindlichen Sphäre des Heiligen Geistes.

20. Was hier über die menschliche Leibesform gesagt wird, das wird im Falle der Dioskuren noch verdeutlicht durch die Worte Rudolf Steiners über «jene wunderbare Ausbildung des menschlichen Leibes in der griechischen Gymnastik, in den großen griechischen Wettspielen» (GA 131, 9.10.1911). Denn die Dioskuren wurden in Griechenland, besonders in Sparta, als Beschützer der Gymnastik und der sozialen Gemeinschaft (des Staates) geehrt.

21. Im Matthäus-Evangelium (23,16–21) weist der Christus selbst in zwei Gleichnissen auf diesen wichtigen Übergang in der Menschheitsentwicklung hin. So sagte er zu den Pharisäern: «Wehe euch, blinde Führer seid ihr, indem ihr sprecht: Die Kräfte des Tempels anzurufen, hat keinen Sinn, erst wer beim Gold des Tempels schwört, dem nützt sein Schwur, wie töricht und blind seid ihr! Was ist größer, das Gold oder der Tempel, durch den das Gold erst geheiligt wird? Und ihr sprecht ferner: Die Kraft des Altars anzurufen, hat keinen Sinn. Erst wer bei den Gaben auf dem Altar schwört, dem nützt sein Schwur. Ihr verblendeten, was ist größer, die Opfergabe oder der Altar, durch den die Gabe erst geheiligt wird? Wer die Kraft des Altars anruft, ruft zugleich die Kraft dessen an, was auf dem Altar ist. Und wer die Kraft des Tempels anruft, ruft zugleich den an, der darin wohnt.» Hier bedeuten Tempel und Altar: Seele (das menschliche Ich), Gold und Gabe dagegen: Unsterblichkeit.

21a. Siehe darüber ausführlicher in: Sergej O. Prokofieff, «Rudolf Steiner und die Grundlegung der neuen Mysterien», Kap. 3, und auch den Vortrag Rudolf Steiners vom 23.9.1912, GA 139.

22. In diesem Zitat aus dem 1. Brief des Johannes sowie in dem weiter oben angeführten Zitat aus seinem Evangelium steht in den deutschen Übersetzungen von Luther und E. Bock an Stelle des Wortes «Seele» überall das Wort «Leben». In der russischen Übersetzung haben wir jedoch an den entsprechenden Stellen das Wort «Seele», und das scheint dem Ver-

fasser genauer zu sein, denn es geht hier im okkulten Sinne um das Opfer des Ich als dem Mittelpunkt der Seele, dem Opfer, das gebracht wird im Geiste der Worte des Apostels Paulus: «Nicht ich, der Christus in mir». Denn so wie der Christus im Mysterium von Golgatha sein makrokosmisches Ich dem Vater opferte («Vater, in deine Hände gebe ich meinen Geist.» Luk 23,46), um es an Majestät und Größe erhöht vom Vater des Alls zurückzuerhalten, so soll auch der einzelne Mensch es vermögen, aus Liebe zu dem Christus ihm sein isoliertes, irdisches Ich zu opfern, um es sodann als sein höheres, wahres Ich von dem Christus zurückzuerhalten.

23. Im Vortrag vom 19. 10. 1923 (GA 230) führt Rudolf Steiner Mahatma Gandhi als Beispiel an, der sich infolge seiner europäischen Erziehung und äußeren politischen Tätigkeit recht weit von der traditionellen indischen Weisheit entfernte, «in seinem aufklärerischen Hinduismus aber eines bewahrt hat: die Verehrung der Kuh». Und das ist vollkommen verständlich, denn durch ihren Kult blieb ihm auf unmittelbare Weise eine letzte Beziehung zum Geiste.

24. Über diese Schau des Johannes bei der Taufe des Jesus sagte Rudolf Steiner einmal: «Das ist durchaus eine hellseherische Beobachtung. Und sehr wenig richtig ist es, wenn gesagt wird: Das ist bloß allegorisch oder symbolisch gemeint. Es ist eine reale hellseherische geistige Tatsache, die für das hellseherische Vermögen auf dem *astralischen Plan* wirklich vorhanden ist» (GA 112, 3. 7. 1909).

25. Dieses okkulte Wissen über die Beziehung der Kuh zum astralischen Bild des Vogels hatten viele alte Völker. So kann man zum Beispiel in Ägypten Darstellungen des Sonnengottes Ra in der Gestalt eines Falken finden, der eine Sonnenscheibe auf dem Kopf trägt und zwischen den Hörnern der Himmelskuh sitzt; oder in Babylonien Bilder eines geflügelten Stieres (Schedu), der einen Schutzgeist des Menschen darstellt (vergleiche damit das weiter unten Gesagte über den Stier).

26. Die hier aufgezeigte Beziehung zwischen der Isis Sophia (Jungfrau), dem Weltengeist (Stier) und dem sich der Erde nähernden Christus-Impuls, der aus ihrer Umgebung durch die Gestalt des Osiris (Widder) wirkt, ist in umgewandelter Form auch in das esoterische Christentum eingegangen. Hier sprach man von dem gereinigten Astralleib als von der Sophia (Jungfrau) sowie von dem in einen solchen (von der Sophia überschatteten) Astralleib herabkommenden Prinzip des Heiligen Geistes oder Welten-Ich (Stier). Das Wichtigste für das esoterische Christentum war aber in diesem Zusammenhang, daß nur dank dem Mysterium von Golgatha und der daraus folgenden Vereinigung der Christus-Wesenheit (des Lammes) mit dem planetarischen Leib der Erde sich für *jeden* Menschen die Möglichkeit eröffnete, die zwei genannten Prinzipien (die Jungfrau Sophia und den Heiligen Geist) zu erlangen: «Die Menschen unserer Evolutionsepoche können die ‹Jungfrau Sophia›, den geläuterten Astralleib, und den ‹Heiligen Geist›, die Erleuchtung, in der geschilderten Weise empfangen. Geben konnte der Erde das, was dazu notwendig ist, nur der Christus Jesus» (GA 103, 31.5.1908).

27. Auf diesen Übergang (vom Geist zum Sohn und prophetisch vom Sohn zum neuen Geist) weist auch Johannes der Täufer, wenn er spricht: «Ich habe geschaut, wie der Geist gleich einer Taube vom Himmel auf ihn herniederstieg und mit ihm verbunden blieb. Ich kannte ihn nicht, aber der, der mich gesandt hat, mit Wasser zu taufen, sprach zu mir: Auf wen du den Geist sich herniedersenken siehst, so daß er mit ihm verbunden bleibt, der ist es, der mit dem Heiligen Geist tauft. Ich habe es geschaut, und so bezeuge ich, daß dieser der Sohn Gottes ist» (Joh 1,32–34).

28. In einer solchen Ausbreitung des Serapiskultes in der Epoche der Michael-Herrschaft ist auch eine irdische Widerspiegelung der übersinnlichen Tatsache zu sehen, daß Michael sich anschickte, den Übergang vom Dienst für die Mondensphäre (Jahve) in den Dienst für die Sonnensphäre (Christus) zu vollziehen.

29. Aus diesem Grunde wird Luzifer einst, durch das Wirken des Christus-Impulses in den Menschenseelen befreit, der neue Heilige Geist in der Welt werden (GA 107, 22.3.1909).

30. Gold – das Metall Luzifers (GA 136, 14.4.1912).

31. Die Tatsache, daß die Anbetung des «Goldenen Kalbes» als eine besonders große Sünde gegenüber Jahve angesehen wurde, hat – neben anderem – noch den folgenden Grund. Jahve selbst hat als Gottheit, die mit der Mondensphäre verbunden ist, eine besonders tiefe Beziehung zu dem in ihr wirkenden Prinzip des Heiligen Geistes (GA 96, 1.4.1907). Man kann deshalb die Bezeichnungen «abir ja' äkob» und «'abir jisrä'el» an einigen Stellen des Alten Testaments so verstehen, daß das Wort «'abir» sowohl «Gott» als «Stier» bedeutet (im allgemeinen wird es mit «Mächtiger» übersetzt: Vgl. z. B. Gen 49,24 und Psalm 132,2 und 5). Da es die Aufgabe des altjüdischen Volkes war, den Jahve-Geist im Innern des Ich zu erleben, so mußte jegliche äußere Darstellung als luziferisch angesehen werden (weshalb das Kalb golden sein mußte). Die Aufgabe Jahves aber war es, das althebräische Volk vor allem luziferischen Einfluß zu schützen, was in der althebräischen Geheimlehre dadurch zum Ausdruck kam, daß Jahve als der hauptsächliche Gegner Luzifers dargestellt wurde (GA 136, 14.4.1912). Sah man aber die Anbetung des Ich-Geistes Jahves in seinem physischen Abbild (dem goldenen Kalb) als große Sünde an, so hielt man andererseits seine Anbetung in der Form, in der er in der Astralumgebung der Erde imaginativ in Erscheinung trat, für eine hohe Stufe der althebräischen Einweihung. Auf einer solchen Stufe befand sich, zum Beispiel, Johannes der Täufer, der bei der Taufe im Jordan das astrale Gegenbild des Stieres in der Imagination der Taube erlebte, die auf die Geburt des Christus in dem Jesus durch das Prinzip des Heiligen Geistes hinwies.

32. Mit dem Stierkult (des Apis) in den ägyptischen Mysterien ist ein Weltengeheimnis verbunden, das Rudolf Steiner am Ende des Vortrags vom 17. April 1909 (GA 110) leise be-

rührt. Er bemerkt da, daß die dritte, ägyptisch-chaldäische Epoche gleichsam eine Wiederholung der alten lemurischen Epoche im Kleinen war, als das Ich-Prinzip in das Menschenwesen versenkt wurde. Damals kam aus einem bestimmten Tierkreisbereich, und zwar aus dem, der später «Stier» genannt wurde, ein geistiger Impuls, der alle menschlichen Wesen, die bis dahin nur aus physischem, ätherischem und astralischem Leib bestanden, auf der Oberfläche der Erde in Bewegung brachte. Infolgedessen wurde das, dem «... die Anregung gegeben worden war [dem dreigliedrigen Menschen], nachdem es sich einmal herumgedreht hatte [auf der Oberfläche der Erde], reif, das Ich in der ersten Anlage aufzunehmen. Das geschah in der alten lemurischen Zeit. Und man hatte hinauszudeuten auf diejenige Stelle des Tierkreises, die wir heute als den Stier bezeichnen ... Diese Bezeichnung ist ja im wesentlichen in der ägyptischen Geheimlehre, in der chaldäischen Geheimlehre entstanden. Da waren die Ursprünge dieser Bezeichnung, und es ist nur noch bei den wirklichen Geheimlehren heute ein Bewußtsein vorhanden von der rechten Bedeutung der Worte. Es drückt sich die allererste Anlage zum Ich-bin in der Sprache aus, in dem Ton.»

So haben wir hier einen Hinweis auf den Zusammenhang, der zwischen den kosmischen Kräften aus dem Bereich des Stieres und dem Einsenken des Ich-Prinzips in den Menschen einerseits sowie dem Aufkommen der Sprachfähigkeit andererseits besteht. Aus dem Wissen um diese Geheimnisse in der ägyptischen und chaldäischen Verehrung des Apis-Stieres ist auch das Bild entstanden, von dem im Zusammenhang mit dem Serapiskult schon von einem etwas anderen Standpunkt aus gesprochen wurde: der Stier mit Hörnern, die eine horizontal liegende Mondsichel bilden, in der die Sonnenscheibe ruht. Es ist nicht schwer, in diesem Bild gleichsam eine prophetische Vorwegnahme der späteren kosmischen Imagination des Heiligen Gral zu sehen (GA 149, 2.1.1914). – Auch ist noch hinzuzufügen, daß bei der Schöpfung des irdischen Menschen-Ich in der lemurischen Epoche seine Schöpfer, die Elohim, den Impuls für ihr Schaffen aus dem

Bereich empfangen mußten, der über der Sphäre der Seraphim (der Zwillinge) liegt, das heißt aus der Sphäre des Heiligen Geistes, des Stieres (GA 122, 22.8.1910).

33. Das Bild des Lammes spielt auch in der Apokalypse eine große Rolle. Die Betrachtung dieses Themas würde jedoch über den Rahmen dieser Schrift hinausgehen.

34. Das ist die ursprüngliche Form. Luther übersetzt: «Du bist mein lieber Sohn, an dem ich Wohlgefallen habe» und Bock: «Du bist mein lieber Sohn, in dir will ich mich offenbaren» (Luk 3,22; siehe auch GA 114, 21.9.1909).

34a. Weiterhin ist noch zu beachten, daß der physische Leib etwa in der Mitte der atlantischen Zeit erstmals mineralische Einschlüsse erhielt, wodurch es dem Menschen möglich wurde, die «feste Erde» zu betreten. (Es geschah das in der vierten atlantischen Epoche, die unter dem Zeichen des Skorpion-Adler stand.) Die Folge davon war, daß sein Ich, nachdem es den Ätherleib durchdrungen hatte, sich der Grenze des physischen Leibes nähern konnte. Und diese erste Berührung des Ich mit dem physischen Leib veranlaßte auch das allererste Aufscheinen des individuellen irdischen Ich-Bewußtseins im Menschen, woraufhin dieser nun beginnen konnte, selbständig von innen her an seinen Hüllen zu arbeiten. Das war dann von der fünften atlantischen Epoche an möglich, die unter dem Zeichen der Waage stand. (Das widerspricht nicht der Tatsache, daß das Ich erst mit der fünften *nachatlantischen* Epoche vollständig in die Materie versank, das heißt sich endgültig mit dem physischen Leib verband.) Von der Zeit an begann auch der helle Teil des Tierkreises ein Übergewicht über den dunklen zu erlangen. Bis dahin, das heißt bis zur vierten atlantischen Epoche einschließlich – was der Mitte der ganzen Erdenentwicklung entspricht –, bestand noch ein Gleichgewicht der auf- und absteigenden Kräfte des Tierkreises.

34 b. Deshalb setzt Rudolf Steiner, indem er den Menschen im Tierkreis aufschreibt, dessen Ich mit dem Bereich des *Schützen* in Beziehung, das heißt er verbindet ihn mit der Tätigkeit der Geister der Persönlichkeit und nicht der Geister der Form (Bereich des Skorpion-Adler). Das hängt damit zusammen, daß der Mensch in diesem Schema nicht vom Standpunkt des Menschen selbst, das heißt seines Schöpfungsprozesses, dem Kosmos eingeschrieben wurde, sondern vom Standpunkt der Hierarchie, gemäß ihrem *niedersten*, den menschlichen Wesensgliedern entsprechenden Glied. Von diesem hierarchischen Standpunkt aus ist das «niederste» und zugleich älteste Glied des Menschen sein physischer Leib, beim Engel der Ätherleib, beim Erzengel der Astralleib, bei den Geistern der Persönlichkeit (Archai) das menschliche Ich, bei den Geistern der Form das Geistselbst, bei den Geistern der Bewegung der Lebensgeist und, schließlich, bei den Geistern der Weisheit der Geistesmensch. Zudem folgt auch aus der besonderen Beziehung des Ich zu den Geistern der Persönlichkeit, daß der Mensch mit dem Prinzip des Denkens verbunden ist, und dessen Lenker sind die Archai in unserem Entwicklungszyklus (siehe Seite 23).

34 c. Das ist auch ein Hinweis darauf, daß in der Erdenepoche vor allem die hierarchischen Wesenheiten, von den Geistern der Bewegung bis zu den Angeloi (das heißt von der Waage bis zum Wassermann), mit dem Entstehungs- und Entwicklungsprozeß des individuellen Menschen-Ich in Beziehung stehen. Die höherstehenden Wesenheiten, von den Geistern der Weisheit (der Jungfrau) an, haben zu dieser Entwicklung kein unmittelbares Verhältnis. Deshalb sagt Rudolf Steiner in dem oben angeführten großen Zitat (siehe Seite 50): «Bis zum Ende der ‹Jungfrau› wurden die Taten des Ich in unserer planetarischen Entwickelung zwar vorbereitet, aber es kam nicht bis zum Ich.»

35. Die hier aufgezeigte Entwicklung sollte nicht mit dem Vorrücken des Punktes der Frühlings-Tag-und Nachtgleiche im Tierkreis, das den Übergang von einer Kulturepoche zur anderen bewirkt, verwechselt werden. Denn wir gehen in unse-

rer Betrachtung vor allem von der Reihenfolge aus, in der die verschiedenen Hierarchien, die ihre Kräfte aus denjenigen Bereichen des Tierkreises schöpfen, mit denen sie verbunden sind, in die Menschheitsentwicklung eingreifen. Die Tatsache jedoch, daß von unserer fünften Kulturepoche an, die unter dem Zeichen der Fische steht, beide Entwicklungsströme beginnen zusammenzufallen, hat auch eine große Bedeutung (siehe darüber im Folgenden).

36. Diese Beziehungen könnte man noch viel eingehender behandeln und begründen, was sich der Verfasser aber hier versagen muß. Es kann der Leser jedoch einige Ergänzungen in seiner andern Arbeit finden, wo der Zusammenhang der sieben Stufen des christlich-rosenkreuzerischen Erkenntnisweges und der sieben Glieder des Menschenwesens dargelegt ist (siehe Sergej O. Prokofieff, «Rudolf Steiner und die Grundlegung der neuen Mysterien», Kap. 5, Stuttgart 1986).

37. Diese Lage der Dinge, die in der Mitte der atlantischen Epoche entstand, hat erst in unserer Zeit volle Bedeutung erlangt: «In der Mitte unserer Entwicklung waren wir ja gerade in der Mitte der atlantischen Zeit; und was die Menschen durchgemacht haben seit der atlantischen Zeit, das ist eigentlich etwas, was eine Strecke über die Mitte unserer Entwickelung hinausgeht. So daß wir sagen dürfen, daß in einer gewissen Weise *heute schon* mehr Kräfte aufsteigen als herabsteigen aus dem Tierkreis» (GA 102, 27.1.1908).

37a. Die hier beschriebene «Erlösung» des dunklen Tierkreises dadurch, daß der Mensch den modernen, christlich-rosenkreuzerischen Einweihungsweg geht, hängt unmittelbar mit der allmählichen Erlösung und Verwandlung der Kräfte des Bösen in unserem Kosmos zusammen (vergleiche GA 113, 31.8.1909). Eine eingehendere Behandlung dieser Frage liegt jedoch außerhalb des Rahmens dieser Arbeit.

38. Siehe Genaueres über diese drei Christus-Offenbarungen in GA 130, 21.9. und 4., 18.11.1911.

39. Siehe auch Anm. 68.

40. Die Tatsache, daß zum «Leib des Lammes» auch der Bereich
des Adlers (Skorpion) hinzukommt, wenn auch nur als ein
planetarisches Glied, wird erstens dadurch bestätigt, daß der
Christus in alten Zeiten ganz besonders durch die sechs Sonnen-Elohim, die zur Hierarchie der Geister der Form gehörten, von der Sonne auf die Erde wirkte (GA 103, 20.5.1908),
und zweitens durch die geisteswissenschaftlichen Mitteilungen im Vortrag vom 27.8.1924 (GA 240). Hier spricht Rudolf
Steiner davon, daß der Christus bei seinem Herabkommen
von der Sonne auf die Erde seinen Geistesmenschen auf der
Sonne zurückließ, in der Erdenumgebung (der Welt der
Planeten) sodann seinen Lebensgeist und daß er nur mit seinem Geistselbst in die irdischen Hüllen des Jesus von Nazareth einging. Unter dem Aspekt der Sternenschrift kann man
das folgendermaßen beschreiben: Der Geistesmensch des
Christus ist mit dem Bereich der Jungfrau verbunden (siehe
S. 51), mit demselben Bereich, mit dem auch der höhere Sternenaspekt der Sonne im Zusammenhang steht. Der Lebensgeist aber steht in Beziehung mit dem Waage-Bereich, wo sich
die Sternen- und Planetenwirkungen berühren und harmoni-
siert werden. Weshalb der nun in der Erdenumgebung wirkende Lebensgeist des Christus hier auf die gleiche Weise wirkt: er
bringt die höheren Sterneneinflüsse zum richtigen Einwirken
auf die Erde als einem Planeten. Das Geistselbst des Christus
schließlich ist mit dem Bereich des Skorpion-Adler verbunden, und dieses trägt der Christus bei seiner Verkörperung auf
der Erde unmittelbar in das Erdensein hinein, da es zu dem
einzigen planetarischen Glied des Lammes gehört.

40a. Die Tatsache, daß Rudolf Steiner, wenn er vom Menschen
spricht, sein höchstes Glied, den Geistesmenschen (Jungfrau), gleichsam im Hintergrund läßt, hat eine besondere Bedeutung. Bis zu einem gewissen Grade ist eine Erklärung die
oben angeführte Entsprechung der einzelnen Tierkreisbereiche und der Hauptstufen des modernen christlich-rosenkreuzerischen Einweihungsweges.

Über dessen siebente Stufe sagt Rudolf Steiner – im Unterschied zu den übrigen sechs – in seinen Vorträgen so gut wie nichts. In den frühen Ausgaben der «Geheimwissenschaft im Umriß» nennt er sie die Stufe der «Seligkeit in Gott», in den späteren Ausgaben dagegen gibt er nur den folgenden Hinweis auf das allgemeine Zusammenwirken aller Fähigkeiten, die auf den vorhergehenden Stufen gewonnen wurden: «Das Gesamterleben der vorherigen Erfahrungen als eine Grund-Seelenstimmung.» Das ist darin begründet, daß die siebente Stufe nicht mehr zum Planeten-, sondern zum *Sternen*-Kosmos gehört und deshalb nicht mit menschlichen Worten beschrieben werden kann, da es, um sich ihr zu nähern, notwendig ist, *unabhängig* vom physischen Gehirn zu denken. Diese hohe Fähigkeit ist auch für das Erkennen der letzten Verkörperung unserer Erde, den Vulkan-Zustand, notwendig (siehe GA 11), auf dem der Mensch das Prinzip des Geistesmenschen voll entwickelt haben wird. Deshalb teilt Rudolf Steiner auch über diesen zukünftigen Zustand nichts in der «Geheimwissenschaft im Umriß» mit, und in dem Buch «Aus der Akasha-Chronik» wird über den Vulkan nur gesagt: «Auf diesem Planeten wird das vorläufige Ziel der Menschheitsentwickelung erreicht. Der Bewußtseinszustand, in welchen da der Mensch eintritt, wird die ‹Gottseligkeit› oder auch das spirituelle Bewußtsein genannt.» Auch ist noch (gleichsam in Klammern) hinzuzufügen, daß die gesamte Weltentwicklung nicht mit dem Vulkan-Zustand beendet sein wird, sondern daß ihm fünf weitere, noch höhere folgen werden, so wie sich das Aufsteigen innerhalb der Tierkreissphäre nicht auf die Stufe der Jungfrau beschränkt, sondern wir von fünf weiteren, vom Löwen bis zum Widder, wissen können. Das stellt Rudolf Steiner in dem Zyklus «Aus der Akasha-Chronik» folgendermaßen dar: «Nach der Vulkanstufe wird ja auch der Mensch sich noch weiter entwickeln und dann noch höhere Bewußtseinsstufen erklimmen. Wie das Auge in nebelgraue Ferne blickt das innere Auge des Sehers in Geistesweiten auf noch *fünf Bewußtseinsformen*, von denen aber eine Beschreibung ganz unmöglich ist. Es kann also im ganzen von *zwölf* Bewußtseinsstufen die Rede sein.»

41. Wie aus dem oben Gesagten hervorgeht, sind die sechs Elohim in ihrer Sphäre eine Widerspiegelung der sechs Glieder der «Über-Wesenheit», die beim Menschen den drei «physischen» und den drei «seelischen» Gliedern entsprechen: dem physischen Leib, dem Ätherleib, dem Empfindungsleib, der Empfindungsseele, der Verstandesseele und der Bewußtseinsseele. Der siebente Elohim – Jahwe – ist dann diejenige Wesenheit innerhalb dieser Einheit, die das *Ich-Prinzip* repräsentiert. Als er sich Moses offenbarte, sprach Jahwe von sich: «*Ich bin* der, der da war, ist und sein wird.» Deshalb ist seine Bezeichnung als der «siebente» Elohim nur relativ, denn in Wirklichkeit wirkt er als der *vierte*, der den Kern oder Mittelpunkt der sechs andern bildet. In der «Theosophie» (GA 9) sagt Rudolf Steiner über das Ich: «Indem der Mensch also zu sich ‹Ich› sagt, beginnt in ihm etwas zu sprechen, was mit keiner der Welten etwas zu tun hat, aus denen die ... ‹Hüllen› entnommen sind [die sechs oben genannten Glieder] ... Das ‹Ich› aber gibt sich dem Geiste hin, daß er es erfülle ... Es strahlt der Geist in das Ich und lebt in ihm als in seiner ‹Hülle› ... Der Geist bildet das Ich von innen nach außen ... Der ein ‹Ich› bildende und als Ich lebende Geist sei ‹Geistselbst› genannt ... Das Geistselbst ist eine Offenbarung der geistigen Welt innerhalb des Ich.»

Diese Bestimmung des Geistselbst in bezug zum Ich charakterisiert auch auf das genaueste das Verhältnis von Jahwe als dem Repräsentanten des Ich-Prinzips zu dem kosmischen Urbild des Geistselbst, das heißt dem Heiligen Geist (Stier), der seine Offenbarungen aus der Sphäre *über* den Hierarchien herabsendet. Jahwe erreichte die hohe Stufe, die es ihm ermöglichte, den Impuls des Heiligen Geistes in der Sphäre der Geister der Form zum Ausdruck zu bringen, durch das Opfer, das er brachte, als er die Sonne verließ und den Mittelpunkt seines Wirkens auf den Mond verlegte. Deshalb verbindet Rudolf Steiner auch den Impuls des Heiligen Geistes mit der Monden-Sphäre und nennt Jahwe den Träger und Bringer des Heiligen Geistes (siehe GA 96, 1.4.1907). Das wirft auch ein Licht auf die Tatsache, warum die Anbetung des goldenen Kalbes in der alttestamentarischen Religion als der schlimmste Verstoß gegen den Willen Jahwes angesehen wurde (siehe Seite 44 und Anm. 31).

42. In diesem Waage-Bereich kreuzen sich auch die geistigen Wege des Christus und des Buddha. Der Christus steigt «von oben» in ihn herab, und auch der Buddha tritt, als er seine Buddha-Würde erlangt, in ihn ein, aber «von unten». Von einem etwas anderen Standpunkt sagt Rudolf Steiner über ihre Begegnung: «Damit haben wir charakterisiert die Bodhisattvas, die dann die Buddhas werden, um in den Nirwana-Plan hineinzugehen. [In der Sprache der Sternenschrift: in den Bereich der Waage, siehe Seite 57]. Alles, was im menschlichen Innern so arbeitet, in das Innere hinein, das lebt in einer Sphäre, die hinaufreicht bis zum Nirwana-Plan. Von der anderen Seite her wirkt in die menschliche Natur hinein eine Wesenheit wie der Christus. Von der anderen Seite her wirkt er auch in jene Welten hinein, in welche die Bodhisattvas hinaufsteigen, wenn sie die Region der Menschheit verlassen, um selber zu lernen, damit sie dann Lehrer werden können in der Menschheit. *Da tritt ihnen von oben* [das heißt: durch das Tor des Geistes der Weisheit], *von der anderen Seite her, eine solche Wesenheit entgegen wie der Christus*» (GA 116, 25.10.1909). Hier ist noch zu bemerken, daß die Begegnung des Christus in einer übersinnlichen Sphäre mit Wesenheiten vom Rang eines Bodhisattva eine Stufe tiefer stattfindet als die Begegnung mit dem Buddha. Denn wenn der Christus sich mit dem Buddha «in der Waage» trifft, aus dem Bereich der Jungfrau in sie eintretend, dann trifft er sich mit den Bodhisattvas, in der Sternensprache ausgedrückt: «im Adler». (Das können wir hier jedoch leider nicht eingehend betrachten.) Nun kann auch das, was wir über die Begegnung des Christus mit dem Buddha in der Waage sagten, ein Licht auf die zunächst nicht leicht zu verstehende Äußerung Rudolf Steiners: «Der Christus hat als Bodhisattva in Buddha gewirkt» werfen (GA 109/111, 31.5.1909). So ist in diesem Falle unter «Buddha» ein Mensch zu verstehen, der die Entwicklungsstufe der Waage erreicht hat, und unter «Bodhisattva» ein höheres geistiges

Prinzip, das «von oben», aus der Jungfrau, dieses menschliche Wesen überleuchtet und durch es wirkt.

43. Auf den Zusammenhang der heiligen Rischis mit der Planetensphäre weist vor allem ihre Anzahl hin. Zudem waren, gemäß den Mitteilungen Rudolf Steiners, in den indischen Rischis die Ätherleiber der führenden Eingeweihten der sieben atlantischen Planetenorakel verkörpert, und das war der Grund, weshalb ihre Erkenntnisse nicht über den Wirkensbereich der einzelnen Planeten hinausreichten. Das hätte sich nur bei dem Rischi anders verhalten können, der den Ätherleib des führenden Eingeweihten des *Sonnen*orakels empfing. Es war das jedoch nicht der Fall, da er nur einen Abdruck dieses Ätherleibes erhielt (GA 109/111, 21.1.1909 und GA 13).

44. Es widerspricht das nicht der Tatsache, daß der Punkt der Frühlings-Tag-und-Nachtgleiche sich zur Zeit der zweiten nachatlantischen Epoche in den Zwillingen befand. Denn wir haben es hier mit zwei verschiedenen Entwicklungsströmen zu tun, welche sich erst von der gegenwärtigen Epoche der Fische an durchkreuzen, ja sogar bis zu einem gewissen Grade zusammenfallen, denn von unserer Zeit an steht vor der ganzen Menschheit die Aufgabe, *in vollem Bewußtsein* mit den Hierarchien zu arbeiten.

44a. Das schließt jedoch nicht aus, daß sich unter den aufgeführten Namen der alten Götter nicht nur Erzengel verbargen oder wirkten, sondern auch andere hierarchische Wesenheiten. So wie z. B. nach althebräischer Tradition Jahwe (Geist der Form) durch den Erzengel Michael wirkte.

45. Vergleiche mit der Beschreibung des vierten Rhythmus der Weihnachtstagung im 5. Kapitel des Buches «Rudolf Steiner und die Grundlegung der neuen Mysterien», Stuttgart 1986.

45a. Durch das oben Gesagte wird auch verständlich, warum Rudolf Steiner die Christus-Wesenheit auf so verschiedenartige

Weise charakterisiert. Denn er beschreibt sie jedesmal im Zusammenhang mit ihrem Wirken *durch* die verschiedenen Hierarchien im Laufe ihrer allmählichen Annäherung an die Erde; handelt es sich doch bei Rudolf Steiner stets um eine *konkrete* Forschung, die er auf den verschiedenen Ebenen des Weltenseins durchführte. Wenn wir seine vielfältigen christologischen Mitteilungen betrachten, dann ergibt sich eine vollkommene Übereinstimmung mit den vier kosmischen Toren, auf die in dieser Darstellung hingewiesen wurde und durch die sich die Christus-Wesenheit der Erde näherte. So offenbart sich der Christus in unserem Kosmos als der Sohn, nachdem er das Tor des Widders durchschritten hat. (Darauf weist Rudolf Steiner mehrfach hin, besonders im Zusammenhang mit den esoterischen Betrachtungen über die Heilige Dreifaltigkeit und über das Johannes-Evangelium.) Durch das Tor der Jungfrau schreitend offenbart er sich als Geist der Weisheit (GA 136, 13.4.1912) und durch das Tor des Skorpion-Adler als «Führer und Lenker» der Geister der Form (GA 13), als die «Kraft der sechs [Sonnen-] Elohim» (GA 103, 20.5.1908) oder als «einer der Elohim» (GA 245). Schließlich offenbart er sich als «Führer (oder Beherrscher) der Feuergeister (der Erzengel)» (GA 99, 6.6.1907) oder als «Feuergeist» (Erzengel) (GA 97, 2.12.1906 und GA 175, 20.2.1917). Alle diese Bezeichnungen betreffen den «räumlichen» Aspekt der Annäherung des Christus an die Erde. Es kann der genannte Prozeß jedoch auch in seinem «zeitlichen» Aspekt betrachtet werden. Dann entsprechen die hauptsächlichen Etappen des Herabsteigens Christi der Folge der nachatlantischen Kulturen: der indischen, persischen, ägyptisch-babylonisch-semitischen (siehe Seite 72) Kultur, welche ihrerseits «mikrokosmische» Widerspiegelungen der drei vorhergehenden Verkörperungen der Erde waren: des Saturn, der Sonne und des Mondes, so daß wir sagen können: Das Wirken der Christus-Wesenheit in der Sphäre des «hellen Tierkreises» – vom Widder bis zur Jungfrau – entspricht dem alten Saturn, seine Vereinigung mit der Sphäre von der Jungfrau bis zum Skorpion-Adler der alten Sonne, vom Skorpion-Adler bis zum Steinbock dem alten

Mond, vom Steinbock bis zu den Fischen und weiter von den Fischen abermals nach oben, in den Makrokosmos, der Erde. Dieser zeitliche Aspekt des Herabsteigens Christi wird, ebenso wie der räumliche, im Prolog des Johannes-Evangeliums zum Ausdruck gebracht (siehe Vortrag vom 19.5.1908, Hamburg, GA 103). Denn dieser Prozeß vollzieht sich seinem inneren Wesen nach *über* Zeit und Raum und hat in ihnen nur eine Art Abbild, das allein jedoch den irdischen Möglichkeiten menschlichen Verständnisses zugänglich ist. Auch in den Evangelien finden wir eine direkte Bestätigung der am Beginn dieser Anmerkungen zitierten christologischen Forschungsergebnisse Rudolf Steiners. So wird im Prolog des Johannes-Evangeliums auf den Christus zunächst als auf den kosmischen Logos hingewiesen und danach als auf den Sohn (1,18). Das entspricht der Stufe des *Widder*, des «mystischen Lammes». Im Markus-Evangelium (1,3) sowie an vielen Stellen der anderen Evangelien (zum Beispiel Luk 2,11) wird der Christus sodann «Herr» – griechisch: «Kyrios» – genannt, das heißt: als aus den Kräften der Kyriotetes (der Herrschaften), der Geister der Weisheit wirkend. Das entspricht der *Jungfrau*-Stufe. Weiter wird im Matthäus-Evangelium (7,28–29) und im Markus-Evangelium (1,22) darauf hingewiesen, daß der «Christus lehrte wie die Exusiai», das heißt als Geist der Form (Elohim) – denn das ist, nach Rudolf Steiner, ursprünglich die Bedeutung dieser Textstelle der Evangelien (siehe GA 124, 16.1. und 2.2.1911). Mit anderen Worten: Er lehrte aus den Kräften, die aus dem kosmischen Bereich des *Adlers* (Skorpion) erfließen. Außerdem finden wir zahlreiche Hinweise in den Evangelien auf dem Christus-Jesus dienende Engelwesen (zum Beispiel: Matth 4,11; 26,53; Mark 1,2 und 13; Joh 2,51). Indem er ihnen gebietet, wirkt der Christus aus den Kräften der Hierarchie der Archangeloi, die mit dem kosmischen Bereich des *Steinbock* verbunden sind. Denn in der aufsteigenden Reihe der Hierarchien sind die Engel stets die *Diener* der Erzengel, die ihnen gebieten. Und schließlich vollendet sich, von der Szene im Garten von Gethsemane an bis zum Mysterium von Golgatha der große Prozeß der Menschwerdung Gottes. Es vereinigt sich der Christus, alle seine makrokosmischen Kräfte opfernd, mit den Hüllen des Jesus von Nazareth, der unter dem Zeichen der *Fische*-Einweihung steht. Von nun an ist er ein Menschensohn, der den Engeln nicht mehr gebietet, sondern, im Gegenteil, als Mensch sogar ihrer Hilfe bedarf (siehe Luk 22,43). Genaueres über den hier erwähnten Prozeß der Menschwerdung Gottes siehe «Rudolf Steiner und die Grundlegung der neuen Mysterien», Kap. 3, Stuttgart 1986.

46. Nach allem in dieser Betrachtung Gesagten erscheint auch die Tatsache in einem besonderen Licht, daß sich in Rudolf Steiners irdischer Biographie seine Geburt im Zeichen der Fische vollzieht – welche den gesamten Charakter der fünften nachatlantischen Epoche bestimmen – und sein Tod im Zeichen des Widders und daß zwischen diesen Zeichen alle übrigen (als ein Hinweis auf den Weg von Jesus zu Christus) in der Anordnung aufeinander folgen, die ihrem Wirken in den zwölf heiligen Nächten entsprechen (siehe Seite 75).

46a. Die Worte Rudolf Steiners bei der Grundsteinlegung des ersten Goetheanum. Zitiert nach: Rudolf Grosse, «Die Weihnachtstagung als Zeitenwende», Dornach 1977. Ebenso das folgende Zitat.

47. ebd. – In der Urkunde, die in den Grundstein des ersten Goetheanum hineingegeben wurde, ist auch, außer der genannten Zahlengesetzmäßigkeit der 3, 5, 7, 12 und der Sternkonstellation bei seiner Grundsteinlegung, ein Hinweis auf die Anwesenheit der Mächte aller zwölf Tierkreisbereiche enthalten. So beziehen sich das Wort «*Anthropos*» in der Mitte sowie die Buchstaben «IN» oben (wenn wir sie als *Jesus von Nazareth*, das heißt als nathanische Seele, lesen) auf den Bereich der Fische. Weiter haben wir in den Namen aller neun Hierarchien einen Hinweis auf die Bereiche vom Wassermann bis zu den Zwillingen und, schließlich, in den drei Rosenkreuzerworten auf den Bereich des Stieres, den des Widders und auf den 13. Bereich, der sich *jenseits* der Grenzen des Zodiak befindet. Die Vereinigung mit dieser Sphäre

als die wahre Einweihung der Seele, wird durch die Worte: «als Eckstein» ausgedrückt, der aus den Kräften des Vaters, des Sohnes und des Geistes (-, ♈ , ♉) «unseres im Geist sich suchenden Willens» gebildet ist – diese Worte stehen in Verbindung mit der Einweihung durch die Kräfte der ersten Hierarchie (♊, ♋, ♌); «in der Weltenseele sich fühlenden Seins» – das bezieht sich auf die Einweihung durch die Kräfte der zweiten Hierarchie (♍, ♎, ♏); «im Welten-Ich sich ahnenden Menschen» – die Einweihung durch die Kräfte der dritten Hierarchie (♐, ♑, ♒), «senken wir ...» die (zehnte) Menschen-Hierarchie (♓). Und alles zusammen – das Streben nach ihrer Verwirklichung.

48. Die Grundsteinlegung dauerte etwa zwei Stunden, von 18.30 bis 20.30 Uhr (GA 245, 1979, Seite 172).

49. Elisabeth Vreede, «Astronomie und Anthroposophie», Aufsatz «Über die Präzessionsbewegung», Dornach 1980. Siehe dort auch Genaueres über den Unterschied von «Zeichen» und «Sternbild».

50. Joachim Schultz, «Rhythmen der Sterne», Dornach 1985.

51. Im Vortrag vom 21. 1. 1917 (GA 174) spricht Rudolf Steiner auch davon, daß jeder Mensch nach dem Tode in der Richtung *nach Osten* in die geistige Welt geht.

52. Diesen Titel trägt die erste und bedeutendste Arbeit Jakob Böhmes, dessen okkulte Bedeutung erklärend, Rudolf Steiner sagte: «Was ist die ‹Morgenröte im Aufgang› für Initiierte? Die ‹Morgenröte im Aufgang› ist die Veranlassung zu kosmischer Erinnerung an das Schauen der Sonne um Mitternacht hinter der Erde, bedeckt von der Erde, durchglimmend durch die Erde» (GA 236, 27. 6. 1924).

52a. Wenn hier im Zusammenhang mit dem Übergang von der Waage zur Jungfrau (von den Hierarchien aus betrachtet: von den Geistern der Bewegung zu den Geistern der Weisheit) als von einem Übergang «aus den mit der Erde verbundenen Planetenbereichen in den Wirkensbereich der Fixsterne» gesprochen wird, so ist das Folgende zu beachten. In der zwölfgliedrigen Tierkreissphäre haben wir seit etwa der Mitte der atlantischen Zeit sieben «helle» und fünf sogenannte «dunkle» Zeichen (von der besonderen Bedeutung des Waage-Zeichens wird noch gesprochen werden). Diese Einteilung in einen hellen und einen dunklen Bereich hängt damit zusammen, daß zum «hellen» Bereich diejenigen Zeichen gerechnet werden, deren Kräfte auch innerhalb des Planetensystems die ihnen ursprünglich eignende «Sternen»-Gesetzmäßigkeit bewahrt haben, während die «dunklen» Zeichen nicht über eine solche geistige Kraft verfügen und sich infolgedessen unter gewissen Bedingungen durch die Vereinigung mit den Kräften bestimmter Planeten innerhalb des Planetensystems modifizieren können. So bewahren die «hellen» Zeichen *unter allen Bedingungen* die – zwölfgliedrige – «Sternen»-Gesetzmäßigkeit, die «dunklen» dagegen können auch der – siebengliedrigen – «Planeten»-Gesetzmäßigkeit folgen. Das alles hängt unmittelbar mit dem verschiedenartigen Wirken der Hierarchien in unserem Kosmos zusammen, einerseits dem Wirken der Geister der Weisheit sowie der über ihnen stehenden Hierarchien und andererseits dem Wirken der unter ihnen stehenden vom Rang der Geister der Bewegung an (siehe Genaueres auf Seite 63).

53. Nach der Legende erhielt Hermes (Merkur) den Caduzeus vom Sonnengott Apollon (das heißt aus der Sonnensphäre).

54. Die oben erwähnte Form des Merkurstabes entsteht beim «Lesen» der okkulten Schrift der farbigen Glasfenster, deren Bedeutung sich jedoch nur erschließt, wenn die Fenster in der Reihenfolge betrachtet werden, die der inneren Bewegung des Caduzeus entspricht. (Hier können wir nur kurz darauf hinweisen, da die mit den Fenstern verbundenen Geheimnisse Thema einer gesonderten Untersuchung sein müßten.)

Den Ausgangspunkt des Weges bildet das rote Fenster, das in der Richtung von Westen nach Osten unseren Gang durch das Goetheanum, der Hauptachse des Caduzeus entlang, von den ersten Erfahrungen des individuellen Ich bis zum Erleben des schauenden Ich («Ich schaue») bestimmt. Um diese Hauptachse entstehen auch die vier Windungen des Merkurstabes, die von zwei sich verflechtenden Linien gebildet werden und die den Gehalt der einzelnen Fenster miteinander verbinden. Wir betrachten sie nun nacheinander, obwohl sie im Goetheanum selbst gleichzeitig angeschaut werden müssen.

I. Das Wirken Luzifers im Innern des Menschen – grünes Fenster im Süden. Infolge des Eindringens der luziferischen Kräfte durch den sogenannten «Sündenfall» wurden einerseits im Menschen allmählich alle höheren, übersinnlichen Quellen des Seelenlebens verschlossen (die Welt der Sphärenharmonien, die das Seelenleben gestaltete), andererseits verlor er die Fähigkeit, die geistige Welt, welche auf dem Grunde seiner Sinnesorgane wirkt, zu schauen. Gleichzeitig löste sich für sein Denken (und teilweise auch sein Fühlen) die Verbindung mit den Urquellen der kosmischen Intelligenz, welche sich in alten Zeiten in den Menschen ergossen hatte, wie das im mittleren Teil des nördlichen blauen Fensters dargestellt ist, was zur Folge hat, daß das Denken des Gegenwartsmenschen nicht weiter als bis zu den Grenzen der Sinnesorgane in die objektive Welt eindringen kann. Vermag der Mensch jedoch infolge seiner inneren Entwicklung Luzifer in seiner Seele zu besiegen (die zwei Seiten des grünen Fensters), dann nimmt er ihm die Möglichkeit, auf *unrechtmäßige* Weise die Kräfte der Beweglichkeit der Planeten (die Sphärenharmonie) zu nützen, mit deren Hilfe er danach trachtet, die Auflösung der physischen Erde zu bewirken. Die von der luziferischen Macht nicht berührten, göttlichen Planetenkräfte sowie die geistigen Kräfte, die auf dem Grunde der Sinnesorgane ruhen, sind auf dem blauen Fenster im Norden dargestellt. Da erschließt das gereinigte und verwandelte Denken dem Menschen den Zugang zu seinen Urquellen. Denn das irdische Denken ist der letzte Abglanz des vorgeburtlichen kosmischen Lebens, das dem Menschen gewöhnlich durch Luzifer verschlossen wird (violettes Fenster im Süden). Auf dem letzten Fenster dieser Reihe ist die Begegnung des Menschen mit dem ätherischen Christus dargestellt, durch die er die Kräfte zum endgültigen Sieg über die Macht Luzifers und zu ihrer Verwandlung zum Guten empfängt – pfirsichfarbenes Fenster im Norden (siehe GA 145, 28.3.1913).

II. Das Wirken Ahrimans in der den Menschen umgebenden Natur – grünes Fenster im Norden. Wendet sich der Mensch bewußt der Geistessonne zu (rechter Teil), dann betritt er damit den Weg der Befreiung von der Macht Ahrimans in seinem Willensbereich. Er wird allmählich frei und schöpferisch – Seitenteile des blauen Fensters im Süden. Es verliert Ahriman die Möglichkeit, auf *unrechtmäßige* Weise die Kräfte der Fixsterne (des Tierkreises), die er sich angeeignet hat, zu nützen und mit ihrer Hilfe das Erdensein in die Verhärtung (den Tod) zu führen. Es sollte ein höheres Gleichgewicht zwischen der oben beschriebenen Tendenz des «Verfließens» und der des «Verhärtens» durch das erste Goetheanum als Ganzes in Erscheinung treten (siehe GA 184, 21.9.1918). Die reinen, von allem Ahrimanischen freien Sternenkräfte sind im mittleren Teil des blauen Fensters dargestellt. Durch eine solche Befreiung seines Willens eröffnet sich dem Menschen der Zugang zu Welten, die ihm sonst vollkommen von Ahriman verschlossen werden: die Welten des nachtodlichen Seins – violettes Fenster im Norden. Das Eindringen in diese Welten in rückläufiger Richtung führt ihn zum Erleben der Weltenmitternacht und zugleich zum Schauen seines wahren, von den Kräften des kosmischen Christus durchdrungenen Ich. Dank dieser Kräfte kann der Mensch die Macht Ahrimans in seinem Willen nun endgültig besiegen. Er befreit sich von ihren zersetzenden, todbringenden Kräften und vereinigt sich mit der Welt der übersinnlichen, von dem Christus geführten Wesenheiten, er tritt nun wirklich in sein Sonnenreich ein, zu dem Ahriman keinen Zugang hat – pfirsichblütfarbenes Fenster im Süden. So findet der Mensch, der sich im Goetheanum, vom inneren Ich-

Erleben geleitet, vom Westen nach dem Osten bewegt, in den Motiven der Glasfenster in der Form des Caduzeus das Abbild der Metamorphose seines *Denkens* und *Wollens*, die ihn, sich von den Widersachermächten Luzifer und Ahriman befreiend, zum bewußten *Schauen* der Christus-Wesenheit führen: «Ich schaue» (siehe GA 194, 23. u. 28. 11. 1919).

55. siehe: A. Turgenieff: «Rudolf Steiners Entwürfe für die Glasfenster des Goetheanum», Dornach 1961.

56. Nach diesem Prinzip des «Gleichgewichts» (Waage) sind im wesentlichen *alle* Fenster des großen Kuppelraumes angebracht, die man von dem genannten Standpunkt aus kurz folgendermaßen charakterisieren kann:

	Süden	*Norden*
grünes Fenster:	Luzifer	Ahriman
blaues Fenster:	Welt der Sterne	Welt der Planeten
violettes Fenster:	Ungeborenheit	Unsterblichkeit
«rosa» Fenster:	Schlafen	Wachen
		(höheres Bewußtsein)

Siehe Genaueres in Anm. 55.

57. Die Beziehung der Geister der Bewegung zum Element des *Lebens*, von der hier gesprochen wird, widerspricht nicht der Tatsache, daß der Äther- oder Lebensleib der Menschheit auf der alten Sonne von den Geistern der Weisheit gegeben wurde, während die Geister der Bewegung sie auf dem alten Mond mit dem Astralleib begabten. Denn es handelt sich hier um eine Art «geistiger Verschiebung», ähnlich der, von der wir schon in dem zweiten Aufsatz sprachen (siehe Seite 53 f.). So wurde zum Beispiel auf dem alten Saturn die Grundlage für den physischen Leib des Menschen von den Geistern des Willens (den Thronen) gelegt. In der Folgezeit jedoch pflegten und entwickelten diesen Keim die Geister der Weisheit: daher die wunderbare *Weisheit* im Bau und in der Organisation des physischen Leibes. Später empfing der Mensch auf der alten Sonne seinen Ätherleib von den Geistern der Weisheit. Dieser wurde jedoch weiterhin in seiner *Lebendigkeit* und Regsamkeit von den Geistern der Bewegung auf-

rechterhalten, die dann später auf dem alten Monde dem Menschen seinen Astralleib schenkten, den nun die Geister der Form unterhielten, wodurch auch die spätere Ausgießung der Ich-Substanz vorbereitet wurde. Schließlich wird zur Zeit der Erdenverkörperung das von den Geistern der Form verliehene Menschen-Ich zunächst von den Geistern der *Persönlichkeit* geführt und gepflegt. Daher ihr Name, der die Beziehung zum Persönlichkeitsprinzip zum Ausdruck bringt. – Außerdem wird das hier aufgezeigte Verhältnis noch durch die Tatsache erhärtet, daß das niederste Glied der Geister der Bewegung das Glied ist, dem beim Menschen der Lebensgeist entspricht, der im Laufe der Umwandlung seines *Ätherleibes* entsteht.

58. Die Gründe dafür liegen nicht nur bei Goethe, sondern – und vielleicht vor allem – bei der Tatsache, daß er noch in der Epoche des Kali Yuga lebte, wo ein bewußtes Betreten der geistigen Welt nur auf den höheren Stufen der Einweihung möglich war.

59. Im Vortrag vom 27.3.1915 (GA 161) charakterisiert Rudolf Steiner dieses auch als «Kopfhellsehen», das allein «für unsere Zeit am angemessensten ist».

60. Der genannte Prozeß des Aufsteigens in der Richtung vom Westen nach dem Osten, aus dem Reich der Geister der Form in das Reich der Geister der Bewegung und, schließlich, in das Reich der Geister der Weisheit finden wir im östlichen Teil der Malerei der großen Kuppel in dem dreifachen Motiv dargestellt, das zugleich das Geheimnis des I-A-O ausdrückt, das Geheimnis des Sonnenmenschen. Dieses dreifache Motiv wird bezeichnet:

Das I – «Gottes Zorn und Gottes Wehmut»
Das A – «Der Reigen der Sieben»
Das O – «Der Kreis der Zwölf»

(Hilde Raske, «Das Farbenwort», Stuttgart 1983). In diesen drei Motiven kann man erleben: im ersten: den Impuls aus der Sphäre der Geister der Form, der durch das auf die Erde gerichtete allsehende Auge des Jahve-Elohim dargestellt ist; im zweiten: den Reigen der sieben Elementargeister, die in der elementarischen Welt die auf die sieben Planetensphären verteilten Impulse der Geister der Bewegung widerspiegeln; und im dritten: das Abbild der zwölffachen Weisheit, die der ganzen menschlichen Entwicklung zugrunde liegt.

Wenn wir nun noch die Bedeutung des I-A-O als Ausdruck «des denkenden, fühlenden, wollenden Ich» hinzunehmen (ebd. Seite 122), dann haben wir die drei Hauptstufen der modernen Einweihung. Diese bestehen darin, daß das vom Ich-Impuls durchdrungene Denken bewußt *im Fühlen* und *Wollen* erwacht. (Dem entsprechen in «Wie erlangt man Erkenntnisse der höheren Welten?» die Stufen der Vorbereitung, Erleuchtung und Einweihung). Dann eröffnet sich uns aus den Kräften des geistig erkennenden Ich (I) die Möglichkeit, durch das Erleben der siebenfachen Gesetzmäßigkeit der Planeten in unserem erwachten Fühlen (A) und der zwölffachen Gesetzmäßigkeit der Fixsterne (O) in unserem «erwachten Willen» allmählich bewußt in den Makrokosmos aufzusteigen (siehe Vortrag vom 31.12.1922, GA 219).

61. Über die Beziehungen vom Kreis der Zwölf zu dem Dreizehnten, siehe GA 107, 22.3.1909, GA 113, 31.8.1909, GA 114, 21.11.1909, GA 116, 25.10.1909.

62. Der hier beschriebene Gang vom Westportal durch den Raum der großen Kuppel zum Raum der kleinen als Übergang von der *formbildenden* Gesetzmäßigkeit zur inneren Aktivität und *Bewegung*, sodann zu ihrer darauffolgenden Umwandlung in die höhere *Weisheit* ist mit besonderer Klarheit in den drei plastischen Motiven ausgedrückt, die sich über dem Westeingang, dem Bühnenbogen und der Ostseite der kleinen Kuppel, über der Skulpturgruppe, befinden (siehe Darstellung dieser drei Motive in: H. Raske, «Das Farbenwort», S.258). Die oben erwähnte dreifache Metamorphose entspricht auch den drei Evolutionsstufen von Form, Leben und Bewußtsein.

63. In einem anderen Vortrag gebraucht Rudolf Steiner bei der Beschreibung eines ähnlichen Prozesses an Stelle des Wortes «Weisheit» das Wort «Bewußtsein». Er sagt: «Mit dem Tode tritt nicht ein Mangel des Bewußtseins ein, das Gegenteil tritt ein. Ein Zuviel, eine Überfülle des Bewußtseins ist da, wenn der Tod eingetreten ist» (GA 159/160, 19.11.1915).

64. Natürlich sind im Goetheanum nicht nur die ersten, sondern auch die weiteren Erlebnisse der Seele nach dem Tode dargestellt. In diesem Falle wurde jedoch ein bestimmter Aspekt ausgewählt, der nur eine Seite charakterisiert.

65. Hier ist zu beachten, daß unser gewöhnliches, alltägliches (Gegenstands-) Denken vom Gesichtspunkt seiner Unbeweglichkeit, seines schattenhaften Charakters und seiner geringen Intensität nur mit den (im Vergleich zu den Eindrükken der Sinnesorgane) sehr blassen Erinnerungsbildern verglichen werden kann.

66. Das «Allumfassende» beruht stets auf dem weltumfassenden Zwölfheitsprinzip.

67. Das Erwachen der schlafenden Isis wird nur dann geschehen, wenn eine genügend große Zahl von Anthroposophen diejenige Stufe in der Entwicklung des Menschen-Ich erreicht, die in der Sprache der Sternenschrift dem Übergang aus dem Bereich der Waage in den der Jungfrau entspricht (siehe weiter unten).

68. In dem bereits erwähnten Buch von A. Turgenieff (siehe Anm. 55) werden auf Seite 9 zwei Zeichnungen aus einem Notizbuch von Rudolf Steiner aus dem Jahre 1913/1914 angeführt. (Sie befinden sich unmittelbar nebeneinander.) Die linke ist eine vorbereitende Skizze für die Zentralgestalt des roten Westfensters, während die rechte den *gegenwärtigen Zustand* des Übergangsprozesses der Waage aus dem dunklen («Planeten»-) Teil des Tierkreises in den hellen («Sternen»-) Teil charakterisiert. Aus der letztgenannten Zeichnung geht

mit aller Klarheit der «Doppel»-Charakter der Waage in unserer Zeit hervor, die einerseits noch mit dem «Skorpion-Adler» (dem Bereich der Geister der Form – Westportal des Goetheanum) und andererseits mit der «Jungfrau» (Bereich der Geister der Weisheit – kleiner Kuppelraum) verbunden ist und durch sie mit den anderen «aufsteigenden» Zeichen (nach einer Notizbuchzeichnung von Rudolf Steiner):

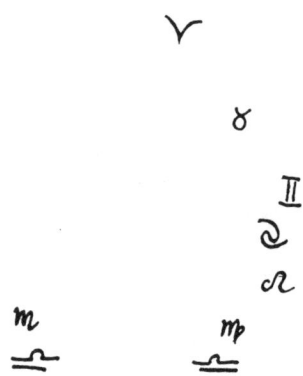

69. Vom Gesichtspunkt der kosmischen Beziehungen der Sonne und Erde sowie ihrer Verwandlung durch das Mysterium von Golgatha kann man auch sagen: die erste Stufe ist eine Erinnerung an die alte Trennung der Sonne von der Erde; die zweite Stufe betrifft den Prozeß, wie die Erde allmählich durch das Mysterium von Golgatha wieder eine Sonne wird; und die dritte Stufe stellt die Vollendung dieses Prozesses dar, der in der abermaligen Vereinigung der Sonne mit der vergeistigten Erde zum Ausdruck kommt.

70. Das hier über diese Konstellation Gesagte kann auch zusätzlich Licht werfen auf ihre Beziehung zur Einweihung des Buddha im 6. Jahrhundert v. Chr. (siehe Seite 57). Denn die oben angeführten drei Entwicklungsstufen des Ich im Aspekt

der Waage beziehen sich in erster Linie auf die atlantische, die nachatlantische und auf die sechste große Epoche («Wurzelrasse»), von der an sich in der ganzen Menschheit die ersten Keime des Geistesmenschen entwickeln werden (GA 126, 29. 12. 1910). Es spiegeln sich jedoch nach einem geistigen Gesetz die großen Epochen in den kleineren, in diesem Falle den Kulturepochen (s. GA 152, 7. 3. 1914). So findet die atlantische Epoche ihre Widerspiegelung in der griechisch-lateinischen Kulturepoche, die gesamte nachatlantische jedoch – bis zu einem gewissen Grade – in der gegenwärtigen und die sechste in der slawisch-germanischen Epoche. Wie bekannt entwickelt die Menschheit im Laufe dieser drei Kulturepochen nacheinander die Verstandes- oder Gemütsseele, die Bewußtseinsseele und das Prinzip des Geistselbst (GA 103, 30. 5. 1908). Diesen drei Entwicklungsstufen entsprechen aber auch die drei Hauptstufen des Ich-Werdens: Das «Aufsteigen» des Ich in der vierten Kulturepoche – Rudolf Steiner nennt sein Wirken in ihm das «Weben des Ich im Ich» (GA 126, 31. 12. 1910) –, wobei die hervorragendsten Geister (z. B. Aristoteles) schon die Entwicklung zur Bewußtseinsseele vorausnehmen (GA 240, 19. 7. 1924). Später eröffnet sich in der Epoche der Bewußtseinsseele erstmals die Möglichkeit, sich dem Geistselbst zuzuwenden, die Vereinigung sodann mit demselben soll in der sechsten Kulturepoche das individuelle Ich abermals in die geistige Welt führen. – So bedeutete die Konstellation des Merkur in der Waage im Zusammenhang mit dem Buddha die Grundlegung der ersten Elemente der Bewußtseinsseele in der Epoche der Verstandes- oder Gemütsseele (das heißt das Fortschreiten vom Skorpion-Adler zur Waage). Darüber äußert sich Rudolf Steiner folgendermaßen:

«Wenn dieser Bodhisattva wirklich der Buddha der vierten nachatlantischen Kulturepoche werden sollte, dann mußte er etwas Zukünftiges bringen. Jetzt wird der Mensch durch seine Bewußtseinsseele, wenn sie sich entwickeln wird, reif werden, nach und nach aus sich selbst das zu erkennen, was der Buddha als einen großen Anschlag gegeben hat. Es mußte der Buddha in der Zeit, wo die Menschen nur erst die

Verstandes- oder Gemütsseele entwickelt hatten, schon die Bewußtseinsseele entwickelt haben ... der Buddha hatte die Aufgabe, im fünften bis sechsten Jahrhundert vor unserer Zeitrechnung die Bewußtseinsseele hineinzutauchen in die menschliche Organisation» (GA 116, 25.10.1909). – In unserer Zeit, nach dem Mysterium von Golgatha, bedeutet diese Konstellation die Grundlegung der ersten Elemente des Geistselbst in der Epoche der Bewußtseinsseele (das heißt das Fortschreiten von der Waage zur Jungfrau). Dieses Geistselbst, das erst in der sechsten Kulturepoche zu seinem vollen Ausdruck kommen wird, wird dann für den Geistesschüler auch die Möglichkeit öffnen, bis zum Geistesmenschen zu wirken, so wie er heute nur bis zum Lebensgeist wirken kann, denn höher vermag in unserer Zeit allein der Meister aufzusteigen (GA 93a, 24.10.1905).

71. «Geheimwissenschaft im Umriß» (GA 13, Kap. «Die Erkenntnis der höheren Welten» und Vortrag vom 24.6.1909 (GA 112).

72. In der Fassung der Grundstein-Meditation, die am 13. Januar 1924 veröffentlicht wurde, steht nicht «sich gestaltet», sondern «sich formet».

73. Aus derselben Sphäre ist auch Anthroposophia auf die Erde gekommen, welche die hohe Weltenweisheit vom menschlichen Sein als Ich-Sein darstellt. Diese Weltenweisheit (eine Gabe der Kyriotetes) und das menschliche Ich-Sein (eine Gabe der Exusiai) aber werden unaufhörlich durch die kosmischen Kräfte der Waage von den Geistern der Bewegung oder Dynamis zu einem einigen Sonnenganzen oder *Anthroposophie* verbunden.

74. Deshalb müssen wir, den Hinweisen Rudolf Steiners folgend, in den Formen des ersten Goetheanum die künstlerisch-architektonische Verkörperung des in dem «Märchen» von Goethe und in der «Pforte der Einweihung» beschriebenen *Sonnentempels* der neuen Mysterien sehen (siehe den unter

Anleitung von Rudolf Steiner geschaffenen Vorhang zu den Mysteriendramen sowie die Illustrationen zu Goethes «Märchen von der grünen Schlange» von Hermann Linde, Basel 1972).

Volker Frederking
Hartmut Heller
Annette Scheunpflug (Hrsg.)

Nach PISA

Konsequenzen für
Schule und Lehrerbildung
nach zwei Studien

VS VERLAG FÜR SOZIALWISSENSCHAFTEN

VS VERLAG FÜR SOZIALWISSENSCHAFTEN

VS Verlag für Sozialwissenschaften
Entstanden mit Beginn des Jahres 2004 aus den beiden Häusern
Leske+Budrich und Westdeutscher Verlag.
Die breite Basis für sozialwissenschaftliches Publizieren

Bibliografische Information Der Deutschen Bibliothek
Die Deutsche Bibliothek verzeichnet diese Publikation in der Deutschen Nationalbibliografie;
detaillierte bibliografische Daten sind im Internet über <http://dnb.ddb.de> abrufbar.

1. Auflage Juli 2005

Umschlaggestaltung: KünkelLopka Medienentwicklung, Heidelberg
Druck und buchbinderische Verarbeitung: MercedesDruck, Berlin
Gedruckt auf säurefreiem und chlorfrei gebleichtem Papier
Printed in Germany

ISBN 3-531-14452-9

Inhalt

Einleitung: Nach PISA – Konsequenzen für Schule und Lehrerbildung nach zwei Studien

Konnte man es während der Veröffentlichung der Daten aus TIMSS, der dritten internationalen Studie in Mathematik und den Naturwissenschaften, schon ahnen, dann war es spätestens nach der Veröffentlichung der Ergebnisse von PISA 2000 klar ersichtlich: das deutsche Schulwesen leidet unter erheblichen Qualitätsmängeln. Die Ergebnisse von PISA 2003 bestätigen diese Diagnose, zeigen aber auch, dass die nach TIMSS Ende der neunziger Jahre eingeleiteten Maßnahmen zur Qualitätsverbesserung im mathematisch-naturwissenchaftlichen Bereich erste Früchte tragen.

Diese Befunde haben die Erziehungswissenschaftliche Fakultät der Friedrich-Alexander-Universität Erlangen-Nürnberg intensiv beschäftigt. In Arbeitsgruppen zur Qualität der Lehrerbildung, in Seminaren, in Gesprächsrunden und im Rahmen einer Ringvorlesung mit abschließender Podiumsdiskussion – auswärtige Teilnehmer(innen) u.a. Renate Schmidt (Bundesfamilienministerin), Dr. Manfred Scherzer (Landeselternsprecher), Albin Dannhäuser (BLLV-Präsident), Walter Säuringer (GEW-Vertreter) sowie Manfred Schreiner (Leiter des Amtes für Volksschulen der Stadt Nürnberg) – haben wir die Ergebnisse diskutiert und mögliche Konsequenzen für die Lehrerbildung hinterfragt. Zwar liefert die Überprüfung von Schülerleistungen zunächst keine unmittelbaren Erkenntnisse darüber, worin im Einzelnen die Ursachen für die schlechten Testergebnisse zu suchen sind. Dennoch drängt es nach PISA 2000 und 2003, über die Qualität von Unterricht und die Ausrichtung der Lehrerbildung neu nachzudenken. Eine Zwischenbilanz unserer Debatte liefert dieser Band.

Für die Lehrerbildung ist es zunächst einmal zwingend notwendig, die Befunde zur Kenntnis zu nehmen bzw. zu einer Diagnose des Schulwesens zu kommen. Der Beitrag von *Jürgen Baumert* und *Olaf Köller* fasst die wichtigsten Ergebnisse der Studien im Hinblick auf die soziale Selektivität im Bildungswesen zusammen. Die Befunde zeigen, dass das deutsche Schulwesen in besonderer Weise sozial selektiv wirkt und damit nicht nur die Begabungsreserven einer Gesellschaft nur unzureichend ausgeschöpft werden, sondern zudem soziale Ungerechtigkeit produziert wird. *Werner Sacher* diskutiert die PISA-Befunde zum

Unterricht in Deutschland und sucht nach Ursachen für die Leistungsdefizite deutscher Schüler(innen) im schulischen und gesellschaftlichen Kontext. Diese Diagnose ist durch Forschung aus weiteren erziehungswissenschaftlichen Kontexten zu ergänzen. *Eckart Liebau* ordnet die PISA-Debatte in die Diskussion zwischen Handlungsforschung einerseits und dem top-down orientierten Dissiminationsmodell von Forschung ein und macht deutlich, wie PISA zwar in der Tradition der top-down-Forschungsstrategie steht, auf die Ergebnisse heute aber mit einer vernetzt-integrativen Strategie der Bildungspolitik reagiert wird – einem Ansatz also, der top-down und bottom-up-Strategien systematisch zu kombinieren versucht. *Olaf Köller* zeigt mit seinem Beitrag die Bedeutung schulischer Kompetenzen für Erwerbsverläufe auf, d.h. die Folgen schulischer Leistungsdefizite für den Übergang von der Schule in die berufliche Erstausbildung bzw. das Studium. Deutlich wird aber auch, dass in diesem Bereich noch weitere Forschung nötig sein wird. Schulen werden in Deutschland nicht nur durch den Staat, sondern auch durch ‚private Anbieter' betrieben. *Annette Scheunpflug*, *Claudia Standfest* und *Olaf Köller* zeigen, wie die Evangelische Kirche auf PISA konzeptionell reagiert hat. *Dieter Spanhel* diskutiert die in PISA angesprochene Medienkompetenz unter anthropologischen Aspekten und reflektiert auf dieser Grundlage Konsequenzen für die schulische Vermittlung von Medienkompetenz.

Die letzten drei Beiträge stellen PISA in den Kontext fachdidaktischer Forschung und Reflexion. *Volker Frederking* hinterfragt zunächst die Stellung der Fachdidaktik im universitären Bedingungsfeld, um anschließend vor dem Hintergrund des schlechten Abschneidens deutscher Schüler(innen) im Bereich der Lesekompetenz vielfältige inhaltliche und konzeptionelle Veränderungen für den Deutschunterricht nach PISA vorzuschlagen und empirischen Forschungsbedarf im Bereich der Deutschdidaktik zu benennen. Eine weitere bildungspolitische Konsequenz aus PISA ist es, das besondere Augenmerk auf die Sprachkompetenzen von Migranten zu richten. *Gabriele Pommerin-Götze* diskutiert auf dieser Basis Maßnahmen wie Sprachlernklassen und schlägt eine Vielzahl didaktischer Arrangements zur Verbesserung der Sprachlernsituation von Migranten vor. *Peter Pfeifer* schließlich stellt das in PISA diskutierte naturwissenschaftliche Kompetenzmodell am Beispiel der Chemie vor und bietet konkrete Anregungen zur Verbesserung der Didaktik und Methodik des Chemieunterrichts.

Nürnberg im Mai 2005

Volker Frederking
Hartmut Heller
Annette Scheunpflug

Sozialer Hintergrund, Bildungsbeteiligung und Bildungsverläufe im differenzierten Sekundarschulsystem

Jürgen Baumert und Olaf Köller

1 Überblick

Mit den Veröffentlichungen der PISA-Studien 2000 und 2003 (Deutsches PISA-Konsortium 2001, 2002; PISA-Konsortium Deutschland 2004) ist in der Bundesrepublik Deutschland erneut die Diskussion um die systematische Benachteiligung von Schülerinnen und Schülern aus sozial schwächeren Familien entbrannt. Kein anderes OECD-Land wies in PISA 2000 einen derart engen Zusammenhang zwischen sozialer Herkunft und Lesekompetenzen auf wie Deutschland (vgl. Baumert & Schümer 2001). Zumindest in der politischen Diskussion war die Ursache für die sozialen Disparitäten schnell gefunden: Es war das differenzierte Schulsystem, das Kindern und Jugendlichen aus einfachen sozialen Schichten ungünstigere Lerngelegenheiten anbiete als sozial privilegierten Schülerinnen und Schülern. Im Rahmen dieses Kapitels soll herausgearbeitet werden, dass soziale Disparitäten im bundesdeutschen Schulsystem in erster Linie bei Übergangsentscheidungen von der Grundschule in die Sekundarstufe I entstehen, nicht aber innerhalb des Sekundarschulsystems, in dem in der jeweiligen Schulform Schülerinnen und Schüler unabhängig von ihrer sozialen Herkunft gleichermaßen gefördert werden.

Im Folgenden soll zunächst der Forschungsstand zu sozialen Disparitäten kurz angerissen und anhand der PISA-Befunde aktualisiert werden. Daran anschließend sollen Befunde aus einer Längsschnittstudie beschrieben werden, die deutlich machen, dass soziale Disparitäten in der Sekundarstufe I in der Tat primär durch die Übergänge nach der Grundschule entstehen. Abschließend werden die Befunde zusammengefasst und praktische Implikationen zur Reduzierung sozialer Disparitäten im Bildungssystem angedacht.

2   Forschungsbefunde zu sozialen Disparitäten im deutschen Bildungssystem

Die systematische Analyse des Zusammenspiels von sozialer Herkunft und Chancen im institutionalisierten Bildungssystem der Bundesrepublik Deutschland setzte in der empirischen Bildungsforschung erst Mitte der 1960er Jahre ein. Es ist im Rückblick überraschend, dass für die Zeit von 1931 bis 1965 keine Daten verfügbar sind, die den Sekundarschulbesuch nach Sozialschicht zu rekonstruieren erlauben. In der Folgezeit waren nahezu alle Reformmaßnahmen struktureller Art – seien es die Landschul-, Hauptschul- oder Gesamtschulreform, aber auch die Reintegration von Sonderschülern in die Regelschule – immer auch sozial motiviert. Auch an die Öffnung und Expansion der weiterführenden Schulen war die Hoffnung auf sozialen Ausgleich geknüpft (vgl. Dahrendorf 1965a, 1965b). Umso enttäuschender waren die Analysen des Mikrozensus, die Mitte der 1980er-Jahre vorgelegt wurden. Soziale Disparitäten der Bildungsbeteiligung erwiesen sich als außerordentlich zäh. Von der Bildungsexpansion schienen alle Sozialschichten in ähnlicher Weise zu profitieren, ohne dass sich die Struktur der Ungleichheit durchschlagend verändert hätte. Die Chancen, einen höheren Bildungsabschluss zu erreichen, stiegen, während das Verhältnis der schichtspezifischen Bildungschancen offensichtlich weitgehend stabil blieb (vgl. Handl 1985; Köhler 1992). Auch in internationalen Studien ließ sich das Grundmuster sozialer Disparitäten der Bildungsbeteiligung nachweisen (vgl. Shavit & Blossfeld 1993).

Bei einer Analyse längerer Entwicklungszeiträume lässt sich für einzelne Länder gleichwohl eine Lockerung dieses Zusammenhangs zeigen. In Schweden wurde dieser Prozess zuerst und am deutlichsten sichtbar und dann auch für andere Länder belegt (vgl. Brauns 1999; Erikson & Jonsson 1966; Leschinsky & Mayer 1999; Müller 1996). Für Deutschland konnte ebenfalls eine Reduktion des Zusammenhangs von Merkmalen der sozialen Herkunft und der Bildungsbeteiligung gezeigt werden, die in der unmittelbaren Nachkriegszeit und in den 1950er-Jahren, also vor Beginn der Bildungsreform, besonders ausgeprägt waren (vgl. Henz & Maas 1995; Müller & Haun 1994). Einen sehr guten Überblick über die Entwicklung der sozialen Disparitäten der Bildungsbeteiligung von Jugendlichen im allgemein bildenden Schulwesen vermittelt eine Reanalyse von Mikrozensus- und Volkszählungsdaten, die Schimpl-Neimanns (2000) vorgelegt hat. Die Ergebnisse lassen sich folgendermaßen zusammenfassen:

- Die These unverändert fortbestehender sozialer Ungleichheiten in der Bildungsbeteiligung lässt sich nicht aufrechterhalten. Trotz hoher Stabilität des

Grundmusters sozialer Disparitäten lassen sich für bestimmte Segmente der Sozialstruktur Verminderungen der sozialen Ungleichheit nachweisen.

- Die Reduktion der sozialen Disparitäten vollzog sich vor allem bis zum Ende der 1970er-Jahre. Sie betrifft insbesondere die disparitätsverursachenden Effekte der beruflichen Stellung des Familienvorstandes, weniger die des Bildungsniveaus.

- Im Laufe dieser Entwicklung ist vor allem der sozial diskriminierende Effekt der Entscheidungsalternative zwischen Haupt- und Realschulbesuch zurückgegangen. Von der Expansion des mittleren Schulwesens haben insbesondere Kinder schwächerer Sozialschichten profitiert.

- Dagegen blieben die sozialen Disparitäten des Gymnasialbesuchs weitgehend stabil. Im Kontrast des Besuchs eines Gymnasiums mit einem Realschulabschluss deuten sich in Abhängigkeit vom Bildungsniveau der Eltern sogar zunehmende Ungleichheiten an.

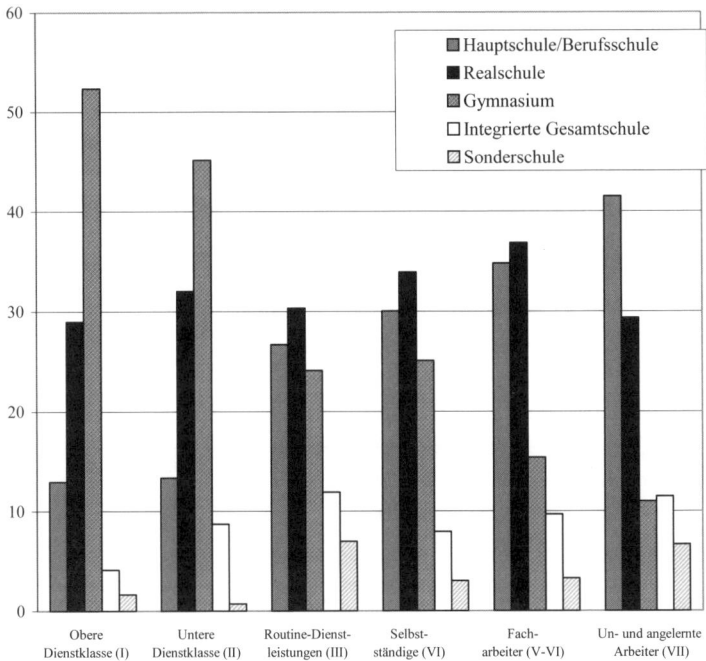

Abbildung 1:   15jährige (in Prozent) nach Sozialschichtzugehörigkeit und Bildungsgang (vgl. Baumert & Schümer 2001)

Diese Zusammenfassung von Schimpl-Neimanns beschreibt die Situation im Jahre 1989. Die Analysemöglichkeiten des Mikrozensus enden in diesem Jahr, weil in den späteren Erhebungen die von Kindern und Jugendlichen besuchte Schulform nicht mehr erfasst wurde. Mit den PISA-Studien 2000 und 2003 (vgl. Deutsches PISA-Konsortium 2001, 2002; PISA-Konsortium Deutschland 2004) liegen Daten bundesweit repräsentativer Stichproben von 15-Jährigen vor, auf deren Basis sich die aktuelle Situation sozialer Disparitäten im Sekundarschulsystem analysieren lässt. Baumert und Schümer (2001) haben für PISA 2000 die entsprechenden Analysen vorgelegt und gezeigt, dass die Schlussfolgerungen Schimpl-Neimanns nach wie vor ihre Gültigkeit haben. Dies wird in Abbildung 1 deutlich, in der die Bildungsbeteiligung von 15-Jährigen in Abhängigkeit von der Sozialschichtzugehörigkeit dargestellt ist. Die Sozialschichtzugehörigkeit wurde auf der Basis der elterlichen Berufe kodiert (zu den Details s. Deutsches PISA-Konsortium 2001).

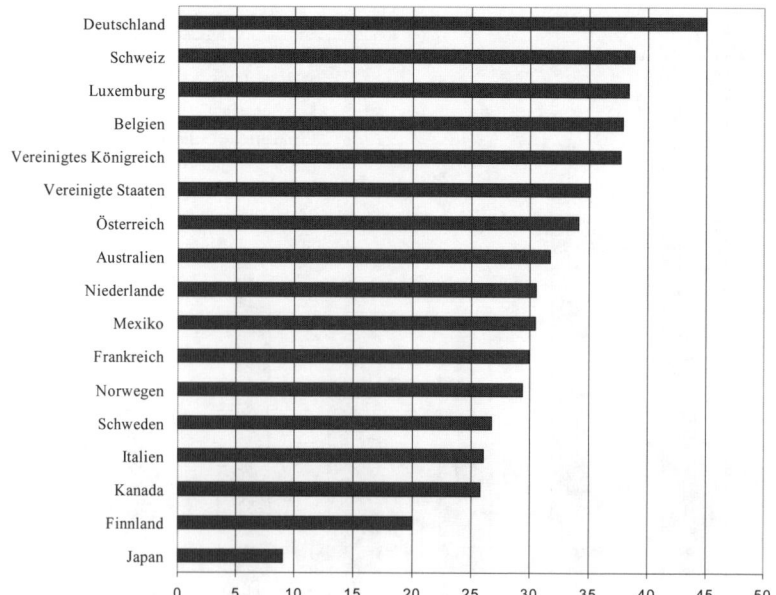

Abbildung 2:   Soziale Disparitäten (Zusammenhang zwischen sozioökonomischem Status und Leseleistungen) in unterschiedlichen Ländern (vgl. Baumert & Schümer 2001)

Erkennbar ist, dass beispielsweise über 50 Prozent der Kinder, deren Eltern Berufe der oberen Dienstklasse ausüben, ein Gymnasium besuchen, wohingegen es in der Klasse der un- und angelernten Arbeiter nur um ca. 10 Prozent sind. Baumert und Schümer (2001) berechneten auf der Basis multinomialer logistischer Regressionsanalysen schichtspezifische Bildungsbeteiligungschancen, wobei sie die Entscheidungsalternativen zwischen den verschiedenen Schulformen des gegliederten deutschen Systems simultan berücksichtigten. Diese Analysen ergaben, dass die Chancen des Gymnasialbesuchs für den Jugendlichen aus der Familie der oberen Dienstklasse rund sechsmal so hoch sind wie die Beteiligungschancen des Jugendlichen aus einem Arbeiterhaushalt.

Hinsichtlich der Schulleistungen ergaben sich in PISA für das Leseverständnis in Deutschland besonders starke soziale Disparitäten. Dies macht die Abbildung 2 deutlich, in der für verschiedene Länder, die sich an PISA beteiligt haben, die Veränderung der Lesekompetenz bei einem Anstieg des sozioökonomischen Status' um eine Standardabweichung abgetragen ist. Ohne dass hier auf die technischen Details eingegangen werden soll, kann konstatiert werden, dass längere Balken in Abbildung 2 darauf hinweisen, dass ein besonders enger Zusammenhang zwischen sozialer Herkunft und Leistung besteht. Für die Bundesrepublik Deutschland ergeben sich dort im internationalen Vergleich die stärksten sozialen Disparitäten.

2.1 Primäre und sekundäre soziale Disparitäten

Die hohe Stabilität sozialer Disparitäten der Bildungsbeteiligung (Abb. 1) und der Bildungserträge (Abb. 2) in Deutschland legt es nahe, die Institution Schule selbst als Schuldigen der Ungleichheiten zu identifizieren und eine nach wie vor existente soziale Diskriminierung von Arbeiterkindern im Bildungssystem zu beklagen (vgl. Rolff 1997). Die empirischen Belege für diese These sind allerdings ausgesprochen schwach. So liefern die Befunde von Längsschnittuntersuchungen, die überhaupt erst eine Überprüfung der theoretischen Annahme zulassen, wenig Unterstützung. Anhand einer Langzeitstudie an amerikanischen Grundschulen konnten Entwisle und Mitarbeiter (vgl. Alexander & Entwisle 1996; Entwisle & Alexander 1992, 1994) zeigen, dass die Schule im Vergleich zum Lernen in sozialen Milieus eine disparitätsreduzierende Rolle spielt. Die Leistungsentwicklung von Kindern unterschiedlicher Sozialschichten verläuft während der Schulzeit parallel, während sich die Leistungsschere erst in der schulfreien Sommerpause öffnet – einer Zeit, in der Kinder unterer sozialer Schichten im Leistungsniveau zurückfallen, während Kinder aus privilegierteren Elternhäusern den erreichten Leistungsstand halten oder sogar verbessern können. Der Wechsel zwischen homogenen institutionellen Lerngelegenheiten und unterschiedlichem

Anregungspotenzial in sozialen Milieus wirkt über die Schuljahre hinweg kumulativ auf die Entwicklung sozial bestimmter Leistungsunterschiede.

Am ehesten scheinen Ergebnisse von Studien, die das Empfehlungsverhalten von Lehrerinnen und Lehrern am Ende der Grundschulzeit untersuchen, die These systematischer, freilich nicht notwendigerweise bewusster Benachteiligung von Kindern unterer Sozialschichten zu bestätigen. Ditton (1992), Lehmann, Peek und Gänsfuß (1997) sowie neuerdings auch Bos, Lankes, Prenzel, Schwippert, Walther und Valtin (2003) konnten zeigen, dass Kinder unterer Sozialschichten bei gleicher Schulleistung seltener als Kinder aus privilegierten Elternhäusern eine Gymnasialempfehlung erhielten. Die Leistungshürden waren also für diese Schülerinnen und Schüler höher gesetzt. Vermutlich berücksichtigen Grundschullehrerinnen und –lehrer in ihren Übergangsempfehlungen neben den Fachleistungen auch andere prognoserelevante Merkmale, die wiederum mit der sozialen Herkunft kovariieren.

In diesem Sinne besteht in der Sozialstrukturforschung mittlerweile Einigkeit darüber, dass die entscheidenden Situationen der Entstehung von Bildungsungleichheiten die Gelenkstellen von Bildungskarrieren sind, an denen Übergänge stattfinden. Breen und Goldthorpe (1997) unterscheiden im Anschluss an Boudon (1974) primäre und sekundäre soziale Ungleichheiten. Unter *primären Ungleichheiten* verstehen sie Unterschiede in den bis zu einer Übergangsschwelle erworbenen und für die nächste Etappe vorausgesetzten Kompetenzen, die in der Regel von der sozialen Herkunft nicht unabhängig sind. Als *sekundäre Ungleichheiten* bezeichnen sie soziale Disparitäten, die bei gleichen Kompetenzen aus einem je nach sozialer Lage der Familie unterschiedlichen Entscheidungsverhalten entstehen. Von entscheidender Bedeutung sind hierbei die je nach Sozialschicht differenziellen Auswirkungen des Motivs des intergenerationellen Statuserhalts, unterschiedliche Erfolgserwartungen und die sozialschichtabhängigen Kosten-Nutzen-Relationen von Bildungsentscheidungen. Bei Familien unterer Sozialschichten liegt die Messlatte des Statuserhalts niedriger. Ferner sind Entscheidungen für weiterführende Bildungsgänge häufig – zumindest subjektiv – riskanter und im Verhältnis zu den verfügbaren Ressourcen mit höheren Kosten behaftet. Diese sekundären sozialen Disparitäten verdienen besondere Aufmerksamkeit, da sie Auskunft über die Bildungsgerechtigkeit eines Schulsystems im engeren Sinne geben.

Um die besondere Rolle der elterlichen Bildungsaspirationen im Entscheidungsprozess für eine weiterführende Schule beleuchten zu können, bedarf es der systematischen Analyse einer Übergangssituation, in der Grundschulempfehlungen ihre bindende Kraft eingebüßt haben oder ganz durch Elternentscheidungen ersetzt wurden. Genau dies soll im Folgenden geschehen, indem Daten aus der Kohorten-Längsschnittstudie „Bildungsprozesse und psychosoziale Entwicklung im Jugend- und jungen Erwachsenenalter" (BIJU; vgl. Köller 1998; Köller, Baumert & Schnabel 1999) vorgestellt werden.

3   Sekundäre soziale Disparitäten beim Übergang von der Grundschule auf das Gymnasium: Eine empirische Studie

Die BIJU-Studie bietet durch ihre Anlage die Möglichkeit, in ausgewählten Bundesländern – hier Mecklenburg-Vorpommern und Sachsen-Anhalt – Übergangsentscheidungen von der sechsten Grundschulklasse in die Klassenstufe 7 des Gymnasiums zu untersuchen. Drei Besonderheiten zeichnen den Datensatz aus: 1. Die Übergänge fanden im Schuljahr 1991/92 statt, also genau zu dem Zeitpunkt, an dem in den neuen Bundesländern der Übergang vom Einheitsschulsystem der ehemaligen DDR in das differenzierte Schulsystem der Bundesrepublik Deutschland erfolgte. 2. Die Entscheidung für die besuchte Schulform in der Sekundarstufe I lag primär bei den Eltern. 3. Durch das egalitär ausgerichtete Schulsystem der ehemaligen DDR war eigentlich zu erwarten, dass elterliche Bildungsaspirationen und deren berufliche Stellungen teilweise entkoppelt sein sollten.

Für die unten aufgeführten Analysen konnten die Daten von $N = 2614$ Jugendlichen aus beiden Bundesländern berücksichtigt werden, die in die Jahrgangsstufe 7 eines Gymnasiums ($N = 1842$) oder einer Realschule ($N = 772$) versetzt wurden. Als Variablen, die den Übergang vorhersagen sollten, wurden die Deutsch- und Mathematiknoten am Ende der Grundschule, die kognitiven Grundfähigkeiten der Schülerinnen und Schüler, die elterlichen Schulabschlüsse sowie das Prestige der elterlichen Berufe berücksichtigt. Die Notenangaben resultierten aus Selbstberichten der Schülerinnen und Schüler. Die kognitiven Grundfähigkeiten wurden mit einem non-verbalen Untertest aus dem Kognitiven Fähigkeitstest KFT 4-13 (Heller, Gaedeke & Weinläder 1976) erfasst. Angaben über die elterlichen Schulabschlüsse und Berufe lagen von den Schülerinnen und Schülern vor. Die Kodierung des Prestiges der elterlichen Berufe erfolgte auf der Basis des von Treiman entwickelten *Standard Index of Occupational Prestige* Scores (SIOPS, Treiman 1977). Dieser Index schwankt zwischen 0 und 100 und beruht auf empirischen Umfragedaten (etwa 85 Untersuchungen in knapp 60 Ländern). Die Korrelationen mit anderen Prestigeskalen und Maßen des sozioökonomischen Status bestätigten die Validität des SIOPS (vgl. u.a. Ganzeboom

& Treiman 2003; Wolf 1995). So korreliert der SIOPS üblicherweise mit dem in PISA verwendeten Maß für den sozioökonomischen Status zu über .80. Zur leichteren Interpretation der unten berichteten Analysen wurden die kognitiven Grundfähigkeiten und das Berufsprestige standardisiert (Mittelwert $M = 0$; Standardabweichung $SD = 1$).

Hinsichtlich des Übergangs von der Grundschule auf das Gymnasium wurde in der vorliegenden Untersuchung erwartet, dass ein signifikanter Effekt des SIOPS nach statistischer Kontrolle der Noten und kognitiven Grundfähigkeiten sekundäre Disparitäten anzeigen sollte, und zwar in dem Sinne, dass Eltern mit prestigereicheren Berufen sich unabhängig von den Noten und den kognitiven Grundfähigkeiten ihrer Kinder eher für das Gymnasium entscheiden.

In Tabelle 1 sind die Befunde aus logistischen Regressionsanalysen aufgeführt. Konkret wurde der Logit der Entscheidung für das Gymnasium ($\ln[p(y = 1)/1 - p(y = 1)]$) in Abhängigkeit der Prädiktoren modelliert. Durch diese Form der Modellierung sind die entsprechenden logistischen Regressionskoeffizienten sehr unanschaulich. Durch die einfache Umformung $b_j{}^* = \exp [b_j]$ erhält man allerdings einen so genannten Wettquotienten, mit dessen Hilfe sich der Einfluss des entsprechenden Prädiktors X_j bei Konstanthaltung aller übrigen Prädiktoren auf die Kurswahl sehr anschaulich interpretieren lässt. Der Koeffizient von $\exp [b_j] = 1,76$ des Berufsprestiges bedeutet beispielsweise, dass sich beim Anstieg des Prestiges um eine Einheit (in diesem Fall um eine Standardabweichung) die Chance der Entscheidung fast verdoppelt. Für die Deutschnote ergibt sich, dass der Anstieg um eine Note (z. B. von 2 nach 3) die Chance des Gymnasialbesuchs um das 3,7fache senkt (1/0.27).

Tabelle 1:   Befunde aus logistischen Regressionsanalysen zur Vorhersage der Entscheidung für ein Gymnasium; unstandardisierte Regressionskoeffizienten (b), Wettquotienten (exp [b]) und Irrtumswahrscheinlichkeiten (p)

Prädiktor	b	Exp [b]	p
Mathematiknote am Ende der Grundschule	-1.22	.30	< .001
Deutschnote am Ende der Grundschule	-1.33	.27	< .001
Berufsprestige (höchster elterlicher Wert; $M = 0$, $SD = 1$)	.57	1.76	< .001
Höchster elterlicher Schulabschluss (1 = Abitur; 0 = sonst)	.25	1.29	.19
Höchster elterlicher Schulabschluss (1 = weiß nicht; 0 = sonst)	-.31	.71	.03
Kognitive Grundfähigkeiten ($M = 0$; $SD = 1$)	.53	1.70	< .001

Die Ergebnisse für die prädiktive Bedeutung der Noten in Tabelle 1 überraschen nicht: Gute Noten in beiden Fächern steigern die Chance des Übergangs auf ein Gymnasium. Für die kognitiven Fähigkeiten ergibt sich ein zusätzlicher hoch signifikanter Effekt, d.h. mit steigender kognitiver Grundfähigkeit steigt auch die Chance der Entscheidung für das Gymnasium, und zwar bei Konstanthaltung der Noten in den Fächern Deutsch und Mathematik. Man kann diesen Effekt dahin gehend interpretieren, dass Eltern und auch Lehrkräfte vermutlich ein Gespür für Begabungsreserven von Kindern haben und begabtere Kinder dann auch häufiger auf das Gymnasium wechseln.

Für das Berufsprestige und den elterlichen Schulabschluss ergeben sich bemerkenswerte Befunde: Im Einklang mit Schimpl-Neimanns (2001) scheint es vor allem das Berufsprestige und weniger der Schulabschluss der Eltern zu sein, das einen Einfluss auf die Entscheidung für die Sekundarschulform nimmt. Auch bei Konstanthaltung der Noten und der kognitiven Grundfähigkeiten zeigt sich, dass mit steigendem Berufsprestige die Chance eines Gymnasialbesuchs nach der Grundschule signifikant steigt. Hierin spiegeln sich in der Tat sekundäre soziale Disparitäten wider: Bei identischen Noten und gleichen Begabungsreserven entschließen sich Familien in höheren beruflichen Stellungen eher für den Gymnasialbesuch ihrer Kinder. Wie es zu diesen Differenzen im konkreten Entscheidungsverhalten der Eltern gekommen ist, lässt sich anhand der BIJU-Daten nicht klären, die Befunde machen aber deutlich, dass die soziale Herkunft der Schülerinnen und Schüler einen deutlichen Effekt auf die schulische Karriereentscheidung hat. Mit den nachfolgenden Analysen, die ebenfalls auf Daten aus der BIJU-Studie basieren, soll geklärt werden, inwieweit es auch innerhalb von Schulformen zu sozialen Benachteiligungen kommt, indem Kinder aus sozial schwächeren Familien ungünstigere Lernverläufe zeigen. Solche Fragen der differenziellen Wissenserwerbsprozesse lassen sich nur mit Längsschnittstudien beantworten.

4 Soziale Disparitäten beim Wissenserwerb in der Sekundarstufe I

Oben war bereits anhand der Längsschnittanalysen von Entwisle und Mitarbeitern argumentiert worden, dass die bisher vorliegenden empirischen Befunde gegen die Annahme sprechen, dass es innerhalb von Schulen zu sozialen Benachteiligungen bei Wissenserwerbsprozessen kommt. Die Leistungsentwicklung von Kindern unterschiedlicher Sozialschichten verläuft während der Schulzeit parallel, so war oben argumentiert worden. Zur weiteren Stützung dieses Arguments sollen im Folgenden Reanalysen der Daten aus einer Arbeit von Trautwein, Köller, Schmitz und Baumert (2002) vorgenommen werden, die aus der BIJU-Studie stammen. Berücksichtigt sind Datensätze von $N = 1971$ Schülerinnen und Schülern aus 125 Klassen, deren Leistungsentwicklung in Mathematik im Laufe der 7. Jahrgangsstufe untersucht wurde. Die Mathematikleistungen der teilnehmenden Schülerinnen und Schüler wurden durch Leistungstests mit 30 bzw. 36 Aufgaben am Anfang und am Ende des Schuljahres erfasst. Die Aufgaben stammten aus früheren nationalen und internationalen Studien, erwiesen sich in einer Überprüfung durch Lehrplanexperten als curricular valide und hatten eine hohe innere Konsistenz ($> .80$ zu beiden Zeitpunkten). Details zu den verwendeten Tests sowie zur Skalierung finden sich bei Köller (1998).

Zur Erfassung der kognitiven Grundfähigkeit wurde wiederum ein Untertest aus dem Kognitiven Fähigkeitstest KFT 4-13 (Heller et al. 1976) benutzt, der aus 25 Einzelaufgaben im Multiple-Choice-Format bestand und hoch reliabel war ($r_{tt} = .81$). Um Rückschlüsse über den sozialen Hintergrund des Elternhauses zu gewinnen, wurde erneut der SIOPS als Indikator des Prestiges der elterlichen Berufe verwendet. Kognitive Grundfähigkeiten, SIOPS und Mathematikleistungen zu Beginn der 7. Jahrgangsstufe wurden standardisiert ($M = 0$, $SD = 1$), die Leistungen am Ende des Schuljahres wurden am Mittelwert und an der Streuung des ersten Messzeitpunktes standardisiert, so dass die Differenz zwischen beiden Messzeitpunkten direkt als Wissenszuwachs interpretiert werden kann. Die Auswertung erfolgte mit Hilfe von Mehrebenenanalysen, die dem hierarchischen Charakter der Daten (Schüler geschachtelt innerhalb von Klassen) Rechnung trugen. Die entsprechenden Befunde zeigt Tabelle 2.

Tabelle 2:   Befunde aus Mehrebenenanalysen (Regressionskoeffizienten) zur Vorhersage der Mathematikleistung am Ende der 7. Jahrgangsstufe

Prädiktor	b	SE_b	p
Leistung zu Beginn der 7. Jahrgangsstufe	.48	.03	$< .001$
Kognitive Grundfähigkeiten	.19	.03	$< .001$
Berufsprestige (höchster elterlicher Wert)	.01	.02	.542
Schulform (1 = Gymnasium; 0 = sonst)	1.09	.12	$< .001$

b: Regressionskoeffizient (im Falle kontinuierlicher Prädiktoren standardisiert, für die Schulform unstandardisiert); SE_b: Standardfehler von b; p: Irrtumswahrscheinlichkeit.

Durch die Berücksichtigung der Leistung zu Beginn der 7. Jahrgangsstufe können die Regressionskoeffizienten der übrigen Prädiktoren als Effekte auf die Leistungsveränderung interpretiert werden, und zwar alle nach Kontrolle des

Einflusses der jeweils anderen Prädiktoren. Es zeigt sich, dass kognitiv stärkere Schülerinnen und Schüler signifikant höhere Zuwächse aufweisen als kognitiv schwächere (b = .19). Ebenfalls zeigt sich ein markanter Effekt zugunsten des Gymnasiums, in dem über ein Schuljahr deutlich mehr gelernt wird. Bei gleicher Leistungsfähigkeit zu Beginn des Schuljahres gilt für einen Gymnasialschüler, dass sein Vorsprung gegenüber einem Nicht-Gymnasiasten am Ende des Schuljahres rund eine Standardabweichung beträgt. Nach Kontrolle von Schulform und kognitiven Grundfähigkeiten zeigt sich kein bedeutender Effekt der sozialen Herkunft mehr, das Regressionsgewicht des Berufsprestiges (b = .01) ist klein und statistisch nicht signifikant. Bei gleichen kognitiven Voraussetzungen zu Beginn des Schuljahres lernen sozial schwächere Schüler in derselben Schulform genauso viel wie sozial privilegierte Schüler.

Die Tabelle 2 illustriert aber auch eindrucksvoll, woher die sozialen Disparitäten in den Leistungen stammen, die in Abbildung 2 für die Lesekompetenzen aufgezeigt wurden. Schulformen stellen offenbar differenzielle Entwicklungsmilieus dar (vgl. Baumert, Trautwein & Artelt 2003), so dass Wissenszuwächse an Gymnasien deutlich höher ausfallen. Da sozial benachteiligte Kinder deutlich seltener auf das Gymnasium wechseln (vgl. Abbildung 1 und Tabelle 1), kommen sie auch nicht in den Genuss dieser besonderen Fördereffekte des Gymnasiums und verlieren in der Folge den Anschluss an sozial privilegierte Schüler, die das Gymnasium besuchen.

5   Zusammenfassung und Schlussfolgerungen

Die Veröffentlichungen im Rahmen der beiden PISA-Studien 2000 und 2003 haben in Deutschland die Diskussion um soziale Disparitäten im Bildungssystem wiederbelebt und eine kritische Debatte über das differenzierte Sekundarschulsystem ausgelöst. Ziel dieses Beitrags war es zu zeigen, dass soziale Ungleichheiten primär bei Übergängen bzw. Entscheidungen für weitere Bildungswege entstehen. Anhand der Analysen der BIJU-Daten wurde dies eindrucksvoll empirisch untermauert. Trotz gleicher Noten und kognitiver Grundfähigkeiten hatten sozial benachteiligte Schülerinnen und Schüler am Ende der Grundschule im Sinne sekundärer Ungleichheiten geringere Chancen anschließend ein Gymnasium zu besuchen. Sofern sie jedoch die Gelegenheit zum Gymnasialbesuch erhalten, verlaufen ihre Wissenserwerbsprozesse genauso erfolgreich wie die sozial privilegierter Schülerinnen und Schüler (vgl. Tabelle 2). Will man auf Grund der in diesem Kapitel vorgestellten Befunde soziale Disparitäten reduzieren, so können entsprechende Maßnahmen sinnvoll nur an den Übergängen stattfinden. Möglicherweise geringeren Aspirationen sozial schwacher Eltern oder eventuellen Vorbehalten von Lehrkräften gegen den Gymnasialbesuch sozial benachteiligter Kinder gilt es zu begegnen, indem die Lebenschancen deutlich gemacht werden, die mit dem Besuch eines höheren Bildungsgangs verbunden sind. Konstruktive Schullaufbahnberatungen scheinen hier eine *conditio sine qua non* zu sein.

6   Literatur

Alexander, K. L. & Entwisle, D. R. (1996): Schools and children at risk. In: Booth & Dunn (1996): 67-88.

Baumert, J. & Schümer, G. (2001): Familiäre Lebensverhältnisse. Bildungsbeteiligung und Kompetenzerwerb. In: Deutsches PISA-Konsortium (2001): 323–407.

Baumert, J., Trautwein, U. & Artelt, C. (2003): Schulumwelten – institutionelle Bedingungen des Lehrens und Lernens. In: Deutsches PISA-Konsortium (2003): 261-331.

Booth, A. & Dunn, J. F. (Hrsg.) (1996): Family-school links. How do they affect educational outcomes? Mahwah: Erlbaum.

Boudon, R. (1974): Education, opportunity and social inequality. New York: Kluwer.

Bos, W., Lankes, E.-M., Prenzel, M., Schwippert, K., Walther, G. & Valtin, R. (Hrsg.) (2003): Erste Ergebnisse aus IGLU. Schülerleistungen am Ende der vierten Jahrgangsstufe im internationalen Vergleich. Münster: Waxmann.

Brauns, H. (1999): Soziale Herkunft und Bildungserfolg in Frankreich. In: Zeitschrift für Soziologie 28 (1999): 197-218.

Breen, R. & Goldthorpe, J. H. (1997): Explaining educational differentials. Towards a formal rational action theory. In: Rationality and Society 9 (1997): 275-305.

Dahrendorf, R. (1965a): Arbeiterkinder an deutschen Universitäten. Tübingen: Mohr Siebeck.

Dahrendorf, R. (1965b). Gesellschaft und Demokratie in Deutschland. München: Piper.

Deutsches PISA-Konsortium (Hrsg.) (2001): PISA 2000. Basiskompetenzen von Schülerinnen und Schülern im internationalen Vergleich. Opladen: Leske + Budrich.

Deutsches PISA-Konsortium (Hrsg.) (2002): PISA 2000. Die Länder der Bundesrepublik Deutschland im Vergleich. Opladen: Leske + Budrich.

Deutsches PISA-Konsortium (Hrsg.) (2003): PISA 2000: Ein differenzierter Blick auf die Länder der Bundesrepublik Deutschland Opladen: Leske + Budrich.

Ditton, H. (1992): Ungleichheit und Mobilität durch Bildung: Theorie und empirische Untersuchung über sozialräumliche Aspekte von Bildungsentscheidungen. Weinheim: Juventa.

Entwisle, D. R. & Alexander, K. L. (1992): Summer setback: Race, poverty, school composition, and mathematics achievement in the first two years of school. In: American Sociological Review 57 (1992): 72–84.

Entwisle, D. R. & Alexander, K. L. (1994): Winter setback: School racial composition and learning to read. American Sociological Review 59 (1994): 446–460.

Erikson, R. & Jonsson, J. O. (1996): Explaining class inequality in education: The Swedish test case. In: Erikson & Jonsson (1996): 1-63.

Erikson, R. & Jonsson, J. O. (Hrsg.) (1996): Can education be equalized? The Swedish case in comparative perspective. Oxford: Pergamon Press.

Ganzeboom, H. B. G. & Treiman, D. J. (2003): Three internationally standardised measures for comparative research on occupational status. In: Hoffmeyer-Zlotnik & Wolff (2003): 159–193.

Handl, J. (1985): Mehr Chancengleichheit im Bildungssystem. Erfolg der Bildungsreform oder statistisches Artefakt? In: Kölner Zeitschrift für Soziologie und Sozialpsychologie 37 (1985): 698-722.

Heller, K. H., Gaedicke, A.-K. & Weinläder, H. (1976): Kognitiver Fähigkeitstest (KFT 4-13). Weinheim: Beltz.

Henz, U. & Maas, I. (1995): Chancengleichheit durch die Bildungsexpansion. In: Kölner Zeitschrift für Soziologie und Sozialpsychologie 47 (1995): 605–633.

Hoffmeyer-Zlotnik, J. H. P. & Wolff, C. (Hrsg.) (2003): Advances in cross-national comparison. A European working book for demographic und socio-economic variables. New York: Kluwer.

Köhler, H. (1992): Bildungsbeteiligung und Sozialstruktur in der Bundesrepublik: Zu Stabilität und Wandel der Ungleichheit von Bildungschancen. – Berlin: Max-Planck-Institut für Bildungsforschung.

Köller, O. (1998): Zielorientierungen und schulisches Lernen. Münster: Waxmann.

Köller, O., Baumert, J. & Schnabel, K. (1999): Wege zur Hochschulreife: Offenheit des Systems und Sicherung vergleichbarer Standards. Analysen am Beispiel der Mathematikleistungen von Oberstufenschülern an integrierten Gesamtschulen und Gymnasien in Nordrhein-Westfalen. In: Zeitschrift für Erziehungswissenschaft 2 (1999): 385–422.

Lehmann, R. H., Peek, R. & Gänsfuß, R. (1997): Aspekte der Lernausgangslage von Schülerinnen und Schülern der fünften Klassen an Hamburger Schulen – Bericht über die Untersuchung im September 1996. Hamburg: Behörde für Schule, Jugend und Berufsbildung, Amt für Schule.

Leschinsky, A. & Mayer, K. U. (Hrsg.) (1999): The comprehensive school experiment revisited: Evidence from Western Europe. Frankfurt a.M.: Lang.

Leschinsky, A. & Mayer, K. U. (1999): Comprehensive schools and inequality of opportunity in the Federal Republic of Germany. In: Leschinsky & Mayer (1999): 13-39.

Müller, W. (1996): Class inequalities in educational outcomes: Sweden in comparative perspective. In: Erikson & Jonsson (1996): 145-182.

Müller, W. & Haun, D. (1994): Bildungsungleichheit im sozialen Wandel. In: Kölner Zeitschrift für Soziologie und Sozialpsychologie 46 (1994): 1-42.

PISA-Konsortium Deutschland (Hrsg.) (2004): PISA 2003. Der Bildungsstandard der Jugendlichen in Deutschland – Ergebnisse des zweiten internationalen Vergleich. Münster / New York / München / Berlin: Waxmann.

Rolff, H.-G. (1997): Sozialisation und Auslese durch die Schule. Weinheim: Juventa.

Schimpl-Neimanns, B. (2000): Soziale Herkunft und Bildungsbeteiligung. Empirische Analysen zu herkunftsspezifischen Bildungsungleichheiten zwischen 1950 und 1989. In: Kölner Zeitschrift für Soziologie und Sozialpsychologie 52 (2000): 636–669.

Shavit, Y. & Blossfeld, H.-P. (1993): Persistent inequality: Changing educational stratification in thirteen countries. Boulder, CO: Westview Press.

Trautwein, U., Köller, O., Schmitz, B. & Baumert, J. (2002): Do homework assignments enhance achievement? A multilevel analysis of 7th grade mathematics. In: Contemporary Educational Psychology 27 (2002): 26-50.

Treiman, D. J. (1977): Occupational prestige in comparative perspective. New York: Academic Press

Wolf, C. (1995): Sozio-Ökonomischer Status und berufliches Prestige. Ein kleines Kompendium sozialwissenschaftlicher Skalen auf Basis der beruflichen Stellung und Tätigkeit. In: ZUMA-Nachrichten 9 (1995): 102–136.

Deutsche Leistungsdefizite bei PISA.
Bedingungsfaktoren in Unterricht, Schule und Gesellschaft

Werner Sacher

1 Vorbemerkungen

1.1 Unzulässige Schutzbehauptungen

Die bisher vorliegenden Ergebnisse von PISA sind für Deutschland wenig schmeichelhaft. Umso größer ist die Versuchung, sie als irrelevant abzutun und sich hinter einer Reihe von Schutzbehauptungen zurückzuziehen. Nichts wäre unproduktiver als dies. Deshalb seien hier fünf der häufigsten Schutzbehauptungen widerlegt:

Schutzbehauptung 1: PISA untersuchte nur Stichproben. Die Ergebnisse sagen deshalb wenig darüber aus, wie es in Wahrheit um die Schulbildung in Deutschland bestellt ist.

In PISA I waren über 180.000 Schüler in 32 Staaten einbezogen, allein in Deutschland über 5.000 Schüler an 220 Schulen. Die Ergänzungsuntersuchungen, welche für den Vergleich der deutschen Bundesländer durchgeführt wurden, erhoben noch einmal zusätzliche Leistungsdaten von 47.000 Schülern an 1.479 Schulen. Ähnlich aufwendig sind die Nachfolgestudien PISA II und PISA III angelegt. Im Hinblick auf diese sehr breite Datenbasis ist PISA eine der größten internationalen Schulleistungserhebungen der Geschichte. Auch hinsichtlich der Zusammensetzung der Stichprobe und unerwarteter Ausfälle wurden alle professionellen Standards beachtet, die für eine solche Erhebung gelten (Deutsches PISA-Konsortium 2001: 34ff).

Schutzbehauptung 2: Die von PISA verwendeten Multiple-Choice-Aufgaben sind an deutschen Schulen eher unüblich. So schnitten deutsche Schüler wegen der ungewohnten Aufgabenstellung schlechter ab.

In Wahrheit verwendete PISA neben Multiple-Choice-Aufgaben auch 35% bis 45% offene Fragen, in welchen die Schüler ihre Antworten frei formulieren mussten. Selbst der Gefahr einer allzu subjektiven Beurteilung der Antworten auf solche offenen Fragestellungen wurde vorgebeugt, indem man die Urteilerübereinstimmung kontrollierte. Sie lag bei sehr respektablen 92% (PISA 2000: 42).

Schutzbehauptung 3: Eine mehr als 30 Staaten umfassende internationale Schulleistungsuntersuchung kann naturgemäß kaum Rücksicht nehmen auf die Besonderheiten der nationalen Lehrpläne. Deutsche Schüler erzielten deshalb so schlechte Ergebnisse, weil PISA nicht die Kompetenzen testete, auf welche deutsche Lehrpläne das Hauptgewicht legen.

Das deutsche PISA-Konsortium sah dieses Problem durchaus und versuchte sich durch die Befragung von 60 Lehrplanexperten Klarheit zu verschaffen, inwieweit diese Bedenken zutreffen: Die Lehrplanexperten (erfahrene Lehrkräfte, Schulleiter und höhere Beamte der Bildungsadministration) wurden gebeten einzuschätzen, wie wichtig die Bewältigung von Aufgaben in der Art von PISA für das Erzielen guter Ergebnisse bei Abschlussprüfungen sei. Sie klassifizierten die Mehrzahl der PISA-Aufgaben auf einer Viererskala als „wichtig" bis „sehr wichtig" für die Abschlussprüfungen an deutschen Schulen (PISA 2000: 43f, 97ff, 214ff). Man müsste also schon auch die Lehrplanvalidität von Abschlussprüfungen in Frage stellen, wenn man auf der Schutzbehauptung 3 bestehen wollte.

Schutzbehauptung 4: Die Ergebnisse wurden in manchen Ländern manipuliert, indem man z.B. weniger fähige Schüler nicht zuließ, Hinweise für die Lösung gab usw. Wahrscheinlich ist das schlechte deutsche Abschneiden eine Folge übermäßiger Korrektheit bei der Durchführung.

Der Gefahr des „Schummelns" suchte das PISA-Konsortium durch die eigens geschaffene Institution der „School Quality Monitors" vorzubeugen. Diese führten während der Tests in allen Ländern unangekündigte Besuche an ca. 25% zufällig ausgewählten Testschulen durch, in Deutschland an 35 Schulen in fünf Regionen. Nennenswerte Unregelmäßigkeiten wurden jedoch in keinem der beteiligten Länder beobachtet (Deutsches PISA-Konsortium 2001: 55; OECD 2001a: 282).

Schutzbehauptung 5: Deutsche Schüler geben nur dann ihr Bestes, wenn die Leistungen benotungsrelevant sind. Da dies für die im PISA-Test erbrachten Leistungen nicht galt, haben sich unsere Schüler auch nicht angestrengt. Sie können natürlich im „Ernstfall" viel mehr.

Aber auch der Einfluss dieses Störfaktors wurde überprüft: Einer kleineren Schülerstichprobe wurde tatsächlich gesagt, die Ergebnisse des PISA-Tests gingen wie eine Klassenarbeit in die Zeugnisnote ein. Einer anderen stellte man eine finanzielle Belohnung für gute Ergebnisse in Aussicht. Einer weiteren versprach man eine differenzierte individuelle Leistungsrückmeldung. Beim Rest appellierte man an den Nationalstolz, bei diesem internationalen Test auf ein möglichst gutes deutsches Ergebnis hinzuarbeiten. Von allen vier Gruppen wurden in etwa dieselben Ergebnisse erzielt (Deutsches PISA-Konsortium 2001: 55ff u. 57ff).

Es besteht also keine Veranlassung, die Ergebnisse von PISA nicht ernst zu nehmen. Stattdessen ist es dringend erforderlich, umfassend Konsequenzen zu erörtern und zu ziehen.

1.2 Methodische Einschränkung

Geeignete Konsequenzen aufzuzeigen wäre einfacher, wenn man die Ursachen des deutschen PISA-Debakels präzise benennen könnte. Leider jedoch erlauben die PISA-Ergebnisse einen Rückschluss auf Ursachen nur bedingt. Da kein experimentelles Design mit Versuchs- und Kontrollgruppe und auch keine Längsschnittuntersuchung vorliegt, sondern nur eine punktuelle Erhebung bei allen 15-Jährigen, können lediglich korrelative Zusammenhänge aufgezeigt werden.

Korrelationen sagen nur etwas aus über das gemeinsame Auftreten von Merkmalsausprägungen nach dem Schema „Wenn A vorkommt, dann ist auch B gegeben" oder „Wenn A auftritt, kommt B nicht vor". Dabei bleibt durchaus offen, welches Merkmal Ursache und welches Wirkung ist.

An einem Beispiel:

Hinter dem Befund „Die Schülerleistung korreliert mit dem Ausmaß an Unterstützung, welches Schüler durch ihre Lehrkräfte erfahren" können sich vielfältige Ursache-Wirkungs-Beziehungen verbergen:

- Die Lehrerunterstützung kann Ursache für bessere Leistungen sein.
- Es kann aber auch umgekehrt so sein, dass Lehrkräfte leistungsfähigere Schüler mehr unterstützen, etwa, weil diese auf ihre Unterstützung bereitwilliger eingehen und sinnvolleren Gebrauch davon machen.
- Es kann eine Wechselwirkung zwischen Schülerleistung und Lehrerunterstützung vorliegen, dergestalt, dass einerseits Lehrkräfte durch höhere Leistungen zu mehr Unterstützung veranlasst werden und dass andererseits Unterstützung auch Leistungsverbesserungen bewirkt.

- Zwischen Unterstützung und Leistung kann eine vermittelnde Variable wirken. Z.B. könnte die Lehrerunterstützung bewirken, dass sich die Schüler am Lehrermodell orientieren und sich auch gegenseitig mehr Unterstützung geben, was wiederum zu Leistungsverbesserungen führt.
- Eine dritte Variable, z. B. die Schichtzugehörigkeit der Schüler, könnte die Ursache für Leistungsverbesserungen und für Lehrerunterstützung sein. Dies wäre der Fall, wenn einerseits Lehrkräfte Schüler aus höheren sozialen Schichten stärker unterstützten und wenn andererseits Schüler aus solchen Schichten von vornherein auch bessere Leistungen erbrächten.

Die Vielfalt dieser Interpretationsmöglichkeiten ist bei den korrelativen Beziehungen, die wir im Folgenden darstellen, immer zu bedenken, auch dann, wenn sie nicht immer explizit ausformuliert wird.

2   Praxis im Klassenkontext und Lesekompetenz

Sogenannte Regressionsanalysen erlauben eine Schätzung des Zusammenhanges zwischen Veränderungen der Lesekompetenz und Veränderungen wichtiger Strukturen der Schulpraxis im Klassenkontext:

Praxis im Klassenkontext und Lesekompetenz
(Über alle OECD-Länder; OECD 2001a: 356)

Index	Veränderung des Index	Veränderung der Lesekompetenz	Signifikanz
Informelle Leistungsüberprüfung	+ 1	- 1,6 Punkte	nicht sig.
Schüler-Lehrer-Verhältnis	+ 1	+ 18 Punkte	sig.
Schuldisziplin	+ 1	+ 10,5 Punkte	sig.
Leistungsdruck	+ 1	+ 3,8 Punkte	sig.

Stärkere Ausprägungen auf den Indizes[1] „Informelle Leistungsüberprüfung", „Schüler-Lehrer-Verhältnis", „Schuldisziplin", und „Leistungsdruck" um jeweils eine Skaleneinheit gehen in unterschiedlichem Maße mit Leistungsveränderungen einher. Am stärksten hängt die Lesekompetenz offensichtlich mit der Qualität des *Schüler-Lehrer-Verhältnisses* zusammen, am wenigsten (noch nicht einmal signifikant!) mit der Ausprägung *informeller Leistungsüberprüfungen*, d. h. mit der Häufigkeit von Tests, welche die Lehrkräfte selbst entwickelten und

---

[1]   Indizes sind Messgrößen, welche die Antworten von Schülern und Schulvertretern auf eine Reihe miteinander verknüpfter Fragen zusammenfassen (OECD 2001a: 262).

durchführten, mit der Häufigkeit von Beurteilungen der Schüler durch die Lehr-
kraft, mit dem Sammeln von Leistungsdaten aus Schülerarbeiten und Hausaufgaben usw.[2] Bei der Beurteilung dieser Zusammenhänge ist zu vergegenwärtigen, dass der Abstand zwischen dem Siegerland Finnland und Deutschland bei
der Lesekompetenz 62 PISA-Punkte beträgt und die fünf Kompetenzstufen um
jeweils ca. 63 Punkte differieren. Die mit einer Verbesserung des Schüler-Lehrer-Verhältnisses um einen Index-Wert einhergehende Verbesserung der Lesekompetenz entspricht demnach einer Steigerung um eine viertel Kompetenzstufe.
Sie ist derart, dass Deutschland damit fünf vor ihm liegende Länder überrunden
würde und knapp über dem OECD-Durchschnitt zu liegen käme (Deutsches
PISA-Konsortium 2001: 107).

2.1 Leistungsdruck

Der Index Leistungsdruck kombiniert die Antworten der Schüler auf die Items
„Der Lehrer will, dass die Schüler hart arbeiten", „Der Lehrer sagt den Schülern,
dass sie eigentlich besser sein könnten", „Der Lehrer ist unzufrieden, wenn die
Schüler nachlässig arbeiten" und „Der Lehrer verlangt von den Schülern, dass sie
viel lernen". Dabei wurden die vier Antwortkategorien „nie", „in einigen Stunden", „in den meisten Stunden" und „in jeder Stunde" zugrunde gelegt (OECD
2001a: 270). Im internationalen Vergleich der 32 Staaten liegt Deutschland hinsichtlich des Index „Leistungsdruck" mit einem Wert von -0,02 etwas unterhalb
des Durchschnitts auf Rang 17.[3] Die Rangpositionen der einzelnen Items zeigt
die nachstehende Übersicht:

Rangplätze Deutschlands hinsichtlich des Leistungsdrucks im internationalen Vergleich[4]

Schüler müssen hart arbeiten	* 14
Lehrer sagt Schülern, dass sie besser sein können	* 14,5
Lehrer mag nachlässige Arbeiten nicht	* 20
Lehrer verlangt, dass Schüler viel lernen	* 19
PISA-Index „Leistungsdruck"	* 17

---

[2] Dabei wurde die Häufigkeit über Auskünfte der Schulleitungen erhoben (vgl. OECD 2001a: 268).
[3] Errechnet aus den Tabellen in OECD 2002a: 328.
[4] Errechnet aus den Tabellen in OECD 2002a: 328.

Das oben berichtete Ergebnis der Regressionsanalyse zum internationalen Vergleich stützt offenbar die oft erhobene Forderung, an deutschen Schulen den Leistungsdruck wieder zu verschärfen. Im Einzelnen ist die Befundlage hier aber wenig eindeutig: Einerseits ist z. B. in Großbritannien, welches hinsichtlich der Lesekompetenz 14 Positionen vor Deutschland liegt, der Leistungsdruck erheblich stärker (Index = 0,30). Andererseits aber ist der Leistungsdruck-Index im Siegerland Finnland deutlich geringer, wo er im Durchschnitt nur -0,14 beträgt. (OECD 2002a: 328) Letztlich ist es sehr viel sinnvoller, innerhalb der einzelnen Länder Schüler, die unter unterschiedlichem Leistungsdruck stehen, hinsichtlich ihrer Leistung zu vergleichen. Hier fällt dann aber auf, dass mit einem um einen Skalenwert auf dem Index stärkeren Leistungsdruck in 22 Ländern Minderleistungen und nur in 10 Ländern Mehrleistungen einhergehen. Betrachtet man lediglich die signifikanten Unterschiede, so stehen 15 Minderleistungen insgesamt nur 3 Mehrleistungen gegenüber (OECD 2002a: 328). Und auch dies deutet zunächst wohl nur darauf hin, dass Schüler mit schlechteren Leistungen in der Mehrzahl der Länder einem höheren Leistungsdruck ausgesetzt sind bzw. einen höheren Leistungsdruck empfinden. Wie sich solcher Druck auf die Leistungen auswirkt, bleibt nach wie vor offen.

Jedenfalls darf man feststellen, dass der Zusammenhang zwischen Leistungsdruck und Leseleistung offenbar ziemlich unklar und uneindeutig ist. Schon im internationalen Vergleich, der höchst grobschlächtig ist, ist der Zusammenhang zwischen stärkerem Leistungsdruck und besseren Leistungen zwar signifikant, aber nicht eben stark. Auf Länderebene geht stärkerer Leistungsdruck sogar häufiger mit Minderleistungen einher. Diese Ergebnisse sind kaum geeignet, sich viel von einer Erhöhung des Leistungsdrucks zu versprechen.

2.2 Schuldisziplin

Daten zur Schuldisziplin wurden in PISA auf zwei Wegen erhoben:

- Einmal durch eine Befragung der Schulleiter über häufige Absenzen der Schüler, Unterrichtsstörungen durch Schüler, Schwänzen, fehlenden Respekt gegenüber den Lehrern, Konsum von Alkohol und Drogen durch die Schüler sowie Einschüchtern und Schikanieren von Mitschülern (OECD 2001a: 260).
- Zum andern durch eine Befragung der Schüler, ob der Lehrer lange warten müsse, bis Ruhe eintritt, inwieweit es Schülern unmöglich sei, ungestört zu arbeiten, und ob sie nicht auf das hörten, was der Lehrer sagt, ob Schüler erst lange nach dem Beginn der Stunde anfingen zu arbeiten, ob es laut sei und al-

les durcheinander gehe sowie ob zu Beginn der Stunde mehr als fünf Minuten vergingen, in denen gar nichts passiere (OECD 2001a: 269).

Der Index „Schuldisziplin" wurde nur aus den Angaben der Schüler gebildet. Im internationalen Vergleich liegt Deutschland hinsichtlich mangelnder „Schuldisziplin", gemessen nach dem entsprechenden Index, auf dem 13. Platz unter 32 Staaten, d. h. es gehört zu den 40% mit der schlechteren Schuldisziplin.[5] Im Einzelnen sind die Ergebnisse etwas unterschiedlich: Während nur in fünf Ländern die Schüler noch weniger gut arbeiten können und in lediglich sieben Ländern Lehrer noch länger warten müssen, bis die Schüler ruhig sind, herrscht an deutschen Schulen im internationalen Vergleich eher wenig Lärm und Durcheinander (Rangplatz 25!), und es kommt auch weniger oft vor, dass es mehr als fünf Minuten dauert, bis etwas getan wird (Rangplatz 21!).

Rangplätze Deutschlands hinsichtlich der Schuldisziplin aus Schülersicht
im internationalen Vergleich[6]

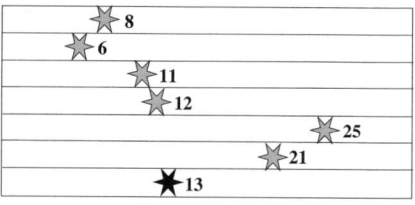

Dabei gehen schlechte (Lese-)Leistungen mit schlechter Schuldisziplin einher: Das Viertel derjenigen deutschen Schüler, in deren Klassen die schlechteste Schuldisziplin herrscht, erzielt im Mittel 467 PISA-Punkte, das Viertel in den Klassen mit der besten Schuldisziplin hingegen 559 (OECD 2001a: 269 u. 341). Die Differenz von 92 Punkten zwischen diesen beiden Gruppen ist anderthalbmal so groß wie die zwischen Deutschland und dem Spitzenreiter Finnland!

Ähnlich stark stellt sich der Zusammenhang zwischen Schuldisziplin und der (Lese-)Leistung aus der Sicht der Schulleiter dar: Hier erzielt das Viertel der deutschen Schüler in den Klassen mit der schlechtesten Schuldisziplin im Mittel 412 Punkte, das Viertel in den Klassen mit der besten aber 519 (OECD 2001a: 269 u. 341; OECD 2002a: 327).

---

[5] Niedrige Rangplätze bedeuten hier *schlechte* Schuldisziplin.
[6] Berechnet nach OECD 2002a: 327.

2.3 Schüler-Lehrer-Verhältnis und Lehrerunterstützung

Der Index „Schüler-Lehrer-Verhältnis" wurde aus Items gebildet, bei welchen die Schüler sich äußerten zu ihrem guten Auskommen mit den meisten Lehrern, zu fairer Behandlung durch die Lehrkräfte, ob es den Lehrern wichtig sei, dass die Schüler sich wohlfühlen, ob sie sich für das interessierten, was die Schüler zu sagen haben und ob Schüler von Lehrkräften zusätzliche Hilfe erhielten, wenn es nötig sei (OECD 2001a: 270).

Nach der am Beginn dieses Abschnitts berichteten Regressionsanalyse ist der Zusammenhang zwischen der Schüler-Lehrer-Beziehung und der (Lese-) Leistung ziemlich stark. Allerdings liegen bisher keine differenzierteren Auswertungen zu diesem Aspekt vor. Genauer analysiert wurde, in welchem Ausmaß sich Schüler durch ihre Lehrkräfte beim Lernen unterstützt fühlen. Hier liegt Deutschland im internationalen Vergleich an fünftletzter Stelle (OECD 2002a: 317f u. 327). Deutsche Schüler fühlen sich durch ihre Lehrer eher nicht unterstützt. Das belegen auch die Rangplätze, welche deutsche Schüler im internationalen Vergleich einnehmen:

Rangplätze Deutschlands hinsichtlich der Lehrerunterstützung im internationalen Vergleich[7]

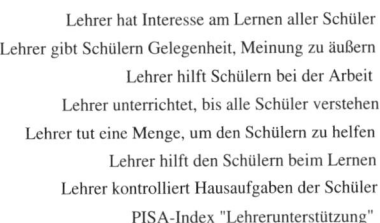
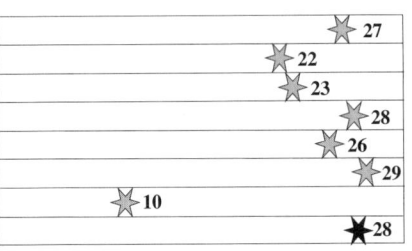

Lehrer hat Interesse am Lernen aller Schüler	27
Lehrer gibt Schülern Gelegenheit, Meinung zu äußern	22
Lehrer hilft Schülern bei der Arbeit	23
Lehrer unterrichtet, bis alle Schüler verstehen	28
Lehrer tut eine Menge, um den Schülern zu helfen	26
Lehrer hilft den Schülern beim Lernen	29
Lehrer kontrolliert Hausaufgaben der Schüler	10
PISA-Index "Lehrerunterstützung"	28

Besonders fatal ist, dass an deutschen Schulen hauptsächlich die schwachen Schüler unterstützt werden, während in anderen Ländern Schüler aller Leistungsniveaus gleichmäßig Unterstützung erfahren. Die in Deutschland zu beobachtende unterschiedliche Unterstützung von Schülern verschiedener Leistungsniveaus dürfte am ehesten als Bestandteil schul- und schulformspezifischer Unterrichtskulturen zu interpretieren sein (Deutsches PISA-Konsortium 2003: 348):

---

[7] Berechnet nach OECD 2002a: 317f u. 327.

Schulleistung und Lehrerunterstützung (OECD 2002a: 317f, 327; OECD 2001a: 339)

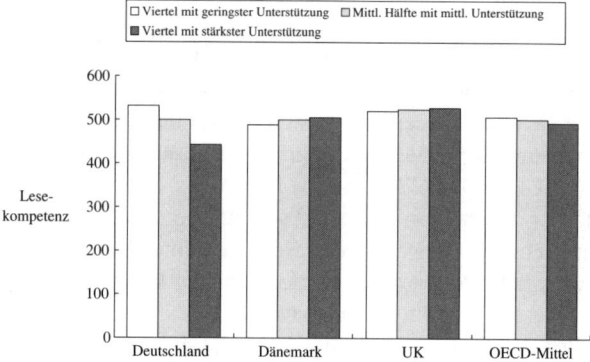

2.4 Unterrichtskultur

In einer differenzierteren Auswertung der PISA- und insbesondere der PISA-E-Untersuchung bemühte sich das deutsche PISA-Konsortium, Grundstrukturen der Unterrichtskultur und ihre Bedeutung für ein hohes Leistungsniveau heraus-zuarbeiten. Danach gehört Deutschland zusammen mit den osteuropäischen Staaten und Korea zu einer Gruppe von Ländern, in welchen der Leistungsdruck gegenüber der Beziehungsqualität und der Unterstützung im Vordergrund steht, während in Japan, Skandinavien und in den angelsächsischen Staaten die Unterstützung dominiert und in einer Gruppe mitteleuropäischer Staaten (Luxemburg, Belgien, Niederlande, Frankreich, Schweiz und Österreich) die Beziehungsqualität im Vordergrund steht (Deutsches PISA-Konsortium 2003: 345). Mehrebenen-Analysen der PISA-E-Daten lassen den Schluss zu, dass *effiziente Klassenführung* (gemessen an geringen Disziplinproblemen) und *kognitive Aktivierung* der Schüler (gemessen an Klarheit des Unterrichts und anspruchsvollem Üben) so-wohl mit besseren individuellen (Mathematik-)Leistungen[8] als auch mit höherem Leistungsniveau der einzelnen Schulen gekoppelt sind, während *Schülerorientie-rung* (ausgedrückt in hoher Lehrerunterstützung und individueller Bezugsnor-menorientierung) in keinem nennenswerten Zusammenhang mit der Leistung steht (Deutsches PISA-Konsortium 2003: 356f). Das widerspricht scheinbar den Ergebnissen der oben referierten Regressionsanalyse, wonach die Schüler-Leh-rer-Beziehung sogar sehr stark mit der erbrachten Leistung korreliert. Jedoch

---

[8] Das PISA-Konsortium legte den Mehrebenen-Analysen das Fach Mathematik zugrunde, weil es den PISA-Test für dieses Fach für ein angemesseneres Erfolgskriterien hielt als den PISA-Lesetest für das Fach Deutsch (Deutsches PISA-Konsortium 2003: 354).

lässt sich über Mehrebenen-Analysen ein enger Zusammenhang zwischen Schülerorientierung und der Ausprägung des Interesses am jeweiligen Fach (hier: Mathematik) nachweisen (Deutsches PISA-Konsortium 2003: 358). Wenn auch nicht direkt, so doch auf dem Umweg über eine Stärkung des Interesses kann Schülerorientierung die Fachleistung verbessern.

Erste Ergebnistrends der deutschen Begleituntersuchungen deuten darauf hin, dass teilweise auch Arbeitsformen des so genannten *reformorientierten Unterrichts* bzw. *der Neuen Lernkultur* mit höheren Leistungen korrelieren (Deutsches PISA-Konsortium 2001: 448): Für Hauptschüler konnte gezeigt werden, dass fächerübergreifendes Lernen mit besseren Lese- und Mathematikleistungen einhergeht und das Praktizieren von Freiarbeit ebenfalls mit höherer Lesekompetenz verbunden ist. Die Leseleistungen von Realschülern waren besser, wenn ihre Lehrkräfte sich gemeinsam auf den Unterricht vorbereiteten und wenn Peer-Tutoring zur Anwendung kam. Letzteres korrelierte auch mit besseren Mathematikleistungen.

2.5 Diagnostische Kompetenz

PISA machte auf erschütternde Weise offenkundig, dass es um die diagnostische Kompetenz deutscher Lehrkräfte äußerst schlecht bestellt ist:

Richtig diagnostizierte Anteile von Hauptschülern verschiedener Lesekompetenz
(Deutsches PISA-Konsortium 2001: 119)

Diagnose der Lehrkraft	Leistung im PISA-Test		
	Unter Kompetenz-stufe I	Kompetenzstufe I	Über Kompetenz-stufe I
Schwacher Leser	11,4%	3,7%	2,8%
Nicht schwacher Leser	88,6%	96,3%	97,2%
	100%	100%	100%

Von denjenigen Schülern, welche noch nicht einmal die Kompetenzstufe I erreichten, diagnostizierten ihre Lehrkräfte nur 11,4% als „schwache Leser", und von denjenigen, welche nur dies elementare Niveau erreichten, lediglich 3,7%. Weitaus der größte Teil der schwachen Leser bleibt also unerkannt! Man darf annehmen, dass diese Schüler auch viel zu gut benotet werden.

Und wenn Lehrplanexperten (gewöhnlich erfahrene Lehrer und Vertreter der Schulaufsicht) schätzen, dass 49,3% der 15-jährigen Hauptschüler, 60,0% der Realschüler und 68,0% der Gymnasiasten im Stande sein würden, Aufgaben des höchsten Niveaus V zu bewältigen, während es in Wahrheit nur 0,3% bzw. 4,2% und 27,7% waren,[9] dann ist daraus zu schließen, dass selbst diese Lehrerelite hinsichtlich der tatsächlichen Leistungsfähigkeit unserer Schüler schlicht ahnungslos ist. Vermutlich basierten diese Schätzungen auf Erfahrungswerten der Verteilung von (zu guten) Noten.

Die kürzlich vorgelegten differenzierteren Auswertungen der Länderuntersuchung zeigten zudem - was in Fachkreisen seit mindestens drei Jahrzehnten bekannt ist -, dass an deutschen Schulen gleiche Schülerleistungen mit höchst unterschiedlichen Noten bewertet werden. Pikanterweise wurde dies nicht am Fach Deutsch demonstriert, dem man solche Bewertungsunsicherheiten schon immer nachsagt, sondern an Mathematikleistungen (Deutsches PISA-Konsortium 2003: 321ff.).

2.6 Hausaufgaben

Hinsichtlich der pro Woche auf die drei PISA-Domänen Lesen, Mathematik und Naturwissenschaften verwendeten Hausaufgabenzeit liegt Deutschland mit 4½ Stunden knapp unter dem OECD-Durchschnitt von 4,6 (OECD 2001a: 200). Über alle Länder hinweg korreliert der Zeitaufwand für Hausaufgaben positiv mit besseren Leistungen. Es wird jedoch vermutet, dass zunächst eine kritische Schwelle bei der Hausaufgabenmenge erreicht sein muss, damit sich ihre positiven Wirkungen entfalten können (OECD 2001a: 201).

Vergleicht man das Viertel der deutschen Schüler, das am wenigsten Zeit in Hausaufgaben investiert, mit dem Viertel, welches am meisten Zeit darauf verwendet, so zeigt sich ein deutlicher Leistungsunterschied (im Lesen): Während die ersteren durchschnittlich nur 474 PISA-Punkte erreichten, konnten die letzteren im Mittel 502 Punkte erzielen (OECD 2001a: 344). Natürlich spielt hier auch die unterschiedliche Leistungsfähigkeit und Hausaufgabenbelastung der Schularten hinein: Gymnasiasten erbringen nicht nur bessere Leistungen, sondern haben gewöhnlich auch mehr Hausaufgaben. Zu denken gibt aber, dass ähnliche Leistungsunterschiede bei unterschiedlichem Zeitaufwand für Hausaufgaben ebenso in Ländern mit einem weniger gegliederten Schulsystem zu beobachten sind. In Finnland beträgt die Leseleistung des Viertels der Schüler, die am meisten Zeit

---

[9] Errechnet aus Deutsches PISA-Konsortium 2001: 100 u. 122f.

auf Hausaufgaben verwenden, 562 PISA-Punkte gegenüber nur 532 bei dem Viertel mit der geringsten Hausaufgabenzeit. In England stehen 541 Punkte gegen 479 (OECD 2001a: 344).

2.7 Lernstrategien

PISA untersuchte auch den Zusammenhang zwischen Leistungen in den drei Domänen Lesen, Mathematik und Naturwissenschaften einerseits und der Anwendung bestimmter Lernstrategien andererseits.

Memorierstrategien bestehen im wiederholten lauten Lesen, im wörtlichen Einprägen und Auswendiglernen von Schlüsselbegriffen sowie von Stoff, der in Prüfungen drankommen könnte (OECD 2001a: 130).

Als *Kontrollstrategien* wurden Lernstrategien bezeichnet, die darauf abzielten, zuerst zu überlegen, was zu lernen ist, herauszufinden, welche Begriffe nicht verstanden wurden, bei Nichtverstehen zusätzliche Informationen zu suchen, Selbstkontrolle zu üben, ob Gelerntes auch wirklich erinnert und Wichtiges behalten wird (OECD 2001a: 128).

Schüler, welche *Elaborationsstrategien* anwenden, versuchen von sich aus, Zusammenhänge mit ihrem Vorwissen und mit anderen Fächern herzustellen, überlegen sich die Nützlichkeit des Lernstoffes im Leben und fragen nach Anwendungen in anderen Kontexten (OECD 2001a: 130).

Schüler, die *kooperatives Lernen* praktizieren, arbeiten gerne mit anderen zusammen, helfen anderen, gute Arbeit in der Gruppe zu leisten, und geben an, am meisten zu lernen, wenn sie mit anderen zusammenarbeiten (OECD 2001a: 133).

Wettbewerbsorientiertes Lernen besteht darin, besser sein zu wollen als andere, bestrebt zu sein, in einem Bereich der Beste zu sein, und am meisten und schnellsten zu lernen, wenn man mit anderen konkurriert (OECD 2001a: 133).

Lesekompetenz bei unterschiedlichen Lernstrategien (OECD 2001a: 313ff)

	Unteres Viertel / Quartil	Oberes Viertel / Quartil
Kontrollstrategien	459 Punkte	519 Punkte
Memorierstrategien	496 Punkte	492 Punkte
Elaborationsstrategien	474 Punkte	525 Punkte
Kooperatives Lernen	477 Punkte	508 Punkte
Wettbewerbsor. Lernen	476 Punkte	514 Punkte

Die vorstehende Übersicht zeigt, dass die Anwendung von Memorierstrategien nicht mit besseren Leistungen einhergeht. Alle anderen Lernstrategien jedoch korrelieren mit dem Leistungsniveau. Dabei ist bemerkenswert, dass sowohl kooperatives als auch wettbewerbsorientiertcs Lernen mit besseren Leistungen verbunden ist. Der oft aufgemachte Gegensatz zwischen diesen beiden Lernstrategien ist offensichtlich falsch. Insbesondere in Mexiko, Irland, Neuseeland, Dänemark und in den Vereinigten Staaten werden *beide* Strategien überdurchschnittlich häufig praktiziert. Deutsche Schüler liegen sowohl hinsichtlich des kooperativen als auch des wettbewerbsorientierten Lernens deutlich unter dem OECD-Durchschnitt von 0,0. Dabei ist allerdings wettbewerbsorientiertes Lernen im Verhältnis etwas stärker ausgeprägt als kooperatives. Die nachstehende Grafik verdeutlicht dies:

Durchschnittliche Indizes für wettbewerbsorientiertes und kooperatives Lernen

in ausgewählten Ländern [10]

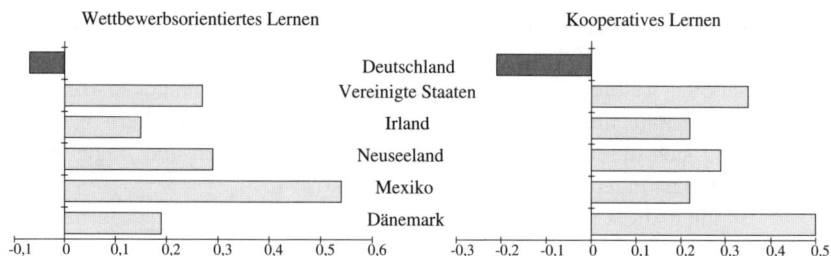

3   Praxis im Schulkontext

PISA untersuchte auch eine Reihe von Faktoren, welche für einzelne Schulen kennzeichnend sind, und ihre Korrelation mit Schulleistungen in den drei Domänen. Nachstehend sind zunächst wieder die Ergebnisse einer so genannten Regressionsanalyse wiedergegeben. Danach existiert kein signifikanter Zusammenhang zwischen dem Praktizieren *formeller Leistungsüberprüfungen* (d.h. der Durchführung standardisierter Tests und Vergleichsarbeiten) und der Lesekompetenz:

---

[10] Grafiken erstellt nach OECD 2001a: 316f.

Praxis im Schulkontext und Lesekompetenz
(Über alle OECD-Länder; OECD 2001a: 356)

Index	Veränderung des Index	Veränderung der Lesekompetenz	Signifikanz
Index „formelle Leistungsüberprüfung"	+ 1	- 0,1 Punkte	nicht sig.
Index „Lehrerbezogene Faktoren des Schulklimas"	+ 1	+ 6,3 Punkte	sig.
Index „Stimmung u. Arbeitshaltung der Lehrer" (SL)	+ 1	+ 2,2 Punkte	sig.
Index „Schul-Autonomie"	+ 1	+ 4,9 Punkte	sig.
Index „Lehrer-Autonomie"	+ 1	- 1,3 Punkte	nicht sig.

3.1 Lehrerbezogene Faktoren des Schulklimas

Lehrerbezogene Faktoren des Schulklimas jedoch gehen bei günstigerer Ausprägung mit signifikant höheren Leistungen einher. Als solche Faktoren wurden Angaben der Schulleiter erhoben, inwieweit das Lernen der Schüler beeinträchtigt wird durch niedrige Erwartungen und häufige Abwesenheit der Lehrkräfte, durch zu geringes Eingehen auf Schülerbedürfnisse, fehlende Ermutigung, übermäßige Strenge, ein schlechtes Lehrer-Schüler-Verhältnis und Widerstand des Kollegiums gegenüber Veränderungen (OECD 2001a: 269). Das Viertel jener deutschen Schüler, welche Schulen mit dem besten Schulklima besuchten, erzielte im Durchschnitt 478 Punkte im PISA-Lesetest, jenes an den Schulen mit dem schlechtesten Klima aber lediglich 456 (OECD 2001a: 342).

3.2 Stimmung und Arbeitshaltung der Lehrkräfte

Weniger deutlich, aber immer noch signifikant hängen Stimmung und Arbeitshaltung der Lehrkräfte mit den Schülerleistungen zusammen. Der entsprechende Index wurde wiederum aus Angaben der Schulleiter gebildet, ob die Stimmung und Arbeitshaltung der Lehrkräfte gut sei, ob diese mit großem Engagement arbeiten, Wert auf schulische Leistungen legten und stolz auf die Schule seien. Die (Lese-)Leistungen des Viertels der Schüler an den Schulen mit der besten und der schlechtesten Stimmung und Arbeitshaltung im Kollegium betrugen im Mittel 488 Punkte bzw. 474 Punkte (OECD 2001a: 343).

3.3 Schul- und Lehrerautonomie

Besonders interessant ist die Korrelation zwischen Leistung und Autonomie: Während hohe Autonomie der Schulen mit guten Leistungen einhergeht, besteht zwischen Lehrerautonomie und Leistung kein signifikanter Zusammenhang. Die Gewährung größerer Entscheidungsspielräume für die Schulen scheint demnach durchaus leistungsförderlich zu sein. Dabei bedarf es aber eines gewissen Konsenses unter den Lehrkräften. Auch diesen noch beträchtliche individuelle Freiheiten einzuräumen, ist offensichtlich kontraproduktiv.

Als Faktor der Schulautonomie, welcher besonders stark mit der (Lese-) Leistung korreliert, erwies sich im internationalen Vergleich der Entscheidungsspielraum der Schule beim Kursangebot (r = 0,51; sig.). Schwächer und bereits nicht mehr signifikant korreliert Autonomie der Schule hinsichtlich der Verwendung des Budgets (r = 0,37) mit der Leistung. Nur ziemlich schwache und jeweils nicht signifikante Korrelationen konnten für Entscheidungsspielräume bei der Auswahl der Schulbücher (r = 0,30), bei der Auswahl des Lehrstoffs (r = 0,25), beim Aufstellen disziplinärer Regeln für die Schüler (r = 0,21), beim Festlegen von Kriterien für die Schülerbeurteilung (r = 0,20) und bei der Einstellung und Entlassung von Lehrkräften (r = 0,16 und r = 0,10) gefunden werden (OECD 2001a: 349). In überhaupt keinem Zusammenhang mit den Leistungen stehen anscheinend Entscheidungsspielräume der Schulen über die Besoldung (r = -0,05) und über die Beförderung und Höhergruppierung der Lehrkräfte (r = -0,06) sowie über die Höhe des Schulbudgets (r = 0,00). Die Entscheidung über die Aufnahme von Schülern wirkt sich der Tendenz nach sogar kontraproduktiv auf die Leistungen aus (r = -0,20; OECD 2001a: 349).

Daraus kann mit aller Vorsicht gefolgert werden, dass curriculare Gestaltungsspielräume der Schulen wichtiger für die Leistung sind als Entscheidungsmöglichkeiten hinsichtlich sonstiger organisatorischer Maßnahmen und Strukturen.

4 Schulische Ressourcen und Schulsystem

Teilweise korreliert auch die Ausstattung der Schulen mit materiellen und personellen Ressourcen mit den Leistungen:

Wir stellen zunächst wieder Ergebnisse einer Regressionsanalyse dar:

Schulische Ressourcen (über alle OECD-Länder; OECD 2001a: 356)

Ressourcen	Veränderung der Ressourcen	Veränderung der Lesekompetenz	Signifikanz
Lehrer-Schüler-Relation	- 1 Schüler	+ 3,0 Punkte	nicht sig.
Schulgröße	+ 100 Schüler	+ 4,8 Punkte	sig.
Prozentsatz der für 15Jährige verfügbaren Computer	+ 1%	- 0,1 Punkte	nicht sig.
Prozentsatz der Lehrer mit Hochschulstudium	+ 1%	+ 0,4 Punkte	sig.
Prozentsatz der Lehrer, die an Fortbildung teilnehmen	+ 1%	- 0,1 Punkte	sig.
Index „Infrastruktur der Schule"	+ 1	+ 1,2 Punkte	nicht sig.
Index „Nutzung der schulischen Ausstattung durch Schüler"	+ 1	+ 18, 3 Punkte	sig.

Ablesebeispiel:
An Schulen, welche 1% mehr Lehrkräfte mit akademischer Vorbildung haben, sind die (Lese-) Leistungen um 0,4 PISA-Punkte besser. Dieser Zusammenhang ist signifikant.

Danach scheint die *Nutzung der Ausstattung* mit Lehr- und Lernmitteln ein für die Leistungen ganz entscheidender Faktor zu sein, während die *Computerausstattung* keineswegs die oft in sie gesetzten Erwartungen erfüllt und auch die *schulische Infrastruktur* - das ausreichende Vorhandensein von Räumen, der Zustand der Gebäude, funktionierende Heizung, Klimaanlage und Beleuchtung (OECD 2001a: 270) - in keinem erkennbaren Zusammenhang mit den Leistungen steht.

Hingegen korreliert die *Schulgröße* deutlich mit den Leistungen: An größeren Schulen werden tendenziell bessere Leistungen erbracht. Bei Schulen mit mehr als 1.000 Schülern allerdings konnte keine weitere Leistungssteigerung beobachtet werden (OECD 2001a: 243). Dieser Befund widerspricht der Glorifizierung von Zwergschulen. Offensichtlich bedarf es einer gewissen Größe, damit ein hinreichend differenziertes Kurs- und Unterrichtsangebot gemacht werden kann. Mammutschulen allerdings sind ebenfalls nicht leistungsförderlich. *Akademische Vorbildung*[11] der Lehrkräfte ist offensichtlich leistungsförderlich. Für Schulen mit einem um 50% höheren Akademikeranteil würde man immerhin einen signifikanten Leistungszuwachs von 20 PISA-Punkten prognostizieren. Dies sollte eigentlich eher ein gutes deutsches Abschneiden bewirkt haben. Aber dieser Faktor ist eben nur einer unter vielen.

---

[11] Die hier allerdings auch eine Ausbildung auf Fachhochschulniveau einschließt.

Irritierend ist, dass die Teilnahme an *Fortbildungsveranstaltungen* offensichtlich kontraproduktiv wirkt: Für Schulen, an welchen ein um 50% größerer Teil des Kollegiums Fortbildungsveranstaltungen besucht, würde demnach eine um 5 PISA-Punkte schlechtere Leistung vorhergesagt! Diese negative Korrelation ist zudem auch noch signifikant. PISA erfasste als Fortbildungsveranstaltungen offizielle Angebote, welche der Verbesserung der pädagogischen und didaktischen Kompetenz dienen sollten und mindestens einen Tag dauerten (OECD 2001a: 268). Denkbar ist, dass die negative Korrelation darauf beruht, dass solche Angebote vermehrt Schulen und Kollegien gemacht werden, bei denen sich entsprechende Qualifikationsdefizite zeigen. Möglicherweise ist auch Fortbildung außerhalb des Unterrichts in der traditionellen Kursform ineffektiv, so dass die Beeinträchtigungen durch Unterrichtsausfall und Vertretungen überwiegen. Vielleicht sollte Lehrerfortbildung besser vermehrt „on the job" stattfinden als Beratung im unmittelbaren Zusammenhang mit der Unterrichtspraxis.

Einige Faktoren sollen nachfolgend etwas genauer betrachtet werden.

4.1 Nutzung der schulischen Ausstattung

Hinsichtlich der Nutzung von Lehr- und Lernmitteln liegt Deutschland im internationalen Vergleich mit dem Rangplatz 19 insgesamt im unteren Mittelfeld.

Schulische Ausstattung und ihre Nutzung: Rangplätze Deutschlands[12]

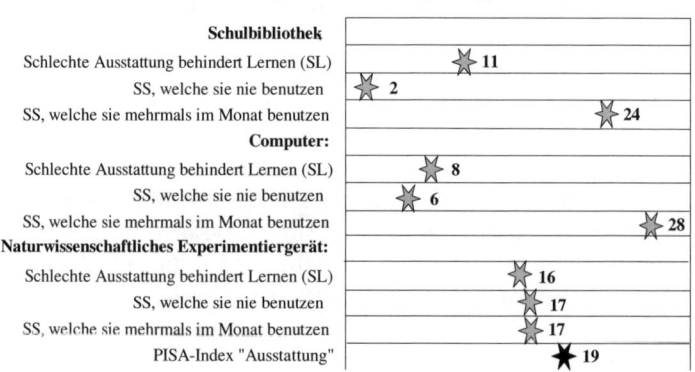

SL: Auskunft der Schulleiter

---

[12] Grafik erstellt aus den Angaben in OECD 2002a: 329.

Allerdings sind die Ergebnisse einiger Fragen, welche in den entsprechenden Index eingingen, und einiger Zusatzfragen an die Schulleiter[13] alarmierend: Nur in Tschechien ist der Anteil von Schülern, welche die Schulbibliothek nie benutzen, noch geringfügig höher als in Deutschland. Nur fünf Länder haben noch mehr Schüler, welche Computer nie benutzen. Entsprechend liegt Deutschland hinsichtlich derjenigen Schüler, welche die Schulbibliothek und die Computerausstattung mehrmals im Monat benutzen, ziemlich weit abgeschlagen auf den hinteren Rangplätzen 24 und 28. Nur in sieben Ländern glauben die Schulleiter noch mehr als in Deutschland, dass die schlechte Computerausstattung das Lernen behindere, und nur in zehn Ländern haben sie eine noch ungünstigere Meinung im Hinblick auf die schlechte Ausstattung der Schulbibliothek. Etwas günstiger stellt sich die Nutzung naturwissenschaftlichen Experimentiergerätes dar.

Die Nutzung der Ausstattung wird in Deutschland natürlich auch durch den Halbtagsschulbetrieb beeinträchtigt, der eigentlich nur Nutzungen während der unmittelbaren Unterrichtszeit erlaubt.

4.2 Schüler-Lehrer-Relation

Die Klassengröße wurde im Zusammenhang mit PISA verschiedentlich diskutiert. Sie schwankt in der Sekundarstufe I zwischen durchschnittlich 19 und 20 Schülern in Dänemark und Finnland und 38 Schülern in Korea (OECD 2002a: 287ff). Dabei finden sich keineswegs nur PISA-Siegerländer unter den Staaten mit besonders kleinen Klassen. Schon dies lässt erkennen, dass die Klassengröße allem Anschein nach in keinem Zusammenhang mit den Leistungen steht. Einerseits ist anzunehmen, dass Lehrkräfte in kleineren Klassen besser auf einzelne Schüler eingehen können. Andererseits aber werden in der Schulpraxis besonders dann kleinere Klassen gebildet, wenn schwache und besonders förderbedürftige Schüler zusammengefasst werden sollen. Auch sind die Klassen in Privatschulen häufig kleiner als in öffentlichen Schulen (OECD 2002a: 288f u. 292). Dies wiederum ist oft ein Motiv für Eltern leistungsschwächerer Kinder, diese auf eine Privatschule zu schicken. Der Zusammenhang zwischen Klassengröße und Leistung wird also in den PISA-Daten durch gegenläufige Einflüsse verwischt. Und es könnte auch gut sein, dass Lehrkräfte z. T. nicht hinreichend kompetent sind, die besonderen Lernchancen in kleinen Gruppen durch entsprechende methodische Maßnahmen auch wirklich zu nutzen. Im übrigen ist die Klassenstärke in der Sekundarstufe oft nicht eindeutig zu ermitteln, da die Schü-

---

[13] In der nachstehenden Grafik gekennzeichnet durch den Klammerzusatz „SL".

ler häufig Fachkurse von unterschiedlicher Stärke besuchen und letztendlich nicht die amtlich festgelegte Schülerzahl pro Klasse, sondern die im Durchschnitt tatsächlich anwesende Schülerzahl zugrunde zu legen wäre, so dass man auch die Absenzen mit erfassen müsste (OECD 2001a: 243).

Herausgearbeitet hat das internationale PISA-Konsortium allerdings eine Beziehung zwischen der Schüler-Lehrer-Relation und den Schulleistungen. Diese Relation wird gebildet aus dem Verhältnis der Vollzeit-Schüler zu dem der Vollzeit-Lehrkräfte. Zu den Lehrkräften zählen in einem weiteren Sinne neben den Fachlehrern auch andere Personen des Personals wie Sozialarbeiter, Psychologen, Schulkrankenschwestern, pädagogische Assistenten usw. Die Schüler-Lehrer-Relation stellt so etwas wie den Versorgungsgrad mit pädagogischem Personal dar. Sie wird im Einzelnen recht kompliziert berechnet. U. a. geht auch die Zahl der wöchentlichen Unterrichtsstunden ein, welche die Schüler zu besuchen haben und das Stundendeputat der Lehrkräfte. Die Personalversorgung der Schüler wird ja z. B. besser, wenn die Lehrkräfte ein höheres Deputat haben, weil sie dann mehr Zeit mit den Schülern verbringen.

Schüler-Lehrer-Relation und Leseleistung (in Anlehnung an OECD 2001a: 242)

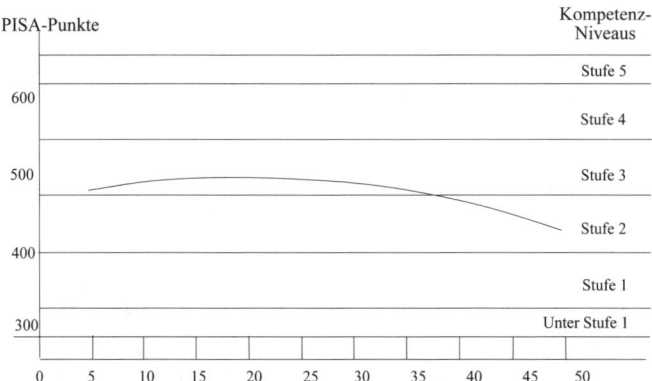

Der Zusammenhang zwischen der Schüler-Lehrer-Relation und den Schulleistungen ist etwas kompliziert (kurvilinear): In Schulen, in welchen diese Relation weniger als 10 beträgt, liegen die Leistungen 5 bis 10 PISA-Punkte unter dem OECD-Durchschnitt. Das erklärt sich daraus, dass Schulen mit einer derart günstigen Personalversorgung häufig Sonderschulen sind. Schulen mit Schüler-Lehrer-Relationen zwischen 10 und 25 unterscheiden sich hinsichtlich der Durchschnittsleistungen ihrer Schüler kaum. Mit einer weiteren Vergrößerung der Schüler-Lehrer-Relation über 25 hinaus ist jedoch ein kontinuierlicher Rückgang der Leistung verbunden (OECD 2001a: 242).

4.3 Lehrermangel und Überalterung der Lehrkräfte

Auch im Hinblick auf die Einschätzung von Schulleitern, ob Mangel an Lehrkräften oder zumindest an qualifizierten Lehrkräften den Lernerfolg der Schüler beeinträchtige, nimmt Deutschland eine unrühmliche vordere Position ein. Der Anteil der Schulleiter, welche eine solche Beeinträchtigung rundweg verneinten, ist in Deutschland sogar am geringsten (OECD 2001b: 70)! Auch wenn man interkulturelle Unterschiede in Rechnung stellt, von welchen Zuständen an Schulleiter Lehrermangel konstatieren, sind diese Befunde alarmierend. Der Zusammenhang mit Schulleistungen scheint auch ziemlich eng zu sein: Das Viertel der deutschen Schulen mit dem größten Lehrermangel erzielte durchschnittlich 424 Punkte im PISA-Lesetest, das Viertel mit dem geringsten hingegen 522. Diese Leistungsdifferenz ist mehr als anderthalbmal so groß wie der Abstand zwischen Deutschland und dem Siegerland Finnland!

In Italien und Deutschland beträgt der Anteil von 50jährigen und älteren Lehrkräften in der Sekundarstufe I 49%.[14] Damit liegen diese beiden Staaten an der Spitze aller übrigen. In keinem Land auch hat der Anteil älterer Lehrkräfte von 1992 bis 2000 so stark zugenommen (OECD 2001b: 80). In den erfolgreicheren Ländern Schweden, Finnland, Neuseeland, Großbritannien und Österreich beträgt er 39%, 34%, 32%, 24% und 17%, in Korea gar nur 10% (OECD 2001b: 80)!

4.4 Finanzielle Aufwendungen für die Schule

Viele der bisher berichteten Befunde lassen vermuten, dass auch die von den einzelnen Staaten erbrachten finanziellen Aufwendungen für die Schule in einem Zusammenhang mit der erbrachten Leistung der Schüler stehen. Eine Gegenüberstellung von Daten aus „Education at a Glance" und dem deutschen PISA-Bericht zeigt augenfällig eine deutliche Korrelation zwischen Leistung und Aufwand (vgl. OECD 2002: 158; Deutsches PISA-Konsortium 2001: 107). Leider liegen aber nur für 18 Staaten verwertbare Angaben vor:

---

[14] Berechnet aus den Angaben für das Jahr 2000. Vgl. OECD 2002a: 80.

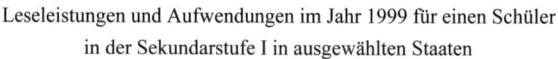

Leseleistungen und Aufwendungen im Jahr 1999 für einen Schüler
in der Sekundarstufe I in ausgewählten Staaten

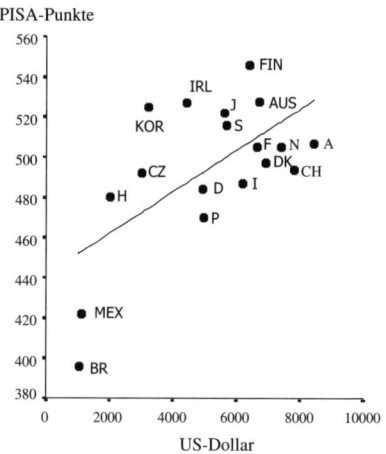

Das internationale PISA-Konsortium gibt in seinem vergleichenden Bericht Korrelationen von r = 0,44, r = 0,47 und r = 0,22 für den Zusammenhang der Lese- und Mathematikleistung sowie der Leistung in den Naturwissenschaften mit den finanziellen Aufwendungen an (OECD 2001a: 112).

Die Korrelation zwischen den Investitionen in das Schulsystem und den erzielten Leistungen ist natürlich bei weitem nicht so eng, dass höhere Aufwendungen gewissermaßen automatisch Leistungsverbesserungen bewirken würden. Diese hängen von vielen anderen Faktoren ab. Österreich erzielt z. B. nach der obigen Grafik bei weitem nicht die Erfolge, die man aufgrund seiner Spitzenposition bei den Bildungsinvestitionen erwarten würde, und Finnland schneidet viel besser ab, als aufgrund seiner Aufwendungen anzunehmen ist. *In jedem Falle aber sind finanzielle Ressourcen ein Bedingungsfaktor für die Leistungshöhe.*

4.5 Zeitpunkt der Selektion

Bekanntlich selektiert Deutschland zusammen mit Österreich seine Schüler weltweit zum frühesten Zeitpunkt. Durch die Gegenüberstellung von Daten aus „Education Policy Analysis" und „Reading for Change" kann wenigstens für 22 Länder geprüft werden, in welchem Zusammenhang die Leseleistungen mit dem

Selektionszeitpunkt stehen:[15] Die 15 Länder, welche erst im 14. Lebensjahr oder später selektieren, erzielten eine durchschnittliche Punktezahl von 503, diejenigen aber, welche schon vor dem 14. Lebensjahr selektieren, nur eine durchschnittliche Punktezahl von 476. Der Unterschied ist im Übrigen statistisch abzusichern.[16]

Auch die Unterschiede hinsichtlich des Anteils der Risikoschüler, die nur Niveau I oder noch nicht einmal dieses erreichten, sind bestürzend: Hier stehen durchschnittlich 16,1% Risikoschülern in den später selektierenden Ländern 25,1% in den früher selektierenden gegenüber. Auch dieser Unterschied ist statistisch absicherbar (p = 0,019).

Dagegen würden manche Vertreter der deutschen Elitebildungsideologie einwenden, dass durch die in Deutschland übliche frühe Selektion aber doch jedenfalls die bestmögliche Förderung der Begabten gewährleistet sei. Falls diese Hoffnung zuträfe, müssten die früher selektierenden Länder einen höheren Anteil an Spitzenschülern haben, welche das höchste Niveau V erreichen. Es zeigt sich aber, dass 8,7% Spitzenschülern in den später selektierenden Ländern lediglich 6,3% in den früher selektierenden gegenüberstehen. Dieser Unterschied ist zwar nicht statistisch absicherbar (p = 0,214). Aber die Erwartung eines höheren Anteils von Spitzenschülern in den früher selektierenden Ländern lässt sich erst recht nicht belegen und absichern. Der beobachtbare Trend stützt eher gegenteilige Vermutungen.

4.6 Deutsche Homogenitätsillusion

Deutsche Bildungspolitiker setzen stark auf die Homogenität der Schülerschaft in den Schularten des gegliederten Schulsystems und verbinden damit die Hoffnung, dass die vorselektierte Schülerschaft besser gefördert werden könne. Diese Hoffnung ist nur teilweise berechtigt, weil sie auf einer Homogenitätsillusion fußt: Zwar finden sich in Deutschland weitaus größere Leistungsunterschiede zwischen den einzelnen Schulen (insbesondere natürlich zwischen solchen verschiedener Schularten), als sie im OECD-Durchschnitt zu beobachten sind. Gemessen an der durchschnittlichen Varianz der Schulleistungen in den OECD-Staaten sind sie mehr als doppelt so groß: 74,8% gegenüber 36,2%. Gleichwohl sind die Leistungsunterschiede zwischen den einzelnen Schülern derselben Schule keineswegs ebenso deutlich geringer. Sie liegen mit 50,2% nur wenig unter

---

[15] Vgl. dazu OECD 2002b: 195, u. OECD 2002a: 56.
[16] Der Mittelwertsvergleich ergibt eine Irrtumswahrscheinlichkeit von lediglich p = 0,031.

dem OECD-Durchschnitt von 65,1%. *Wenn es wirklich um Homogenisierung der Schülerschaft geht,*[17] *dann ist das deutsche gegliederte Schulsystem offensichtlich nicht das Instrument, um sie herzustellen.*

5   Familiärer und gesellschaftlicher Hintergrund

Auf Faktoren des familiären und gesellschaftlichen Hintergrundes soll hier nur summarisch eingegangen werden, da sich der Beitrag von J. Baumert und O. Köller differenzierter damit befasst.

Familiärer und gesellschaftlicher Hintergrund und Lesekompetenz (OECD 2001a: 356)

Soziale Merkmale	Veränderungen	Leistungsver-änderung	Signi-fikanz
Index „sozio-ökonomisch-kultureller Status des Schülers"	+ 1	+ 20,1 Punkte	sig.
Schul-Mittel des Index „sozio-ökonom.-kult. Status der Schüler"	+ 1	+ 67,5 Punkte	sig.
Geschlecht	weibl. statt männl.	+ 25,5 Punkte	sig.
Migrationsstatus	im Ausland geboren	- 23,2 Punkte	sig.

Mädchen haben gegenüber Jungen einen beträchtlichen Vorsprung an Lesekompetenz. Migrant zu sein, geht mit einer ansehnlichen Leistungsminderung einher.

An den Ergebnissen dieser Regressionsanalyse fällt ins Auge, dass die Leistungsunterschiede, welche mit unterschiedlichem familiären und gesellschaftlichen Hintergrund einhergehen, außerordentlich groß sind.

Im Index *„sozio-ökonomisch-kultureller Status"* wurde die berufliche Stellung der Eltern, ihr Bildungsniveau, der Wohlstand der Familie, ihre Bildungsressourcen und ihr Besitz an klassischen Kulturgütern zusammengefasst. Die Ergebnisse belegen, dass die Korrelation zwischen dem mittleren soziokulturellen Status der Schülerschaft einer Schule und der durchschnittlich an ihr erbrachten Leistung noch weitaus stärker ist als die zwischen dem soziokulturellen Status der einzelnen Schüler und ihrer Leistung. *Mit anderen Worten: das soziokulturelle Niveau der Schule ist noch einflussreicher als das der Familien.*

---

[17] Dies darf allerdings bezweifelt werden.

5.1 Besondere Durchschlagskraft des familiären und gesellschaftlichen Hintergrundes in Deutschland

Die nachstehende Tabelle gibt eine Übersicht über den Zusammenhang einzelner Aspekte des familiären und gesellschaftlichen Hintergrundes mit den Leseleistungen:

Aspekte des familiären und gesellschaftlichen Hintergrundes und Leseleistungen
(OECD 2001a: 327ff)

	Änderung der Lesekompetenz pro Skaleneinheit	
	Deutschland	OECD-Mittel
Berufl. Position der Eltern	45,3 Punkte	33,6 Punkte
Wohlstand der Familie	25,2 Punkte	19,8 Punkte
Besitz klass. Kulturgüter	33,94 Punkte	27,02 Punkte
Klass. kulturelle Aktivitäten	31,08 Punkte	18,23 Punkte
Soziale Kommunikation mit Eltern	7,95 Punkte	10,01 Punkte
Kult. Kommunikation mit Eltern	23,70 Punkte	20,50 Punkte

Besondere Beachtung verdient, dass der Zusammenhang nahezu aller Aspekte des familiären und gesellschaftlichen Hintergrundes mit der Leseleistung in Deutschland sehr viel enger ist als im OECD-Mittel. Das bedeutet: die deutsche Schule kann diese Einflüsse wesentlich schlechter abfedern als die Schule in den meisten übrigen Ländern!

5.2 Disparitäten zwischen Migranten und Nichtmigranten

Schüler, die im Elternhaus normalerweise die Testsprache (in Deutschland also Deutsch) sprechen, liegen im OECD-Durchschnitt um 66 PISA-Punkte in der Lesekompetenz und in der naturwissenschaftlichen Kompetenz sowie um 49 Punkte in der mathematischen Kompetenz vor jenen, die zuhause eine andere Sprache sprechen. In Belgien und Deutschland aber ist diese Leistungsdifferenz am größten. Sie ist hinsichtlich der Lesekompetenz mit 115 bzw. 114 Punkten nahezu viermal so groß wie in Australien, wo sie nur 30 Punkte beträgt (OECD 2001a: 338; Deutsches PISA-Konsortium 2001: 394f).

Die Leistungsdifferenzen zwischen Migranten und Nichtmigranten gehen aber weitgehend auf Kosten der Schüler aus Migrantenfamilien: Je weniger das

Schulsystem die unterschiedliche Herkunft und Sprache abzufedern vermag und je größer demzufolge diese Disparitäten sind, desto niedriger ist auch das Leistungsniveau der Schüler mit Migrationshintergrund. Für die Lesekompetenz beträgt die Korrelation r = -0,70, für die mathematische Kompetenz r = -0,65 und für die naturwissenschaftliche Kompetenz r = -0,49 (Deutsches PISA-Konsortium 2002: 202). Da in Deutschland ca. ein Fünftel der Kinder in Familien mit einem Migrationshintergrund der Eltern aufwachsen, ist die Zahl benachteiligter Schüler beträchtlich (Bos, Lankes, Prenzel, Schwippert, Walther & Valtin 2003: 277).

5.3 Soziale Problemlagen

Leistungsdefizite haben offensichtlich auch mit sozialen Problemlagen wie Arbeitslosigkeit und Armut zu tun. Entsprechende Regressionsanalysen der PISA-E Studie für die alten Bundesländer[18] erbrachten zumindest deutliche Hinweise dafür:

Strukturmerkmale der alten Bundesländer und
durchschnittliche Leistungen (Deutsches PISA-Konsortium 2002: 233)[19]

Lesen		Mathematik		Naturwiss.		
I	II	I	II	I	II	
-.47	-.15	-.61	-.38	-.63	-.39	Familien mit Migrationsgeschichte
-.49	-	-.44	-	-.37	-	Arbeitslosenquote
-	-.79	-	-.61	-	-.60	Sozialhilfeempfänger je 1.000 Einw.
+.38	+.44	+.45	+.50	+.36	+.41	Frauenerwerbsquote
.85	.79	.87	.69	.82	R2	

Außer dem schon bekannten leistungsmindernden Einfluss des Migrationshintergrundes fällt auf, dass in Ländern mit höherer Arbeitslosenquote und mehr Sozialhilfeempfängern die durchschnittlichen Leistungen in allen drei Domänen niedriger sind, wie die z. T. beträchtlichen negativen Korrelationen belegen.

---

[18] Die neuen Bundesländer wurden nicht einbezogen, da zwischen ihnen und den alten bekanntlich ein starkes sozialstrukturelles Gefälle besteht, so dass der Länderstatus die Einflüsse sozialer Problemlagen verwischt hätte (Deutsches PISA-Konsortium 2002: 231).
[19] Wegen der hohen Kolinearität der Arbeitslosenquote und der Zahl der Sozialhilfeempfänger mussten jeweils gesonderte Modelle (I und II) gerechnet werden (Deutsches PISA-Konsortium 2002: 232).

Ein interessantes weiteres Ergebnis ist, dass erwartungswidrig eine hohe Frauen-erwerbsquote mit *höheren* Leistungen korreliert. Entgegen einer verbreiteten bürgerlichen Familienidylle ist die Frauenerwerbsquote offensichtlich zunächst ein valides Prosperitätsmaß. Arbeitende Mütter ermöglichen u. a. auch eine Ver-besserung der ökonomischen Verhältnisse in den Familien, die wiederum Vor-aussetzung für kulturelle Aktivitäten und für den Besitz von Kulturgütern sein kann.

Die von Lehrkräften in Deutschland oft beklagten Kinder Alleinerziehender sind gegenüber ihren Mitschülern aus vollständigen Familien kaum im Nachteil:

Leseleistungen von Kindern Alleinerziehender und von Kindern aus vollständigen Familien
(Ausgewählte Staaten; OECD 2001a: 336)

	Alleinerziehende	Vollst. Familien	Signifikanz
Island	507 Punkte	508 Punkte	nicht sig.
Deutschland	478 Punkte	485 Punkte	nicht sig.
Finnland	529 Punkte	551 Punkte	sig.
Korea	510 Punkte	526 Punkte	sig.
Großbritannien	502 Punkte	531 Punkte	sig.
USA	484 Punkte	512 Punkte	sig.
OECD-Durchschnitt	491 Punkte	503 Punkte	nicht sig.

In Deutschland liegen die Leistungsunterschiede zwischen den Kindern Alleiner-ziehender und den Kindern aus vollständigen Familien unter dem OECD-Durch-schnitt (7 Punkte Differenz gegenüber 12 Punkten), und sie sind auch nicht signi-fikant. In Großbritannien, den USA und sogar im Siegerland Finnland sind diese Differenzen nahezu viermal so groß. Alleinerziehung scheint demnach, wenn nicht noch andere Belastungsfaktoren hinzukommen, in Deutschland kaum mehr Leistungsdefizite zu bewirken.

6 Resümee

Eine Regressionsanalyse, welche schulische Faktoren und solche des familiären Hintergrundes einbezieht, lässt die unterschiedlichen Gewichte der Faktoren-gruppen deutlich werden:

Erklärungskraft von Faktorengruppen für die Leseleistung (OECD 2001a: 356)

	„Erklärte" Unterschiede		
	zwischen den Ländern	in den Ländern	Schüler innerhalb der Schulen
Schulische Faktoren	20,8%	31,0%	
Familiärer Hintergrund	34,3%	66,1%	12,4%
Schulische Faktoren und familiärer Hintergrund	43,4%	71,9%	12,4%

Danach korrespondieren die *Leistungsdifferenzen zwischen den verschiedenen Ländern* zu 20,8% mit unterschiedlich ausgeprägten schulischen Faktoren, jedoch zu 34,3% mit familiären Faktoren. Die Beachtung der Kombination von schulischen und familiären Faktoren hat mit 43,4% die höchste Erklärungskraft. 56,6% (der Rest auf 100%) der Leistungsunterschiede allerdings gehen auf andere, von PISA nicht untersuchte Faktoren zurück.

Leistungsdifferenzen zwischen den Schulen ein und desselben Landes erklären sich zu 31,0% aus schulischen und zu 66,1% aus familiären Faktoren. Die Kombination beider Faktorengruppen erklärt sogar 71,9% der Unterschiede. Allerdings bleiben auch hier noch 28,1% (der Rest auf 100%) unaufgeklärt. *Unterschiedliche Leistungen der einzelnen Schüler* einer Schule werden zu 12,4% durch ihren familiären Hintergrund erklärt. Die familiären Faktoren sind also offenbar weitaus bedeutender für die Schulleistung als die schulischen. Die beste Erklärungskraft erhält man, wenn man beide Faktorengruppen berücksichtigt.

Diese Befunde sollten vor einigen *verengten Sichtweisen* bewahren, wie sie in der Öffentlichkeit diskutiert werden:

- Schlechter Deutschunterricht ist die Ursache für das enttäuschende deutsche Abschneiden im PISA-Lesetest.

Schon allein mit Rücksicht darauf, dass PISA die Schüler sowohl mit literarischen als auch mit Sachtexten und sowohl mit kontinuierlichen als auch mit nicht kontinuierlichen Texten (Grafiken, Diagramme, Bilder, Karten, Tabellen) konfrontierte (Deutsches PISA-Konsortium 2001: 78ff), die keineswegs alle Gegenstand des Deutschunterrichts sind, müssen auch Bedingungsfaktoren weit über den Deutschunterricht hinaus in Erwägung gezogen werden.

- Die Lehrer sind schuld.

Nach den oben referierten Befunden gibt es zwar eine ganze Reihe von Faktoren, die mit dem Verhalten und der Qualifikation der Lehrer zu tun haben. Ebenso aber wurde deutlich, dass auch vielfältige Schülerfaktoren mit den Leistungsunterschieden korrelieren.

- Unser Bildungssystem ist ineffizient.

   Daran ist richtig, dass Strukturen des Bildungssystems und Organisations-
   merkmale der Schulen die Leistungen beeinflussen. Aber auch der familiäre
   Hintergrund spielt eine bedeutende Rolle.

- Die Ausländer verderben uns den Schnitt.

   Das deutsche PISA-Leistungsdefizit ist sicherlich zu einem Teil ein Migran-
   tenproblem. Aber es sind weniger der Migrantenstatus als solcher, sondern
   eher die verwendete Sprache und die Sprachkompetenz, welche sich auf die
   Leistungen auswirken.

*PISA sollte Anlass sein, die deutsche Bildungspolitik zusammen mit der gesam-
ten Familien- und Sozialpolitik auf den Prüfstand zu stellen.*

Die Vielzahl und Komplexität der Bedingungsfaktoren könnte es aussichts-
los erscheinen lassen, geeignete Ansatzpunkte für Verbesserungen zu finden.
Statt vorzeitig zu resignieren, sollte man aber eher eine konstruktive Sicht einnehmen: Viele können wertvolle Beiträge für Verbesserungen leisten - Schüler,
Lehrer, Eltern, Schulen, Bildungs- und Sozialpolitiker, die Wirtschaft usw. Und
es müssen auch Beiträge von vielen Seiten geleistet werden. Konzepte anstelle
von Einzelmaßnahmen sind angesagt!

An den weiteren Kontexten der Lernprozesse anzusetzen (wie etwa an
Strukturen des Schulsystems und an Faktoren des familiären und gesellschaftlichen Hintergrundes), ist mit großen Unsicherheiten behaftet, weil die Auswirkungen auf die Leistungen höchstwahrscheinlich über eine Vielzahl von Faktoren vermittelt werden, die zudem wohl auch nur zum geringeren Teil bekannt
sind. Aussichtsreicher ist es, Maßnahmen im Nahbereich der schulischen Lernprozesse zu ergreifen, also z. B. zu versuchen, die Unterstützung der Schüler
durch die Lehrkräfte, die Beziehung zwischen Schülern und Lehrkräften, die
Schuldisziplin, die Unterrichtsmethoden, die Hausaufgabenpraxis und die Lernstrategien zu verbessern. Dabei wird dann im Einzelnen auch sichtbar, welche
Voraussetzungen in den weiteren schulischen, familiären und gesellschaftlichen
Kontexten nachgebessert werden müssen, um solche Maßnahmen auf Klassen-
ebene systemisch zu ermöglichen.

7 Literatur:

Bos, W., Lankes, E.-M., Prenzel, M., Schwippert, K., Walther, G. & Valtin, R. (Hrsg.) (2003): Erste Ergebnisse aus IGLU. Schülerleistungen am Ende der vierten Jahrgangsstufe im internationalen Vergleich. Münster: Waxmann.

Deutsches PISA-Konsortium (Hrsg.) (2001): PISA 2000. Basiskompetenzen von Schülerinnen und Schülern im internationalen Vergleich. Opladen: Leske + Budrich.

Deutsches PISA-Konsortium (Hrsg.) (2002): PISA 2000. Die Länder der Bundesrepublik Deutschland im Vergleich. Opladen: Leske + Budrich.

Deutsches PISA-Konsortium (Hrsg.) (2003): PISA 2000. Ein differenzierter Blick auf die Länder der Bundesrepublik Deutschland. Opladen: Leske + Budrich.

OECD (Hrsg.) (2001a): Knowledge and Skills for Life. First Results from PISA 2000. OECD 2001 (Deutsch: Lernen für das Leben).

OECD (Hrsg.) (2001b): Education Policy Analysis. OECD.

OECD (Hrsg.) (2002a): Education at a Glance. OECD Indicators 2002. OECD 2002.

OECD (Hrsg.) (2002b): Reading for Change. Performance and Engagement Across Countries. - OECD 2002.

Nach PISA: Die Kultivierung des Lernens

Eckart Liebau

Vor genau 30 Jahren habe ich an meiner ersten „richtigen" wissenschaftlichen Tagung teilgenommen; zahllose sollten folgen. Aber wie immer, ist auch hier der Anfang besonders wichtig. Wenn etwas zum ersten Mal geschieht, ist es bekanntlich oft besonders folgenreich. Das gilt für alles Lernen, also auch für das Lernen von Wissenschaftlern. Lerntheoretisch ist daher die Frage nach dem ersten Mal besonders interessant: Wie kommt es eigentlich, dass jemand plötzlich etwas kann, was er oder sie vorher nicht konnte? Und wie bringt man jemanden dazu?

Die Tagung fand statt in der Evangelischen Akademie Arnoldshain; es war eine der frühen Tagungen der in den 60er Jahren von führenden Mitarbeitern des gerade neu gegründeten MPI für Bildungsforschung, insbesondere von D. Goldschmid initiierten, sehr regen Sektion Bildungssoziologie in der Deutschen Gesellschaft für Soziologie. Es ging um das Thema „Handlungsforschung im Bildungsbereich". Das Thema hat nicht nur mich, sondern auch viele von den anderen Anwesenden heftigst bewegt: Hier nämlich schien sich eine Möglichkeit zu bieten, wissenschaftliches und praktisches Handeln, Forschung und Entwicklung, Theorie und Praxis nicht nur eng aufeinander zu beziehen, sondern zu einem einzigen, verschmolzenen Vorgang zu machen, der sich obendrein auch noch als politisch-emanzipatorisch charakterisieren ließe: Wissenschaft „von unten" also und zugleich „Wissenschaft für unten". Das stand natürlich in der direkten Nachfolge der Studentenbewegung der 60er Jahre, in der christliche, sozialistische und hedonistische Motive ein buntes und sehr lebendiges Gemisch hervorgebracht hatten. Die sich das ausdachten, standen freilich meist ziemlich weit oben.

Das Projekt der Handlungsforschung konnte aber immerhin auch auf eine ordentliche wissenschaftliche Tradition verweisen; als *action research* bezeichnete sich eine in den USA und Großbritannien aus der Sozialpsychologie entwickelte und dort ganz selbstverständlich als Teil des Wissenschaftssystems anerkannte Richtung einer pragmatisch orientierten, innovationsbezogenen Entwicklungs- und Begleitforschung, die keineswegs auf pädagogische Felder begrenzt war. K. Lewin war da einer der entscheidenden Gründerväter. Es ging um die wissenschaftliche Erforschung und Förderung des Lernens von Menschen und von Organisationen, die bei den Perspektiven, Wahrnehmungen und Bedürfnissen der Beteiligten und Betroffenen ansetzen und auf diesem Weg zu Innovationen führen sollte und wollte. Wie kommt man also zum ersten Mal? Und wie kommt man dann zur Verstetigung? Offenbar geht das nur mit denen, die es angeht, gemeinsam. Offenbar ist es nicht zu verordnen. Und offenbar gilt das für Menschen ebenso wie für Institutionen. Dieser Ansatz richtete sich gegen das vorherrschende Modell von RDD (Research – Development – Dissemination) bzw. auf Deutsch: FEV (Forschung, Entwicklung, Verbreitung), das nicht nur als autoritäre, sondern zugleich auch als letztlich wenig effektive Strategie wahrgenommen wurde. Man kann, wie gesagt, das erste Mal nicht verordnen.

Politisch setzte sich freilich auch in der damaligen Bundesrepublik erst einmal RDD durch: am MPI für Bildungsforschung und am Konstanzer Sonderforschungsbereich Bildungsforschung spielte „Handlungsforschung" allenfalls eine kleine Nebenrolle; im Zentrum standen große „traditionelle" empirisch-bildungssoziologische Projekte. So wurden z.B. in Berlin vom MPI aus die neu gegründeten „Bildungszentren" von J. Baumert, J. Raschert u.a. wissenschaftlich begleitet, d.h. summativ evaluiert; und in Konstanz fanden nicht nur die Hochschuluntersuchungen von R. Dahrendorf, H. Peisert u.a. große öffentliche Aufmerksamkeit, sondern vor allem die großen vergleichenden Schuluntersuchungen von H. Fend, an denen ja auch D. Dann wesentlich beteiligt war. Die Ergebnisse solcher und ähnlicher Projekte haben die damaligen bildungspolitischen Auseinandersetzungen wesentlich bestimmt. Sie waren von der Soziologie, der Psychologie und der Bildungsökonomie dominiert. Die Pädagogik hatte da nur eher am Rande etwas zu melden. Sie kümmerte sich schon damals eher um die Einzelheiten und um die Prozesse, nicht nur um die Ergebnisse.

Handlungsforschung setzte sich denn auch nicht in der Soziologie oder Psychologie – und schon gar nicht in der Bildungsökonomie! - durch, sondern am ehesten in der Pädagogik. Dabei entwickelten selbstverständlich die Sozialpädagogen die radikalsten Modelle, während die in der Schulpädagogik entwickelten Modelle insgesamt moderater ausfielen. Immerhin kam dann aber gerade deshalb einiges zustande: H. von Hentig gründete die Bielefelder Schulprojekte, W. Klafki initiierte das Marburger Grundschulprojekt, A. Flitner, Ch. Scheilke und andere begleiteten die Tübinger „Wanne-Schule", O. Negt, Th. Ziehe und andere entwickelten das „Glocksee-Modell", H.-G. Herrlitz und seine Gruppe, zu der ich damals auch gehörte, planten und begleiteten das Team-Kleingruppen-Modell der Georg-Christoph-Lichtenberg-Gesamtschule in Göttingen-Geismar. Ein „Nebenprodukt" all dieser pädagogischen Bemühungen war dann u.a. das Konzept der „schulinternen Lehrerfortbildung", das seinerseits durchaus als Gegenkonzept gegen die sich damals gerade etablierenden zentralen Landesinstitute für Lehrerfortbildung verstanden und konzipiert wurde.

Es entwickelte sich also auf der einen Seite eine eher politiknahe, soziologisch dominierte und an summativer Evaluation orientierte Bildungsforschung nach dem RDD-Muster im Verbund mit zentralistischen Lehrerfortbildungsmodellen und auf der anderen Seite eine eher praxisnahe, pädagogisch dominierte und an formativer Evaluation orientierte Bildungs- und Entwicklungsforschung nach dem Handlungsforschungsmuster im Verbund mit dezentralen, schulinternen und regionalen Lehrerfortbildungsmodellen. Das entsprach und entspricht bis heute ziemlich genau der Trennlinie zwischen den Ansätzen äußerer und innerer Schulentwicklung. Dass die beiden Ansätze damals gegeneinander entwickelt worden sind und sich in scharfer Opposition bewegten, dass also der notwendige innere Zusammenhang zwischen äußerer und innerer Schulentwicklung zerrissen wurde, dass das Wissen der beiden zentralen Bezugswissenschaften (Soziologie und Pädagogik) nicht zusammengeführt wurde, gehört zu den schon fast tragisch zu nennenden Umständen, die eine durchgreifende Reform des Bildungswesens in den 70er und 80er Jahren verhindert haben. In dieser unfruchtbaren Opposition spiegelt sich das Elend einer pädagogisch ahnungslosen empirischen Bildungsforschung ebenso wie das Elend einer soziologisch und ökonomisch ahnungslosen kinder- oder schülertümelnden Pädagogik.

Aus heutiger Sicht ist die Differenz zwischen den Modellen nach wie vor deutlich: Handlungsforschung, auch in der moderaten anglo-amerikanischen Version, steht eher für Entwicklungsstrategien des *bottom-up*, RDD eher für Entwicklungsstrategien des *top-down*. Selbstverständlich wissen wir heute, dass man beides braucht und dass auf die Dauer das eine nicht ohne das andere funktionieren kann. Dennoch bleiben Präferenzen – und die pädagogische Präferenz war und ist, wenn ich recht sehe, immer die Perspektive des *bottom-up*. PISA steht demgegenüber als Forschungsprojekt geradezu paradigmatisch für *top-down*, für RDD. Wie sehr sich aber die Verhältnisse gegenüber der Zeit vor dreißig Jahren dann doch gewandelt haben, kann man daran erkennen, dass der *top-down*-Forschungsstrategie heute keine allein *top-down*-orientierte Bildungspolitik mehr folgt und folgen kann, sondern nur eine vernetzt-integrative – eine solche also, die *top-down* und *bottom-up*-Strategien systematisch zu kombinieren versucht, die dabei aber vor allem auf *bottom-up* setzt bzw. setzen muss: Ohne die Betroffenen und Beteiligten geht es eben nicht, gibt es weder das erste Mal noch gar eine Verstetigung. Innere Schulentwicklung ist, ich habe es angedeutet, indessen keine neue Erfindung, sondern geht auf eine inzwischen mindestens dreißigjährige Tradition zurück – mal ganz abgesehen von den klassisch reform-pädagogischen Schul-Modellen, die für die damaligen Diskussionen freilich keine Rolle spielten, wenn sie nicht gerade aus den USA, aus Schweden oder aus Russland bzw. der früheren Sowjetunion stammten; das ist heute natürlich ganz anders ... . Modellschulen und dann auch Schul-Modelle, an denen die Konzepte schulinterner Lehrerfortbildung und innerer Schulentwicklung entstanden sind, sind häufig aus Basisinitiativen von Lehrern hervorgegangen, die sich mit Wissenschaftlern verbündet haben. Von dort aus haben sie ihren Weg in die Veralltäglichung gemacht. Es ist manchmal sehr lustig, wenn irgendjemand, sei es Wissenschaftler, Politiker oder Bertelsmann, gerade wieder einmal die schon lange entwickelten und erprobten Konzepte als den allerneuesten Schrei auf den Markt bringt.

Interessanterweise wusste man damals, ich habe es schon im Blick auf die Schulgeschichte angedeutet, über die historischen Hintergründe auch solcher Forschungsstrategien wenig; ihre wissenschaftsgeschichtlichen Wurzeln lagen ebenso im Dunkeln wie ihre geistes- und sozialgeschichtlichen Entstehungs- und Begründungszusammenhänge. Man argumentierte zwar geschichtsphilosophisch mit Marx oder Hegel, Adorno, Bloch oder Habermas, aber nicht historisch. Hätte man mehr von der tatsächlichen Geschichte gewusst und verstanden, dann hätte man schon damals entdecken können, dass in der Auseinandersetzung um die richtige Forschungsmethode eine alte Auseinandersetzung fortgeführt wurde, die für die deutsche Pädagogik-Geschichte fundamentale Bedeutung hatte und hat, nämlich die Auseinandersetzung zwischen den strategisch-rationalistischen Ansätzen einer utilitaristisch verstandenen Aufklärung und den an subjektiver Entfaltung orientierten Ansätzen der romantischen Tradition. Als dritte „Partei" aber agierte auch damals schon die Bildungstheorie in der idealistisch-neuhumanistischen Tradition: Die neuere deutsche Bildungsgeschichte lässt sich durchaus lesen als „Kampf der drei Linien"; ich komme darauf zurück. In diesen Auseinandersetzungen war und ist das Ziel der streitenden Parteien selbstverständlich immer eine „Kultivierung des Lernens". Der Streit geht um das „Wozu" und das „Wie".

1   Wozu?

Wozu also? Im Mittelpunkt der öffentlichen Debatten über die allgemeinbildende Schule steht meist ein einziges Argument: Schule soll für Beruf und Studium vorbereiten; sie soll die Schüler dazu qualifizieren, sich den künftigen Arbeitsanforderungen einschließlich der mit ihnen verbundenen Lernaufgaben stellen zu können. Die Schule soll also ökonomisch nützliche Qualifikationen erzeugen; die Anforderungen der (Erwerbs-)Arbeitsgesellschaft stehen eindeutig im Mittelpunkt. Unter Bedingungen der Modernisierung verschieben sich dabei zwar die Akzente - heute wird nur noch selten mit den klassischen Sekundärtugenden, umso häufiger dagegen mit den neuen Arbeitstugenden, den ‚Schlüsselqualifikationen' argumentiert -, aber der funktionale Zusammenhang zwischen Schule und Gesellschaft wird davon kaum berührt: Nach wie vor geht es um selektive Qualifikation im Interesse einer möglichst optimalen ‚Passung' zwischen - künftig erwartbaren - im Kern ökonomisch bestimmten Qualifikationsanforderungen und schulischen Qualifikationsleistungen. Vor dem Hintergrund allfälliger Standortdebatten in der globalisierten internationalen Konkurrenz zählt hier nur der Qualifikationsoutput. Die PISA-Studien 2000 und 2003 legen davon ein beredtes Zeugnis ab; sie argumentieren ausdrücklich mit einem ausschließlich funktionalistischen Kompetenzbegriff. Der ist dort zwar nicht nur ökonomisch bezogen, sondern auf die Kompetenz zur Lebensführung; aber funktionalistisch bleibt er dennoch. In der Rezeption ist davon dann freilich nur noch selten die Rede. Die Rezeption variiert nahezu ausschließlich das Thema ‚Leistungsschule für die Leistungsgesellschaft'. Aber ist diese Engführung auch vernünftig?

Ich möchte nicht missverstanden werden: Ich bin, alles in allem, sehr froh, dass es die PISA-Studien gibt, weil wir hier außerordentlich wichtige und wertvolle Informationen erhalten haben und weiter erhalten werden. Aber wir müssen wissen, wie wir diese Informationen einzuschätzen und wie wir die Ziele der Studie einzuordnen haben.

Die Schule als der Ort, wo man etwas zum ersten Mal lernen kann und soll, muss für die Lebensführung und Lebensbewältigung insgesamt qualifizieren: für die Teilhabe an Arbeit, Politik, Kunst und Kultur, Wissenschaft, Religion und Alltag. Genau das heißt: „Leben lernen". Damit kommen zugleich die anderen, die nicht-utilitaristischen Begründungsmuster der modernen Schule wieder stärker ins Spiel, also die politisch-emanzipatorische Tradition der Aufklärung, der Bildungsidealismus und die romantische Tradition der Entfaltung des inneren Menschen. Erziehungstheoretisch, also in der Tradition der Aufklärung, interessiert dabei der Weg von der Unmündigkeit des Kindes zur Mündigkeit und Brauchbarkeit des Erwachsenen; bildungstheoretisch, in der Tradition des idealistischen Neuhumanismus, interessiert die Förderung der Bereitschaft zur lebenslangen Arbeit an der Differenz zwischen objektiver und subjektiver Kultur; entfaltungstheoretisch, in der Tradition der Romantik, interessiert die Förderung

der je individuell unverwechselbaren Subjektivität und der subjektiven Aus-
drucksmöglichkeiten. Zwar lassen sich die Theorien nicht ohne weiteres den
gesellschaftlichen Praxisfeldern zuordnen. Dennoch sind Schwerpunkte auszu-
machen: das Erziehungskonzept der Aufklärung hat offensichtlich eine große
Nähe zu den Bereichen Arbeit, Politik und Wissenschaft, das Bildungskonzept
des Neuhumanismus betrifft besonders die Bereiche Politik, Kunst und Kultur
sowie Wissenschaft, das romantische Konzept der Entfaltung der Person ist besonders eng mit den Bereichen Kunst und Kultur, Religion und Alltag verknüpft.

Die Antwort auf die Frage nach der Kultivierung des Lernens fällt je nach
zugrunde gelegtem Paradigma anders aus:

- Dass der Bezug auf die berufliche Praxis in der Schule sträflich vernachlässigt werde, ist ein alter Topos der pädagogischen Diskussion in
  der utilitaristischen Linie der Aufklärungstradition. Die politische Erziehung wird seit eh und je in der emanzipatorischen Linie dieser Tradition angemahnt; der Aufklärungsrationalismus führt darüber hinaus
  konsequenterweise zur Forderung und Förderung wissenschaftlicher
  bzw. wissenschaftsorientierter Bildung. Politische und ökonomische
  Autonomie des Bürgers können nur vor dem Hintergrund selbständigen
  Verstandes- und Vernunftgebrauchs gedacht werden: dieser soll durch
  Erziehung ermöglicht werden. Die bürgerlichen Zwecke stehen also im
  Mittelpunkt. Mit der erreichten Mündigkeit des Erwachsenen ist die Erziehung dann auch beendet.

- Das politische Bildungsziel des Neuhumanismus ist allgemeiner; hier
  steht das Humanitätsideal im Zentrum. Nicht nur die Politik, auch Kunst
  und Kultur und die Wissenschaft sollen auf dieses Ideal verpflichtet
  werden. Die Schule soll nur die ersten Schritte auf dem Weg zur allgemeinen Menschenbildung eröffnen: Bildung ist in diesem Konzept ein
  lebenslanger Vorgang der Vervollkommnung im ästhetischen und politischen Sinn, hat also kein definierbares Ende. (Das ist, nebenbei bemerkt, etwas vollkommen anderes als die zumeist rein utilitaristischen,
  qualifikationsbezogenen Konzepte lebenslangen Lernens.) Die bürgerlichen Zwecke in Ökonomie und Politik werden zwar durchaus als nun
  einmal gegebene Notwendigkeiten anerkannt; sie haben jedoch nicht
  mehr als dienende Funktion für die übergeordneten Ziele der Beförderung der Humanität - und dies keineswegs nur auf der Ebene der univer-
  sal gedachten Kultur, sondern auch auf der Ebene des Alltags. In dieser
  bilden sozial die Kultivierung von Geselligkeit, Freundschaft, intellek-
  tuellem Austausch die eigentlichen Motive, individuell die proportio-
  nierlich-harmonische Ausbildung aller Kräfte (Humboldt) .

- Das romantische Konzept rückt demgegenüber die Innenwelt des Menschen, die Entwicklung und Entfaltung der Seelenkräfte in den Mittelpunkt. Die frühen Romantiker sehen den durch Erziehung und Bildung bewirkten Verlust der Vollkommenheit des Kindes; sie sehen die Zerstörung des kindlichen Paradieses und begeben sich deshalb auf die Suche nach der zweiten Kindheit, dem Glück und dem Paradies - und zwar in der Gegenwart und der Gegenwärtigkeit. Im Kind suchen sie den vollständigen, den nicht-entfremdeten, gesellschaftlich nicht deformierten Menschen. Dementsprechend rückt das Spiel des Kindes als ästhetisches Phänomen in den Mittelpunkt des romantischen Nachdenkens über die menschliche Entwicklung und ihre Idealität. Es thematisiert dabei die unverwechselbare Eigenheit, die einzigartige, an den Leib gebundene Individualität jedes einzelnen Menschen als eine zentrale pädagogische Herausforderung. Kunst und Kultur, Religion und Alltag stehen hier im Dienst der Entfaltung des inneren Menschen. Nicht zufällig ist mit Schleiermacher ein Romantiker der zentrale Denker der „ZEIT" in der Pädagogik.

Es ist offensichtlich, dass diese Paradigmen auch die gegenwärtigen Auseinandersetzungen über den Sinn und die Aufgaben der Schule und die in ihr zu vermittelnde Bildung bestimmen. Je nach Grundoption rücken die Erziehung, d.h. Qualifizierung zur Arbeit, zur Politik und zur Wissenschaft, die allgemeine Menschenbildung, d.h. die am Ideal der Humanität orientierte ästhetische, wissenschaftliche und politische Bildung, oder die Entfaltung der Person, d.h. die Wahrnehmung der Gegenwärtigkeit und die Entwicklung des inneren Menschen und seines Glücks (oder auch: Unglücks) in den Mittelpunkt. Jede Position kritisiert dabei prinzipiell jede andere; das Ergebnis kann also immer nur eine je historisch spezifische Balance sein - je nach Stand der Kräfteverhältnisse. Man kann das auf der Ebene allgemeiner pädagogischer und bildungspolitischer Auseinandersetzungen ebenso verfolgen wie auf der Ebene der Entwicklung der Lehrpläne oder auf der Ebene konkurrierender Didaktiken.

Mit der Modernisierung der Gesellschaft verändern sich auch die Aufgaben der Schule: die politische Erziehung, die allgemeine Menschenbildung und die Entfaltung der Person gewinnen in dem Maße stärkere Bedeutung, in dem das nur auf die Qualifikation zur Arbeit zielende utilitaristische Begründungsmuster an Plausibilität verliert. Wozu also? Wenn wir wollen, dass die Schule unter heutigen Bedingungen „die Menschen stärken, die Sachen klären" (v. Hentig) kann, werden wir gerade den bisher vernachlässigten Zielen besondere Aufmerksamkeit widmen müssen, insbesondere der ästhetischen und der politischen Bildung. Darüber freilich steht in PISA nichts Relevantes.

2   Wie?

Die pädagogische und didaktische Schul- und Unterrichtsentwicklungsdiskussion hat ihren Niederschlag in zahlreichen, reformpädagogisch inspirierten Konzepten mehr oder - überwiegend - weniger neuer Vermittlungs- und Aneignungsmethoden gefunden, die, bei im einzelnen unterschiedlicher Akzentuierung, ausnahmslos auf eine Stärkung produktiver und eine Schwächung rezeptiver Lernformen hinauslaufen. Praktisches Lernen, handlungs-, erfahrungs-, projekt- oder schülerorientierter Unterricht, offener Unterricht, Lernen durch Lehren bilden hier prominente Ansätze. Immer geht es darum, die Selbständigkeit und Selbsttätigkeit der Schüler zu fördern. Über die Grenzen der Schule hinaus weisen Ansätze der *Community Education*. Die Schule gewinnt an Bedeutung als politischer Ort der Bürgererziehung, als wissenschaftlicher Ort bildender Erkenntnis, als ästhetischer Ort der Entfaltung der Subjektivität.

PISA bestätigt einmal mehr die Richtigkeit solcher Ansätze. Denn das interessanteste und pädagogisch wichtigste Ergebnis ist eher nebenbei, eher am Rande der Hauptstudien entstanden. Die Laborschule Bielefeld und die Helene-Lange-Schule Wiesbaden haben sich einem Komplett-Test unterzogen. Und siehe da: insbesondere die Ergebnisse der HLS übertreffen nicht nur Bayern und Baden-Württemberg bei weitem, sondern auch die von Japan, Finnland und Kanada. Und dabei handelt es sich doch um eine hessische Gesamtschule! Das ist tröstlich und es stellt eine Herausforderung dar. Wenn die bayerischen Schulen wirklich gut werden wollen, dann finden sie dort einen Maßstab. Ich will nur auf sieben für beide Schulen geltende Punkte hinweisen:

1.   Diese Schulen orientieren sich entschieden an Förderung. Sie nehmen Heterogenität als Herausforderung und Chance wahr.
2.   Diese Schulen orientieren sich an Partizipation und demokratisch-politischem Lernen. Sie eröffnen allen Beteiligten größtmögliche Mitwirkungschancen.
3.   Diese Schulen orientieren sich ästhetisch. Die Entwicklung der Ausdrucksformen durch und im Medium der Künste, insbesondere des Theaters, stellt ein zentrales Merkmal der schulischen Arbeit dar.

4. Diese Schulen fragen nicht nur nach der Zukunft der Schüler, sondern vor allem nach der Gegenwart; sie wollen gegenwärtiger Lebens- und Erfahrungsraum sein und den Alltag kultivieren.

5. Diese Schulen sind Arbeitsschulen; hier ist das Lernen so weit wie überhaupt möglich in sinnvolle Verwendungs- und das heißt auch: Verwertungszusammenhänge eingebunden.

6. Diese Schulen sind in ihrer sozialen Organisation in relativ autonome kleine Einheiten und Stufen gegliedert.

7. Diese Schulen sind Ganztagsschulen und, wenn es dieses Wort denn gäbe, „Ganzraumschulen".

Es ist hier nicht die Zeit, näher auf die Einzelheiten einzugehen. Aber die Botschaft ist deutlich: Nur dort, wo die Reform mit der nötigen Klarheit entwickelt und umgesetzt wird, wird sich auch eine gute Lern- und Leistungskultur entwickeln.

Gewiss sind die neuen handlungs- und erfahrungsorientierten Ansätze inzwischen in allen Schularten und in allen Fächern im selbstverständlichen schulischen Alltag angekommen. Gewiss sind auch in der Schulpädagogik, der Allgemeinen Didaktik und den Fachdidaktiken in den letzten beiden Jahrzehnten die entsprechenden Leitbilder und ihre Begründungen extensiv entfaltet worden; eine unübersehbare Fülle von praktischen Beispielen ist dokumentiert und - mehr oder weniger - untersucht worden. Auch die Bildungspolitik orientiert sich immer stärker an den Formen selbsttätigen produktiven Lernens; hier werden sie zum Ziel der gewünschten Schulentwicklung. Die heutigen Konsensformeln der Bildungspolitik zitieren bis in die Wortwahl hinein die in den siebziger und achtziger Jahren in der Kooperation von Wissenschaft und Praxis entwickelten pädagogischen Ansätze und Programme. Aber die nötigen Konsequenzen werden bisher nicht gezogen.

Die Schule hat dafür zu sorgen, dass möglichst viele Schüler möglichst guten Lernerfolg haben, und zwar in allen relevanten Dimensionen.[1] Das schließt

---

[1] Freilich brauchen Lehrer dafür die notwendigen Kompetenzen. Aber der Kompetenz-Begriff hat nicht zufällig die schöne Doppelbedeutung von Fähigkeit und Befugnis. Fähigkeiten entwickeln sich dort, wo auch Befugnisse gewährt werden oder zu erwarten sind. Wenn Lehrern also z.B. organisatorische und inhaltliche Befugnisse vorenthalten werden, braucht man sich nicht zu wundern, wenn es dann entweder auch an den entsprechenden Fähigkeiten fehlt oder aber die Fähigkeiten nur in außerberuflichen Zusammenhängen aktiviert werden. Wo die Zeitorganisation von Schulen nur dem traditionellen Stundenplan folgt, können Lehrer mit zusammenhängenden Lernzeiten oder gar Epochenunterricht eben nicht umgehen; wo die soziale Organisation der Amtsverfassung folgt, ist die Fähigkeit zu alltäglicher Kooperation nicht zu erwarten; wo die ökonomische Organisation der Schule sich auf den ordentlichen Umgang mit staatlich zugewiesenen Haushalts-

die Sorge für die Bedingungen ein. Dabei bleibt es durchaus sinnvoll, Allgemeinbildung auch in einem schlichten, eher utilitaristischen Sinn als Qualifikation zu verstehen - es geht auch um Fähigkeiten und Fertigkeiten, die in und für die Praxis in den verschiedenen Bezugsbereichen relevant und insofern brauchbar sind. Der große Vorteil des Allgemeinbildungskonzepts gegenüber allzu anspruchsvollen Ansätzen, die den ‚ganzen Menschen' und seine ‚Identität' in den Mittelpunkt stellen wollen, besteht in der Tatsache, dass Allgemeinbildung sich an performativen Zielen orientiert und orientieren muss, die zu einsichtigen und überprüfbaren Ergebnissen führen können. Die Schule tut gut daran, sich realistische und nach aller Erfahrung mit einiger Wahrscheinlichkeit erreichbare Ziele zu setzen. Ob ein Zögling Englisch so gelernt hat, dass er oder sie sich in der Fremdsprache mündlich und schriftlich ausdrücken und verständigen kann, ist ebenso für ihn wie für andere überprüfbar - sogar einigermaßen "objektiv", wenn man das denn für nötig hält; was diese Qualifikation indessen zum Beispiel für seine Identität gegenwärtig oder künftig bedeuten mag, entzieht sich glücklicherweise der schulischen Prüfung. Es geht also um begrenzte, auf bestimmte Bereiche bezogene Wahrnehmungs-, Urteils-, Denk- und Handlungskompetenzen.

Die zentrale Aufgabe des Lehrers liegt unverändert in der Vermittlung des notwendigen gesellschaftlichen Wissens und Könnens an die gesellschaftlichen Neulinge und in der Weiterentwicklung der dafür nötigen Bedingungen. Daraus folgt die notwendige Arbeit an der Kultivierung des Schulalltags, an Lern- und Lebensbedingungen für Kinder und Jugendliche, die diesen nicht nur die Aneignung des nötigen Wissens, des nötigen Könnens - oder allgemeiner gesprochen: der nötigen Kompetenzen - erlauben müssen, sondern die darüber hinaus von diesen auch als sinnvoll, interessant und zum Lernen herausfordernd erfahren werden können. Die pädagogische Situation gibt, wo sie gelingt, durch die gemeinsame Auseinandersetzung von Erwachsenen und Kindern bzw. Jugendlichen mit "Sachen" (Aufgaben, Problemen, Fragen, Zielen ...) Hilfen zum Erwachsenwerden (Erziehung), zur Erfahrung der Welt im Medium der Kultur (Bildung) und zur Persönlichkeitsentwicklung (Entfaltung), nicht mehr, aber auch nicht weniger.

---

titeln beschränkt, ist ökonomische Kompetenz nicht zu erwarten usw. Kompetenzentwicklung ist nur möglich, wenn auch Befugnisse verantwortlich ausgefüllt werden müssen.

3   Innere und äußere Reform

Ein solches Konzept wirft selbstverständlich erneut und ganz gegen den öffentlichen Trend die ungeliebte Frage nach Strukturreformen im Bildungssystem auf: Es hat dabei wenig Sinn, die Tabus der letzten zwanzig Jahre weiter fortzuschreiben, zu denen zentral die Tabuisierung der Strukturfragen im deutschen Bildungssystem gehört. Obwohl die deutschen PISA-Ergebnisse mit ihren extrem harschen sozialen Differenzen eine neue Strukturdiskussion herausfordern, wird genau diese Diskussion öffentlich nicht geführt. Wiederum also wird der pädagogische und bildungspolitische Zusammenhang zwischen innerer und äußerer Reform zerrissen: In den siebziger Jahren hoffte die Politik mehrheitlich auf *top-down* – das konnte und kann nicht funktionieren. Nun setzt sie vor allem auf *bottom-up*: da darf man jetzt schon sicher sein, dass die inneren Reformen, so wohlbegründet und nützlich sie sein mögen, nur halbiert realisiert werden können und an der extremen sozialen und kulturellen Ungleichheit im deutschen Bildungswesen nicht allzuviel ändern werden. Man muss ja nicht die alten Antworten geben; aber man darf das Thema nicht aussparen.

Man könnte sich schier fragen, ob die Kultusminister eigentlich ihre Zustimmung zur Durchführung der PISA-Studie nur unter der Bedingung gegeben haben, dass die Strukturfragen anschließend nicht thematisiert werden. Aber das war wohl nicht so. Es sind die Erfahrungen der 70er Jahre, die allen Beteiligten noch in den Knochen stecken und die die Diskussion verhindern. Nach den damaligen Erfahrungen kann man selbstverständlich verstehen, dass alle Beteiligten größten Wert darauf legen, zuallererst die Alltagsfragen einschließlich der Fragen nach den pädagogischen Praktiken und Haltungen der Lehrerinnen und Lehrer zu stellen, damit sich vielleicht überhaupt etwas bewegt. Aber das genügt eben nicht. Wenn es zu den Funktionen und Aufgaben des Lehrers gehört auszulesen, dann muss er auslesen, ob das nun pädagogisch sinnvoll ist oder nicht. Das ist keine Frage der individuellen Haltungen und Praktiken des einzelnen Lehrers oder der einzelnen Schule, sondern eine Frage der Struktur. PISA führt uns in aller wünschenswerten Deutlichkeit vor, wohin das führt. Man wusste das im Prinzip spätestens seit den 60er Jahren. In der Bildungsforschung ist z.B. die Chancenungleichheit immer wieder belegt worden. Aus dem öffentlichen Bewusstsein war das Thema allerdings verschwunden. Nun ist es wieder präsent. Vielleicht bekommt nun endlich die Bildung wieder eine Chance? Und vielleicht sind wir nun endlich in der Lage, sie zu nutzen? Dass die zentrale pädagogische Aufgabe in der Förderung besteht, dürfte sich ja inzwischen herumgesprochen haben. PISA 2003 ist da nur ein weiterer Beleg.

Die Bedeutung schulischer Kompetenzen für Erwerbsverläufe

Olaf Köller

1 Einleitung

Die Veröffentlichungen der letzten Jahre zur PISA- und TIMSS-Studie (Baumert, Bos & Lehmann 2000a, 2000b; Baumert & Lehmann u.a. 1997; Deutsches PISA-Konsortium 2001, 2002, 2003; PISA-Konsortium Deutschland 2004) haben in den Bereichen Mathematik, Leseverständnis und Naturwissenschaft auf erhebliche Leistungsdefizite bei Jugendlichen und jungen Erwachsenen in Deutschland aufmerksam gemacht. Die Arbeiten haben gezeigt, dass in allen Schulformen des differenzierten Sekundarschulsystems die Mathematik-, Naturwissenschafts- und Leseleistungen im internationalen Vergleich bestenfalls auf durchschnittlichem Niveau liegen, unser institutionalisiertes Bildungssystem also möglicherweise individuelle Ressourcen suboptimal ausschöpft. So zeigten die PISA-Befunde 2000 zum Leseverständnis, dass es 40 bis 50 Prozent der Realschüler und 5 bis 10 Prozent der Gymnasiasten im Alter von 15 Jahren nicht gelingt, kontinuierliche und nicht-kontinuierliche Texte verstehend zu lesen, so dass Textinhalte richtig wiedergegeben, gehaltvoll interpretiert und kritisch reflektiert werden können. Die Ergebnisse in 2003 fielen vergleichbar aus. Die TIMSS-Befunde zur mathematisch-naturwissenschaftlichen Grundbildung am Ende der Schullaufbahn machen deutlich, dass substanzielle Anteile der Schülerinnen und Schüler mit erfolgreichem Haupt- und Realschulabschluss in den untersuchten Fächern Kenntnisse auf einem Niveau aufweisen, wie man es üblicherweise am Ende der Grundschulzeit erwartet (Baumert u.a. 2000a). Zu dieser empirischen Befundlage passen die wiederholt vorgetragenen Klagen von Ausbildungsbetrieben, wonach sehr viele Bewerberinnen und Bewerber um eine Lehrstelle hinsichtlich ihrer Mathematik- und Lese-Rechtschreib-Kompetenzen völlig unzureichend vorbereitet seien und konsequenterweise in entsprechenden Auswahltests scheitern würden. Im Hinblick auf die Studierfähigkeit hört man vielerorts ähnliche Klagen (vgl. im Überblick Köller & Baumert 2002). Hier haben die TIMSS-Befunde für die gymnasiale Oberstufe (Baumert u.a. 2000b), wonach lediglich ein Drittel der untersuchten Schülerinnen und Schüler ein Leistungsniveau in Mathematik aufwies, wie man es in der Oberstufe auf Grund der Lehrpläne erwartet, Kritik an den Erträgen schulischer Bildungsprozesse in der Bundesrepublik Deutschland laut werden lassen.

Vor dem Hintergrund, dass Kompetenzen in den Bereichen Muttersprache, Mathematik und Naturwissenschaften, kombiniert mit hinreichenden Kenntnissen in Englisch als *lingua franca*, Kernvoraussetzungen für eine erfolgreiche Teilnahme am gesellschaftlichen und beruflichen Leben darstellen (vgl. Baumert, Stanat & Demmrich 2001), überrascht es, wie wenig empirische Studien es in Deutschland – aber auch international – im Schnittbereich von Fachdidaktik, Erziehungswissenschaft, Soziologie und Entwicklungspsychologie gibt, die sich mit der Bedeutung solcher Kompetenzen für berufliche Karrieren bzw. dem Erwerbsverlauf im Allgemeinen befassen. Publizierte Studien beschränken sich in der Regel auf die prädiktive Kraft von Bildungsabschlüssen und Noten, obwohl seit langem bekannt ist, dass hinter identischen Zertifikaten und Noten ganz unterschiedliche Kompetenzniveaus stehen können (vgl. z.B. Köller, Baumert & Schnabel 1999). Es ist daher eine weitgehend offene Frage, inwieweit Kompetenzen – jenseits der erreichten Bildungsabschlüsse und Abschlussnoten – zusätzliche individuelle Ressourcen darstellen, die erfolgreiche Erwerbskarrieren auf dem bundesdeutschen Arbeitsmarkt anbahnen bzw. fortsetzen.

In diesem Kapitel soll zunächst der Versuch unternommen werden, die wenigen empirischen Befunde, die zur Rolle von schulischen Kompetenzen für Berufskarrieren publiziert wurden, zu referieren. Anschließend sollen einige theoretische Überlegungen dazu ausgebreitet werden, welche Rolle schulische Kompetenzen beim Übergang von der Schule in die berufliche Erstausbildung und das Studium spielen können. Schließlich endet der Beitrag mit einer Zusammenfassung und einem kurzen Ausblick auf zukünftige Forschung.

2 Schulleistungen, Ausbildungs-, Studien- und Berufserfolg: Empirische Befunde

Bei der Sichtung der Literatur zum Zusammenspiel von schulischen Leistungen und Berufserfolgen in Deutschland wird deutlich, dass zwei Typen von Studien dominieren:

1. Eher soziologisch orientierte Arbeiten (z.B. Corsten & Hillmert 2001) stellen die hohe Bedeutung des Bildungsabschlusses heraus, die sich daraus ergibt, dass der stark segregierte Arbeitsmarkt in der Bundesrepublik Deutschland viele Berufsfelder formal an Zertifikate koppelt, gleich welche Kompetenzen

sich konkret dahinter verbergen. Ein Blick in die monatlich veröffentlichten Ar-
beitsmarktstatistiken untermauert dieses Bild: Für Akademiker ist die Wahrscheinlichkeit arbeitslos zu werden erheblich niedriger als für ungelernte Arbeiter.

2. Eher psychologisch orientierte Arbeiten (vgl. im Überblick Schuler 2001)
beleuchten den Zusammenhang zwischen schulischen Noten und Erfolgen in der
Berufsausbildung und dem Studium. Für letztere ist die Befundlage relativ eindeutig: Abschlussnoten repräsentieren die besten Prädiktoren für erfolgreiche
Studienkarrieren. Die entsprechende Meta-Analyse von Baron-Boldt, Schuler
und Funke (1988) ergab eine mittlere Korrelation von $r = .46$ zwischen der Abiturnote und Examensleistungen in universitären Studiengängen. Für Ausbil-
dungserfolge (theoretische Zwischen- und Abschlussprüfungen) erbrachte die
Meta-Analyse von Baron-Boldt, Funke und Schuler (1989) eine mittlere Korrelation von $r = .41$ mit der Abschlussnote am Ende der Sekundarstufe I.

Abbildung 1:   Jahreseinkommen (Zugehörigkeit zu den oberen 60% der Gehaltsgruppen) nach
Kompetenzstufe im Leseverständnis und in der mathematischen Grundbildung

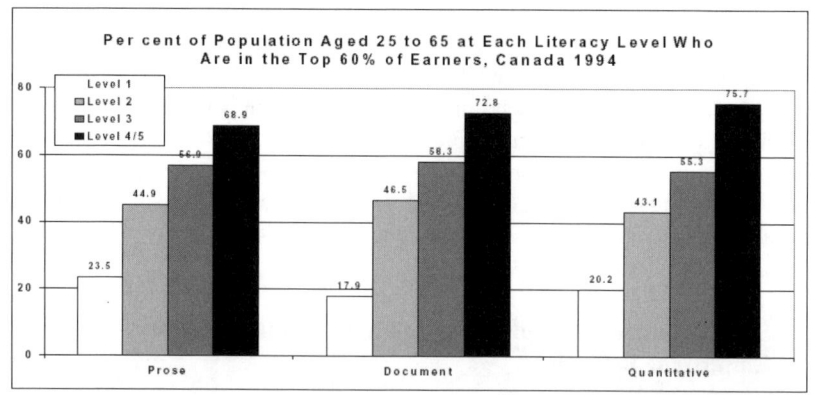

Erläuterungen: Prose: Leseverständnis (Prosa-Texte), Document (Sachtexte, kontinuierlich und
diskontinuierlich; Quantitative: mathematische Grundbildung; Datengrundlage International
Adult Literacy Survey (vgl. Statistics Canada 2000).

Sehr wenige nationale und internationale Arbeiten beschäftigen sich mit Effekten
von direkt gemessenen Kompetenzen im sprachlichen oder mathematischen Bereich auf die berufliche Karriere, jenseits von Einflüssen der Ausbildungszertifi-
kate oder Noten. Ausnahmen bilden hier die Analysen von Osberg (2000), die

auf den Daten des *International Adult Literacy Survey* (IALS) basieren und der Frage nachgehen, ob sprachliche und mathematische Kompetenzen im Sinne der Grundbildungskonzeption, wie sie auch in PISA verwendet wurden, über die Bildungsabschlüsse (*Years of Education*) hinaus die Höhe des Einkommens erklären können. Dies ist in der Tat der Fall, d.h. auch bei Kontrolle des Bildungsabschlusses ergeben sich mit zunehmenden Grundbildungsniveaus auch steigende Jahreseinkommen. Abbildung 1 illustriert diese Ergebnisse für Kanada anhand des bivariaten Zusammenhangs zwischen Lesekompetenzen, mathematischer Grundbildung und Einkommen. Interessanterweise deuten die Befunde darauf hin, dass ein linearer Zusammenhang zwischen Kompetenzen und Einkommen besteht. Es scheint nicht so zu sein, dass jenseits eines gewissen Sockelniveaus oder Standards keine positiven Effekte der Grundbildung mehr auf das Einkommen beobachtbar wären.

Abbildung 2:   Arbeitslosigkeitsrisiko nach Leseverständnis (aus Statistics Canada 2000: 8)

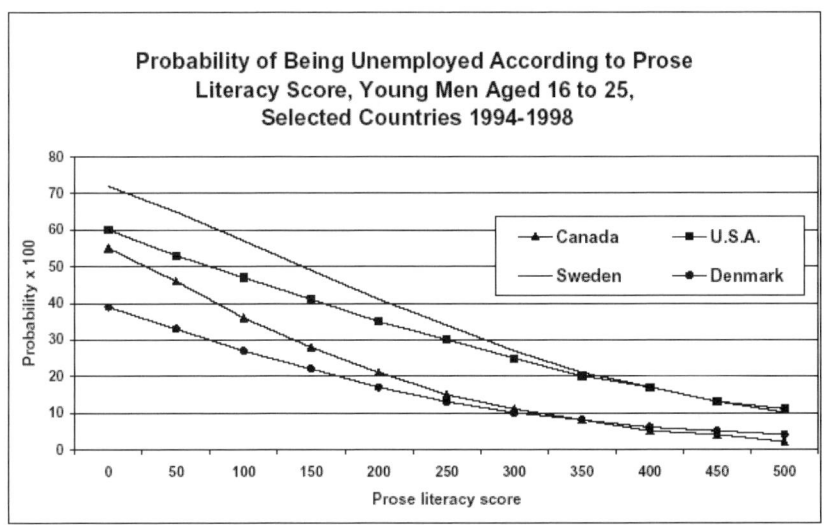

Erläuterungen: Prose literacy: Leseverständnis bei Prosa-Texten

Weiterhin zeigen die Analysen der IALS-Daten, dass mit steigenden Lesekompetenzen auch das Risiko arbeitslos zu werden deutlich abnimmt (vgl. Abb. 2 für ausgewählte Länder). Traut man diesen Analysen, so liegt der Schluss nahe, dass

es über die Bildungsabschlüsse hinaus Effekte von Kernkompetenzen auf berufliche Karrieren gibt. Die Schwäche der Analysen liegt aber darin, dass sie auf
querschnittlich erhobenen Daten beruhen. Unklar bleibt, ob beispielsweise die
höheren Einkommen Folge höherer sprachlicher Kompetenzen sind oder die
sprachlichen Kompetenzen sich erst als Sozialisationseffekte des anspruchsvolle-
ren Arbeitsplatzes ausgebildet haben. Eine weitere Schwäche in der Anlage von
IALS liegt in der fehlenden theoretischen Bearbeitung der Problematik, wie
schulisch erworbene Kompetenzen im Orchester mit anderen Person- und Umweltvariablen Prozesse der Berufs- und Studienfachwahl, erfolgreiches Bewerbungsverhalten und gelingende Berufstätigkeiten beeinflussen. Hierauf soll im
nächsten Kapitel eingegangen werden. Den theoretischen Hintergrund bilden
dort in erster Linie Arbeiten aus der Psychologie, die sich explizit mit dem
Übergang von der Schule in den Beruf auseinander setzen.

3   Schulische Kompetenzen als persönliche Ressourcen beim Übergang in die berufliche Erstausbildung oder ein Studium

Der Übergang von der Schule in die berufliche Erstausbildung oder das Studium
stellt eine Entwicklungsaufgabe im Jugendalter dar, deren Erledigung von individuellen Ressourcen, sozialer Unterstützung und den Opportunitätsstrukturen
des Ausbildungssystems und des Ausbildungsmarktes abhängt (vgl. Alfeld-Liro
1998; Allmendinger 1989; Büchtemann, Schupp & Soloff 1989; Heinz 2002). Im
Bereich der beruflichen Erstausbildung ist die Schwierigkeit dieser Aufgabe
angesichts eines seit langem herrschenden Lehrstellenmangels (Dietrich 1998;
Hübner-Funk 1988) offensichtlich. Es geht zum einen darum, sich überhaupt in
den Ausbildungsmarkt einzufädeln, und zum anderen, dies idealerweise dann
auch noch in einem Ausbildungszweig zu tun, der den persönlichen Interessen
und Aspirationen genügt. Neben Ressourcen wie schulisch erworbenem Wissen
und Unterstützung durch das soziale Umfeld wird die Art und Weise, in der
Schüler ihr Handeln und Erleben in dieser Phase regulieren, entscheidend für die
Zielerreichung sein. Wiewohl unbestritten ist, dass die Limitationen durch knap-
pe Ausbildungs- und Studienplätze den Übergang maßgeblich mit beeinflussen,
soll im Weiteren vor allem auf individuelle Faktoren eingegangen werden, die
einen Einfluss auf die Berufswahl und den gelingenden Übergang haben.

Im Hinblick auf den Übergang von der Schule in die Erstausbildung oder
das Studium können wenigstens zwei Phasen unterschieden werden, die Phase
der Entscheidung für ein Fach bzw. ein Berufsfeld (Entscheidungsphase) und die

Phase der Bemühungen um den Erhalt einer Ausbildungsstelle bzw. eines Studienplatzes (Bewerbungsphase). Ein Scheitern in der Bewerbungsphase kann erneut die Entscheidungsphase einläuten. In den entsprechenden psychologischen Arbeiten zu beiden Phasen herrschen drei theoretische Zugänge vor, erstens über entwicklungspsychologische Modelle (z. B. Heckhausen & Tomasik 2002; Vondracek & Reitzle 1998), zweitens über motivationspsychologische Modelle (Wigfield & Eccles 1992; 2000) und drittens über eher persönlichkeitspsychologische Arbeiten (Holland 1997; Super 1957). Letztere heben die Rolle beruflicher Interessen hervor oder konzeptualisieren die Berufswahlreife als zentrales handlungsregulierendes Konstrukt zumindest für den Übergang in die berufliche Erstausbildung.

3.1 Die Rolle schulischer Leistungen in der Entscheidungsphase für ein Studienfach bzw. eine Berufsausbildung

Im Folgenden soll die motivationspsychologische Erwartungs-Wert-Konzeption nach Eccles (z. B. Wigfield & Eccles 1992, 2000) genauer beschrieben werden, da sie eine theoretisch einschlägige Klammer zur Vorhersage von Ausbildungs- und Studienfachwahlen bietet. Zudem erlaubt das Modell die Berücksichtigung des familialen Hintergrundes mit seiner Rolle für individuelle Entscheidungsprozesse. Die Abbildung 3 zeigt eine leicht modifizierte Form des Eccles-Modells zur Vorhersage von leistungsthematischen und beruflichen Wahlen bzw. der Intention eine Wahl vorzunehmen. Die Erwartung, die gewählte Aufgabe (Ausbildung, Studium) bewältigen zu können, sowie der Anreiz (Wert) der Aufgabe determinieren, ob ein spezifischer Ausbildungszweig bzw. ein Studienfach angestrebt/gewählt wird. Auf Seiten der Wertkomponente findet noch eine Untergliederung in die persönliche Wichtigkeit der Aufgabe, die Nützlichkeit (z. B. materielle Sicherheit), die Kosten (z. B. Wechsel des Wohnortes) und das Interesse/die Freude (wird mir die Aufgabe Spaß machen?) statt. In Ergänzung zu älteren Erwartungs-Wert-Modellen wie dem von Atkinson (1957) werden hier der Anreizwert und die Erwartung eines Erfolgs/Misserfolgs durch viele Umweltvariablen und deren Wahrnehmung durch die handelnde Person determiniert.

Von besonderer Bedeutung sind in dem Modell die Faktoren (1) individuelle Ressourcen, (2) persönliche Ziele und Lebensaspirationen, (3) berufliche Interessen, (4) Selbstkonzepte, (5) Selbstwirksamkeitserwartungen sowie (6) Schulabschlüsse und Abschlussnoten. Während individuelle Ressourcen, persönliche Ziele, Interessen, Selbstkonzepte und Selbstwirksamkeitserwartungen im psychologischen Sinne „echte" individuelle Merkmale darstellen, handelt es sich bei den Abschlüssen und Abschlussnoten um formale Qualifikationen, die natürlich bei der Berufs- bzw. Studienfachwahl eine Rolle spielen, insofern sie die Optionen vorstrukturieren. Im Falle der Studienfachwahl sortiert die Abiturnote das Feld, indem bei zu schwacher Durchschnittsnote schon der gesamte Bereich der Numerus-clausus-Fächer ausscheidet. Ähnlich die Vorsortierung bei Ausbildungsberufen: Der erworbene Hauptschulabschluss beispielsweise schließt die Absolventen vorab von verschiedenen Ausbildungsberufen aus.

Abbildung 3:   Erweitertes Erwartungs-Wert-Modell in Anlehnung an Eccles (z.B. Wigfield & Eccles 1992) zur Vorhersage von Ausbildungs- und Studienfachwahlen

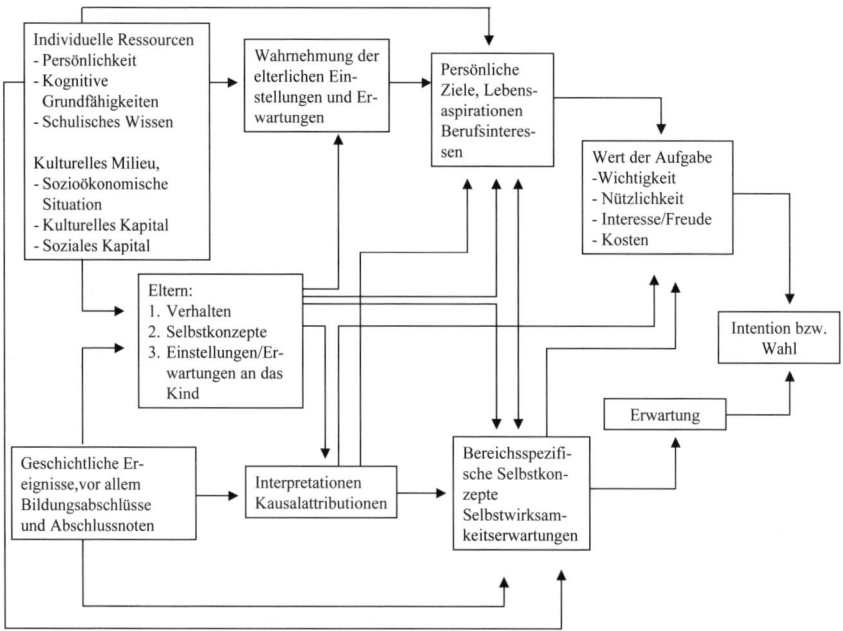

Die Effekte der Abschlüsse, der Noten und des schulischen Wissens auf die Wahl eines Ausbildungsberufes oder eines Studienfaches sind in diesem psychologischen Modell vollständig über andere Variablen vermittelt. Die individuelle Wahrnehmung und Interpretation der Informationen schlägt sich in Zielen, Aspirationen, Interessen, Selbstkonzepten und Selbstwirksamkeitserwartungen nieder. Folgt man diesem Modell, so gilt für die schulischen Kompetenzen, dass sie über die Erwartungs- und die Wertkomponente einen Einfluss auf wichtige Karriereentscheidungen nehmen. In einer eigenen Längsschnittstudie mit beinahe 1000 Schülerinnen und Schülern (Köller, Daniels, Schnabel & Baumert 2000) konnte dies für Leistungskurswahlen in der gymnasialen Oberstufe gezeigt werden.[1] Gute Mathematikleistungen steigerten das mathematische Selbstkonzept und Interesse und nachfolgend stieg auch die Chance, Mathematik als Leistungskurs zu wählen.

3.2 Die Rolle schulischer Leistungen in der Bewerbungsphase

Der Fall der Bewerbung um ein Studienfach ist im Folgenden weniger von Bedeutung, insofern er weitgehend durch Zulassungsbeschränkungen strukturiert ist, die sich auf die Abiturnoten beziehen. Sofern man die Zulassungskriterien erfüllt, beschränkt sich der Schritt in das Studium auf den Akt der Einschreibung. Anders bei der Suche nach einem Ausbildungsplatz: Die Situation ist sehr viel weniger vorstrukturiert und es ist das Zusammenspiel von individuellen Ressourcen, sozialem Kapital und handlungsregulativen Kompetenzen, das den Übergang beeinflusst. Die Abbildung 4 zeigt ein psychologisches Modell zur Vorhersage des Bewerbungserfolges. Zusätzlich ist hier das soziale Kapital berücksichtigt. Obwohl es sich um keine psychologische Variable handelt, ist ihre Bedeutung zu stark, um sie zu ignorieren. Nach Stegmann (1988) werden beim Übergang in eine betriebliche Berufsausbildung zwei von fünf Ausbildungsverträgen durch Vermittlungen der Eltern abgeschlossen. Der Autor weist auch darauf hin, dass das Arbeitsamt hier eine wichtige Funktion einnimmt. Empirische Belege für einen positiven Zusammenhang zwischen sozialer Unterstützung und aktiver Berufsfindung – wenn auch in der Altersgruppe der Erwachsenen – liefern zudem Untersuchungen zur Arbeitssuche von Arbeitslosen (job-seeking behavior) (Vinokur & Caplan 1987; Wanberg, Watt & Rumsey 1996).

Auf Seiten der individuellen Ressourcen, die nachfolgend genauer beschrieben werden sollen, finden sich drei Blöcke von Variablen: Kognitive Grundfähigkeiten, verschiedene Grundbildungsdimensionen und Persönlichkeitsmerkmale. Diese stellen Antezedenzien von handlungsregulativen Ressourcen dar und steuern weiterhin das Bewerbungsverhalten, die Performanz in Auswahlverfahren und damit letztendlich auch den Bewerbungserfolg.

---

[1] Leistungskurswahlen sind zwar keine Studienfachwahlen, stellen aber die besten Prädiktoren für die Studienfachwahl dar (Schnabel & Gruehn 2000).

Abbildung 4: Ein Modell zur Vorhersage des Bewerbungserfolges bei der Suche nach einem Ausbildungsplatz

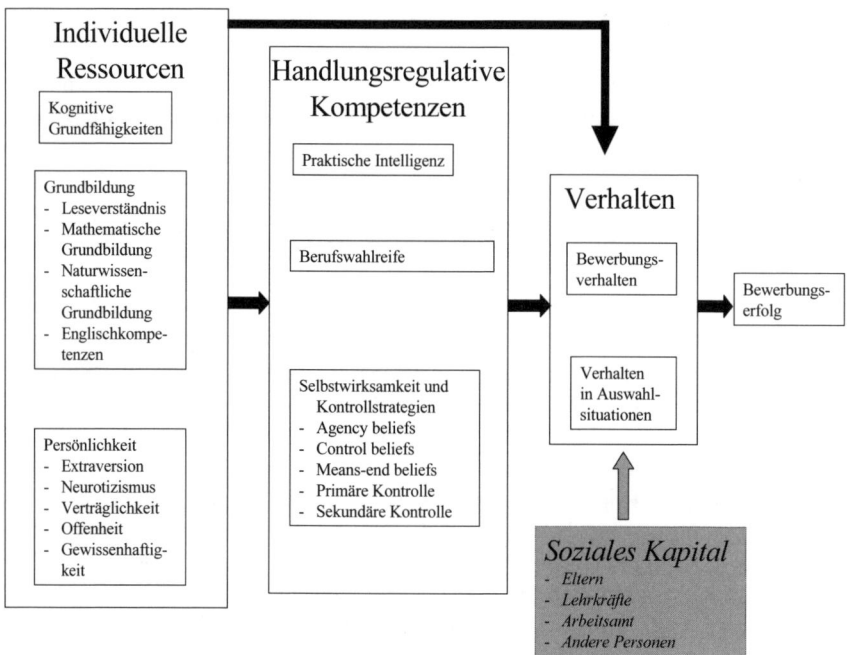

Kognitive Grundfähigkeiten umfassen die zusammengesetzte Fähigkeit des Individuums zweckvoll zu handeln, vernünftig zu denken und sich mit seiner Umgebung wirkungsvoll auseinander zu setzen. Sie erlauben die rasche Informationsaufnahme und –verarbeitung, stützen das problemlösende Denken und erlauben dem Individuum, auf sich verändernde Umweltbedingungen adäquat zu reagieren. Kognitive Grundfähigkeiten stehen theoretisch in der Tradition der psychometrischen Intelligenzforschung und haben sich in einer Vielzahl von Arbeiten als valide Prädiktoren des Berufserfolgs erwiesen (Hunter & Schmidt 1989). So liegt der mittlere Zusammenhang zwischen Leistungen in kognitiven Fähigkeitstests und dem Ausbildungserfolg bei $r = .54$. Im Falle von Berufserfolgsindikatoren liegt die mittlere Korrelation mit kognitiven Grundfähigkeitstests bei $r = .45$. Vergleichbar hohe Validitäten weisen nur noch Abschlussnoten auf.

Hinter den *Grundbildungsdimensionen* verbergen sich die schulischen Kompetenzen, wie sie in den Schulleistungsstudien der letzten Jahre getestet wurden. Im Rahmen der Berufsübergangsforschung konnte Bynner (1997) Leseverständnis (*Literacy*) und Rechenfertigkeit (*Numeracy*) als Kompetenzen identifizieren, die über die Ausbildungsfähigkeit/Arbeitsfähigkeit und den Arbeitsstatus (arbeitslos vs. angestellt) entschieden. Weitere Arbeiten, die den Zusammenhang zwischen Grundbildungsdimensionen und Berufskarrieren analysiert haben, wurden oben vorgestellt (vgl. Abbildungen 1 und 2).

Kasten 1:   Fünf-Faktoren-Modell der Persönlichkeit

Personen mit hohen Werten in den jeweiligen Persönlichkeitsfaktoren lassen sich nach Borkenau und Ostendorf (1993: 5) folgendermaßen beschreiben:

Neurotizismus
Sie neigen dazu, nervös, ängstlich, traurig, unsicher und verlegen zu sein und sich Sorgen um ihre Gesundheit zu machen. Sie neigen zu unrealistischen Ideen und sind weniger in der Lage, ihre Bedürfnisse zu kontrollieren und auf Stresssituationen angemessen zu reagieren.

Extraversion
Sie sind gesellig, aktiv, gesprächig, personenorientiert, herzlich, optimistisch und heiter. Sie mögen Anregungen und Aufregungen.

Offenheit für Erfahrung
Sie zeichnen sich durch hohe Wertschätzung für neue Erfahrungen aus, bevorzugen Abwechslung, sind wissbegierig, kreativ, phantasievoll und unabhängig in ihrem Urteil.

Verträglichkeit
Sie sind altruistisch, mitfühlend, verständnisvoll und wohlwollend. Sie neigen zu zwischenmenschlichem Vertrauen, zur Kooperativität, zur Nachgiebigkeit, und sie haben ein starkes Harmoniebedürfnis.

Gewissenhaftigkeit
Sie sind ordentlich, zuverlässig, hart arbeitend, diszipliniert, pünktlich, penibel, ehrgeizig und systematisch. Sie grenzen sich ab von nachlässigen und gleichgültigen Personen.

Hinsichtlich der *Persönlichkeitsfaktoren* dominiert in der aktuellen psychologischen Diskussion das Fünf-Faktoren-Modell der Persönlichkeit (Costa & McCrae 1992), das seit Anfang der 90er Jahre eine zunehmende Popularität gewonnen hat. Es verwendet zur Beschreibung interindividueller Unterschiede im Verhalten fünf Beschreibungsdimensionen: Neurotizismus, Extraversion, Gewissenhaftigkeit, Verträglichkeit und Offenheit für Erfahrung. Im Kasten 1 findet sich eine kurze Beschreibung der fünf Faktoren.

In der Forschung zum beruflichen Erfolg gibt es wiederholt Belege für den Zusammenhang zwischen den Persönlichkeitsdimensionen des Fünf-Faktoren-Modells und Erfolgs- bzw. Zufriedenheitsmaßen (vgl. Barrick & Mount 1991). So konnten beispielsweise Judge, Higgins, Thoresen und Barrick (1999) in einer Längsschnittstudie, die einen Zeitraum von mehreren Jahrzehnten umfasste, zeigen, dass die Gewissenhaftigkeit im frühen Erwachsenenalter auch nach Kontrolle der kognitiven Grundfähigkeit und den vier anderen Persönlichkeitseigenschaften die spätere Arbeitszufriedenheit vorhersagte. Der berufliche Status und das Einkommen wiesen – ebenfalls nach Kontrolle der allgemeinen Intelligenz - eine positive Beziehung zu Extraversion und Gewissenhaftigkeit sowie eine negative zu Neurotizismus und Verträglichkeit auf.

Was die Abbildung 4 insgesamt deutlich machen sollte, ist, dass schulische Kompetenzen – hier in Form der Grundbildungsdimensionen – eine wichtige Teilkomponente darstellen, die relevant für den erfolgreichen Übergang in die berufliche Laufbahn ist.

4 Zusammenfassung und Ausblick

Mit den großen Schulleistungsstudien der letzten Jahre wurden deutliche Defizite im bundesdeutschen Bildungssystem aufgedeckt. Ziel dieses Kapitels war es, auf die mögliche Bedeutung solcher Defizite für berufliche Karrieren hinzuweisen. Schulisch erworbene Kompetenzen in den Kernbereichen Muttersprache, Mathematik, Naturwissenschaften und Englisch – so die zugrunde liegende Annahme – stellen zentrale Determinanten erfolgreicher Erwerbskarrieren dar. Anhand der IALS-Befunde wurde diese Annahme gestützt, die Ergebnisse zeigten deutliche Zusammenhänge zwischen Kompetenzen in der Muttersprache und Berufserfolgsindikatoren. Bei der Darstellung des weiteren Forschungsstandes wurden zwei Defizite aufgedeckt, zum einen die fehlende theoretische Arbeit, die hilft zu verstehen, wie genau schulische Kompetenzen die Berufswahl und Berufskarrieren beeinflussen und zum anderen der Mangel an Längsschnittstudien, die es erlauben, gesicherte Aussagen über Ursachen-Wirkungs-Zusammenhänge zu gewinnen. Hinsichtlich theoretischer Überlegungen wurden zwei Modelle zur Rolle individueller Faktoren beim Übergang in den Beruf oder das Studium vorgestellt. Bezogen auf die längsschnittliche Erforschung des Zusammenspiels schulischer Kompetenzen und Erwerbskarrieren sind Studien zu fordern – beispielsweise im Rahmen von PISA –, in denen in Abschlussjahrgängen Schülerinnen und Schüler hinsichtlich ihrer Kompetenzen getestet und anschließend über viele Jahre hinsichtlich ihres Berufserfolgs begleitet werden. Solche langwierigen Studien sind ein aufwendiges, aber zugleich lohnenswertes Unterfangen, helfen sie doch zu verstehen, ob und in welcher Form schulische Bildungsprozesse auf den beruflichen Lebensweg vorbereiten.

5 Literatur

Alfeld-Liro, C. (1998): Against the Odds: Issues of Identity and Context in the Transition to Adulthood among the "Forgotten Half". Unpublished Dissertation Proposal, University of Michigan, Ann Abor.

Allmendinger, J. (1989): Educational Systems and labor market outcomes. In: European Sociological Review 5 (1989): 231-250.

Atkinson, J. W. (1957): Motivational determinants of risk-taking behavior. In: Psychological Review 64 (1957): 359-372.

Baron-Boldt, J., Schuler, H. & Funke, U. (1988): Prädiktive Validität von Schulabschlussnoten: Eine Metaanalyse. In: Zeitschrift für Pädagogische Psychologie 2 (1988): 79-90.

Baron-Boldt, J., Funke, U. & Schuler, H. (1989): Prognostische Validität von Schulnoten. Eine Metaanalyse der Prognose des Studien- und Ausbildungserfolgs. In: Jäger, Horn & Ingenkamp (1989): 11-39.

Barrick, M. R. & Mount, M. K. (1991): The big five personality dimensions and job performance: A meta-analysis. In: Personnel Psychology 44 (1991): 1–26.

Baumert, J., Bos, W. & Lehmann, R. (Hrsg.) (2000a): Dritte Internationale Mathematik- und Naturwissenschaftsstudie: Mathematische und naturwissenschaftliche Bildung am Ende der Schullaufbahn. Bd. 1: Mathematisch-naturwissenschaftliche Grundbildung am Ende der Pflichtschulzeit. Opladen: Leske + Budrich.

Baumert, J., Bos, W. & Lehmann, R. (Hrsg.) (2000b): Dritte Internationale Mathematik- und Naturwissenschaftsstudie: Mathematische und naturwissenschaftliche Bildung am Ende der Schullaufbahn. Bd. 2: Mathematische und physikalische Kompetenzen am Ende der gymnasialen Oberstufe. Opladen: Leske + Budrich.

Baumert, J. & Lehmann, R. u. a. (1997): TIMSS: Mathematisch-naturwissenschaftlicher Unterricht im internationalen Vergleich. Opladen: Leske + Budrich.

Borkenau, P. & Ostendorf, F. (1993): NEO-Fünf-Faktoren Inventar nach Costa und McCrae. Handanweisung. Göttingen: Hogrefe.

Büchtemann, C. F., Schupp, J. & Soloff, D. (1993): Roads to work: School to work transition patterns in Germany and the United States. In: Industrial Relations Journal 24 (1993): 97-111.

Corsten, M. & Hillmert, S. (2001): Qualifikation, Berufseinstieg und Arbeitsmarktverhalten unter Bedingungen erhöhter Konkurrenz. Was prägt Bildungs- und Erwerbsverläufe in den achtziger und neunziger Jahren? – Arbeitspapier Nr.1 des Projekts Ausbildungs- und Berufsverläufe der

Geburtskohorten 1964 und 1971 in Westdeutschland – Berlin: Max-Planck-Institut für Bildungsforschung.

Costa, P. T., Jr. & McCrae, R. R. (1992): Revised NEO Personality Inventory (NEO PI-R) and NEO Five Factor Inventory (NEO-FFI). Professional manual. Odessa, FL: Psychological Assessment Resources.

Deutsches PISA-Konsortium (Hrsg.) (2001): PISA 2000. Basiskompetenzen von Schülerinnen und Schülern im internationalen Vergleich. Opladen: Leske + Budrich.

Deutsches PISA-Konsortium (Hrsg.) (2002): PISA 2000. Die Länder der Bundesrepublik Deutschland im Vergleich. Opladen: Leske + Budrich.

Deutsches PISA-Konsortium (Hrsg.) (2003): PISA 2000. Ein differenzierter Blick auf die Länder der Bundesrepublik Deutschland. Opladen: Leske + Budrich.

Dietrich, H. (1998): Nachfrage nach Ausbildungsplätzen steigt auch 1998 - Inhaltliche und methodische Befunde aus der Statistik zum Ausbildungsstellenmarkt. In: IAB -Kurzbericht, Nr. 7, 2-9.

Heckhausen, J. & Tomasik, M. (2002): Get an apprenticeship before school is out: How German adolescents adjust vocational aspirations when getting close to a developmental deadline. In: Journal of Vocational Behavior 60 (2002): 199-219.

Heinz, W. (2002): Transition Discontinuities and the Biographical Shaping of Early Work Careers. In: Journal of Vocational Behavior 60 (2002): 220-240.

Holland J. L. (1997): Making vocational choices: A theory of vocational personalities and work environments. (3 ed.). Odessa FL: Psychological Assessment Ressources.

Hübner-Funk, S. (1988): Strategien der Lehrstellensuche. Weinheim: Juventa Verlag.

Hunter, J. E. & Schmidt, F. L. (1989): Meta-analysis: Facts and theories. In: Smith & Robertson (1989): 203-216.

Jäger, R. S., Horn, R. & Ingenkamp, K. (Hrsg.) (1989): Tests und Trends. Weinheim: Beltz

Judge, T. A., Higgins, C. A., Thoresen, C. J. & Barrick, M. R. (1999): The big five personality traits, general mental ability, and career success across the life span. In: Personnel Psychology 52 (1999): 621–652.

Köller, O. & Baumert, J. (2002): Das Abitur – Immer noch ein gültiger Indikator für die Studierfähigkeit? In: Aus Politik und Zeitgeschichte, B26 (2002): 12-19.

Köller, O., Baumert, J. & Schnabel, K. (1999): Wege zur Hochschulreife: Offenheit des Systems und Sicherung vergleichbarer Standards. Analysen am Beispiel der Mathematikleistungen von Oberstufenschülern an integrierten Gesamtschulen und Gymnasien in Nordrhein-Westfalen. In: Zeitschrift für Erziehungswissenschaft 2 (1999): 385–422.

Köller, O., Daniels, Z., Schnabel, K. & Baumert, J. (Hrsg.) (2000): Kurswahlen von Mädchen und Jungen im Fach Mathematik: Zur Rolle von fachspezifischem Selbstkonzept und Interesse. In: Zeitschrift für Pädagogische Psychologie 14 (2000): 26-37.

Osberg, L. (2000): Schooling, literacy and individual earning. Ottawa (Ontario).

PISA-Konsortium Deutschland (Hrsg.) (2004): PISA 2003. Der Bildungsstandard der Jugendlichen in Deutschland – Ergebnisse des zweiten internationalen Vergleichs. Münster / New York / München / Berlin: Waxmann.

Rost, D. H. (Hrsg.) (2001): Pädagogische Psychologie. Weinheim: Beltz.

Schnabel, K.-U. & Gruehn, S. (2000): Studienfachwünsche und Berufsorientierungen in der gymnasialen Oberstufe. In: Baumert, Bos & Lehmann (2000b): 405–453.

Schuler, H. (2001): Noten und Studien- und Berufserfolg. In: Rost (2001): 501-507.

Smith, M. & Robertson, I. T. (Hrsg.) (1989): Advances in selection and assessment. New York: Wiley.

Statistics Canada (2000): Literacy in the information age: Final report of the International Adult Literacy Survey. Ottawa (Ontario): Minister of Industry.

Stegmann, H. (1988): Jugend beim Übergang in Arbeit und Beruf, Berufseinstieg heute. Problemlagen und Forschungsstand zum Übergang Jugendlicher in Arbeit und Beruf. Ein Tagungsbericht. München: DJI. 43-73.

Super, D. E. (1957): The Psychology of careers. New York: Haper& Row.

Vinokur, A. & Caplan, R. D. (1987): Attitudes and social support: Determinants of job-seeking behavior and well-being among the unemployed. In: Journal of Applied Social Psychology 17 (1987): 1007-1024.

Vondracek, F. W. & Reitzle, M. (1998): The Viability of Career Maturity Theory: A Development-Contextual Perspective. In: The Career Development Quaterly 47 (1998) 7-15.

Wanberg, C. R., Watt, H. D. & Rumsey, D. (1996): Individuals without jobs: An empirical study of job-seeking behavior and reemployment. In: Journal of Applied Psychology 81(1) (1996): 76-87.

Wigfield, A. & Eccles, J. S. (1992): The development of achievement task values: A theoretical analysis. In: Developmental Review 12 (1992): 265-310.

Wigfield, A. & Eccles, J. S. (2000): Expectancy-value theory of achievement motivation. In: Contemporary Educational Psychology 25 (2000): 68-81.

PISA und die Bildungsverantwortung der Evangelischen Kirche

Annette Scheunpflug, Claudia Standfest und Olaf Köller

Die evangelische und die katholische Kirche sind neben dem Staat bedeutende Anbieter von Bildung im allgemeinbildenden und im beruflichen Bildungswesen. Der Anteil an Schulen in evangelischer und katholischer Trägerschaft am deutschen Bildungswesen beträgt ca. 4,1 Prozent. Der Anteil evangelischer Schulen am deutschen Schulwesen liegt bei ca. 2,2 Prozent. Ihre Verbreitung ist im Bereich des differenzierten Sekundarschulsystems deutlich höher, als dies im öffentlichen Bewusstsein verankert ist. Beispielsweise liegt der Anteil an evangelischen und katholischen Schulen in Nordrhein-Westfalen im Bereich der Gymnasien und beruflichen Schulen zwischen 12 und 15 Prozent. Insgesamt gehen ca. 140.000 Schülerinnen und Schüler in Deutschland auf evangelische Schulen. Damit leisten Schulen in evangelischer und katholischer Trägerschaft einen substanziellen Beitrag im Bildungswesen, der in seiner Bedeutung in der öffentlichen wie der kirchenöffentlichen Meinung zuweilen unterschätzt wird.

Als gesellschaftliche Kraft nehmen sie zudem Bildungsverantwortung im öffentlichen Raum wahr. In beiden Funktionen waren die Kirchen vom so genannten „PISA-Schock" betroffen. Im Folgenden werden die Reaktionen der evangelischen Kirche auf PISA beschrieben. Im Mittelpunkt stehen dabei die Ergebnisse eines von uns für die Evangelische Kirche in Deutschland (EKD) durchgeführten Forschungsprojekts zur Qualität evangelischer Schulen.

1 Die normative Reaktion: Die Bildungsdenkschrift „Maße des Menschlichen"

Es ist kein Zufall, dass die Evangelische Kirche in Deutschland in Reaktion auf die Ausführungen des *Forum Bildung* und der PISA-Ergebnisse im Jahr 2003 eine Denkschrift zu Bildungsfragen vorgelegt hat. Diese Bildungsdenkschrift ist die evangelische Antwort auf die Bildungsaufgaben der Zukunft. Die Bildungsdenkschrift trägt den Titel „Maße des Menschlichen". Der Denkschrift geht es darum, die Ansprüche der Wissensgesellschaft an Bildung aus der Perspektive eines christlichen Menschenbildes heraus zu interpretieren. Effektivität und Effizienz von Bildung sind wichtig; aber sie können aus einer christlichen Perspektive heraus nicht alleine den Bildungsdiskurs bestimmen. In der Denkschrift wird der Erwerb von Kompetenzen nicht aus ökonomischer Perspektive, sondern in der Subjektgebundenheit der Menschen begründet. Kompetenzen und Wissensbestände dienen Menschen dazu, ihr Leben selbstständig zu gestalten. Evangelisches Bildungsverständnis ist dadurch geprägt, die Wissensgesellschaft als eine Bildungsgesellschaft zu verstehen, das heißt die selbstreflexive Komponente des Bildungsverständnisses zu schärfen. „Selbstständigkeit als Grundmerkmal von Bildung betrifft [...] konstitutiv verantwortungsbewusste Mündigkeit" (Denkschrift 2003: 61). Die reformatorische Erkenntnis, den Mensch in seiner Freiheit und Subjektgebundenheit ernst zu nehmen, mündet in ein Verständnis von Bildung. Evangelisches Bildungsverständnis profiliert sich angesichts der Zukunftsherausforderungen der Globalisierung in der Gestaltung der Welt in der Bewahrung der Schöpfung, Gerechtigkeit und Frieden. Die Bildungsdenkschrift verpflichtet damit ein evangelisches Bildungsverständnis auf „Rechtserziehung als Bildung des Rechtsbewusstseins im Namen der Menschenrechte, Grundrechte und Grundwerte sowie die Sensibilisierung für soziale Ungerechtigkeit" (Denkschrift 2003: 62). Die evangelische Kirche beschreibt Bildung darüber hinaus als „Lebensbegleitung", die „dem Leitbild der gelebten Zeit" folgt (Denkschrift 2003: 62). Bildung muss aus evangelischer Perspektive also zur Zufriedenheit in der jeweiligen Lebensphase führen und darf ihre Früchte nicht erst in einer fernen Zukunft ernten. Im Hinblick auf den Umgang mit Heterogenität steht es in der Tradition evangelischen Bildungsverständnisses, Vielfalt zuzulassen und tolerant miteinander umzugehen. In der Denkschrift wird prägnant formuliert: „Gottes barmherzige und vergebende Zuwendung zu seinen Geschöpfen hat weitreichende Konsequenzen für das soziale Zusammenleben. Bildung und Erziehung haben in christlicher Sicht nicht nur jene Fähigkeiten zu wecken und zu stärken, die gerechten, sondern die zugleich auch fürsorglichen Lebensverhältnissen dienen: eine Kultur des Mitgefühls, der Barmherzigkeit und der Hilfsbereitschaft" (Denkschrift 2003: 63). Die Zukunftsaufgabe von Bildung liegt in einem „integrativen diakonischen Bildungsverständnis" (Denkschrift 2003: 63).

Die Denkschrift konturiert das evangelische Bildungsverständnis damit in vier Dimensionen:

- Sie erinnert an verantwortungsbewusste Mündigkeit als Aufgabe von Bildung.
- Sie erinnert daran, dass der Zweck von Bildung in einer Gestaltung der Welt mit menschlichem Antlitz liegt.

- Bildung hat die Lebenslagen von Menschen in den Vordergrund zu stellen und sich in Fürsorge um diese zu bemühen.

- Bildung bezieht sich auf alle Menschen in allen Bildungsbereichen: „Wie der ganze Mensch ist Bildung in ihrem menschlich verpflichtenden Sinn unteilbar" (Denkschrift 2003: 65).

2 Die konzeptionelle Reaktion: Der Bildungsanspruch des Kindergartens

Die beiden Kirchen sind Träger von Kindertagesstätten. Etwa die Hälfte aller Kindergärten, Horte etc. in Deutschland sind in kirchlicher Trägerschaft (29 % katholisch, 21 % evangelisch). Die Evangelische Kirche in Deutschland hat auf die Ergebnisse von PISA insofern reagiert, als dass der Bildungsanspruch der Kindergärten aus evangelischer Perspektive bekräftigt und konzeptionell ausformuliert wurde. Mit der Erklärung „Wo Glaube wächst und Leben sich entfaltet" wird der Bildungsanspruch von Kindertagesstätten entfaltet: „Stand in den evangelischen Kindertagesstätten bis vor einigen Jahren vor allem das diakonische und sozialpädagogische Profil im Vordergrund, so ist heute zunehmend deutlich geworden, dass evangelische Kindertagesstätten wesentliche Bildungseinrichtungen mit einem eigenen Bildungsauftrag sind. Dazu gehört vor allem das Bemühen um eine frühe Förderung aller Kinder in allen Dimensionen einer kindgemäßen Bildung." (EKD 2004: 77) Parallel zu dieser Erklärung wurde eine Reform der Aus- und Fortbildung der Fachkräfte an Kindertagesstätten angestoßen.

3 Die reflexive Reaktion: Die Qualität evangelischer Schulen

In Reaktion auf PISA lassen sich im kirchlichen Kontext intensive Bemühungen um die Qualität von Schulen in evangelischer Trägerschaft feststellen. Der Schulentwicklung kommt ein hoher Stellenwert zu; sie wird systematisch finanziell gefördert und durch die Wissenschaftliche Arbeitsstelle Evangelische Schulen sowie das Evangelische Forschungsinstitut für Erziehungswissenschaft, das Comenius-Institut in Münster, begleitet. Ein neu gegründeter Arbeitskreis Evangelischer Schulen soll die Kooperation der Schulen untereinander bzw. deren gemeinsames bildungspolitisches Handeln unterstützen. Ein Internet-Portal verbessert die öffentliche Darstellung und Information über diese Schulen. Zudem wurde mit der Zeitschrift „Klasse, die Evangelische Schule" ein eigenes Publikationsorgan gegründet, dass die Kommunikation der Schulen untereinander verbessert. Im Kontext dieser Aktivitäten war auch ein von der Evangelischen Kirche in Deutschland gefördertes Forschungsprojekt angesiedelt, das von einer Forschergruppe der Erziehungswissenschaftlichen Fakultät der Universität Erlangen-Nürnberg (Claudia Standfest, Olaf Köller und Annette Scheunpflug) in Kooperation mit dem PISA-Konsortium (Manfred Weiß, Deutsches Institut für Internationale pädagogische Forschung, Frankfurt a.M.) von 2003 bis 2005 durchgeführt wurde.

In diesem Forschungsvorhaben ging es um die Qualität von Schulen in evangelischer Trägerschaft. Ziel dieser Studie war es deshalb, die Qualität von evangelischen Schulen vor dem Hintergrund des Selbstanspruchs dieser Schulen zu untersuchen. Folgende Fragestellungen standen im Mittelpunkt des Interesses:

- Unterscheiden sich Schülerinnen und Schüler an Schulen in konfessioneller Trägerschaft von denjenigen an staatlichen Schulen hinsichtlich ihrer familiären Herkunft?
- Lassen sich Leistungsunterschiede im Leseverständnis zwischen Lernenden an konfessionellen bzw. an öffentlichen Schulen nachweisen?
- Lassen sich Unterschiede in den Mathematikleistungen zwischen Schülern konfessioneller und öffentlicher Schulen nachweisen?
- Finden sich zwischen den Schülerinnen und Schülern in Abhängigkeit von der Trägerschaft Differenzen im motivationalen und sozialen Bereich?
- Lassen sich entsprechend den eigenen Ansprüchen von Schulen in konfessioneller Trägerschaft Vorteile im Bereich des Schulklimas feststellen?
- Gelingt Schulen in konfessioneller Trägerschaft die Rückbindung ihrer Schülerschaft an das religiöse Milieu?
- Was leistet die Einzelschule? Lassen sich die normativen Profile evangelischer Schulen an ausgewählten Schulen feststellen?

3.1 Die Methode

Das Projekt umfasste drei Zugänge: eine hermeneutische Analyse historischer und systematischer Selbstzeugnisse von Schulen in evangelischer Trägerschaft, eine Auswertung der in der nationalen PISA-Stichprobe aus dem Jahr 2000 erhobenen Daten von Schulen in evangelischer (und katholischer) Trägerschaft sowie eine eigene empirische Untersuchung an Schulen in evangelischer Trägerschaft in Form von Fallstudien.

Über die hermeneutische Analyse der Selbstzeugnisse von Schulen in evangelischer Trägerschaft wurden die konzeptionellen Profile dieser Schulen entfaltet. Aus diesen wurden die Fragestellungen der Untersuchung abgeleitet. Mit Hilfe der beiden anderen Untersuchungsteile wurde überprüft, ob und wenn ja in welcher Ausprägung die Profile der Schulen empirisch durch Leistungstests und Selbsteinschätzungen der Schülerinnen und Schüler sichtbar werden. Für die Reanalysen der PISA-E-2000-Daten (die nationale Erweiterung des internationalen PISA-Datensatzes aus dem Jahr 2000) wie auch für die Fallstudien wurde ein multikriteriales Design gewählt. Der Einfluss von Schulen auf Wissenserwerbsprozesse ist hoch. Aber auch die Entwicklung motivationaler, emotionaler und sozialer Merkmale bei Kindern und Jugendlichen wird durch die Schulumwelt beeinflusst. Gerade Schulen in konfessioneller Trägerschaft sehen ihre Aufgabe auch darin, die Schülerinnen und Schüler in ihrer Persönlichkeitsentwicklung zu unterstützen. Daher wurden in der Studie neben den kognitiven Fähigkeiten auch motivationale, soziale, emotionale und religiöse Aspekte berücksichtigt.

Durch die Sekundäranalysen der Daten aus der PISA-E-2000-Studie liegen Daten vor, die auf einer breiten Stichprobe basieren. An der PISA-E-Stichprobe nahmen N = 35.584 15jährige (49,6 % weiblich) aus insgesamt 1479 Schulen teil. Es wurden 38 Schulen in konfessioneller Trägerschaft ermittelt, mit N = 911 Schülerinnen (63,8 %) und Schülern (36,2 %). Die Überpräsenz der Mädchen war an Schulen in evangelischer Trägerschaft deutlich schwächer ausgeprägt (52,3 % weiblich) als in der Gesamtstichprobe. Die Verteilung der Schüler auf die Schularten ergab folgende Zahlen: Hauptschule: N = 114 (12,5 %); Realschule: N = 371 (40,7 %); Gymnasium: N = 426 (46,8 %). Wegen der geringen Zahl von Hauptschulen in evangelischer Trägerschaft, waren Schülerinnen und Schüler von Schulen in evangelischer Trägerschaft in der PISA-E-Stichprobe nur in den Schularten Realschule und Gymnasium vertreten. Diese Daten erlaubten Aussagen über konfessionelle Schulen, reichten allerdings nicht aus, um allein Aussagen über evangelische Schulen zu treffen. Zudem geht mit der Auswertung von large-scale-Studien stets eine starke Verallgemeinerung einher. Die auf diese Weise gewonnenen Aussagen lassen notwendigerweise die spezifischen Profile von Einzelschulen in den Hintergrund treten.

Aus diesem Grund haben wir zusätzliche Fallstudien an vier bzw. sechs Einzelschulen in evangelischer Trägerschaft erhoben. Damit konnten differenziertere Aussagen über evangelische Schulen getroffen werden, da der Datensatz der PISA-Untersuchung mit einer entsprechenden Anzahl von Schülerinnen und Schülern evangelischer Schulen aufgefüllt wurde. Diese Stichprobe umfasste 373 Schülerinnen (49,7 %) und Schüler (50,3 %) aus vier ausgewählten Schulen in evangelischer Trägerschaft. Bei diesen Schulen handelte es sich um eine Hauptschule, zwei Gymnasien und eine kooperative Gesamtschule aus vier verschiedenen Bundesländern (Nordrhein-Westfalen, Sachsen-Anhalt, Thüringen, Bayern). In der kooperativen Gesamtschule wurden Schüler aus den Schularten Hauptschule, Realschule und Gymnasium getestet.

Ein weiterer Vorteil der Einzelfallstudien – neben der Erweiterung der Stichprobe – liegt darin, dass auf diese Weise die Profile der untersuchten Schulen exemplarisch und genauer angesehen und mit den Kompetenzen und Selbsteinschätzungen der Schülerinnen und Schüler in Verbindung gebracht werden können. Dies ist mit Blick auf Schulen in evangelischer Trägerschaft insbesondere deshalb von Bedeutung, weil für diese Schulen auch die Vielfalt ihrer Profile kennzeichnend ist. Die Schulen für die Einzelfallstudien wurden entsprechend den Ergebnissen der hermeneutischen Analyse aus den unterschiedlichen Profilen evangelischer Schulen ausgewählt. Neben der Profilbildung jeder Einzelschule wirkt sich auch das Profil des Schulträgers auf die Schule aus. Da bei Schulen in evangelischer Trägerschaft auch die Trägerstrukturen vielfältig sind, wurde bei der Auswahl der Schulen für die Einzelfallstudien darauf geachtet, dass sich diese Schulen sowohl in ihrer Profilierung unterscheiden als auch von unterschiedlichen Schulträgern getragen werden.

3.2 Das Profil von Schulen in evangelischer Trägerschaft

Das protestantische Bildungsselbstverständnis ist, wie oben bereits erwähnt, durch einen doppelten Anspruch gekennzeichnet: Martin Luther wandte sich in seiner Schrift „An die Ratsherren aller Städte deutschen Landes, dass sie christliche Schulen aufrichten und halten sollen" von 1524 an die weltliche Macht mit der Forderung nach allgemeinbildenden Schulen in staatlicher Trägerschaft. Zeitgleich wurde durch Philipp Melanchthon ein Bildungsprogramm entworfen, das zum Vorbild für das protestantische Schulwesen wurde (vgl. Schreiner 1996: 41 ff.). Seit dieser Zeit engagieren sich protestantische Kirchen im Kontext staatlicher Bildungspolitik sowie in der Trägerschaft eigener evangelischer Schulen (vgl. für die europäische kirchliche Bildungspolitik im 20. Jahrhundert Biehl & Nipkow 2003). Das protestantische Schulwesen ist damit durch den Anspruch gekennzeichnet, sich durch seinen besonderen Qualitätsanspruch von staatlichen Schulen zu unterscheiden. Darüber hinaus verbindet evangelische Schulen der Anspruch, sich von jenen der öffentlichen Hand durch ein evangelisches Profil abzusetzen, das das Individuum auf der Grundlage der Botschaft des Evangeli-

ums in besonderem Maße fördert und der nachwachsenden Generation Orientie-
rungen für eine selbstgestaltete Zukunft gibt.

Obwohl es nicht das Profil von Schulen in konfessioneller Trägerschaft
gibt, kann als Ergebnis der hermeneutischen Analyse von Selbstzeugnissen dieser Schulen ein pädagogisches Profil der Schulen skizziert werden (vgl. ausführlich Standfest, Köller, Scheunpflug & Weiß 2004). Es wurden drei spezifische
Profile dieser Schulen identifiziert. Ein schulisches Profil, dass sich auf Grundlage eines christlichen und evangelischen Bildungsverständnisses in besonderer
Weise um die Qualifizierung des einzelnen Schülers bemüht, und zwar gleichermaßen im oberen Segment in der Bildung besonders begabter Jugendlicher als
auch im unteren Segment im Hinblick auf die Förderung von Jugendlichen mit
besonderem Unterstützungsbedarf. Ein weiteres Merkmal evangelischen Bildungsverständnisses zeigte sich im diakonischen Profil der Hinwendung zum
Nächsten (auch zum fernen Nächsten). Das dritte Profilmerkmal war jenes der
christlichen Milieubindung, der Weitergabe des Glaubens in der schulischen Arbeit. Die Profile sind nicht trennscharf und bedingen sich zum Teil gegenseitig.
Dennoch ließen sich die Fallstudien auch nach diesen Profilen auswählen.

3.3 Die Instrumente

Bei der Auswahl bzw. Entwicklung der Erhebungsinstrumente war das Ziel leitend, Items einzusetzen, die bereits in anderen Studien zum Einsatz kamen (vgl.
ausführlich Standfest, Köller & Scheunpflug, im Druck). Dadurch sind die Items
zum einen auf ihre Brauchbarkeit (Verständlichkeit für Schüler, Schwierigkeits-
grad, Trennschärfe etc.) hin geprüft; zum anderen liegen mit den Ergebnissen
dieser Studien Daten vor, die als Vergleichsmaterial dienen können.

Die soziale Herkunft und das kulturelle Kapital der Familie wurden im Rahmen von Schüler- und Elternfragebögen erfasst. Um die Vergleichbarkeit der
Daten zu gewährleisten, wurden dieselben Fragen verwendet wie sie in PISA
zum Einsatz kamen. Die Erhebung der Kognitiven Grundfähigkeiten der Schülerinnen und Schüler erfolgte durch zwei Untertests des Kognitiven Fähigkeitstest
(KFT) für die neunte Jahrgangsstufe von Heller und Perleth (2000), die auch in
PISA eingesetzt wurden. Die Kompetenzen der Schülerinnen und Schüler im Lesen und in Mathematik wurden durch Leistungstests erhoben. Bei der Konstruktion dieser Tests wurden neben PISA-Aufgaben auch Aufgaben aus weiteren
standardisierten Tests eingesetzt. Es wurde allerdings stets gewährleistet, dass
eine gemeinsame Skalierung der Ergebnisse auf der PISA-Metrik möglich war,
so dass auch hier die Vergleichbarkeit der Daten aus den Fallstudien mit denen

aus PISA-E-2000 gegeben war. Die Lern- und Leistungsmotivation, das Schulklima sowie Aspekte des sozialen Lernens wurden im Rahmen des Schülerfragebogens erfasst. Die Items wurden jeweils zu mehreren Skalen zusammengefasst. Auch hier wurden PISA-Items verwendet, so dass ein direkter Vergleich möglich wurde.

Mit der Entwicklung der Instrumente zur Erfassung der Religiosität (zur Überprüfung der Milieubindung dieser Schulen) war ein unauflösbarer Spagat verbunden: Einerseits sollten möglichst viele Aspekte des Religionsverständnisses abgedeckt werden, andererseits sollte die Vergleichbarkeit mit Befunden aus anderen Studien gesichert sein. Daher setzten wir Fragebatterien aus verschiedenen Studien ein: Kirchenmitgliedschaftsuntersuchung der EKD, PISA-E-2000, die 13. Shell-Jugendstudie, die 14. Shell-Jugendstudie sowie die Untersuchung von Ziebertz u.a. Die individuelle Dimension des Christentums wurde in Form von einer Skala zur religiösen Erfahrung und einer Skala zur religiösen Überzeugung erfasst. Die institutionelle Dimension des Christentums wurde durch die formale Religionszugehörigkeit, die Praxis des Gottesdienstbesuchs und die Akzeptanz kirchlicher Kasualien sowie hoher kirchlicher Feiertage operationalisiert. Die gesellschaftliche Dimension des Christentums konnte in dieser Untersuchung nur unbefriedigend abgebildet werden, da hierfür kaum verankerte Items zur Verfügung standen. Die religiösen Dimensionen wurden auch in ihrer nichtchristlichen Dimension abgefragt; diese Daten sind aber bisher noch nicht ausgewertet.

3.4 Die Ergebnisse

Die soziale Selektivität evangelischer Schulen

Schülerinnen und Schüler an Schulen in evangelischer Trägerschaft kommen aus leicht positiv selegierten Elternhäusern mit erkennbarem Bildungshintergrund. Dies ist vor allem an den von uns untersuchten Hauptschulen der Fall. Die Schülerinnen und Schüler an Schulen in evangelischer Trägerschaft sind im Hinblick auf ihre kognitiven Voraussetzungen ebenfalls leicht positiv selegiert.

Migrationshintergrund und muttersprachliche Heterogenität

Diese etwas erhöhte soziale Selektivität bedeutet allerdings im Umkehrschluss nicht, dass sich an evangelischen Schulen keine Schülerinnen und Schüler mit Migrationshintergrund finden ließen. Die größte Migrantengruppe an evangelischen Schulen sind evangelische Aussiedler. Der Anteil an Migranten entspricht nicht dem an staatlichen Schulen, ist aber dennoch substanziell.

Religiöser Hintergrund der Schülerinnen und Schüler

Schulen in evangelischer Trägerschaft werden erwartungsgemäß von einem hohen Anteil evangelischer Jugendlicher besucht. In den Fallstudien waren über 61 Prozent der Jugendlichen Protestanten. Der Anteil katholischer Schüler an evangelischen Schulen entspricht insgesamt etwa dem evangelischer Schüler an katholischen Schulen; in den neuen Bundesländern liegt der Anteil katholischer Schüler allerdings erheblich über dem Bevölkerungsdurchschnitt. Der Anteil bekenntnisloser Jugendlicher liegt in den westlichen wie den östlichen Bundesländern deutlich unter dem Bevölkerungsdurchschnitt; er liegt in den neuen Bundesländern in den untersuchten Fallstudien bei knapp 44 Prozent. Schulen in evangelischer Trägerschaft in den östlichen Bundesländern haben vor diesem Hintergrund eine religiös heterogenere Schülerschaft, als dies in den westlichen Bundesländern der Fall ist.

Befunde zur Lesekompetenz

Die Vermittlung der Lesekompetenz gelingt in konfessionellen Hauptschulen und Realschulen besser als an staatlichen Schulen. Hier erreichen die Jugendlichen bei Kontrolle von Geschlecht und sozialer Herkunft etwa ein drittel Schuljahr Vorsprung. An Gymnasien ist kein Unterschied in der Leseleistung in Abhängigkeit von der Trägerschaft nachweisbar.

Befunde zur mathematischen Kompetenz

In Mathematik zeigen sich an Hauptschulen und Realschulen leichte Vorteile von Schulen in konfessioneller Trägerschaft. Im Bereich des Gymnasiums kehren sich diese Vorteile teilweise um.

Umgang mit sogenannten Risikoschülern

Schulen in evangelischer Trägerschaft gelingt – das zeigten sowohl die Gesamtanalyse wie auch die Einzelfallstudien – die Vermittlung von Grundbildung auch in schwierigen sozialen Gruppen, v.a. unter Jugendlichen mit Migrationserfahrung, besser als im staatlichen Bildungswesen. Der Anteil von Risikoschülern, d.h. von Jugendlichen, die keine basale Lese- oder Mathematikkompetenz erreichen, ist wesentlich geringer als an staatlichen Schulen. Auch die Indikatoren für Lernen im sozialen Bereich und jene im Hinblick auf die religiöse Milieubindung (v.a. in religiösen Erfahrungswerten) lassen darauf schließen, dass es gelingt, ein Schulklima zu schaffen, in dem sich Jugendliche mit schwierigen schulischen Erfahrungen in besonderer Weise angenommen fühlen.

Befunde zur Leistungsmotivation

Schülerinnen und Schüler an Schulen in konfessioneller Trägerschaft sind nicht motivierter als andere. Sie schreiben sich lediglich tendenziell etwas höhere verbale Fähigkeiten zu, als ihre Kollegen an staatlichen Schulen dies tun.

Befunde zum Sozialverhalten

Der Besuch einer Schule in konfessioneller Trägerschaft führt nicht zu einer besseren Selbsteinschätzung des Sozialverhaltens. Ob dies daran liegt, dass sich das Sozialverhalten nicht unterscheidet oder ob die Selbstwahrnehmung der Jugendlichen durch die intensive Sozialerziehung an evangelischen Schulen kritischer geworden ist (und damit die Befunde im Vergleich zu staatlichen Schulen verzerrt werden), lässt sich aufgrund des hier eingesetzten Instrumentariums nicht entscheiden. An einer der von uns untersuchten Schulen, an der Empathiefähigkeit Ausdruck des pädagogischen Profils der Schule ist, gelingt den Schülern allerdings ein deutlich besserer Perspektivenwechsel. Diese Fähigkeit ist ein wichtiger Indikator, sich in andere Menschen einzufühlen.

Befunde zum Schulklima

Das Schulklima wird von den Jugendlichen an Schulen in konfessioneller Trägerschaft als angenehmer empfunden, als es bei ihren Kollegen an staatlichen Schulen der Fall ist. Dies gilt für alle Schularten gleichermaßen; besonders bemerkenswert ist dieser Befund aber für den Bereich der Hauptschulen. Das Lehrer-Schüler-Verhältnis wurde von den Jugendlichen durchgängig als positiv beschrieben. Auch die allgemeine Schulzufriedenheit liegt über den Werten der staatlichen Schulen. Allerdings ließen sich in Abhängigkeit von der Trägerschaft keine Differenzen im Schüler-Schüler-Verhältnis nachweisen.

Befunde zur religiösen Milieubindung

Die religiöse Milieubindung gelingt an den untersuchten evangelischen Schulen der Fallstudien besser als über den Religionsunterricht an staatlichen Schulen. Bemerkenswert sind die gegenüber Jugendlichen an staatlichen Schulen erhöhten Werte religiöser Erfahrung. Offensichtlich gelingt es den untersuchten Schulen durchgängig, ein Klima zu schaffen, in dem Jugendliche eigene religiöse Erfahrungen machen können und damit Glauben im Lebensvollzug konkret erfahren. Demgegenüber unterscheiden sich die Werte in den religiösen Überzeugungen der Jugendlichen nicht signifikant von den Jugendlichen, die keine konfessionelle Schule besuchen. Die Jugendlichen an den untersuchten evangelischen Schulen der Fallstudien zeigen eine höhere Bereitschaft, kirchliche Feste zu begehen, sich konfirmieren zu lassen und kirchlich zu heiraten. Der Vergleich mit PISA-E zeigte, dass das Engagement von Jugendlichen aus konfessionellen Schulen in der Kirchengemeinde deutlich höher ist, als dies von Jugendlichen aus staatlichen Schulen der Fall ist. Wenn diese Wirkung zweifelsohne auch durch die Selektivität des Elternhauses bedingt ist, so dürfte aber auch die Schule, wenn sie dem Elternhaus ähnliche Werte und Glaubensgrundsätze vertritt, zu einer solchen Milieubindung beitragen. Eine missionarische Wirkung auf konfessionslose Jugendliche, die eine evangelische Schule besuchen, konnte im Hinblick auf religiöse Überzeugungen nicht festgestellt werden, wohl aber im Hinblick auf religiöse Erfahrungen. Allerdings sind diese Ergebnisse nur auf die Fallstudien zurückzuführen und können damit nicht verallgemeinert werden.

Profile der Einzelschulen

Die Untersuchung der Einzelschulen ließ erkennen, dass sich die unterschiedlichen Profile evangelischer Schulen auf die Lernergebnisse auf Schülerseite niederschlagen. Die beiden untersuchten Hauptschulen bedienen eine unterschiedliche Zielgruppe; beiden Gruppen gelingt eine sehr gute Leistung, sowohl im Lesen als auch in Mathematik. Die drei untersuchten Gymnasien unterschieden sich in ihren Profilen. Die Profile im Leistungsbereich schlagen sich erkennbar in den Leistungen der Schüler nieder. Die Anstrengungen eines Gymnasiums, speziellen Religionsunterricht für konfessionslose Jugendliche anzubieten, zeigt Effekte darin, dass diese konfessionslosen Jugendlichen deutlich positivere Haltungen gegenüber religiösen Angeboten einnehmen, als dies an anderen Schulen der Fall ist. Keine der Einzelschulen lag in ihrem Leistungsprofil unter dem Gesamtwert evangelischer Schulen; damit zeigt sich hier eine durchgängige Qualität. Mehr noch: Diese Schulen waren für die Untersuchung ausgesucht als besonders gute Schulen und sie zeigten, dass sie das auch sind (vgl. ausführlich Standfest, Köller, Scheunpflug & Weiß 2005).

Fazit

Bemerkenswert an den Sekundäranalysen ist, dass sich kein Merkmal in den PISA-E-Daten finden lässt, in dem konfessionelle Schulen schlechter abschneiden als öffentliche. Angesichts der Situation im staatlichen Schulwesen ist dieses nicht per se ein Qualitätskriterium. Der Befund lässt aber erkennen, dass Schulen in evangelischer Trägerschaft den Vergleich bzw. eine Qualitätsdebatte nicht scheuen müssen. Gleichzeitig wird jedoch auch deutlich, dass die Qualitätsanstrengungen, die zurzeit im staatlichen Bildungswesen unternommen werden, auch für das private Schulwesen in evangelischer Trägerschaft ein Ansporn sein sollten. Auch wenn die Qualität von Schulen in evangelischer Trägerschaft an vielen Stellen erkennbar besser ist als die im staatlichen Bildungswesen, bedeutet dieses noch nicht unbedingt, dass die Qualität im internationalen Vergleich zufriedenstellend ist.

3.5 Diskussion der Ergebnisse

Schulen stellen Entwicklungsumwelten dar, die den Anspruch haben, Bildungsprozesse auf breiter Basis zu ermöglichen (Fend 1991). Konfessionelle Schulen setzen sich darüber hinaus das Ziel der Milieubindung. Die vorliegenden Befunde ergeben das eindeutige Bild, dass die untersuchten evangelischen Schulen in keinem der gewählten Indikatoren schulischer Bildung und Sozialisation ungünstigere Werte als öffentliche Schulen aufweisen. Vielmehr wird sichtbar, dass das Schulprofil evangelischer Schulen zwar nicht in allen Bereichen, so aber doch in einigen Domänen positiv und statistisch bedeutsam durchschlägt.

Diese Effekte sind klein und weisen auf die begrenzte Einflussnahme von schulischen Umwelten hin. Dies steht aber in völligem Einklang mit Befunden aus der Schuleffizienzforschung (vgl. Scheerens & Bosker 1997), in der immer wieder festgestellt wurde, dass Schulen vor allem im nicht-kognitiven Bereich viele konkurrierende Erziehungs- und Sozialisationsakteure haben, die Effekte von Schule aushebeln bzw. reduzieren. Gerade in der Formung des Sozialverhaltens spielen Eltern und Gleichaltrige offensichtlich eine stärkere Rolle als die schulischen Umwelten (vgl. Baumert & Köller 1998). Gleichzeitig werden Schulen aber dann effektiver, wenn sie mit den Einflüssen der Eltern und Gleichaltrigen kongruent sind. Die im Vergleich zu staatlichen Schulen stärkere Übereinstimmung zwischen Elternhaus und Schule könnte eine der Ursachen für die positiven Effekte dieser Schulen, gerade im nicht-kognitiven Bereich, sein.

Der sichere Nachweis schulischer Bildungs-, Erziehungs- und Sozialisationseffekte kann überzeugend nur in längsschnittlich angelegten Studien erbracht werden, in denen die Veränderung der Zielvariablen Gegenstand der Analysen ist. Die vorliegenden Reanalysen der PISA-E-Daten basieren auf einer Querschnittsstudie, welche die Validität von Effekten der Trägerschaft natürlich in Frage stellt. Wir haben versucht, dieser Problematik zu begegnen, indem wir den

Einfluss verschiedener Variablen (Bundesland, Geschlecht, Schulart, sozialer Hintergrund) kontrolliert haben. Letztendlich muss es aber Längsschnittstudien vorbehalten bleiben, die hier gefundenen Ergebnisse zu stützen bzw. zu verwerfen.

Weiterhin muss an dieser Stelle betont werden, dass PISA-E nicht als Studie zum Vergleich von christlich gebundenen und öffentlichen Schulen geplant war. Dementsprechend beansprucht die Stichprobe konfessioneller Schulen auch keinerlei Repräsentativität. Es kann daher letztendlich nicht geklärt werden, ob die gefundenen Effekte valide die Leistung von Schulen in konfessioneller Trägerschaft in Deutschland abbilden. Somit besteht weiterer Bedarf an empirischen Studien.

4   Desiderate: Was ist noch zu tun?

Die Aktivitäten der evangelischen Kirche auf die Ergebnisse von PISA sind ein wichtiger Schritt; allerdings dürften sie angesichts des Reformbedarfs im Bildungswesen noch nicht hinreichend sein. Wir sehen darüber hinaus folgenden Reformbedarf.

4.1   Aufnahme und offensiver Umgang mit der durch PISA stattgefundenen Orientierung hin zu langfristig zu erreichenden Kompetenzen

Mit PISA hat eine wichtige Umorientierung in der bildungspolitischen Debatte stattgefunden: Nicht mehr Bildungsziele stehen im Mittelpunkt, sondern die zu erreichenden Kompetenzen der Schülerinnen und Schüler in langen Zeitabschnitten (am Ende der Grundschulzeit, am Ende der Sekundarstufe I sowie II). Diese funktionale Ausrichtung hat Konsequenzen für die gesamte Bildungsdebatte und wird auch die kirchlichen Schulen nicht unberührt lassen:

Begleitung der inhaltlichen Debatte um Kompetenzen
In Zukunft werden Lehrplandebatten, die in verfassten demokratischen Strukturen und unter Beteiligung der Kirchen geführt wurden, an Bedeutung verlieren. Die gemeinsamen Standards und die zu messenden Kompetenzen werden im Moment unter Ausschluss gesellschaftlicher Beteiligung durch Wissenschaftler-Teams in Zusammenarbeit mit der KMK festgelegt. Der Mangel an demokratischer Verankerung dieses Bildungsdiskurses sollte durch eine intensive Debatte

in der Gesellschaft begleitet werden. Die Kirche ist mit der Denkschrift zu Bildungsfragen damit einen ersten Schritt gegangen; weitere könnten folgen.

Formulierung von Kompetenzen und Standards für den Bereich der eigenen Bildungsverantwortung

Die Kirchen übernehmen an vielen Stellen eigene Bildungsverantwortung, in Kindertagesstätten, Grundschulen und weiterführenden Schulen in kirchlicher Verantwortung sowie im Religionsunterricht. Der durch PISA bedingte Anstoß sollte offensiv aufgenommen und der evangelische Bildungsbeitrag konkret in zu erwartende Kompetenzen – und zwar im kognitiven wie im sozialen Bereich sowie im Hinblick auf das Selbstmanagement – übersetzt werden. Dies wäre vor allem zu leisten im Hinblick auf den Kompetenzerwerb im Religionsunterricht an allgemeinbildenden Schulen.

Der Religionsunterricht wird in einer aufgeklärten Wissensgesellschaft von großer Bedeutung sein, wenn es darum geht, die Anschlussfähigkeit unterschiedlicher Formen von religiösem Wissen an die aufgeklärte Gesellschaft herzustellen. Der Umgang mit Transzendenz in einer Wissensgesellschaft bedarf religiöser Sprachfähigkeit, um den Verlockungen von unaufgeklärtem Fundamentalismus zu widerstehen. Die Kirchen müssen sich fragen lassen, ob sie diese Sprachfähigkeit angemessen vermitteln und ob nach neun bis zehn Jahren Religionsunterricht an Schulen die Kompetenzen und Wissensbestände vermittelt worden sind, die für eine postmoderne Religiosität von Nöten sind. Dazu wären zunächst religiöse Kompetenzen zu bestimmen, deren Mindeststandard festzulegen und diese in Beispiel-Aufgaben zu operationalisieren. Inzwischen liegen für die Bundesländer Baden-Württemberg, Hessen und Hamburg erste Konzepte religiöser Kompetenz vor. Auf diesem Gebiet sind noch umfangreiche Arbeiten zu leisten, die nur dann gelingen können, wenn sie von den einzelnen Landeskirchen gemeinsam angegangen werden (vgl. dazu den inhaltlichen Vorschlag von Elsenbast, Fischer & Schreiner 2004).

4.2 Qualitätsüberprüfung von „Bildung in evangelischer Verantwortung"

Mit der hier vorgestellten Untersuchung ist ein erster und wichtiger Schritt im Hinblick auf die Qualitätsüberprüfung von Bildungsangeboten in evangelischer Verantwortung gegangen worden. Dieser dürfte langfristig allerdings nicht ausreichen; vielmehr ist an dieser Stelle ein Bündel weiterer Maßnahmen möglich:

Maßnahmen zur Überprüfung des Kompetenzerwerbs im Religionsunterricht

Langfristig ist über Maßnahmen zur Überprüfung des Kompetenzerwerbs im Religionsunterricht nachzudenken. Dabei könnte der Religionsunterricht damit einerseits seine Legitimation festigen, andererseits selbst an Qualität gewinnen. Damit würde es möglich, die Frage der religiösen Alphabetisierung in der zunehmenden Säkularisierung in den Blick zu nehmen. Auch hier wäre eine Differenzierung zwischen Schulen in staatlicher und in konfessioneller Trägerschaft angemessen: Leisten evangelische Schulen hier einen besseren Beitrag? Was leisten der Religionsunterricht und die Bildungsbeteiligung der Kirchen im staatlichen Schulwesen? Für eine derartige Fragestellung fehlt bisher das Instrumentarium. Es wäre lohnenswert, dieses zu entwickeln.

Repräsentative Erhebung von Schulen in kirchlicher Trägerschaft

Es fehlen repräsentative Erhebungen evangelischer (und katholischer) Schulen. Wir empfehlen, Schulen in evangelischer bzw. katholischer Trägerschaft, wo möglich, in größere large-scale-Untersuchungen zu integrieren bzw. sie dort zu berücksichtigen (z.B. in Erhebungen zu Vergleichsarbeiten) und als Schulen in konfessioneller Trägerschaft auszuweisen. Die in unseren Fallstudien gewonnenen Erkenntnisse könnten so auf ihre Repräsentativität hin untersucht werden.

Qualitätsüberprüfung in ökumenischer Kooperation und Integration sogenannter freier evangelischer Schulen in Untersuchungsdesigns

Die Untersuchung zur Qualität von Schulen in konfessioneller Trägerschaft sollte zunächst beide Kirchen umfassen. Dieses Vorhaben scheiterte an der Katholischen Bischofskonferenz, die eine externe Überprüfung der Qualität ihrer Schulen nicht für notwendig erachtete. Dennoch sollten die Bemühungen, derartige Untersuchungen für beide Kirchen gleichermaßen anzustreben, nicht aufgegeben werden. Zudem sollte darauf geachtet werden, das gesamte Spektrum konfessioneller Schulen abzubilden. Unsere Untersuchung hat in den Einzelfallstudien keine sogenannte freie evangelische Schule berücksichtigt. Wir plädieren dafür, in einer nächsten Untersuchung auch diese Schulen zu integrieren und damit das gesamte Spektrum abzudecken.

Qualitätsüberprüfungen von Kindergärten und Grundschulen

Zum selbstverständlichen Bestandteil der Qualitätsüberprüfung aus kirchlicher Perspektive sollte auch der Blick auf die Grundschulen sowie die Kindergärten gehören. Für die Grundschulen würde sich eine Stichprobenerweiterung in IGLU lohnen; für die Kindergärten wären eigene Instrumentarien zu entwickeln.

Forschung zum Personal an evangelischen Schulen

Bisher gibt es kaum Forschungen zum Personal an konfessionellen Schulen. Zwar werden normative Forderungen erhoben (z.B. Bohnsack 1999; Pfeiffer 1999); Wissen darüber, ob und in welcher Form konfessionelle Ausprägungen in den Überzeugungen und im Verhalten von Lehrerinnen und Lehrern sowie Schulleitungen erkennbar werden, gibt es kaum.

4.3 Verbesserung der Qualität evangelischer Bildungsangebote

Unsere Untersuchung hat zwar einerseits die Qualität evangelischer Schulen bestätigen können; andererseits wurden die im internationalen Maßstab eher schlecht abschneidenden staatlichen Schulen für diesen Befund zum Kriterium genommen. Von daher gibt es dennoch Anlass, an der Qualität evangelischer Bildungsangebote zu arbeiten.

Bewusste Arbeit an der Qualität evangelischer Schulen

Wir empfehlen, strategisch und systematisch (d.h. über die Aktivitäten der Einzelschule hinaus) an der Qualität evangelischer Schulen zu arbeiten. Eine solche Initiative könnte vor allem im Bereich der Schulentwicklung und der Lehrerfortbildung wichtige Impulse setzen. In unserer Untersuchung wurde deutlich, dass die Profilbildung einer Schule Auswirkungen bis in die Einzelkompetenzen der Schülerinnen und Schüler hat. Wir empfehlen deshalb, im Rahmen der Qualitätsentwicklung dezidiert an den Profilen evangelischer Schulen zu arbeiten. Evangelische Schulen zeigen im Kontext des Mathematikunterrichts nicht die Leistungen, die möglich wären. Wir empfehlen deshalb eine Qualitätsoffensive im Mathematikunterricht. Zudem empfehlen wir in allen Schularten gezielte schulische Angebote zur Förderung im oberen Leistungsbereich.

Gezielte Modellversuche zur Verbesserung der individuellen Förderung

Zwar ist die individuelle Förderung bereits ein wichtiges Ziel evangelischer Schulen. Wir empfehlen jedoch, dieses Ziel auch schulstrukturell offensiv zu verfolgen, indem Modellversuche eingeführt werden, die eine Abschulung bzw. eine Nichtversetzung nicht erlauben. Die Möglichkeit, nicht versetzt zu werden, ist nach Ergebnissen der Schulforschung eines der Kennzeichen des deutschen

Schulwesens, das für die schlechte Förderung von Schülerinnen und Schülern strukturell verantwortlich scheint. Evangelische Schulen könnten mit entsprechenden Modellversuchen in allen Schularten dazu beitragen, das Motto »Keiner darf verloren gehen« noch konsequenter umzusetzen.

Gerechtigkeit durch Übergänge

Das deutsche Bildungswesen ist besonders sozial selektiv. Die Untersuchungen von beruflichen Gymnasien in Baden-Württemberg (Köller u.a. 2004) konnten zeigen, dass diese soziale Selektivität dann gemildert wird, wenn zwischen den einzelnen Schularten institutionalisierte Übergangsmöglichkeiten bestehen. Dieses bietet eine der von uns untersuchten Schulen. Gute Hauptschüler haben hier ein niedrigschwelliges Angebot zum Ablegen der mittleren Reife und zum Übergang an eine Fachoberschule. Wir empfehlen, dezidiert weitere Schulen zu gründen, die diese Übergänge ermöglichen, um damit Schülerinnen und Schülern die Möglichkeit zu geben, bei entsprechender Leistung die Grenzen der Schulart zu überwinden. Wir plädieren dafür, Hauptschulen mit M-Zweigen zum Abschluss der mittleren Reife auszustatten und Realschulen mit Fachoberschulen zu koppeln (zum Abschluss einer Fachhochschulreife).

4.4 Lobbyarbeit für Bildung

Öffentlichkeitsarbeit für das eigene Bildungsengagement

Für unsere Forschungsarbeit war es nötig, genaue statistische Angaben über Schulen in evangelischer und katholischer Trägerschaft zu erhalten. Bisher werden diese Schulen nicht in der amtlichen Statistik ausgewiesen. Darauf wäre hinzuwirken, da damit entsprechende Untersuchungen sehr viel einfacher durchzuführen wären. Die Bedeutung von Schulen in kirchlicher Trägerschaft in einigen Schulsektoren würde dies rechtfertigen und die Kirche als Schulträger klarer in das öffentliche Bewusstsein rücken.

Unsere Aufbereitung der Schulstatistik ergab, dass Schulen in evangelischer Trägerschaft einen deutlich höheren Anteil am Schulwesen in Deutschland – insbesondere auch in den neuen Bundesländern – ausmachen, als dies im öffentlichen Bewusstsein verankert ist. Daher ist in diesem Bereich dringend zu einer Verstärkung der Öffentlichkeitsarbeit zu raten, evtl. auch in Zusammenarbeit mit der katholischen Kirche. Die öffentliche Aufmerksamkeit für konfessionelle Schulen ist gemessen an ihrer Bedeutung zu gering.

Bildungsverantwortung

Im Rahmen ihrer gesamtgesellschaftlichen Aufgaben könnten Bildungsfragen für die Kirchen einen wichtigen Stellenwert einnehmen. Ein wichtiger Bereich ist die ausreichende Finanzierung von Bildungsangeboten. Im Hinblick auf Migrationsfragen bzw. die Integration von Ausländern ist die Bedeutung der Schule sehr wichtig und umgekehrt für die Qualitätszunahme an deutschen Schulen die gesellschaftliche Anerkennung der Migrationsrealität in Deutschland unabdingbar. Darauf hinzuweisen könnte eine wichtige Rolle der Kirchen, gerade im Kontext der erneuten Diskussion des Zuwanderergesetzes, sein. Die Fragen nach der Chancengerechtigkeit, einer der bedrückenden Befunde der PISA-Studie, nimmt in der derzeitigen öffentlichen Bildungsdebatte eine eher untergeordnete Bedeutung ein. An dieser Stelle sollten die Kirchen weiterhin das Wort ergreifen (vgl. EKD 2003).

5   Ausblick

„Bei einem Blick durch Deutschland müssen wir feststellen, dass die Schulen insgesamt vernachlässigt werden. Die höheren Schulen verlieren ihren Bildungsanspruch. Der Besuch einer höheren Schule ist häufig auch deshalb von Eltern nicht gerne gesehen, da die Schulwege weit sind. Zudem ist in unserer Gesellschaft der Bildungsanspruch insgesamt dramatisch gesunken und wird als zuwenig Wert erachtet, vor allem im Hinblick auf den Erwerb und Gebrauch der Muttersprache." (Martin Luther 1524).

Dieses Zitat verweist auf eine historische Erfahrung, die die evangelische Kirche heute in die Bildungsdebatte einbringen könnte. Die Analyse, die Martin Luther 1524 seinem Sendschreiben „An die Ratsherren aller Städte deutschen Landes, dass sie christliche Schulen aufrichten und halten sollen" zugrundelegt, ist der heutigen PISA-Analyse verblüffend ähnlich. Wir wissen aus der Geschichte der Schulpflicht, dass es von der Analyse der Situation 1524 bis 1752 dauerte, bis der Anspruch auf eine allgemeine Schulpflicht zumindest in Preußen umgesetzt war. Nun sind die Verhältnisse heute anders, dennoch dürfte deutlich sein, dass die Verbesserung der Bildungssituation nicht von heute auf morgen ihre Früchte zeigen wird. Die Bildungsdebatte heute ist durch zwei gravierende Fehleinschätzungen gekennzeichnet: zum einen, dass die Reform nichts kosten dürfe, und zum anderen, dass sie sehr schnell zu bewerkstelligen sei. Beides ist nicht zu erwarten. Die Veränderung wird lange dauern, da sich Effekte über die

Bildungsbiographie kumulieren und diese nicht ohne einen vermehrten Ressourceneinsatz zu erreichen sein werden.

6 Literatur:

Asbrand, B. (2000): Zusammen Leben und Lernen im Religionsunterricht. Frankfurt am Main: Iko.

Baumert, J., Artelt, C., Klieme, E., Neubrand, M., Prenzel, M., Schiefele, U., Schneider, W., Tillmann, K.-J. & Weiß, M. (Hrsg.) (2002): PISA 2000 – Die Länder der Bundesrepublik Deutschland im Vergleich. Opladen: Leske + Budrich.

Baumert, J., Klieme, E., Neubrand, M., Prenzel, M., Schiefele, U., Schneider, W., Stanat, P., Tillmann, K.-J. & Weiß, M. (Hrsg.) (2001): PISA 2000. Basiskompetenzen von Schülerinnen und Schülern im internationalen Vergleich. Opladen: Leske + Budrich.

Baumert, J. & Köller, O. (1998): Nationale und internationale Schulleistungsstudien: Was können sie leisten, wo sind ihre Grenzen? In: Pädagogik 6 (1998): 12-18.

Biehl, P. & Nipkow, K. E. (2003): Bildung und Bildungspolitik in theologischer Perspektive (Schriften aus dem Comenius-Institut, Bd. 7). Münster: LIT.

Bohnsack, F. (1999): Lehrerinnen und Lehrer. In: Scheilke & Schreiner (1999): 89-96.

Denkschrift (2003): Maße des Menschlichen. Evangelische Perspektiven zur Bildung in der Wissens- und Lerngesellschaft. Eine Denkschrift des Rates der Evangelischen Kirche in Deutschland. Gütersloh.

Deutsche Shell (Hrsg.) (2000): Jugend 2000. Opladen: Leske + Budrich.

Deutsche Shell (Hrsg.) (2002): Jugend 2002. Zwischen pragmatischem Idealismus und robustem Materialismus. Frankfurt am Main: Fischer.

EKD [Evangelische Kirche in Deutschland] (2003): Perspektiven für Jugendliche mit schlechteren Startchancen. Hannover.

EKD [Evangelische Kirche in Deutschland] (2004): Wo Glaube wächst und Leben sich entfaltet. Der Auftrag evangelischer Kindertageseinrichtungen. Eine Erklärung des Rates der Evangelischen Kirche in Deutschland. Gütersloh.

Elsenbast, V., Fischer, D. & Schreiner, P. (2004): Zur Entwicklung von Bildungsstandards. Positionen, Anmerkungen, Fragen, Perspektiven für kirchliches Bildungshandeln. Münster: Comenius-Institut.

Fend, H. & Pekrun, R. (Hrsg.) (1991): Schule und Persönlichkeitsentwicklung: Ein Resümee der Längsschnittforschung. Stuttgart: Enke.

Fend, H. (1991): Schule und Persönlichkeit. Eine Bilanz der Konstanzer Forschungen zur „Sozialisation in Bildungsinstitutionen". In: Fend & Pekrun (1991): 9-32.

Heller, K. A. & Perleth, C. (2000): Kognitiver Fähigkeitstest für 4. bis 12. Klassen. Weinheim: Beltz.

Köller, O., Watermann, R., Trautwein, U. & Lüdtke, O. (2004): Wege zur Hochschulreife in Baden-Württemberg. TOSCA – Eine Untersuchung an allgemein bildenden und beruflichen Gymnasien. Opladen: Leske + Budrich.

Kunter, M., Schümer, G., Artelt, C., Baumert, J., Klieme, E., Neubrand, M., Prenzel, M., Schiefele, U., Schneider, W., Stanat, P., Tillmann, K.-J. & Weiß, M. (2002): PISA 2000: Dokumentation der Erhebungsinstrumente. Berlin: MPI für Bildungsforschung.

Pfeiffer, G. (1999): Schulleiterinnen und Schulleiter. In: Scheilke & Schreiner (1999): 97-105.

Scheerens, J. & Bosker, R. J. (1997): The foundations of educational effectiveness. Oxford: Pergamon.

Scheilke, C. Th. & Schreiner, M. (Hrsg.) (1999): Handbuch Evangelische Schulen. Gütersloh: Gütersloher Verlagshaus.

Scheunpflug, A. & Köller, O. (2004): Leistungsprofile christlicher Privatschulen. Erste Ergebnisse einer empirischen Untersuchung aus der Basis von PISA-E 2000. In: schulmanagement 6 (2004): 22-24.

Schreiner, M. (1996): Im Spielraum der Freiheit. Evangelische Schulen als Lernorte christlicher Weltverantwortung. Göttingen: Vandenhoeck & Ruprecht. .

Standfest, C., Köller, O., Scheunpflug, A. & Weiß, M. (2004): Profil und Erträge von evangelischen und katholischen Schulen. Befunde aus Sekundäranalysen der PISA-Daten. In: Zeitschrift für Erziehungswissenschaft 3 (2004): 359-379.

Standfest, C., Köller, O., Scheunpflug, A. & Weiß, M. (2005): Erträge von Erziehungs- und Bildungsprozessen an Schulen in kirchlicher Trägerschaft in Deutschland. Forschungsbericht zu einem Projekt im Auftrag der Evangelischen Kirche in Deutschland (Unveröffentlichter Projektabschlussbericht).

Standfest, C., Köller, O. & Scheunpflug, A. (2005): Leben - lernen - glauben. Zur Qualität evangelischer Schulen. Eine empirische Untersuchung über die Leistungsfähigkeit von Schulen in evangelischer Trägerschaft. Münster / New York: Waxmann (im Druck)

Ziebertz, H.-G., Kalbheim, B. & Riegel, U. (2003): Religiöse Signaturen heute. Ein religionspädagogischer Beitrag zur empirischen Jugendforschung. Gütersloh/Freiburg: Herder.

Medienkompetenz nach PISA unter anthropologischen Aspekten

Dieter Spanhel

Was ist damit gemeint, wenn von der „Medienkompetenz nach PISA" die Rede ist? In der PISA-Studie stellt die Untersuchung der Lesekompetenz der Schüler einen zentralen Bereich dar. Der Lesekompetenz wird dort eine Bedeutung als „elementare Voraussetzung für eine breite Partizipation am sozialen Leben und an den kulturellen Gütern" (Deutsches PISA-Konsortium 2001: 69) zugewiesen. Diese fundamentale Bedeutung des Lesens ist unbestritten. Aber Lesekompetenz ist eben nur *eine* Voraussetzung für die Teilhabe an sozialen Prozessen und an der Kultur, die durch Sprach- und Kommunikationsfähigkeit und schließlich durch eine breite Medienbildung ergänzt werden muss.

In der PISA-Studie 2000 wird festgestellt: „Lesen ist mehr denn je erforderlich, um die notwendigen Grundlagenkompetenzen für eine selbstbestimmte, bedürfnisgerechte und bedächtige Nutzung des gesamten Medienensembles zu schaffen. Schule ist und bleibt die notwendige Sicherungsagentur hierfür." (Deutsches PISA-Konsortium 2001: 133; vgl. auch 70)

Das war eine wichtige Erkenntnis, die wir bereits in den neunziger Jahren in einem vierjährigen BLK-Modellversuch zur integrativen Medienerziehung an einer Erlanger Hauptschule gewonnen haben, aber dafür hat sich damals niemand interessiert (Spanhel 1999e). Aus einer systemischen Sicht gilt auch umgekehrt: Bei der Vermittlung von Medienkompetenz werden die Lese-, Sprach- und Kommunikationsfähigkeit der Heranwachsenden gefördert. Die in der PISA-Studie verwendeten Merkmale zur Bestimmung und Erfassung der Lesekompetenz lassen sich ohne weiteres einer allgemeinen Medienkompetenz zuschreiben, wie z.B. die Bestimmung der Lesekompetenz als „aktive (Re-) Konstruktion der Textbedeutung" (Deutsches PISA-Konsortium 2001: 71).

Das Ärgerliche an der PISA-Studie ist der konsequent kausalanalytische Zugang: Für das theoretische Konstrukt „Lesekompetenz" werden isolierte Bedingungsfaktoren ermittelt.

Aber: Welche Wechselwirkungen gibt es zwischen diesen Bedingungsfaktoren? *Und:* Welche Wechselwirkungen gibt es möglicherweise zwischen der Lesekompetenz und anderen „Medien-Lese-Kompetenzen" (Schill & Wagner 2002) in einer von Medien geprägten Alltagswelt für Heranwachsende?

Im Lesen nimmt der Mensch an einem sozialen Prozess teil. Das bedeutet, dass Lesekompetenz an der Schnittstelle zwischen dem psychischen System des Lesers (seinem Denken, Fühlen, Wollen, Handeln) und einem Kommunikationssystem angesiedelt ist. Sie kann daher nur systemisch, als Zusammenspiel rekursiver Prozesse in der Interaktion mit anderen Kommunikationsmedien und Kommunikationsformen erfasst werden (Spanhel 2002a).

Dies alles spricht dafür, Lesekompetenz nicht isoliert zu untersuchen, sondern im Zusammenhang eines Begriffs von Medienkompetenz. Schon im BLK-Orientierungsrahmen 1995 wird ein integratives Konzept von Lese- und Medienerziehung und integrationstechnischer Bildung angemahnt. Ein solches integratives Konzept muss nach den beiden PISA-Studien 2000 und 2003 (vgl. Deutsches PISA-Konsortium 2001; PISA-Konsortium Deutschland 2004) verstärkt eingefordert werden. Um die isolierte Sichtweise von Lesekompetenz zu überwinden, erscheint eine anthropologische Rückbesinnung auf die gemeinsamen Wurzeln von Lese- und Medienkompetenz angebracht.

1 Mensch und Medien – eine anthropologische Sichtweise

Der Mensch ist ein frei handelndes Wesen, das sich nach den Regeln der Vernunft selbst bestimmen kann. Darin liegt seine Würde begründet. Gleichzeitig ist der Mensch gekennzeichnet durch seine Weltoffenheit. Die Tatsache, dass er biologisch nicht angepasst ist, kann er durch seine Lernfähigkeit ausgleichen. Der Philosoph und Pädagoge O.F. Bollnow (1965) hat den Menschen als „offene Frage" charakterisiert. Gerade im Hinblick auf die neuen Medien zeigt sich dabei das Wesen des Menschen immer deutlicher als „offene Frage": Die neuen Medien eröffnen dem Menschen neue Möglichkeiten und Formen des Menschseins und der Lebensgestaltung, der Welterkenntnis und der Selbsterkenntnis, der Selbstdarstellung und des sozialen Zusammenlebens (Spanhel 2001e).

Der Blick in die Geschichte lehrt uns: Die Verwirklichung des Menschseins, seine Würde und Vernunftbestimmtheit sind gebunden an die historischen Gegebenheiten als die jeweiligen Bedingungen der Möglichkeit. Das bedeutet – um es mit M. Landmann (1966) auszudrücken: „Der Mensch ist Schöpfer und Geschöpf der Kultur." In der Phylogenese hat der Mensch die Rahmenbedingungen verändert, unter denen er sich selbst bestimmen kann. Medien spielen dabei von Anfang an eine zentrale Rolle: Sie sind Voraussetzung und Folge der kulturellen Entwicklung; als Kommunikationsmedien sind sie die Bedingung der Möglichkeit der Weiterentwicklung der menschlichen Lernfähigkeit und Kultur im sozialen Verbund und dabei entwickeln sie sich selbst weiter! Die neuen elektronischen Medien ermöglichen und beschleunigen die immer schnelleren und beängstigenden Fortschritte in der Gegenwart (Liedtke 1997).

Nun müssen wir aber sehen: Der Mensch ist *grundsätzlich* fähig, mit Hilfe der *Medien* ein *Verhältnis zur Welt*, zu den *Mitmenschen* und zu *sich selbst* zu gewinnen. Aber der Mensch ist dazu nicht von Anfang an in der Lage. Das Fundament jeglicher Medienverwendung – von der Sprache bis hin zu den neuesten digitalen Medien – ist die *Fähigkeit zum Zeichengebrauch*. Sie ist im Menschen angelegt, muss aber erst im Verlaufe der kindlichen Entwicklung durch Erziehung ausgelöst und angeregt, herausgefordert, systematisch ausgebildet und schließlich das ganze Leben hindurch geübt, verbessert und weiterentwickelt werden.

Diese Aufgabe kommt der Erziehung sowohl in der ontogenetischen Entwicklung im Lebenslauf als auch in der historischen Entwicklung (in der Phylogenese) zu: Wenn sich durch die Medienentwicklungen die anthropologischen Grundverhältnisse des Menschen verändern, müssen auch die Erziehungsleistungen der Gesellschaft bezüglich der Vermittlung der Zeichenfähigkeit an diese Entwicklungen angepasst werden. Erst durch die Vermittlung von Medienkompetenz in Erziehung und Unterricht können die Medien ihre Wirksamkeit in den anthropologischen Grundverhältnissen des Menschen entfalten. Gleichzeitig sind aber Erziehung und Unterricht selbst nicht ohne Zeichengebrauch möglich, und sie verändern sich durch die Medienentwicklungen: Von der Schreibschule über die Buchschule hin zur Medienschule. Neue Medien verändern die Struktur von Erziehung, Schule und Unterricht und sie erzwingen auch eine Neubestimmung der Erziehungs- und Bildungsaufgaben (Spanhel 2001e).

Das bedeutet aus anthropologischer Sicht, dass wir zwei Fragen klären müssen:

- Wie müssen die durch Erziehung und Unterricht zu vermittelnden Fähigkeiten des Zeichengebrauchs (Medienkompetenz) ausdifferenziert und verbessert werden?

- Wie müssen die medienbedingten Erziehungs- und Unterrichtsprozesse durch verbesserte Mediennutzung selbst weiterentwickelt werden?

Aus anthropologischer Sicht geht es letztlich um die Frage: Welche Lernleistungen müssen die Heranwachsenden und welche Erziehungsleistungen muss die Gesellschaft erbringen, damit der Mensch die in der heutigen Medienwelt gegebenen Möglichkeiten des Menschseins ausschöpfen und die mit den Medien verbundenen Gefährdungen überwinden kann?

2   Phylogenetische Betrachtungsweise: Anforderungen an Medienkompetenz

2.1   Veränderte Formen des Zeichengebrauchs

Der systemische Ansatz von K. Boeckmann (1994) kennzeichnet ein Kommunikationsmedium als das, was den Bezug zwischen den Gedanken der Kommunikationspartner ermöglicht. Ein Medium stellt ein System aus drei Komponenten
dar (1994: 35):

1. die materiell–sensorische Komponente: Signale ermöglichen die Wahrnehmung;
2. die kognitiv–semiotische Komponente: Zeichen stellen den gedanklichen Bezug her;
3. die soziale Komponente: *Kontakt* ist die Grundlage des medialen Prozesses.

Mit Bezug auf die anthropologischen Grundverhältnisse des Menschen beschreibt er die Funktionen der Kommunikationsmedien:

- Verständigung über Inhalte (propositionale Funktion), über Wahrnehmungen,
   Phantasien und Abstraktionen;
- Artikulation und Konstituierung zwischenmenschlicher Beziehungen (interaktive Funktion): persönliche und öffentliche Beziehungsbotschaften;
- Artikulation und Konstituierung individuellen Erlebens (personale Funktion):
   Selbstdefinition (Identitätshilfen), Imagination und Identifikation (Traumwelten) sowie Unterhaltung und Zerstreuung.

An einem Beispiel aus Boeckmann möchte ich zeigen, wie er die Bedeutung
neuerer Medienentwicklungen für die propositionale Funktion zusammenfassend
darstellt (Boeckmann 1994: Tab. 28, 151). Die Tabelle zeigt, dass mit der Erfindung der Schrift als neuem Zeichensystem vor allem die sogenannten „registrativen Zeichen" bedeutsam wurden, die mit Hilfe technischer Aufzeichnungsmedien hergestellt werden. Dabei handelt es sich eigentlich gar nicht um ein neues
Zeichensystem, sondern um die technische Verfügung über komplexe Kombina

tionen herkömmlicher Zeichen (Film, Fernsehen, Internet). Die registrativen Zeichen sind die Domäne der elektronischen Massenmedien mit ihren einseitigen und empfängerorientierten Kontaktformen. Diese Zeichen, Signale und Kontaktformen passen sich in idealer Weise der personal-emotiven Funktion an: Sie schaffen ein breites Angebot zur Unterhaltung und Zerstreuung, bieten Identitätshilfen durch eine Vielzahl von Verhaltensmodellen und kontinuierliche Traumwelten sowie die Basis für kollektive Phantasien. Sie haben die Verständigung über Wahrnehmungen revolutioniert, wirken sich aber nicht auf abstrakte Inhalte aus.

Damit wird deutlich: Die mediale Revolution vollzieht sich im Bereich der Signale. Sie betrifft die ungeahnten technischen Möglichkeiten der Aufzeichnung, Speicherung, Übertragung, Verbreitung, Be- und Verarbeitung und Produktion von Zeichensystemen und zwar nicht nur bezogen auf sprachliche Zeichen, sondern auch auf Bilder, Töne, Musik, gesprochene Sprache und indexikalische Zeichen.

Die Veränderungen im Signalbereich wirken auf die Ebene der Zeichen und des Kontakts zurück: Die Digitalisierung ermöglicht die Darstellung beliebiger Kombinationen von Zeichensystemen, ihre Speicherung, Verbreitung und Bearbeitung. Daraus resultiert eine bisher nicht gekannte Verfügbarkeit und Zugänglichkeit der Medien, auch schon für Kinder. Damit ändern sich auch die Kontaktformen, die mehr und mehr technisch vermittelt, flüchtig und oberflächlich sind (Email, SMS, Chat). Die neuen Kommunikationsmedien, insbesondere das Internet, ermöglichen im Bereich der interaktiven Funktion öffentliche Beziehungsbotschaften in einem nie gekannten Ausmaß.

In diesem Zusammenhang wird ein wichtiges Ergebnis aus der Medienforschung von fundamentaler pädagogischer Bedeutung: Neue Medien verdrängen die bestehenden nicht, sondern ergänzen sie. Wir beobachten in der heutigen Medienlandschaft eine zunehmende *Konvergenz der Medien*, die ich hier nicht näher zu erläutern brauche. Die Heranwachsenden bewegen sich problemlos zwischen diesen Medienarten, je nachdem, welche Wünsche oder Bedürfnisse, Aufgaben oder Anforderungen gerade zu erfüllen sind und bilden ihre persönlichen *Mediennutzungsstile* aus (vgl. Wagner, Theunert, Gebel & Lauber 2004). Dahinter stehen ausgeprägte Medienhandlungskompetenzen in dem Sinne, dass die Heranwachsenden die unterschiedlichen Medien adäquat für bestimmte Zwecke (zur Unterhaltung oder Kontaktpflege, zur Information oder Identitätsbildung) einsetzen (Spanhel 1995a).

Die Medienentwicklungen in der Geschichte verändern die Grundstrukturen des Mediensystems. Die Auswirkungen auf die anthropologischen Funktionen der Medien liegen in einer Vervielfältigung der Kommunikationsmöglichkeiten und Kommunikationsformen. Diese Ausdifferenzierung seiner sozialen und kulturellen Umwelt verlangt vom Menschen eine Ausdifferenzierung seines psychischen Systems, seiner Denk-, Gefühls- und Handlungsstrukturen als Voraussetzung für eine breite Partizipation. Daraus ergibt sich als wichtige Konsequenz im Zusammenhang mit den Ergebnissen der beiden PISA-Studien: Mehr als je zuvor muss sich die Schule auf der Grundlage aller verfügbaren Medien um die gleichzeitige Förderung von Sprach- und Kommunikationsfähigkeit, Lese- und Medienkompetenz bemühen. Dabei sind folgende Aspekte von besonderer Bedeutung:

1. Medien vermitteln Bedeutungen, Sinneinheiten, die aus der Kombination einzelner Zeichen gebildet werden: Wir können diese Einheiten im Sinne von C. Doelker (Doelker 1997: 61 ff., 155 ff.) als *Texte* bezeichnen, ganz gleich, aus welchen Zeichenkombinationen oder Kombinationen von Zeichensystemen (Schrifttexten, Bildern, Musik) sie zusammengesetzt sind. In unserer Alltagswelt werden wir immer häufiger mit komplexen audiovisuellen Gesamttexten oder Hypertexten konfrontiert, für deren Verständnis die normale Lesekompetenz nicht ausreicht, sondern eine ausgeprägte *Medien-Lese-Kompetenz* erforderlich ist.
2. Je vielfältiger und komplexer die medialen Darstellungsformen und je ausdifferenzierter die symbolischen Sinnwelten, in denen wir leben, desto häufiger ist eine Verständigung *über* die medial vermittelten Bedeutungen erforderlich. Diese kann aber nur im Medium der Sprache erfolgen: Die Ausprägung der Sprachfähigkeit als grundlegendes Mittel der *Meta-Kommunikation* wird heute als ein zentraler Bestandteil von Medien-, aber auch von Lesekompetenz immer wichtiger (Spanhel 2001d).
3. Die medial konstruierten und übermittelten Sinneinheiten erhalten ihre spezifische Bedeutung stets im Rahmen von bestimmten *Kontexten* (Spanhel 1999d). Heranwachsende z.B. nutzen einzelne Medien in unterschiedlichen alltagsweltlichen und sozialen Kontexten. Die ausufernden Medienwelten bringen zusätzlich ständig neue, *mediale Kontexte* hervor, die eine Verständigung zwischen Menschen erschweren, die in unterschiedlichen Medienwelten leben (z.B. Kinder und Erwachsene)! Gelingende Kommunikation setzt jedoch ein Minimum an Gemeinsamkeiten voraus! Medienkompetenz schließt daher das Bemühen um einen „konsensuellen Bereich" (Maturana & Varela 1987) ein, um gemeinsame Kenntnisse und Wertorientierungen, Interessen und Lebensauffassungen hinter den divergierenden Medienwelten (z.B. Jugendkulturen). Im Gegensatz zu den flüchtigen Eindrücken der medialen Bilderwelten gewinnt der Heranwachsende im Erwerb der Mutter-

sprache und der Fachsprachen der einzelnen Unterrichtsfächer Anteil an dem konsensuellen Bereich, der sich über die Jahrhunderte in unserer Kultur herausgebildet hat.

2.2 Veränderte Lernfähigkeit und Erziehungsbedürftigkeit

Anthropologisch gesehen führen die Entwicklungen im Medienbereich zu einer enormen *Steigerung der menschlichen Lernfähigkeit*. Insbesondere durch den Computer, die Nutzung vielfältiger Software und die Datennetze ergeben sich für menschliches Denken und Handeln vielfältige Entlastungen von Routinen, die eine Steigerung der Lernfähigkeit ermöglichen. Der Computer steigert die Gedächtnisfunktion des Menschen, ermöglicht das Präsenthalten und Bearbeiten, aber auch das Verarbeiten komplexer Informationen und erleichtert das abstrakte Denken durch Anschaulichkeit auf höheren Niveaus. Durch neue Bildgebungsverfahren erweitert er die Wahrnehmungsfähigkeit. Eine enorme Steigerung der Erkenntnisfähigkeit und der Produktion neuen Wissens sind die Folge.

Diese verbesserte Lernfähigkeit korrespondiert mit einer unglaublichen Zunahme an *Lernmöglichkeiten*, aber auch an Lernzwängen. Sie sind Folge der unvorstellbaren Zunahme an Komplexität der symbolischen Sinnwelten, in denen der Mensch lebt. Lernmöglichkeiten ergeben sich in Verbindung mit den zunehmenden medialen Erfahrungsmöglichkeiten, mit dem exponentiellen Wachstum des menschlichen Wissens, der Zugänglichkeit zu diesem Wissen, mit den Verarbeitungs- und Speichermöglichkeiten, mit den Darstellungs-, Ausdrucks- und Verbreitungsmöglichkeiten dank der Digitalisierung und der globalen Datennetze.

Auf der anderen Seite erhöhen sich die *Lernzwänge* und damit die Erziehungsbedürftigkeit. Der Mensch hat schon immer sein Leben lang gelernt. Aber noch nie in seiner Geschichte war „lebenslanges Lernen" in einem solchen Umfang tatsächlich lebensnotwendig. Denn der Mensch ist heute auf allen Altersstufen ständig vor neuartige Lebenssituationen gestellt, die er mit bewährten, in Erziehung und Schule tradierten Kenntnissen und Fähigkeiten allein nicht bewältigen kann, sondern für die er - selbständig lernend – neue Handlungs- und Problemlösungsmuster entwerfen muss. Daher müssen die Heranwachsenden befähigt werden, das Lernen zu lernen (Spanhel 1998).

Die anthropologische Dimension des Zusammenhangs von Lernchancen, Lernzwängen und der gesteigerten Lernfähigkeit liegt in der wachsenden Bedeutung der Fähigkeit zur Selbstorganisation und Selbststeuerung des Lernens. Das setzt auf der einen Seite *metakognitive Fähigkeiten*, also ein Wissen über den Ablauf von Lernprozessen voraus. Dazu gehören die sichere Beherrschung von Lernstrategien und Strategien zur Steuerung, Gestaltung und Überwachung des Lernfortschritts, die in der PISA-Studie 2000 (Deutsches PISA-Konsortium 2001: 281 ff.) als wichtige Bedingungsfaktoren für Lesekompetenz ausgewiesen werden. Es erfordert aber auch Medienkompetenz im Sinne der Fähigkeit, Medien und Medienangebote zweckmäßig als Lerninstrumente, zur Unterstützung und Optimierung der eigenen Lernprozesse und zum Wissensmanagement einzusetzen, um diese neuartigen Lernanforderungen bewältigen zu können.

2.3 Veränderte „informationelle Umwelt"

Aber gerade die Medien selbst und die Fülle der Medienangebote behindern die Ausschöpfung dieser Lernmöglichkeiten und den Aufbau der Fähigkeit zum selbstorganisierten Lernen. Dies hängt damit zusammen, dass die Medien nicht nur intentionale Botschaften vermitteln, aus denen der Mensch bewusst auslesen und die er als höheres Kulturwesen, als „Lesewesen" (Doelker) verstehen kann. Die technischen Medien ermöglichen immer besser eine *analoge Wiedergabe* der natürlichen Umwelt (mittels der registrativen Zeichen der audiovisuellen Medien). Die damit verbundenen Sinnesreize bestimmen immer mehr die „informationelle Umwelt" des Menschen. Sie wirken stets *unmittelbar* auf die Wahrnehmung ein, die auf Grund älterer biologischer Programme aus der gebotenen Informationsflut auswählt. Beim Kampf der Medien um die Aufmerksamkeit der Rezipienten werden diese Mechanismen schonungslos ausgenutzt. C. Doelker (Doelker 2002: 105 f.) spricht in diesem Zusammenhang von einem „gigantischen Täuschungsmanöver" zur Überlistung der bewussten Auslesestrategien. „Entsprechend wurde die informationelle Umwelt, die bislang vornehmlich aus einem Angebot von Inhalten bestand, in eine pseudobiologische Kulisse umgebaut, bei der sich die Zuwendung zu einem Wahrnehmungsinhalt aufgrund eines atavistischen Reiz-Reaktions-Modells auslösen ließ. Das kulturelle Lesewesen Mensch wurde damit auf ein behaviouristisch funktionierendes Lebewesen zurückgestuft." (Doelker 2002: 108)

Vor diesem Hintergrund wäre ein wesentlicher Aspekt von Medienkompetenz die Dekonditionierung der Heranwachsenden von vordergründigem Reiz-Reaktionsverhalten gegenüber der aggressiven medialen Umwelt und ihre Befähigung zu bewussten Auswahlstrategien, die sich an gemeinsamen Werten orientieren.

2.4 Pädagogische Konsequenz: Von der Medienkompetenz zur Medienbildung

Aus einer phylogenetischen Betrachtungsweise ergibt sich: Mehr Freiheit – mehr Verantwortung! Wenn die Medienentwicklungen im Laufe der Geschichte dem Menschen neue Formen der Lebensgestaltung mit einer Vielzahl an Handlungsalternativen eröffnen, dann ist damit ein ständiger Zwang zu Entscheidungen verbunden. Die optimale Nutzung der Medien setzt daher nicht nur Medienkompetenz als ein spezifisches Können, sondern auch ein *breites Wissen über die Medien*, ihre Produktions- und Verbreitungsbedingungen, ihr Funktionieren, ihre Wirkmöglichkeiten und Wirkmechanismen voraus. Um die eröffneten Freiräume aber verantwortlich nutzen zu können, müssen die Heranwachsenden in ihrem Entwicklungsprozess ein stabiles System an Wertorientierungen aufbauen. Auch dies wird durch die Medien selbst erschwert, weil in der Fülle an Medienangeboten eine Vielzahl an widersprüchlichen, scheinbar gleich gültigen Lebensstilen, Weltanschauungen und Wertsystemen angeboten wird. Damit gehört zur Vermittlung von Medienkompetenz die schwierige Aufgabe, schon bei Kindern und Jugendlichen den *Aufbau einer Verantwortungshaltung gegenüber den Medien*, ihren Inhalten und Nutzungsformen anzubahnen und sie beim Aufbau stabiler Wertorientierungen zu unterstützen. Da die Medienangebote alle Länder- und Kulturgrenzen überschreiten und die Menschen mit Hilfe der Mediennetze weltweit kommunizieren können, werden interkulturelle Kompetenz und die Fähigkeit zur Mehrsprachigkeit zunehmend bedeutsam. Daher kommt es darauf an, dass sich diese medienethische Haltung an den Grundüberzeugungen eines Weltethos ausrichtet (vgl. Spanhel 2001c). Das umfassende Ziel medienpädagogischen Handelns ist nicht Medienkompetenz, sondern eine an medienethischen Prinzipien orientierte *Medienbildung*, die ein Handeln-Können, Wissen und eine ethische Grundhaltung umfasst.

3   Ontogenetische Betrachtungsweise: Der Aufbau der Medienkompetenz

3.1 Medienkompetenz als Entwicklungsaufgabe

Was bedeutet es, dass Kinder heute von Geburt an in einer von Medien geprägten Alltagswelt heranwachsen? Damit verbinden sich bisher in der Menschheitsgeschichte nicht da gewesene Anforderungen an das Kleinkind. Ich bezeichne es als eine grundlegende *Entwicklungsaufgabe*, dass das Kleinkind seine primäre Fähigkeit zum Zeichengebrauch in Form des Spracherwerbs heute in einer mehr denn je von unterschiedlichen technischen Medien, von zeichenhaften und symbolischen Wirklichkeiten durchsetzten Umwelt aufbauen muss (Spanhel 1999a). Kleinkinder werden heute schon von Geburt an mit allen in der Geschichte der Menschheit entwickelten Medien zugleich konfrontiert und können der Fülle an medialen Reizen kaum entgehen. Sie sind durch das Medienensemble in der Familie in Verhältnisse verwickelt, denen sie auf Grund ihrer Entwicklung in keiner Weise gewachsen sind. Aus systemischer Sicht sind für das Kind die Medien Teil seiner Umwelt. Noch ehe das Kleinkind zum Zeichengebrauch fähig ist, fungieren die Medien für dieses als Wahrnehmungs- und Handlungsobjekte. Bereits in dieser Phase bauen die Kleinkinder spezifische Beziehungs-, Gefühls- und Handlungsmuster zu den Medien auf.

Diese Prozesse finden in der Familie statt. Das Kind ist Teil dieses sozialen Systems, das auf Kommunikation beruht. In der Teilhabe des Kindes an den sozialen Handlungen der Familienmitglieder liegt der Ursprung der Bedeutungs- konstitution von Zeichen. Das Kind muss lernen, die von den anderen in seinem Umfeld eingesetzten Zeichen in ihrer Zeichenhaftigkeit zu erkennen, zu interpre- tieren und zu verstehen und es muss allmählich lernen, in seinen Interaktionen selbst Zeichen zu produzieren und so in seinem Handeln einzusetzen, dass sie die anderen verstehen können.

Die Eltern organisieren dafür im alltäglichen Zusammenleben die dingliche und soziale Umwelt ihrer Kinder in bestimmten *Rahmen*, z.B. beim Spielen, beim Essen, beim gemeinsamen Fernsehen, bei Ausflügen oder bei Zu-Bett- gehen-Zeremonien, in denen der Spracherwerb und der Umgang mit Medien (Bilderbüchern, Radio, Hörkassetten, Spielsachen, Computer) aufs Engste mit- einander verbunden sind. Damit stellen sie die Kinder in überschaubare und ver- lässliche Kontexte, in stabile und sinnstiftende Handlungszusammenhänge, in denen erst die Bedeutungskonstitution von Zeichen und Symbolen möglich wird (Spanhel 2001a: 25 f.).

Daraus folgt, dass der Aufbau der Medienkompetenz im Kern und zualler- erst der Erwerb der *Fähigkeit zum sozialen Handeln mittels Zeichengebrauch* ist, unabhängig davon, an welche Signale, technischen Geräte oder Zeichensysteme dieser Zeichengebrauch gebunden ist.

3.2 Der Aufbau der Medienkompetenz als Konstruktionsprozess

Im Verlaufe seiner weiteren Entwicklung lernt das Kind durch vielfältigen Me- diengebrauch in unterschiedlichen sozialen Rahmen - zunächst in der Familie, dann im Kontakt mit anderen Kindern, beim Spiel -, solche beziehungs- und sinnstiftenden Rahmen selbst zu organisieren und Medien in die Gestaltung seiner Alltagswelt und seines Tagesablaufs zu integrieren. Schon Vorschulkinder sind in der Lage, soziale Situationen mit Hilfe von Medien zu strukturieren. Jugendliche nutzen sie souverän zur Konstruktion eigener Wirklichkeiten im Rahmen der Kultur einer Peergroup. Damit ist eine weitere grundlegende Medienkompetenz gekennzeichnet: Die Fähigkeit zur medialen Konstruktion von sozialen sinnstiftenden Handlungskontexten (Spanhel 1995a).

Aus der ontogenetischen Betrachtungsweise ergibt sich eine einleuchtende Erklärung für das häufige Scheitern schulischer Medienerziehung. Wenn Medienerziehung im Vorschul- oder Grundschulalter einsetzt, haben sich bei den Kindern bereits spezifische Beziehungsmuster im Umgang mit den unterschiedlichen Medien ausgeprägt und über Jahre stabilisiert. Diese Muster sind deswegen so schwer zu verändern, weil sie von den Kindern selbst im Kontext ihrer Alltagswelt in der Familie aus ihren Handlungserfahrungen abgeleitet und konstruiert worden sind und durch die Strukturen dieser Alltagswelt gestützt und stabilisiert werden. Damit ist die Gefahr der Festlegung auf sehr einseitige Mediennutzungsformen (Unterhaltung, Zerstreuung, Traumwelten) verbunden. Die Chance und die Aufgabe für die schulische Medienerziehung im Hinblick auf Medienkompetenz sehe ich darin, im Laufe der Jahre *alternative Medienhandlungsmuster* bei den Schülern zu etablieren und zu festigen (Spanhel 1999a). Im Sinne einer „kompensatorischen Funktion" ginge es darum, die Heranwachsenden zu befähigen, die unterschiedlichen Medien angemessen zur Verwirklichung *aller* anthropologischen Funktionen einzusetzen!

4   Konsequenzen für die Schule

4.1 Die mediale Konstruiertheit von Erziehung und Unterricht

Für alle pädagogischen Prozesse ist das anthropologische Grundverhältnis Mensch – Medien *konstitutiv*. Lern-, Erziehungs- und Bildungssysteme sind durch und durch mediale Konstruktionen.

Solange alle diese pädagogischen Prozesse und die Interaktionen des Menschen mit seiner Welt, mit seinen Mitmenschen und mit sich selbst auf der Grundlage eines weitgehend unreflektierten Gebrauchs der Umgangssprache mehr oder weniger gut funktionierten, war die Erziehung nicht zu einer Auseinandersetzung mit ihrer medialen Basis gezwungen. Sprachförderung als Unterrichtsprinzip und die Vermittlung von Lesen und Schreiben als grundlegende Kulturtechniken reichten aus, um den Zugang zu den Kulturgütern und zur Teilhabe an den kulturellen Prozessen zu sichern. Zum ersten Mal wurde in den siebziger Jahren die mediale Basis pädagogischen Handelns zum Problem und deshalb von der Erziehungswissenschaft thematisiert: Damals ging es um die Sprache als Instrument der Erziehung sowie um die Bedeutung der Unterrichtssprache für die Lernprozesse (Bollnow 1966; Loch 1973; Priesemann 1971; Spanhel 1973).

Mit den enormen Medienentwicklungen in den letzten Jahrzehnten hat sich diese Situation völlig verändert. Die Möglichkeiten zur medialen Konstruktion von Wirklichkeit haben sich vervielfacht. Die Medien öffnen den Heranwachsenden unabhängig von pädagogischer Kontrolle durch Erziehung und Unterricht reizvolle Erfahrungen und verlockende Lernangebote zu jeder Zeit und an jedem Ort. Sie stellen eine besondere Herausforderung für Erziehung und Bildung dar. Diese liegt darin, dass eine gemeinsame kulturelle Basis (an Erfahrungen, Wissen, Werten, Haltungen, Überzeugungen) als Voraussetzung für gelingende Kommunikation und erfolgreiches Lernen in der Schule immer unwahrscheinlicher und brüchiger wird. D.h., dass die inneren, vielfältig von Medien geprägten Lernvoraussetzungen bei den Heranwachsenden immer unterschiedlicher werden. Es fällt ihnen zunehmend schwer, Anschlussmöglichkeiten an die systematisch organisierten und meist sprachlich gebundenen Lerninhalte und –prozesse in der Schule zu finden. Für die Lehrkräfte wird es immer schwieriger, die einzelnen Schüler mit ihren ganz individuellen Denkweisen, Wissensbruchstücken, Vorstellungen, Bedürfnissen und Wertorientierungen in den Unterrichtsprozess einzubinden (Spanhel 1998).

In dieser Situation bietet der Einsatz der neuen Medien im Unterricht eine riesige Chance, wenn sie in ihren vielfältigen Möglichkeiten zum selbständigen und kollaborativen Lernen genutzt und die divergierenden Lernvoraussetzungen der Schüler positiv, als Anregungspotential gesehen werden (Spanhel 2000, 2001a). Dabei kommt es darauf an, dass sich die Schule auf die mediale Konstruiertheit von Erziehung und Unterricht besinnt. *Medien vermitteln nicht fertige Inhalte*, sondern in den unterrichtlichen Kommunikationsprozessen werden diese Inhalte gemeinsam konstruiert; gleichzeitig werden dabei je nach Medium spezifische soziale Beziehungen konstituiert und diese Prozesse wirken sich auf das persönliche Erleben aller Beteiligten aus. Dabei kommt der ästhetischen Dimension eine besondere Bedeutung zu (vgl. Wermke 2000).

Die Frage lautet dann: Wie könnten bzw. müssten unter Ausnutzung der Möglichkeiten aller heute verfügbaren Medien die Lehr-Lernprozesse konstruiert werden (Spanhel 2002c)?

Und weiter ist zu fragen: Was macht es für einen Unterschied für die angestrebten Lern- bzw. Erziehungsziele, wenn Lerninhalte und Lehr-Lernprozesse so oder so medial konstruiert werden (Spanhel 1999c)?

Daraus folgt: Das Erziehungs- und Bildungsproblem liegt heute nicht mehr im *Zugang* zu den symbolischen Sinnwelten (Bücherwelten), sondern im *Umgang mit der Komplexität* und Vielfalt der Medienwelten, in ihrer Dekonstruktion sowie in der gemeinsamen (Re)Konstruktion gemeinsamer symbolischer Sinnwelten. In diesen Prozessen vollzieht sich nicht nur der Aufbau von Medienkompetenz und anderer Kompetenzen (1995b). Als zentrale Aufgabe der Schule sehe ich den fortschreitenden Aufbau eines konsensuellen Bereichs (an *Inhalten*), einer gemeinsamen Kultur als Basis für die Erhaltung und Weiterentwicklung der Gesellschaft und Kultur.

4.2 Der Aufbau der Medienkompetenz als ein „Lernen vom Kontext"

Der Aufbau von Medienkompetenz im Raum der Schule erfolgt als ein „Lernen vom Kontext" (Bateson 1990) auf der Grundlage von Kommunikation, d.h. als eine soziale Konstruktion von Bedeutungen. G. Priesemann hat bereits 1971 in seiner „Theorie der Unterrichtssprache" den Unterricht als ein Wechselspiel von „verständigungs- und fachbezogenem Sprechen" beschrieben, in dem sich in den einzelnen Schulklassen ein kontinuierlicher Aufbau einer so genannten „Lerngruppensprache" vollzieht. Das bedeutet, dass sich zugleich mit der Konstruktion gemeinsamer symbolischer Sinnwelten der Aufbau gemeinsamer (medialer) Instrumente für diese Konstruktionen vollzieht. Es handelt sich dabei um den Aufbau konkreter Vorstellungen (innerer Bilder) bzw. abstrakter kognitiver Strukturen (Begriffe), die mit umgangs- oder fachsprachlichen Wörtern bezeichnet und durch diese auch wieder evoziert werden können.

Diese Charakterisierung von Unterricht trifft auch heute noch voll zu. Was sich verändert hat, ist die mediale Präsentation bzw. Repräsentation der Inhalte, mit denen sich Lehrende und Lernende auseinander setzen. Lernen vom Kontext bedeutet nicht in erster Linie die Aneignung bestimmter *Inhalte*, sondern meint vor allem die *Prozesse* eigentätigen zeichenhaften, medialen Handelns, der Dekonstruktion und Rekonstruktion von Inhalten.

Wenn im Unterricht Kompetenzen aufgebaut werden sollen, dann geht es also dabei um *Fähigkeiten*, um ein prozedurales Wissen (Wissen, wie), das nur durch eigentätiges Handeln, durch ein Lernen vom Kontext konstruiert werden kann. Unterricht konfrontiert uns daher heute unweigerlich mit folgenden Fragen:

1. Welchen Unterschied macht es für das Lernen bzw. für den Aufbau von Kompetenzen, wenn die Lerninhalte medial so oder anders den Schülern vorgestellt und von ihnen medial so oder so konstruiert werden?

2. Wie müssen wir den Unterricht als mediale Konstruktion und die unterrichtlichen Rahmenbedingungen gestalten, damit in den Kommunikationsprozessen zwischen den Lehrenden und Lernenden *bestimmte Konstruktionsprozesse zwingend erforderlich* sind und in der aktiven Teilhabe an diesen Prozessen die gewünschten Kompetenzen bzw. Medienhandlungsmuster aufgebaut und gefestigt werden können?

3. Wie müssen die medialen Kommunikationsprozesse im Zusammenleben in der Schule und in den Kontakten der Schule zu ihrer Umwelt (Eltern, Kommune, Wirtschaft, Verbände) gestaltet werden, damit die Schülerinnen und Schüler eine an ethischen Prinzipien orientierte Verantwortungshaltung gegenüber den Medien aufbauen können?

Für eine angemessene Verwirklichung dieser Anforderungen im Unterrichts- und Schulalltag müssen die Lehrerinnen und Lehrer bereits in der Ausbildung oder in der Fortbildung kompetent gemacht werden (Spanhel 1999b, 2001b, 2002b). Am besten wäre es, wenn solche Veränderungen in den Rahmen umfassender Konzepte zur Schulentwicklung eingebettet werden könnten (vgl. Spanhel 1999e).

5   Literaturverzeichnis:

Ammann, D., Moser, H. & Vaissière, R. (Hrsg.) (1999): Medien lesen. Der Textbegriff in der Medienwissenschaft. Zürich: Verlag Pestalozzianum.

Bateson, G. (1990)[2]: Geist und Natur. Eine notwendige Einheit. Frankfurt a.M.: Suhrkamp.

Bayerischer Rundfunk (Hrsg.) (2002): Was bieten die Medien? Was braucht die Gesellschaft. Chancen und Risiken moderner Kommunikation. München: Bayerischer Rundfunk.

Boeckmann, K. (1994): Unser Weltbild aus Zeichen. Zur Theorie der Kommunikationsmedien. Wien: Braumüller

BLK (Hrsg.) (1995): Medienerziehung in der Schule. Orientierungsrahmen. Bonn.

Bollnow, O.F. (1965): Die anthropologische Betrachtungsweise in der Pädagogik. Neue pädagogische Bemühungen Bd. 23. Essen: Neue Deutsche Schule Verlag.

Bollnow, O.F. (1966): Sprache und Erziehung. Stuttgart: Kohlhammer.

Deutsches PISA-Konsortium (Hrsg.) (2001): PISA 2000. Basiskompetenzen von Schülerinnen und Schülern im internationalen Vergleich. Opladen: Leske + Budrich.

Doelker, C. (1997): Ein Bild ist mehr als ein Bild. Visuelle Kompetenz in der Multimedia-Gesellschaft. Stuttgart: Klett-Cotta.

Doelker, C. (2002): Umwelt als Information – Information als Umwelt. Aufwachsen in der Mediengesellschaft. In: Bayerischer Rundfunk (2002): 101-110.

Gogolin, I. & Lenzen, D. (Hrsg.) (1999): Mediengeneration. Beiträge zum 16. Kongreß der Deutschen Gesellschaft für Erziehungswissenschaft. Opladen: Leske + Budrich.

Herzig, B. (Hrsg.) (2001): Medien machen Schule: Grundlagen, Konzepte und Erfahrungen zur Medienbildung. Bad Heilbrunn: Klinkhardt.

Kleber, H. (Hrsg.) (2000): Spannungsfeld Medien und Erziehung. Medienpädagogische Perspektiven. München: KoPäd.

Liedtke, M. (Hrsg.) (1997): Kind und Medien. Zur kulturgeschichtlichen und ontogenetischen Entwicklung einer Beziehung. Bad Heilbrunn: Klinkhardt.

Loch, W. (1973): Sprache als Instrument der Erziehung. In: Spanhel (1973): 31–48.

Maturana, H. & Varela, F. J. (1987): Der Baum der Erkenntnis. Die biologischen Wurzeln des menschlichen Erkennens. Bern / München: Scherz.

Meister, D. M. & Sander, U. (Hrsg.) (1999): Multimedia. Chancen für die Schule. Neuwied: Luchterhand.

Ministerpräsidentin des Landes Schleswig-Holstein (Hrsg.) (1998): Medienkompetenz. Heute Herausforderung – morgen Voraussetzung. Dokumentation der Veranstaltung am 6. Mai 1998. Kiel.

PISA-Konsortium Deutschland (Hrsg.) (2004): PISA 2003. Der Bildungsstand der Jugendlichen in Deutschland – Ergebnisse des zweiten internationalen Vergleichs. Münster / New York / München / Berlin: Waxmann.

Priesemann, G. (1971): Zur Theorie der Unterrichtssprache. Sprache und Lernen. Bd. 11. Düsseldorf: Schwann.

Roth, L. (Hrsg.) (2001)[2]: Pädagogik. Handbuch für Studium und Praxis. München: Ehrenwirth.

Schell, F., Stolzenburg, E. & Theunert, H. (Hrsg.) (1999): Medienkompetenz. Grundlagen und pädagogisches Handeln. München: KoPäd.

Schill, W. & Wagner, W.-R. (2002): Medien – Lese - Kompetenz vermitteln. In: medien praktisch 104 (2002): 22–25.

Spanhel, D. (1973)[3]: Die Sprache des Lehrers. Grundformen des didaktischen Sprechens. Düsseldorf: Schwann.

Spanhel, D. (1995a): "Wirklichkeit aus zweiter Hand". Wie Jugendliche die elektronischen Medien nutzen, um sich ihre eigene Lebenswelt aufzubauen. In: Schulmagazin 5 bis 10, 5 (1995): 58–61.

Spanhel, D. (1995b): Schlüsselqualifikationen verändern das Lernen in der Schule. In: Schulmagazin 5 bis 10, 10 (1995) H.5: 53–57.

Spanhel, D. (1997): Erziehung in einer mediengeprägten Alltagswelt. In: Liedtke (1997): 229–247.

Spanhel, D. (1998): „Neue Medien – alte Bildung?" Zur Notwendigkeit einer Reform von Schule und Lehrerausbildung. In: Ministerpräsidentin des Landes Schleswig-Holstein (1998): 10–17.

Spanhel, D. (1999a): Der Aufbau grundlegender Medienkompetenzen im frühen Kindesalter. In: Gogolin & Lenzen (1999): 225-244.

Spanhel, D. (1999b): Multimedia im Schulalltag - Was müssen Lehrerinnen und Lehrer wissen, um Multimedia einsetzen zu können? In: Meister & Sander (1999): 54-76.

Spanhel, D. (1999c): Förderung von Medienkompetenz im Handlungsfeld Schule - Bedingungen, Möglichkeiten, konkrete Beiträge. In: Schell, Stolzenburg & Theunert (1999): 159-166.

Spanhel, D. (1999d): Vom Text zum Kontext: Überlegungen zu einer medienpädagogischen Theorie auf systemtheoretischer Grundlage. In: Ammann, Moser & Vaissière (1999): 274-295.

Spanhel, D. (1999e): Integrative Medienerziehung in der Hauptschule. Ein Entwicklungsprojekt auf der Grundlage responsiver Evaluation. München: KoPäd.

Spanhel, D. (2000): Neue Medien – neue Lernchancen. Ein integratives Konzept für die Medienerziehung. In: Lernchancen (Medien verstehen lernen) 14, 3 (2000): 5-14.

Spanhel, D. (2001a): Praktische Medienarbeit in der Sekundarstufe I. Integration in den Unterrichts- und Schulalltag. Studienbrief. Hagen: FernUniversität-Gesamthochschule.

Spanhel, D. (2001b): Medienpädagogische Kompetenz als integraler Bestandteil der Lehrerprofessionalität. In: Herzig (2001): 267-294.

Spanhel, D. (2001c): Thesen zu ethischen Grundfragen der Medienpädagogik. In: Medienimpulse. Beiträge zur Medienpädagogik 38 (2001): 31-32.

Spanhel, D. (2001d): Sprache im Unterricht. In: Roth (2001): 931– 940.

Spanhel, D. (2001e): Wohin steuert die Theorie der Medienpädagogik? In: Gesellschaft für Medienpädagogik und Kommunikationskultur (Hrsg.): Mensch und Medien. Pädagogische Konzepte für eine humane Mediengesellschaft. Rundbrief Nr. 44. Bielefeld: 161-164.

Spanhel, D. (2002a): Medienkompetenz als Schlüsselbegriff der Medienpädagogik? In: forum medienethik 1 (2002) Medienkompetenz – Kritik einer populären Universalkonzeption: 48–53.

Spanhel, D. (2002b): Medienpädagogik in der Lehrerbildung. Ohne Medienkompetenz ist keine Bildung möglich. In: medien praktisch (Zeitschrift für Medienpädagogik) 4 (2002): 30–34.

Spanhel, D. (2002c): Der Wandel der Bedingungen des Lehrens und Lernens: Organisatorische Rahmenbedingungen für multimediale Lernumgebungen. In: Grundlagen der Weiterbildung Praxishilfen. Ergänzungslieferung Nr. 50. Neuwied: 1–22.

Wagner, U., Theunert, H., Gebel, C. & Lauber, A. (2004): Zwischen Vereinnahmung und Eigensinn – Konvergenz im Medienalltag Heranwachsender. BLM-Schriftenreihe Bd. 74. München: Reinhard Fischer.

Wermke, J (2000): Ästhetische Perspektiven der Medienerziehung. In: Kleber (2000): 197-226.

Deutschdidaktik und Deutschunterricht nach PISA. Eine Bestandsaufnahme nebst einigen hochschul- und bildungspolitischen Anmerkungen

Volker Frederking

1 Fachdidaktik im universitären Bedingungsfeld nach PISA

Unsere Lehrer sind fachlich sehr gut ausgebildet. Das Studium für ein höheres Lehramt unterscheidet sich nur graduell von einem Magister- oder Diplomstudiengang. Manche Referendarin hätte auch eine gute Physikerin oder Germanistin werden können. Die fachdidaktische und die praktische Ausbildung bedürfen der Verbesserung, und es fehlt eine professionell betreute Berufseingangsphase. Aber der letzte Schritt zur Professionalität des Lehrerberufs kann von einem guten Fundament ausgehen.

(Baumert 2003: 76)

Zu einem Zeitpunkt, da von manchen fachwissenschaftlichen Kolleg(inn)en in manchem offiziellen oder halboffiziellen Gremium die Frage nach der zukünftigen Rolle der Fachdidaktik im Ensemble der Wissenschaften ernsthaft und vor allem vernehmlich in der Weise diskutiert wird, ob Fachdidaktik überhaupt noch eine solche Rolle spielen solle, und mancher Finanzpolitiker in manchem landeseigenen Ministerium angesichts der viel beklagten und wohl auch realiter mehr als leeren Kassen diese Gedankenspiele bereitwillig aufgreift, weil er ein zwar nur bescheidenes, aber vorweisbares Einsparvolumen zu erkennen glaubt, zu einem solchen Zeitpunkt markiert die Forderung nach einer Verbesserung der fachdidaktischen und praktischen Ausbildung angehender Lehrer(innen), wie sie J. Baumert in dem oben angeführten Zitat formuliert, ein wichtiges hochschulpolitisches Signal: Nach PISA 2000 und 2003 kann es nicht um einen Abbau, sondern nur um eine Stärkung der Fachdidaktiken an bundesdeutschen Universitäten gehen! Dies gilt auch und gerade im Bereich der in einem Massenfach für die Ausbildung angehender Lehrer(innen) mitverantwortlichen Deutschdidaktik. Hatte mancher Germanist in der ersten Reaktion auf PISA 2000 für ein ‚Mehr' an fachwissenschaftlicher Ausbildung plädiert und feiert auch heute noch vereinzelt die These ‚Es ginge auch ohne Fachdidaktik' in interessierten Kreisen eine unzeitgemäße Renaissance (vgl. Beutler 2003: 510ff.), ist im Urteil des Leiters des PISA-Konsortiums realiter eine Stärkung der fachdidaktischen und praxisorientierten Anteile der Ausbildung notwendig.

Spezifische Begründungszusammenhänge für diese Einschätzung erschließen sich gerade mit Blick auf die von Baumert genannten höheren Lehrämter, d.h. den Gymnasialbereich. Hier es durchaus erstaunlich, dass die bundesdeutsche Leistungsspitze in Bezug auf die Lesekompetenz im internationalen Vergleich trotz der deutschlandspezifischen selektiven Konzentration im Gymnasium „keine überdurchschnittlichen Ergebnisse erreicht" hat (vgl. Artelt, Stanat, Schneider & Schiefele 2001: 109), sondern „signifikant unter den entsprechenden Ergebnissen anderer PISA-Teilnehmerstaaten" geblieben ist. So erreichten die besten 10% bundesdeutscher Schüler(innen) im Zusammenhang mit den Testaufgaben zur Lesekompetenz im Rahmen von PISA 2000 mit 619 Punkten und die besten 5% mit 650 Punkten nicht die Vergleichzahlen der Leistungsspitze von Neuseeland (661/692), Australien (656/685), Finnland (654/681), Kanada (652/681), Großbritannien (651/682), Irland (641/669), Belgien (634/659), Norwegen (631/660) etc. (vgl. Artelt, Stanat, Schneider & Schiefele 2001: 107). Für PISA 2003 ergeben sich ganz ähnliche Befunde, auch hier liegt die deutsche Leistungsspitze, d.h. die besten deutschen 10% mit 624 Punkten bzw. die besten 5% mit 652 auf dem 9. Platz, nur leicht über dem OECD-Durchschnitt mit 617/646 Punkten (vgl. Schaffner, Schiefele, Drechsel & Artelt 2004: 99).

Diese Ergebnisse lassen sich natürlich nicht monokausal erklären. Mehrere Aspekte spielen eine Rolle. Zum einen scheinen sich selbst hier in der Leistungsspitze die Vorteile nicht-selektiver Schulsysteme zu bestätigen, insofern die Mehrzahl der oben aufgeführten Länder, die sich im Bereich der Lesekompetenz im 5%- bzw. 10%-Spitzensegment vorn platzieren konnten, auf integrative Schulformen setzen. Zum anderen könnte das enttäuschende Abschneiden der bundesdeutschen Leistungsspitze (wie des Durchschnitts) partiell auch aus dem im internationalen Vergleich geringen Stundenanteil des Faches Deutsch, d.h. des muttersprachlichen Unterrichts, resultieren. Aus Statistiken der EU aus dem Jahre 1997/98 (vgl. Europäische Kommission, Euridice & Eurostat 1999/2000: 89) und der OECD aus dem Jahre 2002 (vgl. OECD 2002: 315) zumindest lässt sich ablesen: viele der in der Leistungsspitze vor Deutschland platzierten europäischen Länder (EU-Statistik: Norwegen, Belgien, Irland bzw. OECD-Statistik: Schweden, Neuseeland, Japan, Irland, Finnland, England) geben dem muttersprachlichen Unterricht prozentual deutlich mehr Raum. Im Rahmen der von der OECD erstellten Untersuchung liegt Deutschland mit 20% Pflichtbereich ‚Lesen, Schreiben und Literatur' beachtliche 4% unter dem OECD-Durchschnitt mit

24%. Allerdings ist das Ergebnis nicht eindeutig, denn es gibt auch Länder mit vergleichbarem bzw. geringerem muttersprachlichen Pflichtstundenanteil, die in der Leistungsspitze besser abgeschnitten haben - z.b. laut OECD-Statistik Australien, laut EU-Statistik z.b. Finnland - und solche mit höherem Pflichtanteil, die sogar etwas schlechtere Ergebnisse erzielt haben (z.b. laut EU-Statistik: Dänemark).

So vermag weder der schulorganisatorische (selektiv versus nicht-selektiv) noch der quantitative (Pflichtstundenzahl muttersprachlichen Unterrichts) Aspekt allein das unterdurchschnittliche Abschneiden der getesteten deutschen Schüler(innen) im Bereich der Lesekompetenz in den Mittelwerten und das nur durchschnittliche in der Leistungsspitze erklären. Ein dritter entscheidender Einflussfaktor muss die Qualität und Lerneffizienz des muttersprachlichen Unterrichts selbst sein. Auch für diesen gilt wahrscheinlich, was J. Baumert allgemein vor dem Hintergrund des deutschen Abschneidens bei der OECD-Vergleichsstudie festgestellt hat: „Die bildungspolitische Antwort auf PISA lautet: [...] Steigerung der Lehrer-Professionalität zu Gunsten der Unterrichtsqualität" (Baumert, zit. nach Thiel 2002). An anderer Stelle präzisiert der Leiter des deutschen PISA-Konsortiums 2000: „Fachdidaktiker in der ganzen Welt sind sich da recht einig. Wir brauchen einen Unterricht, der Verständnis vermittelt. [...] Verstehen erreicht man mit keiner Stoffhuberei. Guter Unterricht setzt darauf, dass Schüler selbst geistig tätig werden. [...] Keine Methode bietet ein Allheilmittel. [...] Ein guter Lehrer verfügt über einen Mix verschiedener Unterrichtsformen: mal Frontalunterricht, mal Lernen in der Gruppe, jetzt Experimentieren, später stilles Lernen mit dem Ziel, die geistige Selbsttätigkeit der Schüler zu unterstützen. Wenn das gelingt, hat der Unterricht Erfolg." (Baumert 2001: 12) Hat der Unterricht keinen Erfolg, wie das nur durchschnittliche Abschneiden selbst unserer durch das Gymnasium zumindest schulorganisatorisch bzw. strukturell besonders geförderten Leistungsspitze signalisiert, muss dies als Indikator für fachwissenschaftliche und/oder didaktisch-methodische Desiderate gewertet werden. Folgt man der eingangs angeführten Einschätzung Jürgen Baumerts, ist die Frage klar zu beantworten: fachwissenschaftlich sind unsere Gymnasiallehrer(innen) sehr gut ausgebildet, fachdidaktisch gibt es signifikante Desiderate.

Diese resultieren vor allem aus einer quantitativen Schieflage – ohne dass qualitativer Optimierungsbedarf damit geleugnet werden soll. Denn tatsächlich bestehen z.B. in Bayern fast 95% der Fachausbildung im Gymnasialbereich aus fachwissenschaftlichen Studienanteilen (66 SWS), während für die fachdidaktische Ausbildung nur ein minimaler Studienanteil von 4 SWS zur Verfügung steht. Dass diese quantitative Marginalisierung fachdidaktischer Studienanteile eine entscheidende Ursache für das wenig befriedigende Abschneiden der getesteten Schüler(innen) der Sekundarstufen I im Allgemeinen (vgl. Abb. 1) und der Gymnasiast(inn)en im Besonderen darstellt, weil so während des Studiums die Vermittlung von Theorie-Praxis-Bezügen zu kurz kommt, besitzt ein hohes Maß an Wahrscheinlichkeit.

Abbildung 1: Perzentilbänder für Lesekompetenz der OECD-Teilnehmerstaaten bei PISA 2003 (vgl. Schaffner, Schiefele, Drechsel & Artelt 2004: 101)

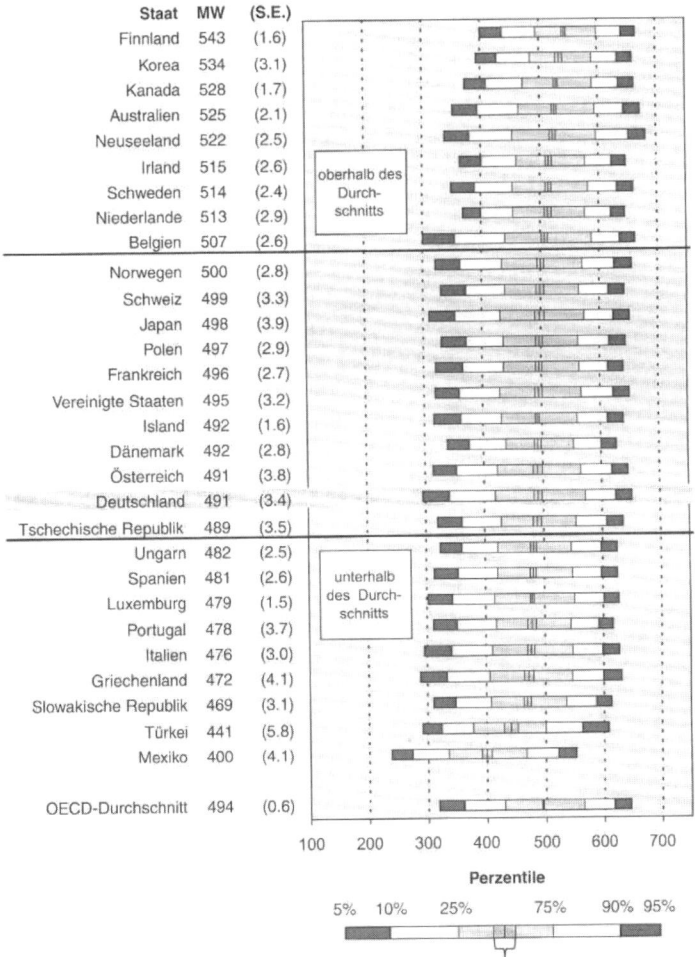

Der Vergleich mit dem Abschneiden deutscher Schüler(innen) bei IGLU liefert
weitere Indikatoren für die Richtigkeit dieser Hypothese:

Abbildung 2:   Perzentilbänder für Lesekompetenz der Teilnehmerstaaten bei IGLU 2001 (vgl.
Bos, Lankes, Schwippert, Valtin, Voss, Badel & Plaßmeier 2003: 102)

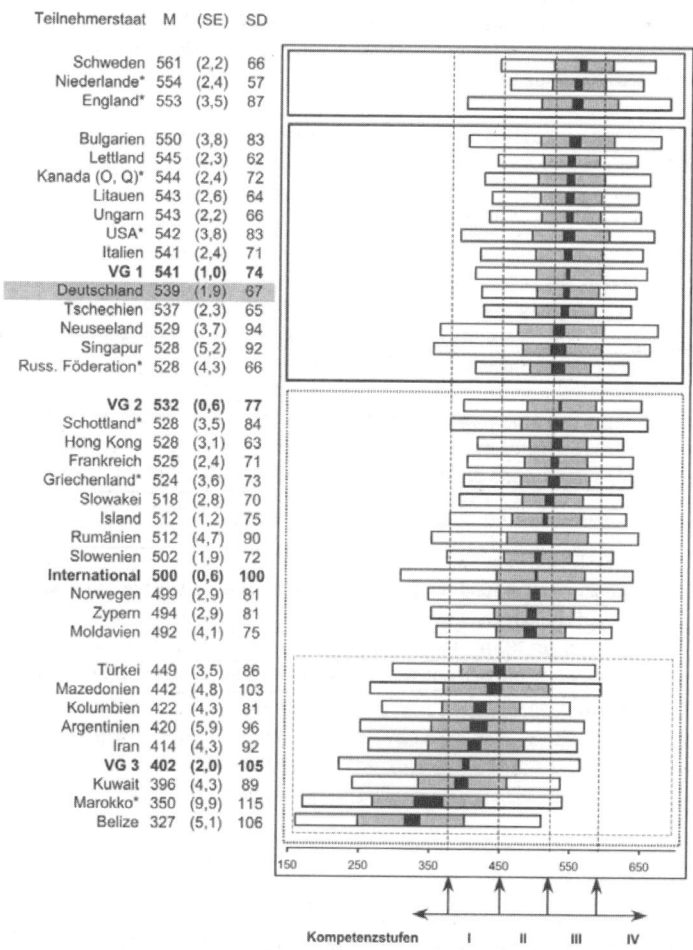

Wenn man weiß, dass im Grundschulbereich der fachdidaktische Ausbildungsan-
teil in den meisten Bundesländern sehr viel höher liegt als im Sekundarstufenbe-

reich (in Bayern liegt er bei 8-12 SWS im primarstufenspezifischen Fachstudium) und die Theorie-Praxis-Bezüge hier eine sehr viel größere Bedeutung besitzen, werden beim Vergleich der PISA- und der IGLU-Ergebnisse weitere Anhaltspunkte für eine bislang bildungspolitisch kaum diskutierte und empirisch noch nicht untersuchte Korrelation zwischen didaktisch-methodischen Ausbildungsschwerpunkten der Lehrenden und den Lernleistungen der Schüler(innen) innerhalb der verschiedenen Schulformen und Schulstufen erkennbar. Denn während die zur spezifischen Förderung der Leistungseliten gebildeten deutschen Gymnasien im internationalen Vergleich der Leistungsspitze im Bereich der Lesekompetenz (wie auch im mathematischen und naturwissenschaftlichen Bereich) nur Durchschnitt sind, konnten sich die im Rahmen von IGLU getesteten bundesdeutschen Grundschüler(innen) mit ihren Lesekompetenz-Ergebnissen im oberen Drittel platzieren (vgl. Bos, Lankes, Schwippert, Valtin, Voss, Badel & Plaßmeier 2003: 101ff.; vgl. Abb. 2).

Auch wenn gesicherte Erkenntnisse erst auf der Grundlage empirischer Untersuchungen in diesem bildungs- wie hochschulpolitisch brisanten Problembereich möglich sind, ist die Hypothese doch sehr plausibel, dass die unterschiedliche fachdidaktische Ausbildungsintensität zwischen Gymnasial- und Grundschullehrer(inne)n ein entscheidender Einflussfaktor für die deutliche Diskrepanz im Abschneiden zwischen den getesteten Primarstufenschüler(inne)n und der Leistungsspitze der Sekundarstufe darstellt.

Doch wie dem auch sei – J. Baumerts Plädoyer für eine intensivierte fachdidaktische Ausbildung gilt für alle Schularten und Schulstufen und stellt in meinem Urteil einen Schlüssel für die Professionalisierung der Lehrkompetenzen und die Optimierung der fachspezifischen unterrichtlichen Lehr-Lern-Prozesse nach PISA (und IGLU) dar – vorausgesetzt die Fachdidaktik wird von ihren Repräsentant(inn)en nicht fälschlicherweise als ‚Fachwissenschaft light' missverstanden, wie dies gelegentlich zu beobachten ist, sondern kommt ihrer genuinen Aufgabe in wissenschaftlich adäquater Weise nach. Diese besteht in der theoretischen Entwicklung, praktischen Erprobung und empirischen Erforschung tragfähiger Konzeptionen fruchtbaren fachspezifischen unterrichtlichen Handelns im Umgang mit fachlichen Gegenständen und in der interdisziplinär verankerten Überprüfung ihrer vielfältigen Bedingungsfaktoren.

Was aber könnte im Sinne eines so verstandenen disziplinären Selbstverständnisses aus PISA 2000 und 2003 (und IGLU) deutschdidaktisch geschlussfolgert werden? Wo ergeben sich praktische Ansatzpunkte für eine Optimierung der Lesekompetenz deutscher Schüler(innen) im Deutschunterricht? Diesen Fragen möchte ich in einer Oszillationsbewegung zwischen didaktischer Theorie und unterrichtlicher Praxis nachgehen - eingedenk eines ebenso berühmten wie wegweisenden Satzes F. Schleiermachers aus seinen Pädagogischen Vorlesungen (1826: 11): „Die Dignität der Praxis ist unabhängig von der Theorie; die Praxis wird nur mit der Theorie eine bewußtere."

2 Wider die Mythenbildung. Lesekompetenz in Bayern und anderswo

Jede Diskussion von Lösungsansätzen hat die genaue Analyse der Befunde zur Voraussetzung. Dies gilt im Zusammenhang mit den Ergebnissen der PISA-Studie und ihren deutschdidaktischen Konsequenzen in besonderer Weise. Denn diese sind tatsächlich überaus vielschichtig und haben schon manchen Interpreten zu Schlussfolgerungen veranlasst, die einer differenzierteren Prüfung nicht standhalten.

Unstrittig ist: Deutsche 15-jährige Schüler(innen) haben im Rahmen der OECD-Vergleichsstudie mit 484 Punkten einen wenig befriedigenden 21. Platz in einem internationalen Teilnehmerfeld von 32 Staaten belegt (vgl. Artelt, Stanat, Schneider & Schiefele 2001: 106). Bei PISA 2003 ist das Ergebnis nur unwesentlich besser, insofern Deutschland hier mit 491 Punkten Platz 19 einnimmt und damit „nun im OECD-Durchschnitt eingeordnet wird und nicht mehr unterhalb" (Schaffner, Schiefele, Drechsel & Artelt 2004: 108).

Abbildung 3:   IEA-Vergleichsstudie zur ‚Reading literacy' 1991 (Europäische Kommission/ Generaldirektion Bildung und Kultur 2000: S. 20)

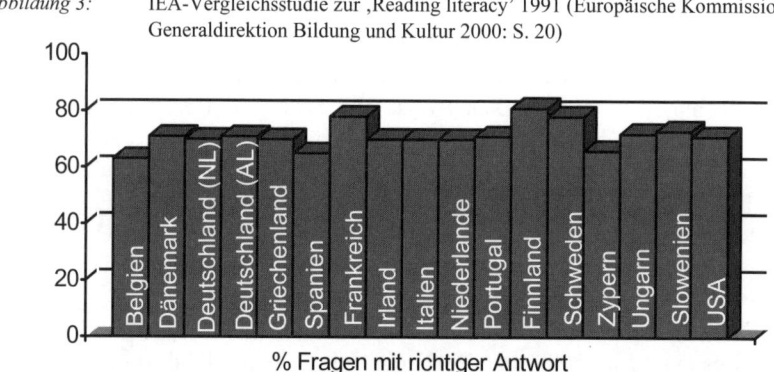

% Fragen mit richtiger Antwort

Dass es mit der Lesekompetenz deutscher Schüler(innen) keinesfalls zum besten steht, war in Expertenkreisen allerdings schon lange vor PISA bekannt. So hatten

bereits in der 1991 durchgeführten IEA-Vergleichsstudie zur ‚Reading literacy'
die untersuchten deutschen Bundesländer (unterschieden wurden westliche und
östliche) im EU-internen Vergleich nur durchschnittlich abgeschnitten (vgl. Abb.
3). Doch blieben diese Ergebnisse in der politischen Öffentlichkeit ohne Reso-
nanz, während PISA 2000 zu einer wahrnehmbaren Erschütterung des nationalen
Selbstverständnisses im ‚Land der Dichter und Denker' geführt hat.

Abbildung 4:   Prozentualer Anteil 15-Jähriger auf den einzelnen Komptenzstufen (Artelt,
                     Schneider & Schiefele 2002: 72 (mit eigenen Kommentierungen etc.)

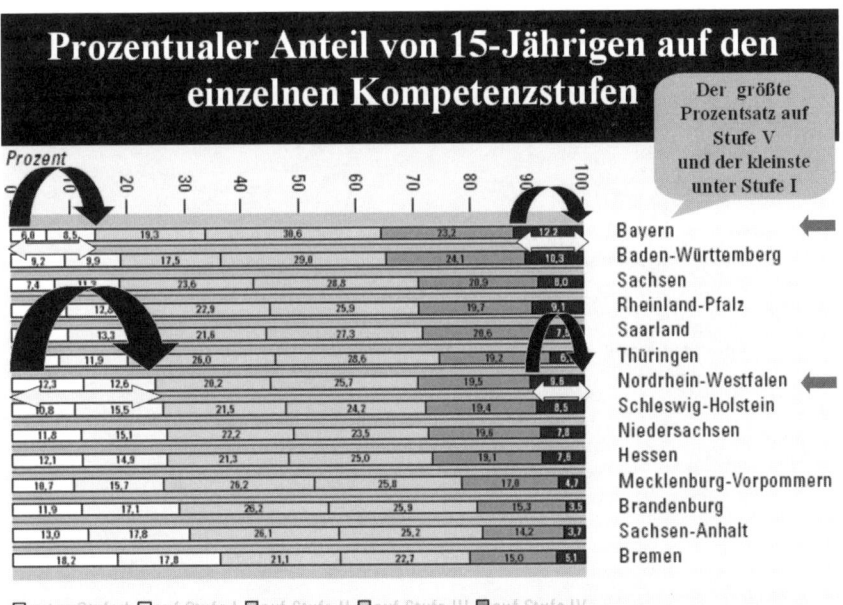

Mit der Veröffentlichung der Ergebnisse der PISA-E-Studie (2002), der deutsch-
landinternen Ländervergleichsstudie, setzte in den südlichen Bundesländern
Erleichterung ein – teilweise gepaart mit deutlichem bildungspolitischen Stolz
über die Bestätigung der eigenen hohen Standards. Tatsächlich sind die Befunde
auf den ersten Blick auch völlig eindeutig: „Zwischen Bayern, dessen Wert deutlich über dem OECD-Durchschnitt liegt [...], und dem Stadtstaat Bremen, der
sich am unteren Ende der Verteilung befindet, liegen 62 Punkte, was fast einer
ganzen Kompetenzstufe entspricht. Die Unterschiede zwischen den Ländern sind
also insgesamt sehr groß. Sie reichen vom oberen Drittel bis an das untere Ende

der internationalen Rangreihe." (Artelt, Schneider & Schiefele 2002: 62f.) Auch im Bereich der Lesemotivation liegen Bayern und Baden-Württemberg weit vorn, insofern sie mit 33 bzw. 34 % den geringsten Anteil an Schüler(inne)n haben, die angeben, nicht zum Vergnügen zu lesen (Artelt, Schneider & Schiefele 2002: 78f.).

Der Vergleich der einzelnen Leistungsstufen offenbart ebenfalls deutliche länderspezifische Unterschiede. Kontrastieren wir z.b. die zwei einwohnerstärksten Bundesländer Bayern und Nordrhein-Westfalen (vgl. Abb. 4), zeigt sich: Bayern hat die geringsten Prozentzahlen von Schülern auf oder unter Stufe I (14,5%) und den größten Anteil auf Stufe V (12,2%), Nordrhein-Westfalen ist demgegenüber abgeschlagen mit 24,9 % auf oder unter Stufe I und 9,6% auf Stufe V. Diese Diskrepanzen zwischen den beiden Bundesländern sind signifikant und bestens geeignet, das bayerische Superioritäts- wie das nordrhein-westfälische Inferioritätsgefühl im Bereich der Bildungspolitik nachhaltig zu bestätigen.

Abbildung 5:   Adjustierte Mittelwerte zur Lesekompetenz für Neuntklässler mit und ohne Migrationshintergrund (Artelt, Schneider & Schiefele 2002: 88)

Mittel-wert	Perzentil 95–5*	SE	Relativer Anteil (in %)	Mittel-wert	Perzentil 95–5*	SE	Relativer Anteil (in %)	
Schüler mit in Deutschland geborenen Eltern				*Schüler mit im Ausland geborenen Eltern*				
524	265	3,5	79,5	501	276	5,6	20,5	Bayern
514	257	2,8	72,3	487	290	5,2	27,7	Baden-Württemberg
507	255	1,9	95,9				4,1	Sachsen
507	270	2,9	69,3	467	299	5,5	30,7	Nordrhein-Westfalen
506	264	2,9	74,5	475	297	5,6	25,6	Rheinland-Pfalz
505	278	3,4	80,4	463	311	4,9	19,6	Niedersachsen
503	270	1,0	81,6	473	299	2,4	18,4	Bundesdurchschnitt
501	255	2,0	97,6				2,4	Thüringen
493	278	2,9	66,5	465	297	4,6	33,5	Hessen
493	253	2,5	81,6	452	309	5,3	18,5	Saarland
492	260	1,9	97,3				2,7	Mecklenburg-Vorpomme
490	280	3,0	85,7	449	325	6,6	14,3	Schleswig-Holstein
483	289	3,1	60,1	440	312	5,7	39,9	Bremen
479	269	3,1	96,1				3,9	Sachsen-Anhalt
477	274	3,0	96,6				3,4	Brandenburg

Allerdings besitzen beide Reaktionsmuster kein wirkliches fundamentum in re. Dies zeigt ein genauerer Blick auf die Zahlen (vgl. Abb. 5): „Durch die Adjustierung und alleinige Betrachtung von Schülern ohne Migrationshintergrund ändert sich auch die Rangfolge der Länder im Vergleich zur Gesamtgruppe der Neuntklässler: Die Länder Nordrhein-Westfalen und Bremen schneiden bei diesem Vergleich besser ab, während Brandenburg, Schleswig-Holstein und Thüringen jeweils niedrigere Rangpositionen einnehmen" (Baumert, Artelt, Klieme, Neubrand, Prenzel, Schiefele, Schneider, Tillmann & Weiß 2002: 23).

Abbildung 6:   Mittelwerte der Leseleistungen der 15-Jährigen für 14 Länder der Bundesrepublik und ausgewählte OECD-Staaten (Stanat, Artelt, Baumert, Klieme, Neubrand, Prenzel, Schiefele, Schneider, Schümer, Tillmann & Weiß 2003: 61)

Länder	M	(SE)	Spann-breite*
Finnland	546	(2,6)	291
Kanada	534	(1,6)	310
Australien	528	(3,5)	331
Verein. Königreich	523	(2,6)	330
Japan	522	(5,2)	284
Schweden	516	(2,2)	304
Bayern	510	(4,0)	339
Österreich	507	(2,4)	307
Belgien	507	(3,6)	351
Norwegen	505	(2,8)	340
Frankreich	505	(2,7)	301
Vereinigte Staaten	504	(7,0)	349
OECD-Durchschnitt	500	(0,6)	328
Baden-Württemberg	500	(5,5)	368
Dänemark	497	(2,4)	319
Schweiz	494	(4,2)	335
Sachsen	491	(5,0)	347
Italien	487	(2,9)	297
Rheinland-Pfalz	485	(6,6)	357
Saarland	484	(2,4)	352
Deutschland	484	(2,5)	366
Thüringen	482	(7,0)	344
Nordrhein-Westfalen	482	(2,6)	384
Polen	479	(4,5)	326
Schleswig-Holstein	478	(4,2)	365
Hessen	476	(6,6)	365
Niedersachsen	474	(4,9)	374
Portugal	470	(4,5)	320
Mecklenburg-Vorp.	467	(5,9)	350
Brandenburg	459	(6,3)	338
Sachsen-Anhalt	455	(5,9)	354
Bremen	448	(4,1)	377
Luxemburg	441	(1,6)	324
Brasilien	396	(3,1)	284

Ein Blick auf das entsprechende Datenmaterial (vgl. Abb. 5) zur Lesekompetenz zeigt in Bezug auf die drei einwohnerstärksten Bundesländer Bayern, Baden-Württemberg und Nordrhein-Westfalen: Alle Länder haben in den Punktzahlen zugelegt, der Punktabstand zwischen Bayern (524) bzw. Baden-Württemberg (514) und NRW (507) ist dabei aber auf 7 bzw. 17 Punkte geschrumpft. Wenn man jetzt noch bedenkt, dass NRW das Bundesland mit dem höchsten Industrie- und Großstadtanteil und entsprechend scharfen sozialen Disparitäten bzw. Problemgebieten ist, gerät die These von der signifikant besseren Qualität des Unterrichts in den beiden südlichen Bundesländern zumindest im Zusammenhang mit der Lesekompetenz erheblich ins Wanken. Allenfalls ist die sprachliche Integration von Migrantenkindern in Bayern und Baden-Württemberg erfolgreicher – allerdings auch bei einem weit niedrigeren Migrantenkinderanteil (vgl. Artelt, Schneider & Schiefele 2002: 84).

Eine weitere Relativierung der süddeutschen Ergebnisse ergibt sich im internationalen Vergleich (vgl. Abb. 6). Bayern ist im Bereich der Lesekompetenz zwar das bestplatzierte deutsche Bundesland. Dennoch liegt es international lediglich auf dem 7. Platz, Ba-

den-Württemberg findet sich sogar nur knapp unterhalb des OECD-Durch-
schnitts wieder. Selbst die besten 5% der bayerischen Gymnasiasten erreichten
im Bereich der Lesekompetenz im internationalen Vergleich der Leistungsspitze
mit 661 Punkten hinter Finnland, Kanada, Neuseeland, Australien, Irland, Großbritannien und den USA nur den 8. Platz (vgl. Artelt, Stanat, Schneider & Schiefele 2001: 107; Artelt, Schneider & Schiefele 2002: 65).

Zu genüsslichem Zurücklehnen besteht folglich in keinem Bundesland Anlass - im Gegenteil, wie J. Baumert ebenso unmissverständlich wie provokativ
verdeutlicht: „Würden wir [...] Bayern mit den Provinzen Kanadas vergleichen,
dann bliebe es hinter dem erfolgreichsten Landesteil Alberta um Längen zurück.
Bayern würde in diesem Wettstreit nur etwas besser abschneiden als die struktur-
schwächste kanadische Provinz. Wenn man es frech ausdrückt: Es wäre sozusagen das Bremen Kanadas." (Baumert 2002: 29)

Für den Leiter des PISA-Konsortiums 2000 steht deshalb außer Frage, dass
die Vorbilder für eine Optimierung von Lehr-Lern-Prozessen nicht in den südlichen Bundesländern zu suchen sind, sondern in Skandinavien oder Kanada:
„Was Kinder lernen, entscheidet sich im Unterricht. Doch gerade der Unterricht
unterscheidet sich im Schnitt nicht sehr zwischen Bremen und München. Vielleicht ist der bayerische Unterricht zielstrebiger und traditioneller. Aber die
Grundvorstellung von einem gelungenen Unterricht ist in ganz Deutschland
ähnlich. Das zu verändern, ist die eigentliche Aufgabe." (Baumert 2002: 30)

3   Deutschdidaktische Schlussfolgerungen aus PISA

Welche Ansatzpunkte es aus deutschdidaktischer Sicht gibt, um die von J. Baumert (und anderen Mitgliedern des PISA-Konsortiums 2000 bzw. 2003) ange-
mahnten Veränderungen in den Leitbildern gelungenen Unterrichts fachspezi-
fisch aufzugreifen und die Lesekompetenz deutscher Schüler(innen) im Rahmen
des Deutschunterrichts nachhaltig zu verbessern, soll nachfolgend in einigen
Kernaspekten skizziert werden.

Als theoretischer Ausgangs- und Bezugspunkt fungiert die Erkenntnis,
„dass Schülerinnen und Schüler mit hohem Lernstrategiewissen und Interesse im
Vergleich zu Schülerinnen und Schülern mit niedrigem Lernstrategiewissen und
Interesse, aber mit vergleichbar hoher kognitiver Grundfähigkeit und Decodierfähigkeit höhere Werte im Lesekompetenztest erzielen" (Artelt, Stanat, Schneider & Schiefele 2001: 131). Aus diesem Befund, der auf der Grundlage der in
PISA 2000 ermittelten Daten zu den vier untersuchten lesekompetenzspezifi-

schen Prädiktoren ‚Kognitive Grundfähigkeit', ‚Decodierfähigkeit', ‚Lernstrate-
giewissen' und ‚Leseinteresse' formuliert wurde - aber auch für die 2003er Studie Gültigkeit hat -, leitet das innerhalb des PISA-Konsortiums 2000 für den
Bereich der Lesekompetenz verantwortliche Expertenteam Ansatzpunkte zur
Förderung der Lesekompetenz ab: die „Vermittlung von Textverarbeitungsstra-
tegien" und die „Entwicklung von Leseinteresse" (Artelt, Stanat, Schneider &
Schiefele 2001: 134). Auch im Zusammenhang mit den Ergebnissen der IGLU-
Studie wird die exponierte Bedeutung der Lesemotivation hervorgehoben, wobei
angesichts des vergleichsweise guten Abschneidens der getesteten Viertkläss-
ler(innen) Förderungsbedarf vor allem in der Sekundarstufe gesehen wird (vgl.
Bos, Valtin, Lankes, Schwippert, Voss, Badel & Plaßmeier 2004: 88). In den mit
‚Selbstreguliertem Lernen' befassten Kapiteln der PISA-Studie 2000 und eines
Folgebandes rückt zusätzlich die Bedeutung eines positiven fachspezifischen
Selbstkonzepts für die Lesekompetenz ins Blickfeld (Artelt, Demmrich & Bau-
mert 2001: 296; Artelt, Baumert & Julius-McElvany 2003: 135ff. und 163). Mit
Bezug auf diese empirisch ermittelten Ansatzpunkte sollen nachfolgend unter
besonderer Berücksichtigung von zwei der genannten Parameter, nämlich Lese-
interesse und fachspezifisches Selbstkonzept, grundsätzliche Möglichkeiten zur
Förderung von Lesekompetenz im Deutschunterricht aus deutschdidaktischer
Sicht skizziert werden, auch wenn evident ist, „dass die Förderung der Lesekompetenz nicht allein die Aufgabe eines Unterrichtsfaches ist" (Prenzel, Carstensen
& Zimmer 2004: 367). Vollständigkeit kann dabei aus Platzgründen natürlich
nicht angestrebt sein. Zwei Aspektebenen werden unterschieden – veränderte
Inhalte und veränderte didaktische Prinzipien.

3.1 Veränderte Inhalte im Deutschunterricht nach PISA

Die Möglichkeiten, durch veränderte Inhalte die Lesemotivation und das auf
Interesse an den Lerngegenständen basierende fachspezifische Selbstkonzept im
Deutschunterricht zu verbessern, sind durchaus vielfältig. Drei Bereiche sollen
exemplarisch ins Blickfeld gehoben werden.

3.1.1 Kinder- und Jugendliteratur

Ein inhaltlicher Ansatzpunkt zur schulischen Förderung der Lesemotivation und
des Interesses am Fach ist die verstärkte Integration von Kinder- und Jugendliteratur in den schulischen Deutschunterricht der Sekundarstufe I. Diese Forderung
ist keinesfalls neu innerhalb der Deutschdidaktik, mit PISA erhält sie lediglich

neue Begründungszusammenhänge und eine noch größere Dringlichkeit. Tatsächlich hat Kinder- und Jugendliteratur mittlerweile einen festen Platz in den Richtlinien der meisten Bundesländer. Gerade im Gymnasialbereich gibt es in den Kollegien aber partiell immer noch Widerstände, weil die Vermittlung eines Kanons an ‚Hochwertliteratur' nicht selten als alleiniges Ziel des Literaturunterrichts angesehen wird. Gegenüber dieser verbreiteten Haltung hatte B. Hurrelmann schon 1990 zutreffend eingewandt: „Mit Kleist und Kafka, Lessing und Brecht setzt man Lesefähigkeiten voraus, die in der Schule selten vermittelt wurden. Man versucht dauernd das Fell des Löwen zu verteilen, ehe es gewonnen ist." (Hurrelmann 1990: 11). Altersgerechte Literatur, die Möglichkeiten zur Identifikation schafft, weil altersspezifische Probleme bzw. Interessenfelder - Adoleszenz, Geschlechteridentität, Liebe, Freundschaft, Außenseitertum, Scheidung, Mut, Abenteuer, Natur, Tiere, neue Medien etc. - literarisch verarbeitet werden, sollte deshalb einen festen Platz nicht nur in der Grund-, Haupt- und Realschule, sondern auch im Gymnasium erhalten. Nur auf diese Weise wird es gelingen, Heranwachsende zu intrinsisch motivierten Leser(inne)n zu machen. Denn die Erfahrung, dass Bücher Raum geben können zur Auseinandersetzung mit dem eigenen Selbst- und Weltverhältnis, weil sie neue Perspektiven eröffnen, bereitet den Nährboden für die Fähigkeit zur genussvollen und gewinnbringenden Rezeption auch anspruchsvollerer Literatur, mit der zumeist eher Alteritätserfahrungen als Identifikationsmöglichkeiten verbunden sind.

Der mitten in die Klagen um das nachlassende Leseinteresse von Kindern und Jugendlichen platzende Boom um Harry Potter hat aber auch gezeigt, dass nicht nur problemorientierte Kinder- und Jugendliteratur zu behandeln ist, wenn es darum geht, Lesefreude zu wecken, sondern dass eine stärkere Ausrichtung an den wirklichen Leseinteressen der Kinder und Jugendlichen notwendig ist. Nicht was Erwachsene für pädagogisch sinnvoll und wertvoll oder eben überholt, bedenklich etc. halten, kann alleiniges Entscheidungskriterium für die Auswahl altersgemäßer Literatur sein, sondern auch und gerade, was Kinder gern lesen – ein Sachverhalt, den die Kinder- und Jugendliteraturforschung partiell zu lange ignoriert hat. Wegweisend sind deshalb Ansätze wie die von G. Hoffmann, die jedes Jahr ein Corpus von ca. 400 Bücherempfehlungen für Kinder und Jugendliche herausgibt, die zuvor allesamt von einem von ihr initiierten, aus ca. 50 Kindern und Jugendlichen bestehenden Testleserkreis probegelesen und rezensiert wurden (vgl. z.B. Hoffmann 2000). Wie zielgruppenfremd stattdessen viele in akademischen Kreisen für wertvoll gehaltene Buchpräferenzen sind, hat A. Schilcher (Schilcher 2003: 361ff.) ins Blickfeld gehoben, als sie vor dem Hintergrund der bei PISA erkennbar gewordenen dramatischen geschlechtspezifischen

Schwächen von Jungen in den Bereichen Lesekompetenz und Leseinteresse die männlichen Rollenbilder der in akademisch-wissenschaftlichen Kreisen favorisierten problemorientierten Kinder- und Jugendbücher untersuchte und dabei herausfand, dass diese für Jungen wenig Leseanreize liefern, weil die transportierten Rollenbilder kaum dem Bedürfnis der Jungen nach positiven, starken Identifikationsfiguren entsprechen (vgl. Schilcher 2003: 365ff.; vgl. dazu auch Garbe 2003). Leseförderung sollte deshalb andere Wege gehen und verstärkt auch (wieder) Kinder- und Jugendliteratur einbeziehen, die von der jungen Leserschaft auch tatsächlich gern rezipiert wird. Dabei sind Medienverbundangebote zu berücksichtigen und zu nutzen (vgl. Frederking & Josting 2004).

3.1.2 Lesen als Thema des Literaturunterrichts

Eine weitere Möglichkeit zur Förderung des Interesses am Lesen ist ein metareflexiver Zugriff, d.h. die Beschäftigung mit dem Lesen selbst bzw. mit Literatur, die das Lesen thematisiert und zum Lesen motiviert. Im Grundschulalter bietet sich z.B. die Geschichte ‚Wie der Tiger lesen lernt' von Janosch (1994) an. Für die ersten Klassen der Sekundarstufe I nenne ich exemplarisch die Erzählung ‚Der Leseteufel' aus dem Sammelband ‚So zärtlich war Suleyken' von S. Lenz (1955), M. Endes ‚Die unendliche Geschichte' (1979), M. Prousts ‚Tage des Lesens' (1905), P. Suhrkamps ‚Über das Lesen' (1947) oder P. Bichsels ‚Das Lesen' (1982). In all diesen Geschichten wird im Medium der Fiktion das Faszinosum des Lesens als Initiation in andere Wirklichkeiten, Perspektiven, Zeiten etc. literarisch beschrieben und auf diese Weise Lust auf das Lesen gemacht. Mit dem Film ‚Der Club der toten Dichter' (Weir 1990) und den dort beschriebenen unkonventionellen Zugängen zur Literatur könnte Leseförderung auch über ein audiovisuelles Medium wirkungsvoll initiiert werden. Das nach dem Film erschienene Buch (Kleinbaum 1990) lässt sich natürlich ebenfalls als Komplementärmedium nutzen, auch wenn die Printfassung von wenig überzeugender literarischer Qualität ist.

Für die letzten Klassen der Sekundarstufe I bietet sich alternativ oder ergänzend zu den literarischen Verarbeitungen auch eine kleine kulturgeschichtliche Zeitreise zum Thema Lesen an. Interessant wäre beispielsweise die Erarbeitung von Facetten eines erweiterten Lesebegriffes, so die auf den Regensburger Domkanoniker Konrad von Megenberg (1442-53) zurückgehende Rede vom Lesen im Buch der Natur, die in der Naturphilosophie der Renaissance zur bestimmenden Idee wurde und von H. Blumenberg in seiner Studie über die ‚Lesbarkeit der Welt' im Spannungsfeld von Bücherwelt und Weltbuch systematisch aufgearbeitet wurde (Blumenberg 1981: 9ff.). Überraschende Einsichten vermag Schüler-

(inne)n auch die Aufdeckung der oralen Verwurzelung des Lesens zu eröffnen, insofern Lesen bis ins Mittelalter hinein zumeist laut, alta voce, erfolgte. Hier gibt es ein breites Spektrum an historischen Textdokumenten und wissenschaftlichen Aufarbeitungen (vgl. Schön 1993, 1995: 151-175; 2001: 1-85, Chartier & Cavallo 1995; Manguel 1996; Assel & Jäger 1999, 638-673; Frederking 2004: 37ff.), die für 9. oder 10. Klässler(inner) oder Schüler(innen) der Oberstufe überraschende Erkenntnisse bereithalten. In diesem Zusammenhang bietet es sich auch an, Formen monastischen Lesens zu behandeln, die I. Illich (1990) im ‚Weingarten des Textes' ebenso kunstvoll wie kenntnisreich beschreibt. Als lohnend könnte sich überdies die Aufarbeitung des durch Gutenberg eingeleiteten Siegeszugs des Printmediums Buch und des individuellen stillen Lesens erweisen, insofern hier die kulturgeschichtlichen Wurzeln des immer noch herrschenden literalen Paradigmas ins Blickfeld treten (vgl. Giesecke 1991). Erstaunliche Einsichten ließen sich außerdem durch eine akzentuierte Aufarbeitung der Warnungen vor dem Lesen und der Lesesucht im 18. Jahrhundert vermitteln, mit denen insbesondere Frauen und ihre Affinität zu belletristischer Literatur in den Bannstrahl moralisch ambitionierter christlicher oder aufklärerischer Eiferer gerieten (vgl. Schön 1993, 2001; Bollmann 2005). Der Bewusstmachung der Spezifika der eigenen Lese- und Mediensozialisation vermag schließlich die Thematisierung des medialen Wandels dienen, dem das Lesen spätestens seit dem Aufkommen der technischen Medien Radio, Fernsehen, Computer, Internet etc. unterliegt (Rosebrock 1995).

3.1.3 Sachtexte bzw. lebensweltlich relevante Texte

Ein weiterer inhaltlicher Bereich, mit dem sich meines Erachtens Lesemotivation wecken bzw. vertiefen lässt, sind lebensweltlich relevante Texte bzw. Sachtexte. In der PISA-Studie wurden auf der Grundlage eines pragmatistisch fundierten Literaturbegriffs Sachtexte in besonderer Weise in die Aufgaben integriert. Während im Deutschunterricht der achtziger und neunziger Jahre zumeist fiktionale Texte dominierten und Sachtexte kaum eine Rolle spielten, hat PISA nur 12% fiktionale, aber 88% Prozent nicht-fiktionale Texte - 50% kontinuierliche und 38% nicht-kontinuierliche - in den Test implementiert. Zur Begründung heißt es: „Jugendliche und Erwachsene begegnen in ihrem privaten oder beruflichen Alltag und im öffentlichen Leben verschiedensten Arten von Texten. In PISA wurde deshalb eine große Bandbreite an Texttypen, die für Jugendliche als praktisch relevant eingeschätzt wurden, verwendet." (Artelt, Stanat, Schneider & Schiefele 2001: 80) Vor diesem Hintergrund ist es nahe liegend, im Deutschunterricht die fast ausschließliche Präferierung fiktionaler Literatur abzubauen und Sachtexte systematisch zu integrieren - einerseits, weil Deutschland hier international scheinbar eher einen Sonderweg beschreitet, andererseits weil gerade die wenig zum Lesen fiktionaler Literatur ambitionierten Jungen (vgl. Stanat & Kunter 2001: 251ff. und 262ff.) durch Sachtexte stärker zum Lesen motiviert werden können, wie Ergebnisse der Leseforschung vermuten lassen (vgl. Bischof & Heidtmann 2002: 27ff.).

Eine sinnvolle Integration von Sachtexten in den Deutschunterricht (vgl. Ludwig 2002; Kammler 2002; Rosebrock 2002: 54; Beisbart 2003; Hummelsberger 2003) könnte im Grundschulbereich z.b. über die systematische Einbeziehung von Kinderlexika oder Kindersachbüchern erfolgen. Auch fachübergreifende Projekte (Umweltschutz, Tiere, Indianer, gesunde Ernährung etc.) können Anlass zu vielfältigen Schreib- und Leseprozessen sein. In der Sekundarstufe I (Kl. 5-10) könnten neben Sachbüchern und fachübergreifenden Projekten z.b. lebensweltlich relevante Textsorten wie die Zeitung analytisch wie produktiv thematisiert werden oder Werbung mit ihren spezifischen Text-Bild-Korrelationen in den Mittelpunkt der Aufmerksamkeit rücken. Ebenso könnten Hintergrundinformationen zu einem Text bzw. Werk selbstständig ermittelt, ausgewertet und verarbeitet werden, wodurch informatorische Leseprozesse in lesemotivierender, selbstregulativer und Interesse fördernder Weise angeregt werden. In der Oberstufe lassen sich Sachtexte überdies durch den Vergleich verschiedener literaturwissenschaftlicher Interpretationen zu einem literarischen Text bzw. einem literarischen Motiv oder durch den regelmäßigen Einbezug von motiv- und rezeptionsgeschichtlichen Textauszügen in wissenschaftspropädeutischer Weise einbinden und zum Aufbau bzw. zur Vertiefung des fachspezifischen kognitiven Selbstkonzepts nutzen. Auch die Schärfung des Verständnisses von gattungs- und erkenntnistheoretischen Fiktions-Realitäts-Unterscheidungen können auf diese Weise sinnvoll unterstützt werden (vgl. Nickel-Bacon, Groeben & Schreier 2001; Krommer 2004)

3.2 Konzeptionelle Veränderungen im Deutschunterricht nach PISA

Die Ansatzpunkte für grundsätzliche didaktisch-konzeptionelle Änderungen sind fast noch vielfältiger als die inhaltlichen Modifikationsmöglichkeiten. Aus Platzgründen sollen allerdings auch hier nur drei grundlegende Korrekturen skizziert werden.

3.2.1 Leseübungen und literarische Geselligkeit

Der erste didaktisch-konzeptionelle Ansatzpunkt zur Förderung der Lesefähig-keit und der Leselust ist ebenso einfach wie effektiv (sofern die Anzahl der Stun-den im Fach Deutsch nicht weiter reduziert, sondern vice versa sogar partiell er-höht wird): regelmäßiges Lesen im Unterricht. Denn Lesen ist durch die Mediali-sierung von Kindheit und Jugend, durch Migrationsbewegungen, soziale Dispari-täten etc. zu einer Kulturtechnik geworden, deren Vermittlung den Deutschunter-richt vor qualitativ neue Herausforderungen stellt. Es bedarf deshalb bis in die ersten Klassen der Sekundarstufe hinein regelmäßiger Leseübungen. Das Spek-trum reicht von spielerisch gestalteten Lesekreisen, Lesespielen, gezielter Einzel-förderung in leistungsheterogenen Partner- bzw. Kleingruppen bis zu selbst ge-stalteten und per Kassette, Tonband, Video, CD-ROM, DVD usw. aufgezeichne-ten Einzel- oder Gruppenlesungen, um nur einige Ansatzpunkte zu nennen.

All diese Übungsformen sollten nach Möglichkeit für die Schüler(innen) mit lustvollen Erfahrungen verbunden sein, um ihr Interesse am Lesen bzw. am Fach Deutsch zu intensivieren und ihr fachspezifisches Selbstbild zu stärken (vgl. Rosebrock 2002: 53f.). Motivierend kann die Einrichtung von Klassen- und Schulbibliotheken mit gemütlichen Leseecken oder der Besuch städtischer bzw. virtueller Bibliotheken (Stiftung Lesen etc.) sein. Bewährt haben sich ebenso die regelmäßige Vorstellung von Lieblingsbüchern, die Veranstaltung von Lese-nächten oder genussvolle Vorleserunden im Sinne literarischer Geselligkeit (vgl. Mattenklott 1979; Pennac 1994; Kammler 1996).

Mit der Förderung von Lesemotivation, wie sie innerhalb verschiedener di-daktischer Rahmenkonzepte angestrebt wird (vgl. z.B. Haas 1997; Maiwald 2001a, 2001b; Maiwald & Rosner 2001; Abraham 1998, 2000, 2003; Spinner 2003, Frederking 2003, 2004), geht innerhalb des Deutschunterrichts durchaus eine grundsätzliche Akzentverschiebung gegenüber der gängigen schulischen Praxis einher. Denn diese hatte über viele Jahrzehnte hinweg gerade die Über-windung ‚naiver' identifikatorischer und lustbetonter Leseweisen durch die zu-meist fragend-entwickelnde Vermittlung analytisch-distanzierter Betrachtungs-formen zum primären Ziel gehabt und so möglicherweise nicht unwesentlich je-ne Leseunlust mitbedingt, die deutsche Heranwachsende im Zusammenhang mit dem im Rahmen der PISA-Studie 2000 separat untersuchten Prädiktor ‚Lesein-teresse' auf den viertletzten Platz aller getesteten Länder fallen ließ (vgl. Artelt, Stanat, Schneider & Schiefele 2001: 114). Jedenfalls lieferten empirische Stu-dien zur Lesesozialisation mit ihrem Grundtenor ‚Lesen war eine wunderschöne Sache, aber dann kam der Deutschunterricht' (Schön 1996: 172) schon Anfang der neunziger Jahre klare Begründungszusammenhänge für die Notwendigkeit, im Deutschunterricht in stärkerem Maße als bislang das Interesse am Lesen zu entwickeln bzw. zu fördern. Dass diese veränderte Grundausrichtung auch mit literaturwissenschaftlichen Erkenntnissen kompatibel ist, erschließt sich mit Jauß' (1982) Versuch einer Rehabilitation ästhetischer Genussfähigkeit als Grundkonstituente literarisch-ästhetischer Bildung. Mit Csikszentmihalyis (1992) Theorie des Flow-Erlebens lässt sich die Reintegration von Formen identifikatorisch-lustvollen Lesens in den Deutschunterricht auch motivationspsychologisch begründen (vgl. dazu Schön 1996: 151ff.).

Für gelingende Lesemotivationsförderung empfiehlt es sich dabei, Kinder und Jugendliche nicht nur individuell und leise lesen zu lassen, wie dies seit der Neuzeit dominierende kulturelle Praxis ist (vgl. Schön 1993, 1996: 164ff.; Anz 2002), sondern auch Erfahrungen mit Formen lauten Lesens, alta voce, sammeln zu lassen – durch gemeinsames lautes Lesen eines Textes, durch gegenseitiges Vorlesen in einem Lesekreis, stimmliches Erkunden eines Textes aus verschiedenen emotionalen bzw. sozialen Rezeptionshaltungen heraus (wütend, leidenschaftlich, erotisch etc. respektive im Gestus eines Politikers, eines Therapeuten, eines Marktschreiers, eines Predigers etc.) oder durch inszenierendes bzw. präsentierendes Vorlesen eines Lieblingstextes. Auf diese Weise wird Lesen für die Schüler(innen) als sinnlich-ganzheitlicher Vorgang erfahrbar, der weitreichende ästhetische Implikationen und verdeckte symmediale Ursprünge besitzt (Bellebaum & Muth 1996; Bamberger 2000; Frederking 2004).

Allerdings sollten diese affektiv-sinnlichen Leseerfahrungen kommunikativ eingebettet werden, um im gemeinsamen freien Gespräch über Literatur Wege des Verstehens zu suchen, Deutungsmöglichkeiten zu prüfen und Interpretationshypothesen zu diskutieren. Auf diese Weise kann die schulische Auseinandersetzung mit Literatur für die Schüler(innen) zu einem ästhetischen wie intellektuellen Erlebnis werden und ihnen den potentiellen Mehrwert gemeinsamer schulischer Aufarbeitung im Deutschunterricht bewusst machen. Dieser ergibt sich – ein didaktisch-methodisch professionell gestaltetes Unterrichtsarrangement vorausgesetzt – aus der Synthese von ästhetischem Genuss und interessegeleiteter kognitiver Erkenntnis. Gelingt diese, findet eine Maxime Goethes (1819: 337) eine spezifische deutschdidaktische Einlösung: „Es gibt dreierlei Arten Leser: Eine, die ohne Urteil genießt, eine dritte, die ohne zu genießen urteilt, die mittlere, die genießend urteilt und urteilend genießt; diese reproduziert eigentlich ein Kunstwerk aufs neue".

3.2.2 Vom ‚monomedialen' zum medienintegrativen bzw. symmedialen Deutschunterricht

Auch die Überwindung der immer noch stark buch- bzw. printorientierten Grundausrichtung des Deutschunterrichts durch die Integration neuer Medien kann einen spezifischen Beitrag zur Entwicklung und Förderung von Lesemotivation und zum Aufbau eines positiven fachspezifischen Selbstkonzepts leisten.

Abbildung 7:   Medien-Beschäftigung in der Freizeit 2002 (täglich/mehrmals pro Woche) (Feierabend & Klingler 2002)

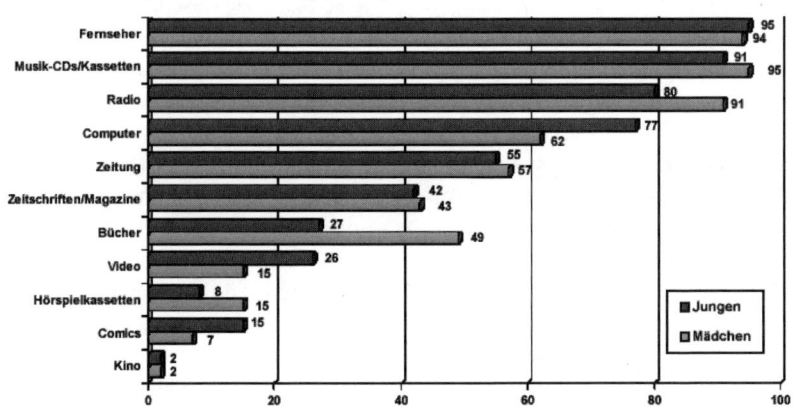

Quelle: JIM 2002, Angaben in Prozent   Basis: alle Befragten, n=1.092

Dieser Sachverhalt erklärt sich aus den Konsequenzen des mit Computer und Internet eingeleiteten medialen Paradigmenwechsels für die Schreib- und Lesekultur. Im Gegensatz zu der in Anlehnung an M. McLuhan noch Anfang der neunziger Jahre verbreiteten These vom Ende der Gutenberg-Galaxis (Bolz 1993) mehren sich nämlich die Anzeichen, dass es einen grundlegenden Zusammenhang zwischen Lese- und Medienkompetenz gibt (vgl. Groeben & Hurrelmann 2002a, 2002b; vgl. auch den Beitrag von D. Spanhel in diesem Band) und Schreiben wie Lesen mit der Computertechnologie einen machtvollen medialen Bündnisgenossen gefunden haben könnten, weil diese im Unterschied zum Bild-Ton-Medium Fernsehen in vielfältiger Form Schrift integriert. Die neuen Digitalmedien lassen sich in diesem Sinne „als eine neue Technologie des Schreibens" (Bolter 1997: 37) verstehen, die Leseprozesse in zahlreichen Nutzungsoptionen ab ovo evoziert. Denn wir lesen eben nicht mehr nur Bücher, Briefe und Zeitungen, sondern auch Seiten im Netz, E-Mails, Chat-Kommunikationen,

SMS-Nachrichten usw. Lesen ist mit anderen Worten zu einem „multimedial konstituierten Modus der Weltaneignung" (Frederking 2004: 45) geworden. Ein ausschließlich buch- bzw. printorientierter Deutschunterricht entspricht deshalb in keiner Weise mehr der Lese- und Mediensozialisation heutiger Kinder und Jugendlicher und sollte deshalb durch Konzepte zum medienintegrativen (vgl. Wermke 1997), computerunterstützten (vgl. Jonas & Rose 2002), intermedialen (vgl. Bönnighausen & Rösch 2004) bzw. symmedialen (vgl. Frederking 2004) Deutschunterricht ersetzt werden.

Mit PISA ergeben sich weitere Begründungszusammenhänge. Denn gerade die bei PISA sowohl im Bereich der Lesekompetenz als auch des Leseinteresses als markante Problemgruppe in Erscheinung getretenen Jungen (vgl. Stanat & Kunter 2001: 261ff.) könnten über Computer und Internet auf für sie interessante Weise an die Welt des Lesens herangeführt werden, weil sie erwiesenermaßen eine besondere Affinität gegenüber technischen Medien besitzen (vgl. z.B. Opaschowski 1999: 42f.; Hurrelmann 1999: 116; Wirth & Klieme 2003: 207ff.). So zeigte sich im Hinblick auf das Interesse an der Computernutzung im Rahmen von JIM 2002 ein deutlicher geschlechtsspezifischer Unterschied von 15% zugunsten der Jungen (vgl. Feierabend & Klingler 2002; vgl. Abb. 7).

Interessant sind in diesem Zusammenhang auch OECD-Statistiken zur Verfügbarkeit und Nutzung von Computern im schulischen und häuslichen Bereich (vgl. Abb. 8 und 9; vgl. OECD 2002: 331 und 338f.). Deutschland belegt hier im Hinblick auf die Verfügbarkeit von Computern im schulischen Bereich hinter Russland und vor Brasilien den vorletzten und im Hinblick auf die schulische Nutzung hinter Russland und vor Mexiko und Brasilien den drittletzten Platz (vgl. auch Wirth & Klieme 2003: 203). Noch katastrophaler sind die Zahlen bei PISA 2003: Hier landet Deutschland bei der schulischen Computernutzung sogar auf dem letzten Platz (vgl. Senkbeil & Drechsel 2004: 181ff.). Bemerkenswert: Die meisten der in die OECD-Untersuchung einbezogenen Länder mit signifikant höheren Computer-Verfügbarkeits- bzw. Nutzungszahlen haben auch im Bereich der Lesekompetenz bei PISA besser abgeschnitten. Bei PISA 2000 waren dies: Dänemark, Australien, Kanada, Schweden, Neuseeland, Norwegen,[1] USA, Schweiz, Tschechien, Belgien, Finnland, und Irland (Ausnahmen: Lichtenstein, Ungarn, Luxemburg und Lettland). Damit deutet sich eine Korrelation zwischen Lesekompetenz und der Nutzung neuer Medien an, die empirisch im Detail zu überprüfen sein wird - in Anknüpfung an das im Rahmen von PISA eher am Rand untersuchte Kompetenz-Konstrukt ‚Computer Literacy' (Wirth & Klieme 2003: 196ff.). Zumindest heuristisch legen die Daten aber schon jetzt die

---

[1] Nur in Bezug auf die Computernutzung durch Zahlen belegt.

Abbildung 8:   Verfügbarkeit von Computern (täglich, wöchentlich bzw. zumindest monatlich) für 15-Jährige zu Hause und in der Schule in Prozent (Grafik erstellt nach Daten in: OECD 2002: 338)

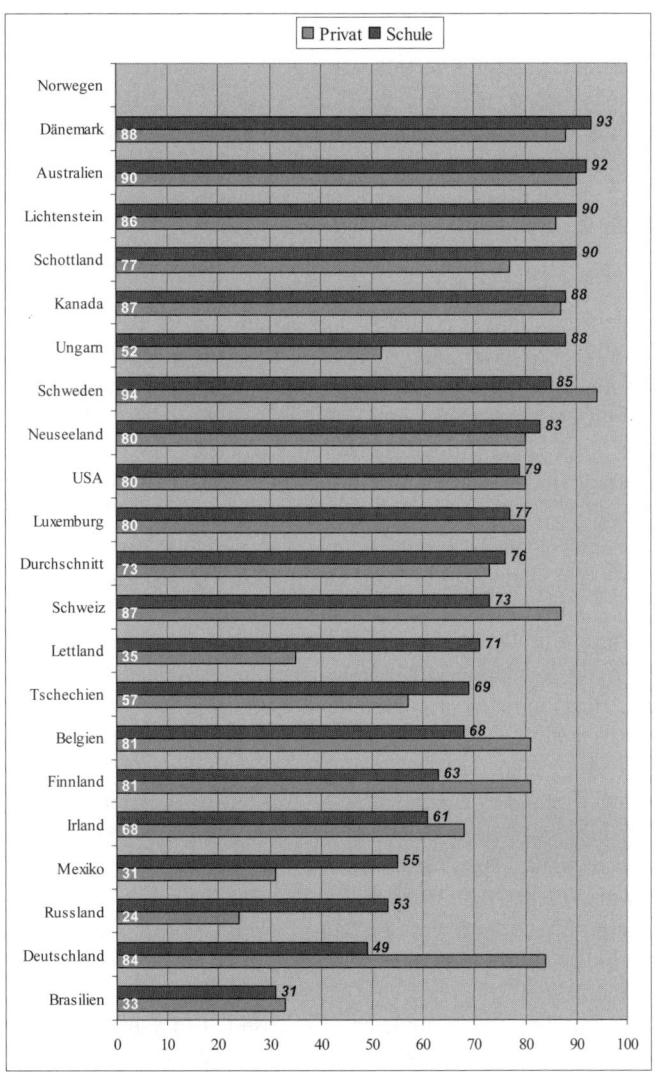

Abbildung 9: Nutzung von Computern (täglich, wöchentlich bzw. zumindest monatlich) durch 15-Jährige zu Hause und in der Schule in Prozent (Grafik erstellt nach Daten in: OECD 2002: 339)

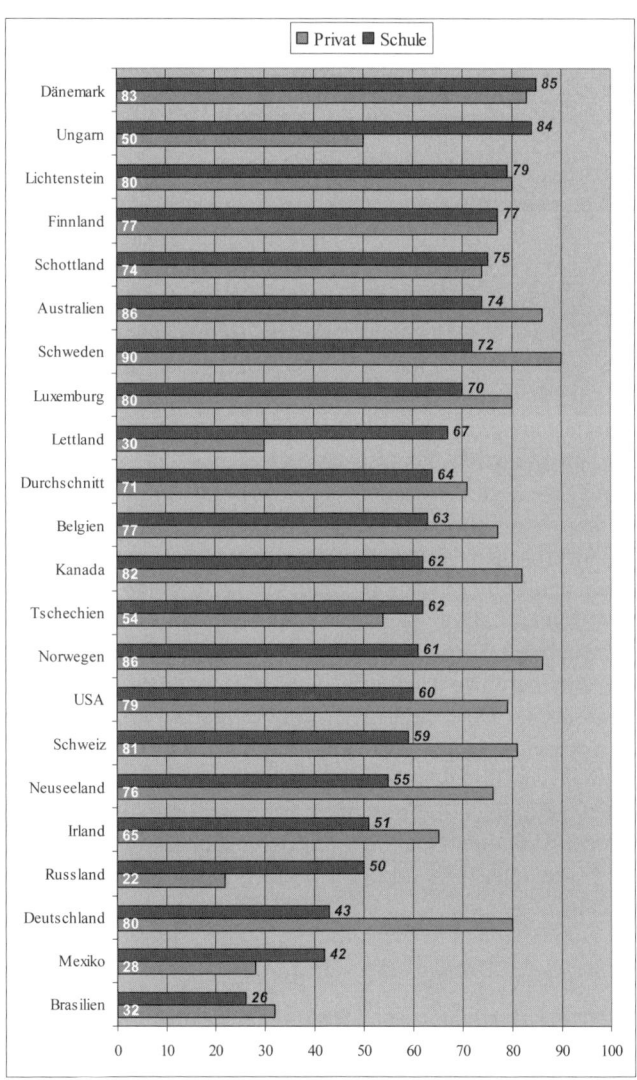

Hypothese nahe, dass der Einsatz von Computer und Internet im Deutschunterricht fachspezifische Lehr-Lernprozesse im Zusammenhang mit dem Aufbau und der Vertiefung von Lesekompetenz wirkungsvoll unterstützen kann. Entsprechend heißt es auch in der PISA 2003-Studie: „In den Schulen müßten den Jugendlichen [...] in sehr viel stärkerem Umfang als bisher sinnvolle Nutzungsmöglichkeiten neuer Medien nahe gebracht und die entsprechenden computerbezogenen Kenntnisse und Lernstrategien vermittelt werden." (Senkbeil & Drechsel 2004: 189)

Das Spektrum computerbasierter Leseprozesse, die sich sinnvoll und motivations- wie kompetenzsteigernd in den Deutschunterricht integrieren lassen, ist mittlerweile recht breit. Denn die Literaturrezeption, -präsentation bzw. -produktion ist längst nicht mehr auf das Printmedium beschränkt, sondern kann auf vielfältige Weise in digitalisierter Form erfolgen. Zu denken ist hier an Literatur-CD-ROMs, E-Books, hypertextuell gestaltete Homepages, Internetliteratur, Internet-Rallyes oder an die vielfältigen Leseprozesse, die mit Internetrecherchen auf der Basis von Suchmaschinen oder Linklisten verbunden sind. Die Literaturdidaktik hat sich - wie die Literaturwissenschaft - all diesen vielfältigen Facetten von Literatur im medialen Wandel zu stellen und sie methodisch-didaktisch fruchtbar zu machen (vgl. Kepser 1999: 267ff.; Frederking 2002).

Weitere lese- und schreibdidaktisch interessante Optionen ergeben sich aus den computerspezifischen Möglichkeiten zur schriftbasierten Online-Kommunikation und Kooperation. Zu nennen sind hier zum einen asynchrone mediale Formen wie E-Mail, Mailinglisten, SMS oder virtuelle Arbeitsplattformen und zum anderen synchrone Formen wie Chat, MUD usw. Beide Grundtypen können mit teilweise umfangreichen Schreib- und Leseprozessen verbunden sein, was sie für den Einsatz im Deutschunterricht in besonderer Weise geeignet erscheinen lässt. Didaktisch sinnvolle Nutzungsmöglichkeiten ergeben sich beispielsweise im Bereich von projektartigen virtuellen Kooperationen zu einem Thema zwischen lokal getrennten Lerngruppen, Kontakt mit Autor(inn)en oder Expert(inn)en per E-Mail oder Chat oder Formen chatbasierter virtueller Theatralik (vgl. Blatt & Hartmann 2004; Berghoff, Frederking & Steinig 1998; Frederking & Krommer 2003).

3.2.3 Fachspezifische Formen selbstregulierten Lernens

„Der traditionelle Frontalunterricht überfordert den Lehrer restlos. Er wird den heterogenen Klassenstrukturen nicht mehr gerecht. Schwache Schüler sind über-, gute unterfordert." (Baumert in: Thiel 2002) Mit diesen Worten hat J. Baumert in Reaktion auf die deutschen PISA-Ergebnisse eine Abkehr von der lehrerdominierten, zumeist auf fragend-entwickelnden Formen basierenden Unterrichtsgestaltung angemahnt. Die sich im Horizont moderner pädagogisch-psychologischer Konzeptionen anbietende Alternative lässt sich unter dem Topos ‚selbstreguliertes Lernen' subsumieren. An deren Entwicklung und Begründung waren Baumert und einige Mitarbeiter(innen) seines PISA-Teams im deutschsprachigen Raum selbst maßgeblich beteiligt. Selbstreguliertes Lernen besagt, dass Lernende in der Lage sind, „sich selbstständig Lernziele zu setzen, dem Inhalt und Ziel angemessene Techniken und Strategien auszuwählen und sie auch einzusetzen" (Artelt, Demmrich & Baumert 2001: 271). Die Motivation spielt dabei eine entscheidende Rolle, wie M. Boekaerts (1997: 164), J. Baumert (1999; 1993: 327ff.), Artelt (2000: 118ff.) und U. Schiefele (1996) aus unterschiedlichen Perspektiven gezeigt haben. Entsprechend heißt es im Rahmen der PISA-Studie über Lernende, die ihre Lernprozesse selbst regulieren: „Ferner halten sie ihre Motivation aufrecht, bewerten die Zielerreichung während und nach Abschluss des Lernprozesses und korrigieren – wenn notwendig – die Lernstrategie [...]. Die Selbstregulation des Lernens beruht [...] auf einem flexibel einsetzbaren Repertoire von Strategien zur Wissensaufnahme und Wissensverarbeitung sowie zur Überwachung der am Lernen beteiligten Prozesse." (Artelt, Demmrich & Baumert 2001: 271; vgl. auch Artelt, Baumert & Julius-McElvany 2003: 131ff.)

Von diesem Idealkonzept effektiver selbstgesteuerter Lernprozesse ist der Standard-Deutschunterricht noch weit entfernt. Hier ist eine entscheidende Ursache für das unterdurchschnittliche Abschneiden der getesteten bundesdeutschen Fünfzehnjährigen im Bereich der Lesekompetenz zu sehen. Auch für dieses gilt, was A. Schleicher (2002: 16) in allgemeiner Perspektive festgestellt hat: „Unsere Curricula sind momentan zu sehr auf die Vermittlung bestimmter Inhalte fokussiert. [...] Am Beispiel Finnland lässt sich sehen, wie eine Konzentration auf die Fähigkeit zu lernen – autonomes Lernen, Lernen in Gruppen – letztlich auch zu einem besseren Verständnis zu lernender Inhalte führt."

Vor diesem Hintergrund wird evident: Im Deutschunterricht müssen in stärkerem Maße eigenaktive und kreative Lehr- und Lernformen zum Einsatz kommen, die den Schüler(inne)n Raum für selbstbestimmte und selbstregulierte Lernprozesse eröffnen (vgl. Abraham & Frederking 2003). Auf diese Weise kann sich das fachspezifische motivationale Selbstkonzept der Schüler(innen) sukzessive verbessern und eine umfassende Problemlösungskompetenz aufgebaut werden. Ansatzpunkte bietet z.B. das Konzept eines kreativitätsfördernden (vgl. Wermke 1989) bzw. kreativen Literaturunterrichts (vgl. Spinner 2001, 2003), eine stärker schülerorientierte Unterrichtsgestaltung, ohne dass dadurch die fachlichen Gegenstände der Beliebigkeit anheim gestellt werden (Spinner 1994), die

Abkehr von der ‚Diktatur der einen richtigen Interpretation', die literaturwissenschaftlich seit der Überwindung werkimmanenter Ansätze ohnehin kein fundamentum in re mehr besitzt (vgl. Bogdal 1993; Kammler 2000), und eine stärkere Integration kooperativer Arbeitsformen (Dann, Diegritz & Rosenbusch 1999) sowie handlungs- und projektorientierter Unterrichtsprinzipien (vgl. z.B. Haas 1997; Tymister 1977), weil nur diese den Lernenden Räume zu einer aktiven und selbstbestimmten Rolle im Unterrichtsprozess eröffnen.

Für intrinsisch motivierte Lernprozesse und ein positives fachspezifisches Selbstkonzept, beides Grundbedingungen von Selbstregulation (Artelt, Baumert & Julius-McElvany 2003: 163), ist darüber hinaus aber noch die Realisierung eines anderen didaktischen Prinzips notwendig: Die verstärkte Einbeziehung der Lebens-, Erfahrungs- und Vorstellungswelt der Heranwachsenden. Nur auf diese Weise ist gegenstands- bzw. fachspezifisches Interesse möglich, von dem es in der PISA-Studie heißt: „Die Beschäftigung mit dem Gegenstand ist subjektiv hoch bedeutsam – sie kann Teil der Identität werden -, emotional befriedigend bis hin zum Flow-Erleben und selbstintentional." (Artelt, Demmrich & Baumert 2001: 274f.)

Im Zusammenhang mit Texten ist der Aufbau gegenstandsspezifischen Interesses meines Erachtens vor allem in Anknüpfung an identitätsorientierte Konzeptionen des Literaturunterrichts möglich (vgl. Kreft 1977; Fritzsche 1980; Spinner 1980, 2001; Frederking 2000, 2001). Im Mittelpunkt identitätsorientierten Literaturunterrichts steht der Versuch, Schüler- und Sachorientierung zu verbinden, „indem Kindern bzw. Jugendlichen Raum gegeben wird, Literatur auch als Medium für die Auseinandersetzung mit dem eigenen Selbst- und Weltverhältnis zu erfahren, als Spiegel, in dem Eigenes wie Fremdes zu entdecken ist und kulturelle wie geschlechtliche Facetten von Identität überprüft werden können" (Frederking 2003: 265). Damit diese Zielsetzung nicht zu Lasten des Bemühens um ein adäquates Textverstehen geht, werden Subjekt- und Objekt-Perspektive miteinander verbunden, indem sich an die Phase einer spontanen, ganz aus dem persönlichen Denk- und Erfahrungshorizont heraus erwachsenden ersten Beschäftigung mit einem Text, in der individuelle Eindrücke, Hypothesen und Deutungsansätze formuliert werden, die systematische gemeinsame Erschließung und Erarbeitung in der Phase der Objektivierung anschließt (vgl. Kreft 1977: 379ff.; Frederking 2000: 55ff.). Diese fordert die Schüler(innen) zu einer vertiefenden analytischen Durchdringung des Textes und einer kritischen Überprüfung des eigenen Vorverständnisses bzw. der zuvor formulierten Interpretationshypothesen heraus und eröffnet Raum für vielfältige Fremdheits-, Differenz- bzw. Alteritätserfahrungen.

4 Fazit

Wie die vorangegangenen Ausführungen in akzentuierter Form gezeigt haben, gibt es in der Deutschdidaktik eine ganze Reihe von Ansätzen, mit denen die im Rahmen der PISA-Studien 2000 und 2003 erkennbar gewordenen Defizite deutscher Schüler(innen) im Bereich der Lesekompetenz durch eine Verbesserung des Leseinteresses und des fachspezifischen Selbstkonzepts zumindest partiell beseitigt werden könnten. Dass diese bislang noch nicht in größerem Maße verwirklicht wurden, erklärt sich nicht zuletzt aus der im Sekundarstufenbereich in Teilen immer noch beträchtlichen Distanz zwischen universitär generierter fachdidaktischer Theorie und schulisch realisierter unterrichtlicher Praxis. Die junge Disziplin der Fachdidaktik hat es noch nicht in umfassendem Maße geschafft, ihre Vorstellungen in der schulischen Wirklichkeit zu verorten, einerseits weil viele der in der Schule Lehrenden in einer Zeit studiert haben, als es noch keine Fachdidaktik gab, andererseits, weil diejenigen, die von ihr in den achtziger und neunziger Jahren ausgebildet wurden, in der Schule erst mit teilweise erheblicher zeitlicher Verzögerung eine Anstellung gefunden haben. Um so wichtiger wird die stärkere Verzahnung von erster, zweiter und dritter Phase der Lehrerausbildung im Fach Deutsch sein. Darüber hinaus muss sich die Deutschdidaktik in besonderem Maße um die empirische Absicherung ihrer Hypothesen und Konzepte bemühen. Denn auf dieser Grundlage können deutschdidaktische Erkenntnisse in Zukunft wesentlich leichter Akzeptanz in der schulischen Praxis finden und so zu einer Optimierung der fachspezifischen Lehr-Lern-Prozesse beitragen.

5 Literatur

Abraham, U. (1998): Übergänge. Literatur, Sozialisation und Literarisches Lernen. Wiesbaden: Westdeutscher Verlag.

Abraham, U. (2000): Übergänge. Wie Heranwachsende zu kompetenten LeserInnen werden. In: Lesen in der Medienwelt. ide. Zeitschrift für den Deutschunterricht in Wissenschaft und Schule 2 (2000): 20-34.

Abraham, U. & Frederking, V. (2003): Einleitung: Nach PISA und IGLU – Konsequenzen für Deutschunterricht und Deutschdidaktik. In: Abraham, Bremerich-Vos, Frederking & Wieler (2003): 189-203.

Abraham, U.: Lese- und Schreibstrategien im themazentrierten Deutschunterricht. Zu einer Didaktik selbstgesteuerten und zielbewussten Umgangs mit Texten. In: Abraham, Bremerich-Vos, Frederking & Wieler (2003): 249-278.

Abraham, U., Bremerich-Vos, A., Frederking, V. & Wieler, P. (Hrsg.) (2003): Deutschdidaktik und Deutschunterricht nach PISA. Freiburg: Fillibach.

Anz, T. (2002): Literatur und Lust. Glück und Unglück beim Lesen. München: Deutscher Taschenbuch Verlag.

Artelt, C. (2000) : Strategisches Lernen. Münster / New York / München / Berlin: Waxmann.

Artelt, C., Stanat, P., Schneider, W. & Schiefele, U. (2001): Lesekompetenz: Testkonzeption und Ergebnisse. In: Baumert, J. et al. (2001): 69-137.

Artelt, C., Demmrich, A. & Baumert, J. (2001): Selbstreguliertes Lernen. In: Baumert, Jürgen et al. (2001): 271-298.

Artelt, C., Schneider, W. & Schiefele, U. (2002): Ländervergleich zur Lesekompetenz: In: Baumert et al. (2002): 55-94.

Artelt, C., Baumert, J. & Julius-McElvany:, N. (2003): Selbstreguliertes Lernen: Motivation und Strategien in den Ländern der Bundesrepublik Deutschland. In: Baumert et al. (2003): 131-164.

Assel, J. & Jäger, G. (1999): Zur Ikonographie des Lesens – Darstellungen von Leser(inne)n und des Lesens im Bild. In: Franzmann, Hasemann, Löffler & Schön (1999): 638-673.

Bamberger, R. (2000): Erfolgreiche Leseerziehung in Theorie und Praxis. Baltmannsweiler: Schneider.

Baumert, J. (1993): Lernstrategien, motivationale Orientierung und Selbstwirksamkeitsüberzeugungen im Kontext schulischen Lernens. In: Unterrichtswissenschaft 4 (1993): 327–354.

Baumert, J. (1999): Selbstreguliertes Lernen: Ein dynamisches Modell des Wissenserwerbs. Posterpräsentation auf der PISA-Tagung im Jagdschloss Hubertusstock, 30. September – 1. Oktober 1999 [nach: Baumert, Klieme, Neubrand, Prenzel, Schiefele, Schneider, Tillmann & Weiß 2001].

Baumert, J., Klieme, E., Neubrand, M., Prenzel, M., Schiefele, U., Schneider, W., Stanat, P., Tillmann, K.-J. & Weiß, M. (Hrsg.) (2001): PISA 2000. Basiskompetenzen von Schülerinnen und Schülern im internationalen Vergleich. Opladen: Leske + Budrich.

Baumert, J., Artelt, C., Klieme, E., Neubrand, M., Prenzel, M., Schiefele, U., Schneider, W., Tillmann, K.-J. & Weiß, M. (Hrsg.) (2002): PISA 2000. Die Länder der Bundesrepublik Deutschland im Vergleich. Opladen: Leske + Budrich.

Baumert, J., Artelt, C., Klieme, E., Neubrand, M., Prenzel, M., Schiefele, U., Schneider, W., Tillmann, K.-J. & Weiß, M. (Hrsg.) (2003): PISA 2000 – Ein differenzierter Blick auf die Länder der Bundesrepublik Deutschland. Opladen: Leske + Budrich.

Baumert, J. (2001): In: Die Zeit: Wieso, weshalb, warum? Über die Ursachen der Bildungsmisere und wie man Schule besser machen kann. Jürgen Baumert und Hermann Lange im ZEIT-Gespräch. In: ZEITdokumente: Schocke für die Schule. Die Pisa-Studie und ihre Folgen. Die ZEIT: Hamburg 2002: 11-13.

Baumert, J. (2002): In: Die ZEIT: „Triumphieren kann niemand". Im deutschen Schulleistungsvergleich zeigen alle Bundesländer Schwächen. Ein Gespräch mit Jürgen Baumert, dem Leiter der Pisa-Studie. Die Zeit 27 (2002): 29-30.

Baumert, J. (2003): In: Die ZEIT: Was die Schule lähmt. Hohe Personalkosten und das Versagen bei der Ausländerintegration – ein Report des Max-Planck-Instituts durchleuchtet das deutsche Bildungswesen. Wir sprachen mit zwei Autoren. Die Zeit 43 (2003): 75-76.

Beisbart, O. (2003): Didaktische Folgerungen aus den PISA-Ergebnissen zur Verbesserung der Leseförderung. In: Abraham, Bremerich-Vos, Frederking & Wieler (2003): 220-237.

Bellebaum, A. & Muth, L. (Hrsg.) (1996): Leseglück. Eine vergessene Erfahrung. Opladen: Westdeutscher Verlag.

Berghoff, M., Frederking, V. & Steinig, W. (1998): Produktiv-kreative Verfahren im 'Didaktischen Chat-Raum' (DCR). Vorschläge zu einem (multi)medial unterstützten Deutschunterricht. In: Didaktik Deutsch. Halbjahresschrift für die Didaktik der deutschen Sprache und Literatur. Mitteilungsorgan des Symposions Deutschdidaktik e.V. 5 (1998): 36-59.

Beutler, W. (2003): Ohne Fachdidaktik ginge es auch. Plädoyer für die Entflechtung von Theorie und Praxis in der LehrerInnen-Ausbildung. In: Paul & Tangermann (2003): 510-517.

Bichsel, P. (1982): Der Leser. Das Erzählen. Frankfurt am Main: Suhrkamp 1997.

Bichsel, P. (1982): Das Lesen. In: Bichsel (1982): 27-44.

Bischof, U. & Heidtmann, H. (2002): Lesen Jungen ander(e)s als Mädchen? Untersuchungen zu Leseinteressen und Lektüregratifikationen. In: Medien Praktisch 3 (2002): 27-31.

Blatt, I. & Hartmann, W. (Hrsg.) (2004): Schreibprozesse im medialen Wandel. Ein Studienbuch. Baltmannsweiler: Schneider.

Blattmann, E. & Frederking, V. (Hrsg.) (2000): Deutschunterricht konkret. Band I. Literatur und Medien. Baltmannsweiler: Schneider.

Blumenberg, H. (1981): Die Lesbarkeit der Welt. Frankfurt a.m.: Suhrkamp.

Boekaerts, M. (1997): Self-regulated learning: A new concept embraced by researchers, policy makers, educators, teachers, and students. Learning and Instruction 7 (1997) 2: 161-186.

Bogdal, K.-M. (Hrsg.) (1993): Neue Literaturtheorien in der Praxis. Textanalysen von Kafkas ‚Vor dem Gesetz'. Opladen: Westdeutscher Verlag.

Bolter, J. D. (1997): Das Internet in der Geschichte der Technologien des Schreibens. In: Münker & Roesler (1997): 37-55.

Bolz, N. (1993): Am Ende der Gutenberg-Galaxis. Die neuen Kommunikationsverhältnisse. München: Fink.

Bollmann, S. (2005): Frauen, die lesen, sind gefährlich. München: Sandmann.

Bönnighausen, M. & Rösch, H. (Hrsg.) (2004): Intermedialität im Deutschunterricht. Baltmannsweiler: Schneider.

Bos, W., Lankes, E.-M., Prenzel, M., Schwippert, K., Walther, G. & Valtin, R.(Hrsg.) (2003): Erste Ergebnisse aus IGLU. Schülerleistungen am Ende der vierten Jahrgangsstufe im internationalen Vergleich. Münster / New York / München / Berlin: Waxmann.

Bos, W., Lankes, E.-M., Schwippert, K., Valtin, R., Voss, A., Badel, I. & Plaßmeier, N. (2003): Lesekompetenzen deutscher Grundschülerinnen und Grundschüler am Ende der vierten Jahrgangsstufe im internationalen Vergleich. In: Bos, W. et al. (2003): 69-142.

Bos, W., Lankes, E.-M., Prenzel, M., Schwippert, K., Valtin, R. & Walther, G. (Hrsg.) (2004): IGLU. Einige Länder der Bundesrepublik Deutschland im nationalen und internationalen Vergleich. Münster / New York / München / Berlin: Waxmann.

Bos, W., Valtin, R., Lankes, E.-M., Schwippert, K., Voss, A., Badel, I. & Plaßmeier, N. (2004): Lesekompetenzen am Ende der vierten Jahrgangsstufe in einigen Ländern der Bundesrepublik Deutschland im nationalen und internationalen Vergleich. In: Bos, W. et al. (2004): 49-92.

Chartier, R. & Cavallo, G. (Hrsg.) (1995): Die Welt des Lesens. Von der Schriftrolle zum Bildschirm. Frankfurt a. M. / New York: Campus

Csikszentmihalyi, M. (1992): Flow. Das Geheimnis des Glücks. Stuttgart: Klett Cotta.

Dann, H.-D., Diegritz, T. & Rosenbusch, H. S. (Hrsg.) (1999): Gruppenunterricht im Schulalltag. Realität und Chancen. Erlanger Forschungen, Reihe A, Geisteswissenschaften. Band 90. Erlangen: Universitätsbibliothek.

Deutsches PISA-Konsortium (Hrsg.) (2003): PISA 2000 – Ein differnezierter Blick auf die Länder der Bundesrepublik Deutschland. Opladen: Leske + Budrich.

Ende, M. (1979): Die unendliche Geschichte. Stuttgart: Thienemanns.

Europäische Kommission / Eurydice / Eurostat (Hrsg.) (2004): Schlüsselzahlen zum Bildungswesen in Europa 1999/2000. Online-Quelle (zuletzt recherchiert am 10.5.2005): http://www.eurydice.org/Documents/Key_Data/De/FrameSet.htm

Europäische Kommission / Generaldirektion Bildung und Kultur: (2000) Bericht über die Qualität der schulischen Bildung in Europa. Online-Quelle (zuletzt recherchiert am 10.5.2005): http://europa.eu.int/comm/education/policies/educ/indic/rapinde.pdf

Feierabend, S. & Klingler, W. (2003): JIM 2002. Jugend, Information, (Multi-) Media. Basisstudie zum Medienumgang 12- bis 19-Jähriger in Deutschland. Herausgegeben vom Medienpädagogischen Forschungsverbund Südwest. Online-Quelle (zuletzt recherchiert am 10.5.2005): http://www.mpfs.de/studien/jim/JIM2002.pdf .

Franzmann, B., Hasemann, K., Löffler, D. & Schön, E. (Hrsg.) (1999): Handbuch Lesen. Baltmannsweiler: Schneider.

Frederking, V. (2000): Identitätsorientierung im Literaturunterricht am Beispiel von Max Frischs 'Andorra'. In: Blattmann & Frederking (2000): 43-101.

Frederking, V. (2001): Peter Härtlings ‚Ben liebt Anna'. Identitätsorientierter Umgang mit einem Klassiker der Kinder- und Jugendliteratur im Zeichen von Individualisierung, Pluralisierung und Medialisierung. In: Köppert & Metzger (2001): 92-110.

Frederking, V. (2002): Auf neuen Wegen ...? Deutschdidaktik und Deutschunterricht im Zeichen der Medialisierung – eine Bestandsaufnahme. In: Wermke (2002): 143-159.

Frederking, V. (2003): „Es werde von Grund aus anders"!? Leseinteresse, Lernmotivation und Selbstregulation im Deutschunterricht nach ‚PISA' und ‚IGLU'. In: Abraham, Bremerich-Vos, Frederking & Wieler (2003): 249-278.

Frederking, V. & Krommer, A. (2003): Von der Persona zum Personascript. Virtuelle Theatralik im multimedialen Deutschunterricht am Beispiel von Ludwig Fels' „Soliman". In: Deutschunterricht 4 (2003): 34-43.

Frederking, V. (2004): Lesen und Leseförderung im medialen Wandel Symmedialer Deutschunterricht nach PISA. In: Frederking (2004a): 37-66.

Frederking, V. (Hrsg.) (2004a): Lesen und Symbolverstehen. Jahrbuch Medien im Deutschunterricht 2003. München: KoPäd.

Frederking, V. & Josting, P. (Hrsg.) (2004): Medien und Medienverbund im Deutschunterricht. Theorie und Praxis. Baltmannsweiler: Schneider.

Fritzsche, J. (1980): Aufsatzdidaktik. Kritische und systematische Untersuchungen zu den Funktionen schriftlicher Texte von Schülern. Stuttgart / Berlin / Köln / Mainz: Kohlhammer.

Garbe, C. (2003): Warum lesen Mädchen besser als Jungen? Zur Notwendigkeit einer geschlechterdifferenzierenden Leseforschung und Leseförderung. In: Abraham, Bremerich-Vos, Frederking & Wieler (2003): 69-89.

Giesecke, M. (1991): Der Buchdruck in der frühen Neuzeit. Eine historische Fallstudie über die Durchsetzung neuer Informations- und Kommunikationstechnologien. Frankfurt a. M.: Suhrkamp

Goethe, J. W. von (1948-1971): Brief an J.F. Rochlitz am 13.6.1819. In: Goethe: Gedenkausgabe der Werke, Briefe und Gespräche. Hrsg. von Ernst Beutler. 24 Bde. und 3 Ergänzungsbände. Bd. 21. Zürich: Artemis-Verlag.

Groeben, N. & Hurrelmann, B. (Hrsg.) (2002a): Lesekompetenz. Bedingungen, Dimensionen, Funktionen. Weinheim / München: Juventa

Groeben, N. & Hurrelmann, B. (Hrsg.) (2002b): Medienkompetenz. Voraussetzungen, Dimensionen, Funktionen. Weinheim / München: Juventa

Gogolin, I. & Lenzen, D. (Hrsg.) (1999): Medien-Generation. Opladen: Leske + Budrich

Haas, G. (1997): Handlungs- und produktionsorientierter Literaturunterricht. Theorie und Praxis eines 'anderen' Literaturunterrichts für die Primar- und Sekundarstufe. Seelze: Kallmeyer.

Hoffmann, G. (2000): Harry & Pooh. Leanders Lieblinge. Hanburg: Libri.

Hummelsberger, S. (2003): ‚Sachtext-Leser' oder ‚Sach-Bearbeiter'? Wie sachdienlich ist die Rede von Sachtexten in eigener Sache? In: Abraham, Bremerich-Vos, Frederking & Wieler (2003): 330-346.

Hurrelmann, B. (1990): Kinder- und Jugendliteratur im Deutschunterricht – eine Antwort auf den Wandel der Medienkultur? In: Der Deutschunterricht 42 (1990): 5-24.

Hurrelmann, B. (1999): Medien – Generationen – Familie. In: Gogolin & Lenzen (1999): 99-124.

Illich, I. (1990): Im Weinberg des Textes. Als das Schriftbild der Moderne entstand. Frankfurt a. M.: Luchterhand 1991

Janosch (1994): ‚Wie der Tiger lesen lernt'. München: Bassermann 2002.

Jauß, H. R. (1982): Ästhetische Erfahrung und literarische Hermeneutik. Frankfurt a. M.: Suhrkamp 1997.

Kammler, C. (1996): "Lieber Monsieur Süskind, danke!" Oder: Kann Schule die Lust am Lesen fördern? In: Der Deutschunterricht 3 (1996): 6-10.

Kammler, C. (2002): Rezepte ohne Beipackzettel. Zu Otto Ludwigs Vorschlägen für eine Reform des Deutschunterrichts nach PISA. In: Der Deutschunterricht 6 (2002): 91-93.

Kammler, C. (2000): Neue Literaturtheorien und Unterrichtspraxis: Positionen und Modelle. Baltmannsweiler: Schneider.

Kepser, M. (1999): Massenmedium Computer. Ein Handbuch für Theorie und Praxis des Deutschunterrichts. Bad Krotzingen: D-Punkt.

Kleinbaum, N. H. (1990): Der Club der toten Dichter. Bergisch-Gladbach: Lübbe 2003.

Kreft, J. (1977) : Grundprobleme der Literaturdidaktik. Eine Fachdidaktik im Konzept sozialer und individueller Entwicklung und Geschichte. Heidelberg: Quelle & Meyer 1982.

Krommer, A. (2004): Fiktionen lesen. Ein philosophisch-didaktisches Plädoyer für eine ontologiefreie Theorie der Fiktionalität. In: Frederking (2004): 83-99.

Köppert, C. & Metzger, K. (Hrsg.) (2001): „Entfaltung innerer Kräfte". Blickpunkte der Deutschdidaktik. Festschrift für Kaspar H. Spinner anlässlich seines 60. Geburtstages. Velber: Friedrich Verlag.

Lenz, S. (2003): So zärtlich war Suleyken'. Frankfurt am Main: Fischer.

Lenz, S. (1955): ‚Der Leseteufel'. In: Lenz (2003): 7-12.

Ludwig, O. (2002): PISA 2000 und der Deutschunterricht. In: Der Deutschunterricht 2 (2002): 82-85.

Maiwald, K. (2001a): Deutschdidaktik aktuell. Literatur lesen lernen. Begründung und Dokumentation eines literaturdidaktischen Experimentes. Baltmannsweiler: Schneider.

Maiwald, K. (2001b): Plattformen oder platte Formen? Von der Hyperlust am Text. In: Maiwald & Rosner (2001): 173-193.

Maiwald, K. & Rosner, P. (Hrsg.) (2001): Lust am Lesen. Bielefeld: Aisthesis.

Manguel, A. (1996): Eine Geschichte des Lesens. Reinbek/ Hamburg: Rowohlt 2000

Mattenklott, G. (1979): Literarische Geselligkeit - Schreiben in der Schule. Mit Texten von Jugendlichen und Vorschlägen für den Unterricht. Stuttgart: Metzlersche Verlagsbuchhandlung.

Megenberg, K. von (1442-1453): Buch der Natur. Cod. Pal. germ. 300. der Universitätsbibliothek Heidelberg. Hagenau (Unterelsaß): Werkstatt Diebold Lauber.

Moritz, K. P. (1785-90) (1998): Anton Reiser. Frankfurt: Insel.

Münker, S. & Roesler, A. (Hrsg.) (1997): Mythos Internet. Frankfurt a.M.: Suhrkamp.

Nickel-Bacon, I., Groeben, N. & Schreier, M. (2001): Fiktionssignale pragmatisch. Ein medienübergreifendes Modell zur Unterscheidung von Fiktion(en) und Realität(en). In: Poetica 3-4 (2001): 267-299.

OECD (Hrsg) (2002): Bildung auf einen Blick. OECD-Indikatoren 2002. Paris: OECD.

Opaschowski, H. W. (1999): Generation @ - Die Medienrevolution entlässt ihre Kinder. Hamburg: Mairs Geographischer Verlag.

Paul, I. & Tangermann, F. (Hrsg.) (2003): Zur Ungleichzeitigkeit von Theorie und Praxis. Mitteilungen des Germanistenverbandes 4 (2003): 50.

Pennac, D. (1994): Wie ein Roman. Köln: Kiepenheuer & Witsch.

PISA-Konsortium Deutschland (Hrsg.) (2004): PISA 2003. Der Bildungsstandard der Jugendlichen in Deutschland – Ergebnisse des zweiten internationalen Vergleich. Münster / New York / München / Berlin: Waxmann.

Prenzel, M., Carstensen, C. H. & Zimmer, K. (2004): Von PISA 2000 zu PISA 2003. In: PISA-Konsortium Deutschland (2004): 355-369.

Proust, M. (1905) (2001): Tage des Lesens. Frankfurt a. M. / Leipzig: Suhrkamp.

Rose, J. & Rose, K. (2002): Computerunterstützter Deutschunterricht. Frankfurt a.M. / Berlin / Bern: Lang.

Rosebrock, C. (Hrsg.) (1995): Lesen im Medienzeitalter. Weinheim: Beltz.

Rosebrock, C. (1995): Literarische Sozialisation im Medienzeitalter. Ein Systematisierungsversuch zur Einleitung. In: Rosebrock (1995): 9-29.

Rosebrock, C. (2002): Folgen von PISA für den Deutschunterricht. In: Praxis Deutsch 174 (2002): 53f.

Schaffner, E., Schiefele, U., Drechsel, B. & Artelt, C. (2004): Lesekompetenz. In: PISA-Konsortium Deutschland (2004): 93-110.

Schiefele, U. (1996): Motivation und Lernen mit Texten. Göttingen: Hogrefe.

Schilcher, A. (2003): Was machen die Jungs? Geschlechterdifferenzierender Deutschunterricht nach PISA. In: Abraham, Bremerich-Vos, Frederking & Wieler (2003): 361-380.

Schleicher, A. (2002): Die Familie ist die wichtigste Schule. In: Welt am Sonntag 22 (2002): 16.

Schleiermacher, F. (1826) (1983): Pädagogische Schriften 1. Die Vorlesungen aus dem Jahre 1826. Unter Mitwirkung von Theodor Schulze herausgegeben von Erich Weniger. Frankfurt a.M. / Berlin / Wien: Ullstein.

Schön, E. (1993): Der Verlust der Sinnlichkeit oder die Verwandlungen des Lesers. Mentalitätswandel um 1800. Stuttgart: Metzler.

Schön, E. (1995): ,Lesekultur' – Einige historische Klärungen. In: Rosebrock (1995): 137-164.

Schön, E. (1996): Mentalitätsgeschichte des Leseglücks. In: Bellebaum & Muth (1996): 151-175.

Schön, E. (2001): Geschichte des Lesens. In: Franzmann, Hasemann, Löffler & Schön (2001): 1-85.

Senkbeil, M. & Drechsel, B. (2004): Vertrautheit mit dem Computer. In: PISA-Konsortium Deutschland (2004): 177-190.

Spinner, K. H. (1980): Identität und Deutschunterricht. Göttingen: Vandenhoeck & Ruprecht.

Spinner, K. H. (1993): Von der Notwendigkeit produktiver Verfahren im Literaturunterricht. In: Diskussion Deutsch 133 (1993): 1-6.

Spinner, K. H. (1994): Neue und alte Bilder von Lernenden. Deutschdidaktik im Zeichen der kognitiven Wende. In: Beiträge zur Lehrerbildung. Zeitschrift zu Theorie und Praxis der Grundausbildung, Fort- und Weiterbildung von Lehrerinnen und Lehrern 12 (1994) 2: 146-158.

Spinner, K. H. (2001): Kreativer Deutschunterricht. Identität – Imagination – Kognition. Seelze: Kallmeyer.

Spinner, K. H. (2003): Lesekompetenz nach PISA und Literaturunterricht. In: Abraham, Bremerich-Vos, Frederking & Wieler (2003): 238-248.

Stanat, P. & Kunter, M. (2001): Geschlechtsunterschiede in Basiskompetenzen. In: Baumert et al. (2001): 249–269.

Stanat, P., Artelt, C., Baumert, J., Klieme, E., Neubrand, M., Prenzel, M., Schiefele, U., Schneider, W., Schümer, G., Tillmann, K.-J. & Weiß, M. (2003): PISA und PISA-E: Zusammenfassung der bereits vorliegenden Befunde. In: Deutsches PISA-Konsortium (2003): 51-75.

Suhrkamp, P. (1986): Der Leser. Frankfurt a. M.: Suhrkamp.

Suhrkamp, P. (1947): Über das Lesen. In: Suhrkamp (1986): 9-21.

Thiel, P. (2002): Ist die Schieflage korrigierbar? Expertenrunde der Hanns-Seidel-Stiftung zur PISA-Studie. Online-Quelle (zuletzt recherchiert am 10.5.2005): http://www.vlb-bayern.de/akzente/2002/ak020805.htm.

Tymister, H.-J. (Hrsg.) (1975): Projektorientierter Deutschunterricht. Düsseldorf: Schwann.

Weir, P. (1990): Der Club der toten Dichter. Touchstone 2003.

Wermke, J. (1989): 'Hab a Talent, sei a Genie!'. Kreativität als paradoxe Aufgabe. Band 1: Entwicklung eines Konzepts der Kreativität und ihrer Förderung durch Literatur. Band 2: Empirische Überprüfung literaturdidaktischer Möglichkeiten der Kreativitätsförderung. Weinheim: Beltz.

Wermke, J. (1997): Integrierte Medienerziehung im Fachunterricht. Schwerpunkt: Deutsch. München: KoPäd.

Wermke, J. (Hrsg.) (2002): Literatur und Medien. Jahrbuch Medien im Deutschunterricht. München: KoPäd.

Wirth, J. & Klieme, E. (2003): Computernutzung. In: Baumert et al. (2003): 195-209.

Zur Bildungssituation Jugendlicher mit Migrationshintergrund

Gabriele Pommerin-Götze

1   Heilsamer PISA-Schock?

Die PISA-Studien 2000 und 2003 haben zweifellos einen Schock in unserer Gesellschaft ausgelöst. Ob er heilsam ist, muss sich in naher Zukunft zeigen. Wie schlecht 15-jährige Schülerinnen und Schüler in Deutschland in ihren Leseleistungen und in Mathematik sowie in den naturwissenschaftlichen Fächern im internationalen Wettbewerb abgeschnitten haben, war allerdings vielleicht nur für Kulturskeptiker keine Überraschung. Wer aber hätte gedacht, dass sich das Land der Dichter und Denker auf dem gleichen Bildungsniveau befindet wie Brasilien, México oder Ungarn? Haben wir uns jahrzehntelang zuviel auf unser abendländisches Erbe einer Kulturnation eingebildet und sind in den Dornröschenschlaf gefallen? Wer das staatliche Schulsystem der USA ein wenig besser kennt als nur vom ersten Augenschein, der wird sich angesichts der flächendeckend anzutreffenden miserablen Fremdsprachenkenntnisse und einer gleichfalls nicht verbreiteten Lesesozialisation amerikanischer ‚high school kids', die nur noch von trüben Geschichts- und Geographiekenntnissen übertroffen werden, gewundert haben, dass die deutschen Gleichaltrigen so schlecht im PISA-Vergleich abgeschnitten haben.

Bei der in der PISA-Studie 2000 zugrunde gelegten „reading literacy" als Basiskompetenz handelt es sich bekanntlich um ein sehr pragmatisches Konzept, das kognitionspsychologisch fundiert ist. Der Lesekompetenz-Begriff konzentriert sich auf Leseverständnis als Informationsverarbeitung und „Bedingung einer zielorientierten und flexiblen Wissensaneignung" (Deutsches PISA-Konsortium 2001: 70).

Das Modell gliedert sich in folgende, hierarchisch aufeinander aufbauende Teildisziplinen, die wiederum fünf Kompetenzstufen zugeordnet werden:
1. Informationen ermitteln
2. textbezogenes Interpretieren
3. Reflektieren und Bewerten

Ein besonders alarmierender Befund von PISA 2000 war, dass die Schülerinnen und Schüler in Deutschland gerade bei der letzten und anspruchsvollsten Disziplin „Reflektieren und Bewerten" größte Schwächen aufwiesen (Deutsches PISA-Konsortium 2001: 123f) und überdies auch kaum über geeignete Lesestrategien und -techniken verfügten.

Als Antwort auf PISA 2000 fordert Bettina Hurrelmann in ihrem durchaus kritischen „Plädoyer für ein didaktisches Konzept des Lesens als kultureller Praxis" konsequenterweise, Strategiewissen in dem Sinne auszubauen, dass die Lernenden die Bedeutung der Strategien hinterfragen und diese dann „selbständig und bewusst zur Überwachung und Steuerung der eigenen Leseprozesse einsetzen können" (Hurrelmann 2002: 9).

Bei der neuen PISA-Studie 2003 sind die Befunde, besonders in den naturwissenschaftlichen Fächern sowie in Mathematik etwas besser. Als geradezu alarmierend erscheinen dem deutschen PISA-Konsortium nach wie vor die Leseleistungen bei Jugendlichen mit Migrationshintergrund: „Besonders alarmierend ist, dass über 50 Prozent der Jugendlichen türkischer Herkunft, obwohl sie in Deutschland geboren sind, nur marginale Kompetenzen erreichen, die nicht über die Stufe 1 hinausgehen. Die Verteilung auf die Kompetenzstufen sieht für zugewanderte Jugendliche aus der ehemaligen Sowjetunion zwar günstiger aus, aber über 30 Prozent von ihnen erreichen ebenfalls nur maximal die erste Kompetenzstufe ..." (PISA-Konsortium Deutschland 2004: 264).

Das Fazit Prenzels und seiner MitarbeiterInnen sieht deshalb für die „Risikogruppe" Jugendliche mit Migrationshintergrund auch nach der zweiten PISA-Studie keine Entwarnung vor: „Das Ergebnis zeigt, dass Jugendliche mit Migrationshintergrund, die zwar in Deutschland geboren sind, deutlich ungünstigere Voraussetzungen für eine nachfolgende Ausbildung und erfolgreiche Berufslaufbahn haben als Jugendliche ohne Migrationshintergrund. Dies weist auf denkbar schlechte Voraussetzungen für die Integration in eine Gesellschaft hin. Die Verbesserung ihrer Lage", so sein impliziter Auftrag an alle, die sich für Bildung und Erziehung für sozial benachteiligte Kinder und Jugendliche engagieren, „stellt eine wichtige Herausforderung für die Zukunft dar" (PISA-Konsortium Deutschland 2004: 265).

Nicht von ungefähr werden sich unsere Bildungsbemühungen auf die Hauptschule konzentrieren müssen. In diesem Schultyp sammeln sich bekanntermaßen die Schüler und Schülerinnen, die zur „Risikogruppe" der „Restschule" gezählt werden müssen. Und auch bei PISA 2003 ist bestätigt worden, dass vor allem Jungen nach wie vor zu den schlechtesten Lesern zählen.

Es hat uns nach PISA 2000 auch nicht trösten können, dass es selbst die Franzosen mit ihrem unangetasteten Selbstvertrauen einer „Grande Nation" beinahe ebenso übel getroffen hat wie uns Deutsche. In einem Interview gesteht Luc

Ferry, französischer Minister für Jugend, Erziehung und Forschung, freimütig den Schock und die Enttäuschung über das schlechte Abschneiden beider Länder: „PISA est très vexant pour la France comme pour l'Allemagne, mais on verité nous sommes tous au milieu de la classe européenne. Or, au 18ème et 19ème siècles, nos deux pays etaient les plus brillants sur le plan des systèmes éducatifs. Aujourd'hui nous deux sont loin derrière la Finlande. Je n'ai évidemment rien contre la Finlande. Mais comme philosophe je dois admettre que la philosophie allemande m'impressionne toujours plus que la philosophie finlandaise. Il y a une grande déception" (Ferry 2003: 24).

Als Ursachen für die Bildungsmisere macht Ferry folgendes aus:
- Der Grundschule gelingt es nicht mehr, einem wichtigen Bildungsauftrag nachzukommen, nämlich Lesen und Schreiben zu vermitteln.
- Es wird – trotz europäischer Einigung, trotz erfolgreicher Europa-Projekte im Bildungsbereich – zu wenig Fremdsprachenunterricht angeboten: nur 16% der Franzosen lernen Deutsch, 15% der Deutschen lernen Französisch.
- Wir haben in beiden Ländern eine generelle Krise der Naturwissenschaften in Schule und Universität.
- Unter Schülern (aller Schularten) gibt es zu wenig Anstrengung und Disziplin, sich – selbst bei vorhandener Begabung – mit schwierigen Stoffen ernsthaft auseinander zu setzen und durchzuhalten (Ferry 2003: 24).

Der Bildungsminister zieht für sein Land folgende Konsequenzen, die sich nach meiner Einschätzung auf Deutschland übertragen ließen, auch wenn der Katalog der Maßnahmen keineswegs vollständig ist:
- Intensivierung des Fremdsprachenunterrichts (bei Beibehaltung des Englischen als lingua franca!);
- Einführung altbewährter Übungen (wie etwa Auswendiglernen) neben der Intensivierung kreativer Methoden und verstärkter Systematisierung;
- Mehr Disziplin und Durchhaltevermögen bei schwierigen Sachfragen;
- Einbindung von Ökologie und Bioethik in das Gesamtkonzept der Humanwissenschaften, um Kontrollverlust in der Gesellschaft zu vermeiden (Ferry 2003: 24).

2   Risikogruppen in Deutschland: Zahlen – Daten – Fakten

An verschiedenen Stellen im PISA-Befund 2000 heißt es zunächst grundsätzlich: Deutschland gehört mit Liechtenstein, Polen und Ungarn zu einer Staatengruppe mit einem hohen, über 20 Prozent liegenden Anteil an 15-jährigen, die im Lesen Kompetenzstufe I nicht überschreiten (vgl. dazu Deutsches PISA-Konsortium 2001: 398). Noch tiefer anzusiedeln ist die Gruppe von 10 Prozent der Schülerinnen und Schüler, die nicht einmal die Kompetenzstufe I erreicht haben (Deutsches PISA-Konsortium 2001: 117).

Deutlicher werden die Zahlen im Vergleich zu den „erfolgreichen" Schülern: „Exzellente Beherrschung der deutschen Sprache und die souveräne Bewältigung auch schwieriger Texte sind nur noch bei 2 Prozent anzutreffen" (Deutsches PISA-Konsortium 2001: 376). Wie hoch der Anteil an Jugendlichen nichtdeutscher Herkunft innerhalb der 2 Prozent ist, hat PISA leider nicht ermittelt; wir dürfen aber von einer erschreckend niedrigen Zahl ausgehen. Innerhalb der Gruppe extrem schwacher Leser (die für Deutschland insgesamt mit 20 Prozent angegeben wird) machen Jugendliche aus zugewanderten Familien, die die Kompetenzstufe I nicht überschreiten, fast 50 Prozent aus (Deutsches PISA-Konsortium 2001: 376).

Nach sozialer Herkunft, Geburtsort, Schulbesuch und Sprachgewohnheiten differenziert, werden ausländische Jugendliche in hohem Prozentsatz von PISA eindeutig zur Gruppe der Risikoschüler gerechnet: „Bemerkenswert dabei ist der Befund, dass der größte Anteil (47%) SchülerInnen sind, die selbst und deren Eltern in Deutschland geboren sind. Alle Jugendlichen in dieser Gruppe geben weiterhin an, dass die Umgangssprache in ihrer Familie Deutsch ist. Weitere 36 Prozent der SchülerInnen, die den Anforderungen der Kompetenzstufe I nicht gewachsen sind, sind im Ausland geboren und haben mindestens ein Elternteil, der ebenfalls nicht aus Deutschland stammt ..." (Deutsches PISA-Konsortium 2001: 117f). Diese Befunde wurden bedauerlicherweise durch PISA 2003 noch einmal bestätigt (vgl. dazu PISA-Konsortium Deutschland 2004: 271f).

Gleiches gilt für die Zahl der Schulabsolventen: Nur knapp 10 Prozent der Jugendlichen aus Migrantenfamilien schaffen das Abitur, jeder 5. Heranwachsende verlässt die Schule (gemeint ist vor allem die Hauptschule) ohne qualifizierenden Schulabschluss und bleibt damit ohne Chancen auf dem Arbeitsmarkt. Und ca. 60 Prozent der Heranwachsenden mit türkischem oder russischem kulturellem Hintergrund verlieren mindestens ein Jahr durch zu späte Einschulung, Sitzenbleiben bzw. als „Quereinsteiger" vor allem im Sekundarbereich (vgl. dazu Spiewak 2002: 3).

Dass Bildungsreformen zu positiven Konsequenzen führen können, zeigt das Beispiel Polen. Mit der 1999 einsetzenden Bildungsreform in Polen – 6-

jährige Grundstufe, nicht-selektive Sekundarstufe I, Zentralisierung der Prüfungen bei gleichzeitiger größerer Autonomie der Schulen, Verstärkung des Fremdsprachenunterrichts und ähnlichen strukturellen Maßnahmen, wie wir sie auch bei den „PISA-Siegern" wie Finnland oder Dänemark finden – wurde in unserem Nachbarland eine grundlegende Reform durchgesetzt, von der die Schülergeneration der heutigen Fünfzehnjährigen bereits profitiert hat (vgl. dazu „Vorbild Polen" 2004).

Als weiteres Erschwernis kommt noch hinzu, dass Deutschland im Ländervergleich das Land ist, das Heranwachsenden aus den unteren Sozialschichten kaum Chancen zum sozialen Aufstieg bietet. Konkret: Wenn ein Kind türkische Eltern hat, wenn seine Mutter oder sein Vater erwerbslos ist oder wenn seine Familie mit wenigen finanziellen Mitteln auskommen muss und in einem so genannten Ausländerghetto wohnt, muss sich das Kind mit Migrationshintergrund im Vergleich zu seinem deutschen Klassenkameraden, dessen Eltern der sozialen Mittelschicht angehören, um ein Zehnfaches mehr anstrengen, den Übergang ins Gymnasium zu schaffen.

Die enge Koppelung zwischen sozialer Herkunft und Kompetenzerwerb hat sich auch in der PISA-Studie 2003 bestätigt. Weitere Gründe für die alarmierende strukturelle Bildungsbenachteiligung sehen die Mitglieder des PISA-Konsortiums 2003 in dem streng gegliederten Schulsystem in Deutschland, das auf eine „maßgeschneiderte Kompetenzförderung" ausgerichtet ist (vgl. dazu PISA-Konsortium Deutschland 2004: 243f) sowie in der Tatsache, dass die familiäre Umgangssprache der Jugendlichen gravierend von der Unterrichtssprache abweicht (PISA-Konsortium Deutschland 2004: 260ff).

Bei der Auflistung verschiedener Faktoren, die für einen erfolgreichen Kompetenzerwerb von Jugendlichen mit Migrationshintergrund verantwortlich gemacht werden, gehen die Mitglieder des PISA-Konsortiums 2000 – entgegen ihrer sonst schlüssigen Argumentation – allerdings nicht immer ganz widerspruchsfrei vor. Als Bezugsgrößen zur Feststellung des Kompetenzerwerbs werden folgende aufgeführt, aber nicht in ihrer sehr komplexen gegenseitigen Bedingtheit diskutiert:

- Zeitpunkt der Zuwanderung,
- Verbleibsicherheit in Deutschland,
- Kultureller und religiöser Zusammenhang
- Verweildauer in Deutschland,
- Sprachgepflogenheiten in der Familie,
- Soziale Situation der Herkunftsfamilie (vgl. dazu Deutsches PISA-Konsortium 2001: 376ff; 383f; 389).

Abgesehen davon, dass der Zeitpunkt der Zuwanderung sowie die Verweildauer in Deutschland in der Migrationsforschung und Interkulturellen Pädagogik keineswegs eindeutig in dem Sinne interpretiert werden können, wie es durch PISA 2000 nahe gelegt wird, dass nämlich ein möglichst früher Zeitpunkt der Zuwanderung und eine möglichst lange Verweildauer im Zielland einen schnellen und sicheren Kompetenzerwerb garantieren, sind auch die anderen Kriterien höchst ambivalent und lassen sich ausschließlich in einem komplexen Zusammenspiel aller Faktoren sinnvoll interpretieren (vgl. dazu Kasper 1979: 3-35; Rod 1992; Apeltauer 2001: 677-684).

Mehr noch als bei der ersten PISA-Studie wurde bei PISA 2003 die fundamentale Bedeutung der Sprache beim Kompetenzerwerb sowohl bei den Lesefähigkeiten im Rahmen des Deutschunterrichts als auch in den naturwissenschaftlichen Fächern und in der Mathematik betont. Für unseren Zusammenhang ist vor allem das Untersuchungsergebnis wichtig, dass ein sprachfreier Kompetenzerwerb grundsätzlich nicht vorstellbar ist, sondern ein solider Erwerb der „Umgangssprache bzw. Unterrichtssprache" (ich würde hier eher von verschiedenen Varietäten gesprochener und geschriebener Umgangssprache,, Standard- und Fachsprachen sprechen) die Bedingung schlechthin für sprachliche und kommunikative Kompetenz, für „divergentes Denken" und „Problemlösungsverhalten" auch in Sachfächern darstellen (vgl. dazu PISA-Konsortium Deutschland 2004: 264f; 270-272).

3 Interpretation der PISA-Befunde

Wie lassen sich die ermittelten Daten im Hinblick auf Lesekompetenzen und darüber hinaus auf Sprach- und Kommunikationskompetenz, auf Konstitution von Erfahrung und Wissen, auf Individuation und gesellschaftliche Partizipation sowie auf Bildungs- und Berufschancen und damit auf Lebenschancen interpretieren?

Festzustellen ist, dass es in Deutschland – trotz jahrzehntelanger Erfahrung mit Zuwanderern – immer noch nicht gelungen ist, Migranten und ihre Kinder gesellschaftlich, politisch, sozial und kulturell so zu integrieren, dass diese eine sinnvolle Lebensperspektive in unserer Gesellschaft entwickeln können. Multikulturalität ist in Deutschland nach wie vor weder als gesellschaftliche Realität anerkannt noch als eine erstrebenswerte gesellschaftliche Utopie (vgl. dazu Cohn-Bendit & Schmid 1993; Pommerin 2001). „Aus der Öffentlichkeit ist das Thema Chancengleichheit seit längem verschwunden", so der Erlanger Erziehungswissenschaftler E. Liebau anlässlich der PISA-Ringvorlesung an der Erziehungswissenschaftlichen Fakultät der Friedrich-Alexander-Universität Erlangen-Nürnberg am 14.01.2003. „PISA hat die Notwendigkeit, sich erneut und vehement für Chancengleichheit einzusetzen, schmerzhaft deutlich gemacht", so sein Fazit zu dieser Frage.

Die Kinder der dritten und nunmehr vierten Generation von Zuwanderern gehören zu dem unteren Drittel einer extremen Risikogruppe ohne strukturelle Aufstiegschancen. Die daraus erwachsenden Gefahren einer „industriellen Reservearmee" (Marx) sind seit Jahren vielerorts beschworen worden. Die strukturelle Benachteiligung von Kindern und Jugendlichen aus Migrantenfamilien führt somit zu einer immensen Vergeudung des „sozialen" und „kulturellen Kapitals", das sich letztlich keine Gesellschaft wird leisten können – weder aus Sicht der Gesellschaft selbst und schon gar nicht aus der Perspektive der einzelnen Individuen (vgl. dazu Deutsches PISA-Konsortium 2001: 330).

Eine der größten Herausforderungen für das Bildungssystem in Deutschland besteht auch nach PISA 2003 darin, „Schülerinnen und Schülern unabhängig von ihrer sozialen Herkunft Gelegenheit und Unterstützung zu geben, ihr kognitives Potenzial auszuschöpfen" (PISA-Konsortium Deutschland 2004: 277). Eigentlich müssten diese Befunde die Öffentlichkeit in diesem Land weit mehr alarmieren als dies der Fall ist. Vielmehr wird - nicht nur in Politikerreden – der Eindruck erweckt, die hohe Zahl der „ausländischen Kinder" in unserem Schulsystem sei schuld am schlechten Abschneiden im internationalen Vergleich der Lesekompetenzen. Diese Annahme unterliegt einem folgenschweren Irrtum und projiziert Schuld und Verantwortung – wie gewohnt – auf die Randgruppe selbst, nämlich auf die Jugendlichen aus Migrantenfamilien und ihre Eltern.

4 Die Förderung von Lesekompetenzen im Rahmen einer umfassenden Erziehung zur Mehrsprachigkeit

Lesekompetenz auf anspruchsvollem Niveau stellt – wie bereits dargestellt - eine Basisqualifikation in jeder modernen Gesellschaft dar, die für alle Lebensbereiche zunehmende Bedeutung hat. Jedes systematische Lernen, jeglicher Erfahrungsgewinn, jede Wissenskonstruktion ist „sprachbasiert". Und weiter lautet die Annahme: Sprachliche Defizite können nicht durch andere Fähigkeiten kompensiert werden (vgl. dazu Deutsches PISA-Konsortium 2001: 375). Diese Erkenntnis hat weitreichende Folgen für den gesamten Unterricht, auch für den Unterricht in so genannten sprachfernen Fächern wie Mathematik, Chemie, Sachkunde etc.

Skepsis ist angezeigt, wenn Lehrkräfte, ausländische Eltern oder sogar die Jugendlichen selbst sich damit beruhigen, dass sie „dafür aber in Mathe gut seien", falls sie große Sprachprobleme im Deutschen haben. Abgesehen von komplizierten Textaufgaben ist – wie bereits unter Punkt 3 dargestellt - auch die geistige Durchdringung, letztendlich ein wirkliches Verstehen mathematischer Regeln oder chemischer Formeln, von mentalen Operationen abhängig, die sprachbasiert sind.

Fachsprachliche Textsorten aus dem naturwissenschaftlichen und technischen, aber auch sozialen und musischen Bereich zeichnen sich also nicht durch sprachunabhängige, formale Operationen aus, sondern sind gekennzeichnet durch syntaktische Reduktion, Fachwortschatz, Kürzel, besondere Wortbildungen und andere konstitutive Merkmale, die im fremdsprachlichen Unterricht – insbesondere im Bereich der Textrezeption – entsprechender Einübung bedürfen (vgl. dazu Fluck 1992; Fearns 1996).

Entscheidend für den Schulerfolg von Kindern aus Migrantenfamilien ist – und darin sind sich auch die Experten unterschiedlicher bildungspolitischer Provenienz einig – „die Beherrschung der deutschen Sprache auf einem dem jeweiligen Bildungsgang angemessenen Niveau. Für Kinder aus Zuwandererfamilien ist die Sprachkompetenz die entscheidende Hürde in ihrer Bildungskarriere" (Deutsches PISA-Konsortium 2001: 374; vgl. auch PISA-Konsortium Deutschland 2004: 270ff).

Die Förderung der Sprachkompetenz im Deutschen zu intensivieren - und zwar bereits im Elementarbereich bis in die höheren Klassen der Sekundarstufe sowie als lebenslanges Sprach-Lern-Curriculum auch über die Institution Schule hinaus - ist eine zentrale Forderung, wie immer auch deren Umsetzung im betreffenden Profil einer Schule aussieht.

Wir sollten uns allerdings davor hüten, das mutter- bzw. herkunftssprachliche Potential der Heranwachsenden, die einen bilingualen Hintergrund haben, dem Primat des Deutschen als Zweitsprache oder als zweite Muttersprache völlig aufzuopfern. Mehrsprachigkeit, so defizitär diese auch bei Angehörigen ethnischer Minderheiten aussehen mag, ist ein wertvolles kulturelles Kapital, das nicht zu vernachlässigen, sondern im Rahmen alternierender Sprachförderprogramme auszubauen ist (vgl. dazu Schrader 2000; Linke & Oomen-Welke 1995; Luchtenberg 1995; Belke 2003; Pommerin u.a. 1992; Pommerin 2001). Mehrsprachigkeit ist also kein Privileg gymnasialer Ausbildung, sondern Voraussetzung und Ziel grundlegender Erziehung und Bildung, die lange vor der Schulzeit beginnt.

Die in der Bilinguismus- und Zweitspracherwerbsforschung seit langem bekannte Differenzierung von BICS (basic interpersonal communicative skills) und CALP (cognitiv/academic language proficiency) ist geeignet, den eher amorphen Begriff der Sprachkompetenz im fremdsprachlichen Kontext nach sprachlichen Funktionen und ihrer angemessenen Realisierung in Alltagssituationen sowie in komplexen Situationen zu unterscheiden, die einer elaborierten, kognitiv anspruchsvollen Sprache bedürfen.

„Es wird davon ausgegangen, dass sich BICS in jeder Sprache relativ unabhängig entwickeln, während die Entwicklung von CALP in einer Zweitsprache eine entwickelte Erstsprache voraussetzt" (Apeltauer 2001: 632).

Diese Unterscheidung ist Lehrkräften, vor allem, wenn sie für einen Unterricht in multikulturellen Lerngruppen nicht adäquat vorbereitet sind, häufig nicht bewusst, so dass sie sich von einer einigermaßen gut funktionierenden Alltagskommunikation „ihrer" ausländischen Kinder täuschen lassen und infolgedessen von einer guten Beherrschung der BICS auf eine gute Beherrschung der CALP schließen. Aber gerade in den durch CALP gekennzeichneten Varietäten stecken die Tücken, also etwa in den Fachsprachen mit ihren spezifischen Anforderungen in Lexik und Syntax sowie in der Schriftsprache, die sich – laut Wygotski – durch besondere Abstraktionsleistungen auszeichnet.

Die Ausbildung der BICS geschieht in erster Linie in der peer group und in der Familie, auch in informeller Kommunikation innerhalb von Schule in Prozessen der so genannten *second language acquisition* (natürlicher Zweitspracherwerb). Diese Alltagssprache soll keineswegs diffamiert werden, sie ist ganz gewiss eine wichtige Grundlage für die Ausbildung der so genannten cognitiv/academic proficiency, der CALP also. Deren systematische (Weiter-) Entwicklung aber kann unter keinen Umständen den Lernenden selbst überlassen werden, zumal wenn sie aus einem Elternhaus stammen, das zu den ‚bildungsfernen Schichten' gerechnet werden muss.

BICS und CALP haben beide ihre Berechtigung und müssen auch beide in verschiedenen Erwerbs- und Lernkontexten erprobt und eingeübt werden, wobei die Lernenden selbst allmählich ein Gespür für die Wirksamkeit und Grenzen der beiden grundlegenden skills bekommen sollten, was wiederum eine zentrale Forderung des PISA-Konsortiums einlösen würde, nämlich die der Bewusstmachung und des bewussten Einsatzes von Sprach-Lern-Strategien, hier bei bilingualen Individuen mit Migrationshintergrund. Dies spricht für eine enge Verzahnung von schulischen Sprach-Lern-Angeboten mit den quasi-natürlichen, d.h. außerhalb von Schule erworbenen, zumeist defizitären Sprachhandlungsmustern. Daraus folgt wiederum eine sinnvolle Koordination von Handlungsorientierung, Situierung und Offenheit im Lernangebot mit zunehmender Sprachbewusstheit (language and cultural awareness) und Systematik, um der Gefahr einer Zementierung sprachlicher Muster auf niedrigem Niveau und zugleich der Anhäufung eines toten Sprachwissens zu entgehen.

Aus der Bilinguismus- bzw. Zweitspracherwerbsforschung in verschiedenen mehrsprachigen Ländern ist weiterhin bekannt, dass der Spracherwerb – sowohl wenn er synchron bilingual als auch nachgeordnet verläuft – sich nicht in einem linearen Aufwärtsprozess vollzieht, sondern in Schüben, mit Lernplateaus, mitunter auch phasenweise repressiv, vor allem aber langsamer als bei monolingual aufwachsenden Kindern und Jugendlichen. Empirischen Ergebnissen zufolge, die in verschiedenen psycholinguistisch orientierten Zweitspracherwerbsforschungen gewonnen werden konnten, entwickeln Zweitsprachlerner grundsätzlich Übergangssysteme (Corder 1981) bzw. Interlanguages oder Interimssprachen (Selinker 1972). Darunter ist ein individuelles sprachliches System zu verstehen, das jeder Lerner entwickelt und das – im Idealfall – nach einigen Jahren die Komplexität und Qualitätsstandards der Zielsprache aufweist (vgl. dazu Apeltauer 2001: 678; Noak 1987). Nun sind Lernsprachen bzw. Interlanguages aber gekennzeichnet durch eine ganze Vielfalt sprachlicher Abweichungen, Fossilierungen und Simplifizierungen, die durch den Versuch entstehen, mit einem Minimum an sprachlichen Ausdrucksvermögen ein Maximum an sprachlichem Ausdruckbedürfnis in der fremden Sprache zu realisieren.

Da im dreigliedrigen deutschen Schulsystem die Weichen für die weitere Schulkarriere bereits am Ende der 4. Jahrgangsstufe gestellt werden, ist der Zeitraum für „verteilungsrelevante Interventionen", sprich: Entscheidungen über spätere Bildungs- und Lebenschancen äußerst knapp. Für Kinder aus Migrantenfamilien wird dieser Zeitraum noch knapper, bedenkt man, dass es gilt, innerhalb dieser 4 Jahre Grundschulzeit zudem kulturelle und soziale Integrationsleistungen zu vollbringen, da auch divergierende Werte und Normen (vor allem im religiösen Bereich) in einer Art „Zwischenkultur" ohne großen Schaden für die eigene Identität unterzubringen sind und dabei zwei, zuweilen drei Sprachen erlernt werden müssen, die zumeist in Konkurrenz zueinander stehen.

Gibt man den Heranwachsenden mehr Zeit, etwa bis zum Ende der 6. Jahrgangsstufe, so besteht die große Chance, dass Migrantenkinder die Zweitsprache Deutsch zumindest auf allen Ebenen sprachlicher Fertigkeiten so gut beherrschen, dass wir vom Niveau einer zweiten Muttersprache ausgehen können. Über die Primärsprache bzw. die Muttersprache der Eltern und Großeltern sollten die Heranwachsenden bis zum Ende der Grundschulzeit ebenfalls soweit verfügen, dass sie sich ohne Mühe mündlich verständigen, türkische Nachrichten im Fernsehen verfolgen, Zeitungstexte und Texte der türkischen Kinder- und Jugendliteratur selbständig lesen und auch einfache Texte im Alltagsleben verfassen können.

Dieses Ziel einer ausbalancierten Zweisprachigkeit sollten Bildungsplaner unbedingt ins Auge fassen und dafür sorgen, dass Voraussetzungen dafür sowohl an der Hochschule als auch im Rahmen der zweiten Ausbildungsphase und in der Lehrerfortbildung ermöglicht werden. Der bildungspolitische Rahmen für tiefgreifende strukturelle Veränderungen in unserem gesamten Bildungssystem muss allerdings von den politisch Verantwortlichen geschaffen werden.

Eine gute Ausbildung unserer Lehrkräfte ist eine weniger teure Präventivmaßnahme im Vergleich zu allen späteren Rehabilitierungsmaßnahmen, wenn das Kind bereits in den Brunnen gefallen ist.

5 Bildung zahlt sich aus

Zu dem in der Kapitelüberschrift angeführten Schluss kommt die Organisation für wirtschaftliche Zusammenarbeit und Entwicklung (OECD) in ihrem Bericht ‚Bildung auf einen Blick 2002'.

In dem umfangreichen Material wird belegt, dass der gesellschaftliche Nutzen von Schulbildung und Studium von der OECD sogar noch höher als der individuelle Ertrag angesetzt wird. Dazu R. Kahl (2002: 33): „In keinem Land der Welt sind die Bildungsausgaben so ungleich verteilt wie in Deutschland. Oberpennäler lässt sich der Staat viel kosten, Grundschüler sind unterfinanziert, und für Kindergärten müssen Eltern selber zahlen. Bei den Bildungssiegern ist es umgekehrt". Unter dem Aspekt einer notwendigen Umschichtung materieller Ressourcen sollte vor allem der Hauptschule eine stärkere Unterstützung zuteil werden. Mit Blick auf die „PISA-Sieger" sollten wir das dreigliedrige, relativ unflexible Schulsystem zu Gunsten eines durchlässigeren Schulsystems in Form einer Ganztagsschule aufgeben, was vor allem den „Risikogruppen" zu Gute käme, aber auch den besonders begabten Schülerinnen und Schülern aller Nationalitäten.

Eine weitere Schieflage sieht Kahl in dem Missverhältnis zwischen Gesamt-Etat für Bildungsaufgaben und Lehrergehältern: In Deutschland werden 82% des Gesamt-Etats für Lehrergehälter aufgewendet. Nach der Schweiz bekommen die Deutschen das zweithöchste Lehrergehalt im internationalen Ländervergleich. Der finnische Kollege, einer der PISA-Sieger, erhält ein Drittel weniger. Welche Konsequenz ist daraus zu ziehen? Den Gesamt-Etat für Bildungsausgaben erhöhen, allerdings nicht die Lehrergehälter anheben, das Lehrergehalt nach Leistung staffeln, was in vielen Fällen einer Kürzung gleichkommt oder die Lehrer für das gleiche Gehalt mehr arbeiten lassen, was ebenfalls Kürzung bedeutet?

Notwendig wäre, so ein Resumée im o. g. ZEIT-Artikel, „die Umschichtung von öffentlichen Geldern von älteren zu jüngeren Jahrgängen – auch wenn die heimliche Koalition aus konservativem Philologenverband und linken Studenten dagegen Sturm laufen würden" (Kahl 2002: 33). Konkret hieße dies:

- weniger Gebühren für Kindergärten;
- bessere finanzielle Ausstattung von Vorschulen und Grundschulen;

- Reduzierung der Ausgaben für den Sekundarbereich (vor allem des gymnasialen Zweigs) bzw. Umschichtung zu Gunsten der Hauptschule;
- Einführung von Studiengebühren – allerdings gestaffelt nach Einkommensverhältnissen der Familien und mit einer höheren Quote von Stipendien, die nicht zurückgezahlt werden müssten;
- Intensivierung eines von lebenspraktischen Inhalten ausgehenden Sprachförderprogramms für Kinder aus Migrantenfamilien und für deren Eltern, möglichst in wechselnden Lernarrangements und in kleinen, heterogenen Lerngruppen gemeinsam mit ihren deutschen Mitschülerinnen und Mitschülern.

6   Heterogenität als gegenseitige Lernchance

Im Hinblick auf geeignete Fördermaßnahmen für Kinder aus Migrantenfamilien kommt der Heterogenität eine ganz besondere Bedeutung zu. „In anderen Ländern, die kein gegliedertes Schulsystem haben", so J. Baumert in einem ‚ZEIT'-Interview, „sind die Leistungsunterschiede innerhalb der Klassen viel größer. Dennoch erzielen sie gute Ergebnisse. Deutschland ist bereits das Land mit den homogensten Klassen. Offenbar ist das nicht das Allheilmittel" (Baumert in: Kerstan & Spiewak 2001: 46-47).

Angesichts der Vielfalt an Sprachen, kulturellen Einflüssen, Normvorstellungen, Einstellungen und Verhaltensweisen, die wir in multikulturellen Lerngruppen vor allem in Grund- und Hauptschule antreffen, scheint Heterogenität als Symbol für Undurchschaubarkeit und Chaos herhalten zu müssen. Und es ist in der Tat außerordentlich schwierig, Lehrer und Lehrerinnen, besonders wenn sie noch unerfahren sind, von den Vorzügen und Chancen der gegenseitigen Lernchancen heterogener Lerngruppen überzeugen zu wollen.

In der Regel helfen dann auch keine Hinweise darauf, dass Heterogenität aus der Monotonie des alltäglichen Unterrichtsgeschäfts herausführt, dass Formen der inneren Differenzierung helfen, Individualität in der Vielfalt zu fördern und dass Heterogenität auch zu gegenseitiger Hilfe zwischen Schülern und Schülerinnen führen kann (vgl. dazu Pommerin u. a. 1996; Schrader 2000).

Den neuen Herausforderungen, Heterogenität zum Wohl der Lernenden sinnvoll zu nutzen, müssten sich Lehrer und Lehrerinnen stellen - ohne Angst vor Kontrolle und Versagen oder der Befürchtung, sich lächerlich zu machen oder überfordert zu sein. Gefordert ist die Bereitschaft:

- bewusst Risiken einzugehen;

- mitzulernen;

- einen festgelegten, kleinschrittigen Unterricht zu Gunsten längerfristiger Projekte aufzugeben;
- Nichtwissen nicht als beschämend zu empfinden, sondern Neugier gegenüber Neuem zu entwickeln;
- auf eine ursprünglich vorhandene Motivation der Kinder und Jugendlichen zu vertrauen, überhaupt etwas lernen zu wollen.

Um Heterogenität als gegenseitige Lernchance für alle Schüler und Schülerinnen aufgreifen zu können, müssten aber genau die tiefgreifenden strukturellen Änderungen auf der bildungspolitischen Ebene, auf der Ebene der Administration und Unterrichtsorganisation bis hin zur konzeptionellen Ebene der Unterrichtsgestaltung greifen, die ich, um mich nicht zu wiederholen, als Stichworte aufrufe:

- Flexibilisierung des starren dreigliedrigen Schulsystems;
- Mehr Schulautonomie;
- Verlängerung der gemeinsamen Grundschulzeit um weitere zwei Jahre;
- Individuelle Förderung von schwachen und leistungsstarken Schülern und Schülerinnen;
- Kein Sitzenbleiben;
- Öffnung des Unterrichts und engere Zusammenarbeit mit außerschulischen Experten;
- Vernetztes Lernen in projektorientierten Szenarien;
- Klare Angaben von Leistungsstandards im Bereich Deutsch bei gleichzeitiger Offenheit der Umsetzung sprachlicher Lern- bzw. Projektziele;
- Einbindung von Lesekompetenzen in größere Sprach-Lern-Projekte;
- Leseförderung schwächerer und unmotivierter Leser und Leserinnen durch „Experten"-Angebote (Workshops mit AutorInnen, Lesenächte etc.);
- Bewusstes Einüben von Texterschließungs-Strategien in mehreren Sprachen;
- Individuelle Evaluationsformen kommunikativer Kompetenzen und sprachlichen Wissens durch Sprachenportfolios sowie systematische Förderung von Mehrsprachigkeit (vgl. dazu Kerschhofer-Puhalo 2001).

7   Heterogenität und Sprachlernklassen

Mit der Einrichtung von Sprachlernklassen (Klassen, die ausschließlich aus Kindern nicht-deutscher Herkunft bestehen und für 1-2 Jahre nur in den Kernfächern

unterrichtet werden, bis sie nach intensiver Förderung in die Stammklassen rein-
tegriert werden) erhofft man sich primär eine Intensivierung der Vermittlung des
Deutschen als Zweitsprache zur besseren Vorbereitung der Integration in die
deutsche Regelklasse, die wiederum einen erfolgreichen Schulabschluss ver-
spricht.

Das Ziel, den Unterricht im Bereich ‚Deutsch als Zweitsprache' möglichst
effizient zu gestalten, versucht man dadurch zu erreichen, dass die Klassenfre-
quenz abgesenkt (was absolut sinnvoll und notwendig ist) und die Komplexität
und Heterogenität multinationaler Regelklassen aufgelöst oder zumindest einge-
schränkt wird (was eine Illusion ist und gemäß einer modernen, innovativen
Pädagogik absolut nicht sinnvoll ist). Mit der Einrichtung von Sprachlernklassen
glaubt man, vorhandene Heterogenität (in Bezug auf die Sprachlernvorausset-
zungen, Bedürfnisse, Fähigkeiten und Kenntnisse der Kinder, in Bezug auf ihre
Defizite und Schwächen, hinsichtlich ihres kulturellen backgrounds) in mehr
Homogenität umwandeln zu können.

Diese Homogenität scheint Lehrerinnen und Lehrer offensichtlich nicht zu
beunruhigen, sondern versetzt sie vielmehr in den Glauben, diese schaffe Übersicht und damit weniger Stress und Verwirrung, selbst wenn es sich um eine
Scheinhomogenität handelt und diese Homogenität auf einem sehr niedrigen
Standard sprachlicher Fähigkeiten und Kenntnisse angesiedelt ist.

Nun lässt sich aber durch zahlreiche empirische Befunde aus der Bilinguis-
mus- und Zweitspracherwerbsforschung in mehrsprachigen Ländern nachweisen,
dass Lernen vor allem durch Vielfalt der Anregungen, durch die Herausforderung unterschiedlicher Sprachlernniveaus, durch leichte Überforderung und positives feed-back der Mitlernenden, durch das Zusammenspiel zwischen ungesteu-
ertem Zweitspracherwerb und gesteuertem Zweitsprachunterricht sowie durch
Lernen in der Wirklichkeit (Projektorientierung) und eine gründliche Reflexion
über die in der Realität gewonnenen Sprach-Lern-Erfahrungen motiviert wird
(vgl. dazu Apeltauer 2001; Luchtenberg 1995; Pommerin u. a. 1996).

Kinder lernen eine fremde Sprache auch nicht allein durch die wiederholten
Unterweisungen durch ihre Lehrkräfte, selbst wenn diese noch so positiv zu
bewerten sind, sondern in hohem Maße durch die Kommunikation innerhalb
ihrer peer-group, durch eigenes Sprachhandeln in lebendigen Kommunikationen
und durch Reflexion in Mußesituationen.

Die besten Erfolge konnten (in allen Modellversuchen und Schulprojekten)
dann erzielt werden, wenn Kinder nicht-deutscher Herkunft im täglichen Umgang mit Kindern anderer Nationalität, also auch mit deutschen Kindern, ihre
zweite Sprache erlernten, wenn also institutionalisiertes Lernen (im Unterricht)

und informelle Kommunikation (im Spiel oder im „heimlichen" Lehrplan) in einer ausgewogenen Balance stehen.

Dies alles verhindert die Sprachlernklasse in der derzeit bestehenden Form. Meine Kritikpunkte an dieser Einrichtung in der vom bayerischen Kultusministerium konzipierten Organisationsform sind:

- Homogenität auf niedrigstem Niveau;

- Keine peer-group-Kommunikation;

- Handlungsorientierung wird reduziert;

- Weitgehender Verzicht auf Reflexion;

- Rückfall in überwundene Unterrichtsmethoden;

- Verzicht auf gegenseitiges Kennenlernen ethnischer und sprachlicher Pluralität;

- Verzicht auf Respekt des kulturellen Hintergrunds des jeweils Anderen;

- Abschaffung des Erziehungsziels ‚Mehrsprachigkeit' - und dies in einem zusammenwachsenden Europa.

8 Perspektiven

Was ist zu tun angesichts der Bildungsmisere, die in besonderem Ausmaß Kinder aus Migrantenfamilien trifft – und damit das „schwächste Glied der Kette"?

Soviel steht fest: Es gibt keinen alleinigen Sündenbock. Verantwortung tragen wir alle: die Bildungspolitiker, die Eltern, Finanzexperten, Lehrkräfte aller Schultypen (auch solche, die sich vom „Problem Ausländer" nicht betroffen fühlen), ErzieherInnen im außerschulischen Bereich, ProfessorInnen, die für die Ausbildung der Studierenden Sorge zu tragen haben, Vertreter der Medien und der Schulbehörden und zuletzt die Schüler und Schülerinnen selbst, sollten sie immer noch der geistigen Deformation einer Null-Bock-Einstellung anhängen - kurz: alle Mitglieder unserer Gesellschaft.

Aus diesen Verantwortungsbereichen sind nicht nur seit der Veröffentlichung der PISA- und IGLU-Befunde bildungspolitische Konzepte bzw. Vorschläge für ein effizientes Unterrichtsmanagement entwickelt worden, sondern auch eine Reihe pädagogischer Einzelmaßnahmen, die einen schnellen und sicheren (Zweit-)Spracherwerb aussichtsreich erscheinen lassen, bis hin zu erfolgversprechenden Initiativen und Tipps zur Förderung von Lesekompetenzen.

Aus der Sicht des PISA-Konsortiums ist es durchaus nachvollziehbar, wenn vor „pädagogischen Schnellschüssen" gewarnt wird. „Keine Methode bietet ein

Allheilmittel", so J. Baumert in dem bereits erwähnten ‚ZEIT'-Interview mit Hermann Lange. „Ein guter Lehrer verfügt über einen Mix verschiedener Unterrichtsformen: mal Frontalunterricht, mal Lernen in der Gruppe, jetzt Experimentieren, später stilles Lernen mit dem Ziel, die geistige Selbsttätigkeit der Schüler zu unterstützen. Wenn das gelingt, hat der Unterricht Erfolg" (Kerstan & Spiewak 2001: 47).

Ein Blick auf die PISA-Sieger im Inland, vor allem aber im europäischen Ausland (Finnland, Dänemark und die Niederlande) hat gezeigt, dass die Bildungsmisere nur überwunden werden kann, wenn auf allen Ebenen der Politik, des öffentlichen Lebens, im Bereich der Lehreraus- und –fortbildung, auf der Ebene der Schuladministration, in der Unterrichtspraxis, in der Forschung über eine verbesserte Unterrichtspraxis, in den Medien, aber auch in der Erziehungspraxis von Eltern und im Bewusstsein von Schülerinnen und Schülern ein Umdenken stattfindet, das auf gesellschaftliche Partizipation, auf Solidarität zwischen verschiedenen Bevölkerungsgruppen und auf Einsicht zielt. Wir haben keine Alternative zu einer guten Ausbildung und wir dürfen es nicht erlauben, dass Kinder und Jugendliche aus anderen Ethnien zu Rand- oder Risikogruppen abgedrängt werden.

Vor allem die skandinavischen Länder haben es vorgemacht: Lernen und Lehren erhöht nicht nur die Chance auf eine bessere Welt, sondern kann auch noch Spaß machen! (vgl. dazu Reportage ‚Musterschüler' 2002: 15-21).

Zahlreiche Beiträge in vorliegendem Reader gehen auf die Notwendigkeit struktureller und inhaltlicher Veränderungen von Unterricht und Schulleben nach PISA ein, so dass ich mich im Folgenden aus der Vielfalt der Vorschläge nur auf solche beschränken möchte, die ich im Hinblick auf eine verbesserte Bildungssituation für Kinder und Jugendliche nicht-deutscher Herkunft als notwendig erachte:

1. Je nach infrastrukturellen Bedingungen eines Wohngebiets, der dort ansässigen Bevölkerung, den Zielvorstellungen von Lehrkräften und Eltern sollten Schulen soviel Autonomie erhalten, dass sie ein (interkulturelles) Schulprofil entwickeln können, welches den Bedürfnissen ihrer „Klientel" gerecht wird.

2. Interkulturelle Lernangebote sind in allen Fächern anzubieten, und zwar kontinuierlich von den ersten Klassen bis zur letzten Jahrgangsstufe.

3. Ein wichtiges interkulturelles Angebot wäre die sensible Berücksichtigung der an einer Schule vorfindlichen Herkunftssprachen der Schüler, angefangen von vereinzelten narrativen Angeboten durch ‚native speaker' bis hin zu einem systematischen (Fremd-)Sprachenunterricht. Ziel des Sprachunterrichts generell wäre die Entfaltung von Mehrsprachig-

keit in einer Vielzahl von Variationen, was Sprachenwahl, Sprachen-
folge und Kombination von (Fremd-)Sprachen betrifft.

4. Der Unterricht in einer der so genannten Herkunftssprachen bzw. Part-
nersprachen sollte nicht – wie ehemals als fakultatives Angebot – auf
den Nachmittag verlegt werden, sondern als obligatorischer Bestandteil
in den morgendlichen Unterricht integriert sein. Strukturell und inhalt-
lich wäre dieser Unterricht mit den „Kerninhalten" der anderen Fächer
zu verbinden. Dies ist am ehesten durch einen handlungsorientierten,
fächerübergreifenden, mehrsprachigen Sachfachunterricht bzw. Pro-
jektunterricht zu leisten.

5. Die lingua franca dieses auf Mehrsprachigkeit hin ausgerichteten interkulturellen Projektunterrichts wäre Deutsch in verschiedenen Erwerbs-
kontexten, je nachdem wie das Sprachniveau in den vorhandenen Sprachen beim einzelnen Schüler aussieht.

6. Sitzenbleiben entfiele. Anstelle dessen gäbe es ein differenziertes
(Sprach-)Lern-Angebot für Schülerinnen und Schüler, die besonderer
Förderung bedürfen.

7. Analog zu den Fördermöglichkeiten schwächerer Schüler gäbe es aber
auch ein weit gefächertes Angebot von intensiver Förderung besonders
begabter Schülerinnen und Schüler, wobei die einzelnen Förderangebo-
te je nach inhaltlichen Schwerpunkten (Sprachlernen, musische Begabung, Sportarten, Computer-Lehrgänge etc.) von Schule zu Schule vari-
ieren könnten.

8. Sowohl für Schüler und Schülerinnen wie auch für Lehrkräfte könnten
mehrsprachige Tutoren- bzw. Tandemgruppen eingeführt werden; Beispiel: Schülerpaare bringen sich gegenseitig ihre Muttersprachen als
Zweit- bzw. Fremdsprachen bei oder unterstützen sich bei diesem
‚peergroup learning'.

9. Nach bisherigen Erkenntnissen gehirnphysiologischer Forschung könnten Schüler auf ein breites Repertoire unterschiedlicher Lernszenarien
zurückgreifen, die emotionale, haptische und kognitive Bedürfnisse
beim Lesen und Schreiben in mehrsprachigen Lernsituationen im sinnvollen Wechsel abdecken.

10. Ausgangspunkt und Ziel dieses vernetzten Lernens wäre die multikulturelle und mehrsprachige Lebenspraxis der Heranwachsenden – mit all
ihren Freuden und Risiken.

11. Selbstverständlich könnte vernetztes Lernen nur in einer sinnvollen
Verschränkung schulischer und außerschulischer Realität und somit im
Wechsel von Handeln und Reflexion stattfinden.

12. Lesekompetenzen würden nicht isoliert geübt, sondern in Verbindung mit kreativem und funktionalem Schreiben, mit kreativen wie systematischen Übungen zum Hörverstehen, mit Formen des mündlichen Ausdrucks und in Verbindung mit literarischen, expositorischen und authentischen Texten sowie einer funktionalen Grammatik bzw. language awareness.

13. Die Auswahl der Texte (vor allem die literarischen und expositorischen) würde sich in erster Linie an den Projektinhalten orientieren und auch sukzessive solche Texte aufgreifen, die die Jugendlichen spontan nicht selbst gewählt oder ausgesucht hätten.

14. Lesenächte, Lese- und Schreib-Wettbewerbe, Lesebazare, Lesemarathons, Lesezirkel, in denen ältere Schüler auch jüngeren vorlesen könnten sowie Einladungen von Schriftstellern, Journalisten und anderen „Schreibprofis" würden Lese- und Schreiblust aktivieren, auch bei denen, die sich für Bücher primär nicht interessieren.

15. SchriftstellerInnen nicht-deutscher Herkunft hätten in solchen Lese- und Schreib-Projekten eine besondere Funktion: die der kompetenten Kultur- und Sprachvermittler, die der „Wanderer" zwischen den Kulturen und Sprachen, die auch monolingual aufwachsenden Kindern und Jugendlichen den Wert der Einheit in der Vielfalt auf weniger penetrante Weise zu vermitteln vermögen, als dies zuweilen im Unterricht möglich ist.

16. „Ich lese überhaupt nie!" Abwehrverhalten dieser Art, vor allem bei Jungen – deutscher wie türkischer Herkunft – könnte im kreativen Schreiben oder durch Kino- und Theaterbesuche und anderen kulturellen Veranstaltungen als Unterrichtsgegenstand aufgegriffen werden. Über das eigene Schreiben ist schon so mancher zum Lesen gekommen!

9 Literatur

Apeltauer, E. (2001): Bilinguismus – Mehrsprachigkeit. In: Deutsch als Fremdsprache (2001): 632.
Apeltauer, E. (2001): Zweitspracherwerb als Lernaktivität I: Lernersprache – Lernprozesse – Lernprobleme. In: Deutsch als Fremdsprache (2001): 677-684.
Belke, G. (2003): Mehrsprachigkeit im Deutschunterricht. Sprachspiele. Spracherwerb. Sprachvermittlung. Hohengehren: Schneider.
Bos, W., Lankes, E.-M., Prenzel, M., Schwippert, K., Walther, G. & Valtin, R. (Hrsg.) (2003): Erste Ergebnisse aus IGLU. Schülerleistungen am Ende der vierten Jahrgangsstufe im internationalen Vergleich. Münster / New York / München / Berlin: Waxmann.

Cohn-Bendit, D. & Schmid, T. (1993): Heimat Babylon. Das Wagnis der multikulturellen Demokratie. Hamburg: Hoffmann und Campe.

Corder, P. (1981): Error Analysis and Interlanguage. Oxford: Oxford University Press.

Deutsches PISA Konsortium (Hrsg.) (2001): PISA 2000. Basiskompetenzen von Schülerinnen und Schülern im internationalen Vergleich. Opladen: Leske + Budrich.

Deutsches PISA Konsortium (Hrsg.) (2002): PISA 2000 – Die Länder der Bundesrepublik Deutschland im Vergleich. Opladen: Leske + Budrich.

Edelenbos, P. & Kubanek-German, A. (2003): Leistungseinschätzung mit Portfolios. In: Prima(r). Zeitschrift für Deutsch als Fremdsprache und Zweitsprache im Primarschulbereich 34 (2003): 4-11.

Fearns, A. (1996): Textsorten als didaktische Chance für die Fremdsprachen-Vermittlung. In: Kalverkämper & Baumann (1996): 501-537.

Ferry, L. (2003): Travail et Traditions. Un entretien avec Luc Ferry, Ministre de la Jeunesse, de l'Education nationale et de la Recherche. In: Die Zeit 4 (2003): 24.

Fluck, H.-R. (1992): Didaktik der Fremdsprachen. Aufgaben und Arbeitsfelder, Konzepte und Perspektiven im Sprachunterricht Deutsch. Tübingen: Narr.

Helbig, G., Götze, L., Henrici, G. & Krumm, H.-J. (Hrsg.) (2001): Deutsch als Fremdsprache. Ein internationales Handbuch. 1. und 2. Halbband. Berlin / New York: de Gruyter.

Hinrichs, P. & Koch, J. (2004): „Die wollen ja lernen". In: Der Spiegel 51 (2004): 168-170.

Hurrelmann, B. (2002): Leseleistung – Lesekompetenz. In: Praxis Deutsch Heft 176 (2002): 9.

Kahl, R. (2002): Der deutsche Hohlweg. In: Die Zeit 45, 31. Oktober 2002: 33.

Kalverkämper, H. & Baumann, K.-D. (Hrsg.) (1996): Fachliche Textsorten, Komponenten, Relationen, Strategien. Tübingen: Narr.

Kasper, G. (1979): Der Zweitspracherwerb: Möglichkeiten und Grenzen der „großen" Hypothesen. In: Linguistische Berichte 64 (1979): 3-35.

Kerschhofer-Puhalo, N. (2001): Pädagogik – didaktische Lernkaegorien II: Organisationsformen von Lernen. In: Deutsch als Fremdsprache 1 (2001): 761-776.

Kerstan, T. & Spiewak, M. (2001): Im Gespräch mit Jürgen Baumert und Hermann Lange: Wieso? Weshalb? Warum? Über die Ursachen der Bildungsmisere und wie man Schule besser machen kann? In: Die Zeit 50 (2001): 46-47.

Kerstan, T. (2004): Versetzung: Ungefährdet. Die Ergebnisse der PISA-Studie sind besser, als eine neue Nörgelorgie vermuten lässt. In: Die Zeit 49 (2004): 1.

Linke, A. & Oomen-Welke, I. (1995): Herkunft, Geschlecht und Deutschunterricht. Freiburg im Breisgau: Fillibach.

Luchtenberg, S. (1995): Interkulturelle Sprachliche Bildung. Zur Bedeutung von Zwei- und Mehrsprachigkeit für Schule und Unterricht. Münster / New York: Waxmann.

Lück, G. (2002): Mit naturwissenschaftlichen Experimenten zum Zweitspracherwerb. In: Prima(r). Zeitschrift für Deutsch als Fremdsprache und Zweitsprache im Primarschulbereich 32 (2002): 41-48.

Noak, B. (1987): Erwerb einer Zweitsprache: Je früher, desto besser? – Über die Chancen sprachlicher Integration türkischer Gastarbeiterkinder. In: Deutsch lernen Heft 12 (1987): 3-33.

Organisation für wirtschaftliche Zusammenarbeit und Entwicklung (OECD) in ihrem Bericht "Bildung auf einen Blick 2002".

PISA-Konsortium Deutschland (Hrsg.) (2004): PISA 2003. Der Bildungsstand der Jugendlichen in Deutschland – Ergebnisse des zweiten internationalen Vergleichs. Münster / New York / München / Berlin: Waxmann.

Pommerin, G. u. a. (1996): Kreatives Schreiben. Handbuch für den deutschen und interkulturellen Sprachunterricht in den Klassen 1-10. Weinheim / Basel: Beltz.

Pommerin-Götze, G. (2003): Neruda Blau. Ein poetische Spiel mit der "schönsten aller Farben". Gräfelfing: Realis.

Pommerin-Götze, G., Jehle-Santoso, B. & Bozikake-Leisch, E. (Hrsg.) (1992): Es geht auch anders! Leben und Lernen in der multikulturellen Gesellschaft. Frankfurt am Main: Dagyeli.

Pommerin-Götze, G. (2001): Interkulturelles Lernen. In: Deutsch als Fremdsprache (2) (2001) 973-985.

Pommerin-Götze, G. (2001): Multikulturelle Gesellschaften als Gegenstand der Landeskunde. In: Deutsch als Fremdsprache (2): 1194-1204.

Reportage "Musterschüler". Was eine 16-Jährige in Finnland lernt. In: Gluter Nr. 5, Dezember 2002: 15-21.

Richards, J. C. (Hrsg.) (1974): Error analysis. Perspectives on second language acquisition. London: Longman.

Rod, E. (1992): Second Language Acquisition and Language Pedagogy. Clevedon: Multilingual Matters.

Schader, Basil (2000): Sprachenvielfalt als Chance. Handbuch für den Unterricht in mehrsprachigen Klassen. Zürich: Orell Füssli.

Selinker, L. (1972): Interlanguage. In: IRAL X/3. Wiederabdruck in: Richards, J. C. (1974): 31-55.

Spiewak, M. (2002): Staatsangehörigkeit: „deutchs". In: Die Zeit 30 (2002): 3.

"Vorbild Polen". Interview von Sandra Irlenkäuser mit Wolfgang Hörner. In: Die Zeit 51 (2004).

Naturwissenschaftliche Kompetenz im Chemieunterricht. Reflexionen und Anregungen zur Didaktik und Methodik des Chemieunterrichts nach PISA

Peter Pfeifer

> *As long ago as 1916, John Dewey was emphasizing the importance of giving all students – not just a select few – a basic education. Yet most children, surveys show, are "turned off" to math and science at an early age. Usually they are bored or intimidated by lessons that consist mainly of rote memorization of words that are useful only for passing tests.*
>
> SCIENTIFIC AMERICAN October 1992

1 Von der naturwissenschaftlichen Grundbildung zu Kompetenzen

Die mathematisch-naturwissenschaftliche Sicht der Welt gehört zu den allgemein anerkannten Dimensionen von Bildung (vgl. Liedtke 2003). In ihr wird die Welt hauptsächlich kognitiv-instrumentell erschlossen und auf diesem Wege versteh- und handhabbar. Die Entwicklung der dazu notwendigen Basisfähigkeiten setzt den sicheren Gebrauch der tradierten Kulturtechniken voraus.

In der PISA-Studie wird naturwissenschaftliche Grundbildung („Scientific Literacy") wie folgt definiert (PISA-Konsortium 2001: 3):

> „Naturwissenschaftliche Grundbildung ist die Fähigkeit, naturwissenschaftliches Wissen anzuwenden, naturwissenschaftliche Fragen zu erkennen und aus Belegen Schlussfolgerungen zu ziehen, um Entscheidungen zu verstehen und zu treffen, die die natürliche Welt und die durch menschliches Handeln an ihr vorgenommenen Veränderungen betreffen."

Nach dieser Definition bedeutet naturwissenschaftliches Wissen weit mehr als bloßes Faktenwissen und die Kenntnis von Bezeichnungen und Begriffen. Es umfasst sowohl ein Verständnis von grundlegenden naturwissenschaftlichen Konzepten als auch von den naturwissenschaftlichen Denk- und Arbeitsweisen. Auf den Punkt gebracht umfasst diese OECD- bzw. PISA-Definition der naturwissenschaftlichen Grundbildung drei Aspekte:

- *naturwissenschaftliche Prozesse* (prozedurales Wissen);
- *naturwissenschaftliche Konzepte*, deren Verständnis anhand von Anwendungsaufgaben in bestimmten Inhaltsbereichen untersucht werden kann;
- *Fähigkeit zum Wissenstransfer auf Situationen*, die z.b. in Testaufgaben überprüft werden. Dieser Aspekt mit Bezug zur Lebenswirklichkeit wird im allgemeinen Sprachgebrauch häufig als „Kontext" oder „Praxisorientierung" bezeichnet. Sie repräsentieren wichtige Akzente zeitgemäßer chemiedidaktischer Forschung (vgl. Lutz, Pfeifer & Sommer 2001; Parchmann, Demuth, Ralle, Paschmann & Huntemann 2001).

Die *Umsetzung von Bildungszielen in der Unterrichtsarbeit führt zu Kompetenzen* im naturwissenschaftlichen Bereich. Nach Weinert bezeichnet man als Kompetenz „die bei Individuen verfügbaren oder von ihnen erlernbaren kognitiven Fähigkeiten und Fertigkeiten, bestimmte Probleme zu lösen" (Weinert 2001). In Übereinstimmung mit Klieme et al. (2003) gehen wir davon aus, dass sich *Kompetenzen als Leistungen in konkreten Anforderungen* offenbaren müssen: Das Wissen und das Verständnis von einer Sache bewähren sich nur im situationsbezogenen Handeln-Können (vgl. Klieme et al. 2003). Allgemeine Kompetenzen wie Methoden-, Personal- und Sozialkompetenz hingegen entziehen sich dieser Forderung nach definierter Validität.

Aus der präzisen Handlungsanforderung folgt ferner, dass Kompetenzen primär fachbezogen sind. Das bedeutet, nur aus den Fächern heraus können sich Kompetenzen entwickeln, fachspezifische wie fachübergreifende. Umgekehrt müssen sich die Fächer ihrer Bedeutung und Verantwortung für das Erreichen von zentralen spezifischen und universellen Kompetenzen bewusst werden. *Naturwissenschaftliche Bildung* umfasst in diesem Sinne *die fachspezifischen und die fachübergreifenden Beiträge der einzelnen Fächer.* Wie sieht es nun in Deutschland aus, wenn sich Leistungen im Rahmen konkreter Anforderungen zeigen bzw. bewähren sollen?

2　Die Ergebnisse von PISA

2.1　Naturwissenschaftliche Grundbildung im internationalen Vergleich
– Testbereich „Naturwissenschaftliche Kompetenz"

Der internationale Test zielte auf das Verständnis naturwissenschaftlicher Konzepte, auf Denk- und Arbeitsweisen und auf die Anwendung des Wissens im lebensweltlichen Kontext.

Tabelle 1: Mittelwerte und Streuungen der Testwerte in den Teilnehmerstaaten:
Naturwissenschaften (Deutsches PISA-Konsortium 2001: 229)

Land	Mittelwert	Standardabweichung
Korea	552	81
Japan	550	90
Finnland	538	86
Großbritannien	532	98
Kanada	529	89
Australien	528	94
Neuseeland	528	101
Österreich	519	91
Irland	513	92
Schweden	512	93
Tschechische Republik	511	94
Frankreich	500	102
Norwegen	500	96
OECD-Durchschnitt	500	100
USA	499	101
Belgien	496	111
Island	496	88
Ungarn	496	103
Schweiz	496	100
Spanien	491	95
Deutschland	487	102
Polen	483	97
Dänemark	481	103
Italien	478	98
Liechtenstein	476	94
Griechenland	461	97
Lettland	460	98
Russische Föderation	460	99
Portugal	459	89
Luxemburg	443	96
Mexiko	422	77
Brasilien	375	90
> OECD-Mittelwert	= OECD-Mittelwert	< OECD-Mittelwert

Dem Test zur naturwissenschaftlichen Kompetenz liegt ein Grundbildungskonzept (s.o.) ohne curriculare Anbindung zugrunde; er umfasst insgesamt 13 thematische Aufgaben, die mit 35 Items verbunden sind. Ungefähr die Hälfte der Items legt den Schwerpunkt auf das Verständnis von Begriffen und Prinzipien, der andere Teil betont die naturwissenschaftlichen Prozesse in einem engeren Sinn. Gegenstand der Aufgaben sind zentrale und grundlegende Ideen aus Physik, Chemie, Biologie und den Geowissenschaften wie zum Beispiel:

- Kraft und Bewegung (Kräfte im Gleichgewicht/Ungleichgewicht, Geschwindigkeit, Beschleunigung, Impuls),
- Struktur und Eigenschaften von Stoffen,
- Artenvielfalt (Arten, Genpool, Evolution).

Auswahlkriterien sind unter anderem die Relevanz für eine alltägliche Situation und die Anschlussfähigkeit für nachfolgendes Lernen. Entscheidend ist, dass die Schülerinnen und Schüler das im Verlauf der Schulzeit erworbene Wissen auch in außerschulischen Situationen nutzen können. Die Ergebnisse sind in Tabelle 1 dargestellt. Die Tabelle zeigt, dass der Mittelwert der deutschen Schülerinnen und Schüler unter dem internationalen Durchschnitt liegt. Im Vergleich zu den Ergebnissen der TIMSS- Studie liegen die Leistungen der deutschen Schülerinnen und Schüler sogar noch darunter. Offensichtlich gelingt es in vielen Ländern besser als in Deutschland, im Verlauf der Schulzeit naturwissenschaftliche Kompetenz aufzubauen.

2.1.1 Kompetenzstufen im Überblick

Stufe V: Konzeptuelles und prozedurales Verständnis auf hohem Niveau

Am oberen Ende der Skala naturwissenschaftlicher Grundbildung findet man Schülerinnen und Schüler, die in der Lage sind, Vorhersagen oder Erklärungen bereits auf der Basis konzeptueller Modelle zu geben und mit einem differenzierten Verständnis naturwissenschaftliche Untersuchungen oder Begründungen zu analysieren und präzise zu kommunizieren.

Stufe IV: Konzeptuelles und prozedurales Verständnis

Im Sinne von Bybee verfügen die Schülerinnen und Schüler ab der PISA-Kompetenzstufe IV über eine konzeptuelle und prozedurale naturwissenschaftliche Grundbildung. Sie sind fähig zur naturwissenschaftlichen Argumentation. Die Stufen IV und V unterscheiden sich jedoch hinsichtlich der Komplexität, der Systematik und der Präzision.

Stufe III: Funktionales und naturwissenschaftliches Wissen

Im mittleren Bereich der Skala sind die Schülerinnen und Schüler fähig, naturwissenschaftliche Konzepte für Vorhersagen oder Erklärungen zu nutzen. Sie analysieren naturwissenschaftliche Untersuchungen nach Details und erkennen, welche Fragen naturwissenschaftlich beantwortet werden können. Weiterhin sind sie in der Lage, beim Ziehen von Schlussfolgerungen zwischen relevanten und irrelevanten Daten zu unterscheiden.

Stufe II: Funktionales naturwissenschaftliches Alltagswissen

Die Kompetenzstufe II wird ebenfalls als funktionale Grundbildung eingeordnet, allerdings beruhen die Vorhersagen oder Erklärungen und die Überlegungen zu Untersuchungen noch weitgehend auf einem naturwissenschaftlichen Alltagswissen.

Stufe I: Nominelles naturwissenschaftliches Wissen

Am unteren Ende der Skala schließlich sind die Jugendlichen in der Lage, einfaches Faktenwissen (Ausdrücke, einfache Regeln) wiederzugeben oder unter Verwendung von Alltagswissen Schlussfolgerungen zu ziehen und zu beurteilen.

2.1.2 Verteilung der Schülerinnen und Schüler auf die Kompetenzstufen naturwissenschaftlicher Grundbildung

Tabelle 2 macht deutlich, dass die Anteile der Schülerinnen und Schüler auf den unteren Kompetenzstufen in der deutschen Stichprobe größer, auf den höheren Kompetenzstufen kleiner sind. So befinden sich in Deutschland 26,3 % der Schülerinnen und Schüler auf dem untersten Niveau einer nominellen naturwissenschaftlichen Grundbildung und nur 3,4 % erreichen das Niveau einer konzeptuellen und prozeduralen Grundbildung auf der Basis eines Denkens mit Modellen. Aufmerksamkeit verdient die große Streuung der Naturwissenschaftsleistungen in Deutschland. Stark ausgeprägt sind die Unterschiede auch zwischen den Schulformen. So liegen zwischen dem Mittelwert für die Gymnasien und Hauptschulen mehr als zwei Standardabweichungen. Die leistungsstärksten Hauptschüler erreichen gerade das Niveau der leistungsschwächsten Gymnasiasten.

Die im PISA-Bericht dargestellten Daten zeigen, dass in Deutschland insbesondere bereits im unteren Leistungsbereich gravierende Schwächen bestehen und andererseits keine Hinweise auf ausgeprägte naturwissenschaftliche Spitzengruppen erkennbar sind. Es gibt einen hohen Prozentsatz von Schülern, deren

Leistungen auf der untersten Anspruchsebene liegen. Es fehlt einfaches naturwissenschaftliches Wissen und die Fähigkeit, Schlussfolgerungen zu ziehen.

Tabelle 2:   Verteilung auf Kompetenzstufen in ausgewählten Teilnehmerstaaten (in %)

Stufen der naturwissen-schaftlichen Kompetenz	Deutsch-land	Schweiz	Österreich	Vereinigtes Königreich	Anteil aller Schüler(innen) der PISA-Teilnehmerstaaten (ohne Deutschland)
Stufe V (>661) Konzeptuell und prozedural (Modelle)	3,4	4,6	4,5	9,0	4,1
Stufe IV (554-661) Konzeptuell und prozedural	23,9	24,5	33,0	33,7	25,7
Stufe III (498-553) Funktional (naturwissen-schaftliches Wissen)	20,1	20,1	22,5	22,0	20,1
Stufe II (421-497) Funktional (naturwissen-schaftliches Alltagswissen)	26,3	27,4	25,3	21,8	25,8
Stufe I (<421) Nominell	26,3	23,4	14,7	13,5	24,3

Die Anlage der PISA-Studie (Survey-Design) gestattet es zwar nicht, Ursachen
für die Leistungsunterschiede zwischen den Ländern aufzudecken, dennoch seien
als Gründe für die relativen Leistungsschwächen zwei Bedingungsfaktoren her-
ausgehoben:

- Die *Wertschätzung der Naturwissenschaften* und der Stellenwert des naturwissenschaftlichen Faches Chemie ist für die Schul- und Berufskarriere in
  Deutschland relativ gering. Naturwissenschaften rangieren eher als Neben-
  fächer, die nicht durchgehend über die Schulzeit unterrichtet werden.

- Auf der *Ebene des Unterrichts* werden in nordeuropäischen und vielen englisch sprachigen Ländern stärker problem- und anwendungsorientierte didaktische Ansätze realisiert. Hingegen gibt das fragend-entwickelnde Vorgehen,
  das den naturwissenschaftlichen Unterricht an deutschen Schulen noch über
  weite Strecken prägt, wenig Gelegenheit für eigenständiges Denken und Prob-
  lemlösen sowie für die Veränderung von Alltagsvorstellungen. Das eigenstän-
  dige Planen, Auswerten und Interpretieren bei Demonstrations- und Schüler-
  experimenten kommt zu kurz (vgl. Weinert 2001).

2.2 PISA-E. Der Ländervergleich

Die Entscheidung für die nationale Erweiterungsstudie zu PISA (vgl. dazu Deutsches PISA-Konsortium 2002; Rost 2002; Schmidkunz & Lindemann 2002) geht auf den so genannten „Konstanzer Beschluss" der KMK vom Jahr 1997 zurück. Nach dem TIMSS-Schock – der ersten Erfahrung Deutschlands mit einem internationalen Schülerleistungsvergleich – war klar: Die Qualität des deutschen Bildungswesens muss nachhaltig verbessert werden. Um zusätzliche Erkenntnisse zu gewinnen, wollte man sich an der internationalen PISA-Studie beteiligen und die Untersuchung durch einen Vergleich der Länder in der Bundesrepublik erweitern. Mit einem solchen Vergleich sollten auch Hinweise darauf gewonnen werden, welche bildungspolitischen und pädagogischen Konzepte günstige oder weniger günstige Rahmenbedingungen für schulisches Lernen böten.

Organisatorischer Rahmen: Die nationale Studie wurde vom Max-Planck-Institut für Bildungsforschung in Berlin durchgeführt. Sie ist gegenüber der internationalen Studie PISA 2000 durch eine erhebliche Erweiterung der Stichprobe gekennzeichnet. Insgesamt wurden ca. 1.500 deutsche Schulen getestet (internationale Stichprobe: 219), 79 davon in Bayern und zwar jeweils 25 Hauptschulen, 25 Realschulen, 25 Gymnasien, 3 Berufsschulen und eine integrierte Gesamtschule. Des Weiteren wurde die Testpopulation ergänzt. Zu den 15-Jährigen kam in Deutschland eine Gruppe von Schülern der 9. Jahrgangsstufe. Damit wurde zusätzlich eine Testgruppe mit den gleichen Lehrplanvoraussetzungen gewonnen (die 15-Jährigen verteilen sich in Deutschland auf drei Jahrgangsstufen). Beide Stichproben sind repräsentativ.

Konzept: Der Ländervergleich basiert auf dem gleichen Rahmenkonzept, den gleichen Testinstrumenten und den gleichen Auswertungsmethoden wie der internationale Vergleich. Die *nationale Studie* erweitert nicht nur die Stichprobe, sondern nimmt inhaltliche Ergänzungen vor, die die curricularen und didaktischen Bedingungen des Unterrichts in Deutschland beachten. Die ergänzenden Aufgaben im Bereich *Naturwissenschaften* sind lehrplanbezogener, tragen der Aufteilung in die drei Fächer Biologie, Physik, Chemie Rechnung und erheben auch Teilkompetenzen. Wie der internationale Test misst und skaliert auch der nationale Ergänzungstest die Leistungen der Schüler auf fünf Kompetenzstufen. Es steht also weniger das Wissen im Vordergrund, über das Schüler verfügen sollten, sondern die Fähigkeit, sich das Wissen aus Texten, Grafiken und Tabellen selbst anzueignen und es in gesellschaftlich relevanten Kontexten anzuwenden.

Abbildung 1: Leistung in Naturwissenschaften im internationalen und nationalen Vergleich (abgeändert nach Rost 2002: 13).

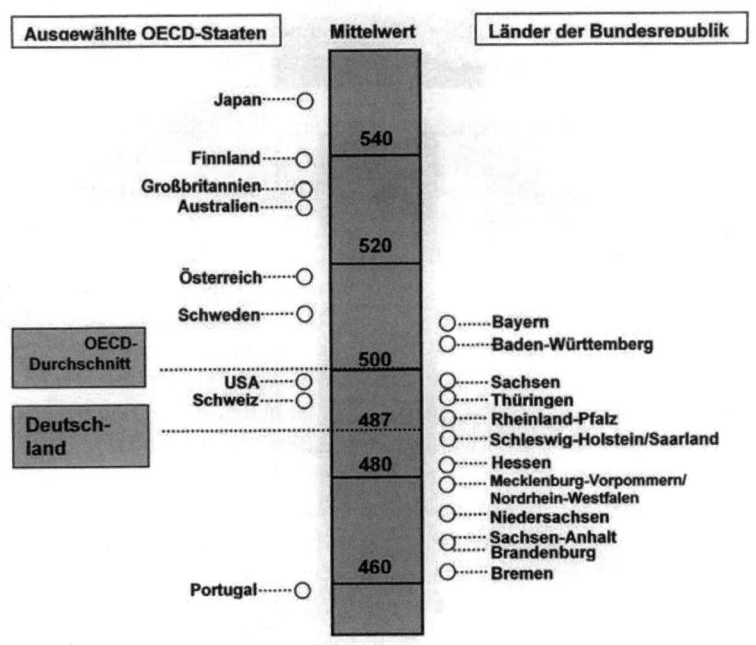

2.2.1 Länderübergreifende Befunde

(1) Die *Mittelwerte* der Länder unterscheiden sich in allen untersuchten Bereichen deutlich voneinander: Zwischen Bayern, dem besten, und Bremen, dem schwächsten Land, sind die Differenzen erheblich. Es handelt sich um 1/3 bis 1/2 Standardabweichung, das entspricht dem Leistungsunterschied von eineinhalb bis zwei Schuljahren. Dieser Befund ist über die untersuchten Bereiche hinweg konstant. Bayern liegt im internationalen Vergleich als einziges Land über dem OECD-Durchschnitt. Dennoch ist der Abstand zu den jeweiligen Spitzenländern beträchtlich. Die *Leistungsstreuung* ist in allen drei Fachbereichen in Bayern am geringsten.

Da Berlin und Hamburg die erforderliche Beteiligungsrate nicht erreichten, konnten sie nicht in den Ländervergleich mit aufgenommen werden.

Durch die *Einberechnung der sozioökonomischen Rahmenbedingungen* kommt es am Ende der Rangreihe zu leichten Verschiebungen. Die Rangplätze der Spitzenländer (Bayern, Baden-Württemberg, Sachsen) ändern sich nicht. Dies gilt sowohl für die deutschen Schüler als auch für die Schüler aus Zuwandererfamilien. Trotz der Korrektur bleibt die Länderdifferenz erheblich (61 Punkte statt 65 Punkte). Bei den *nationalen Testaufgaben*, die insgesamt als schwieriger gelten, ergibt sich innerhalb der Länder die gleiche Leistungsverteilung wie bei den internationalen Aufgaben, jedoch liegen die Länder noch weiter auseinander. Auffallend ist das gute Abschneiden der neuen Länder in diesem Testteil. Die Schülerinnen und Schüler der fünf neuen Länder verfügen in den Naturwissenschaften über ein höheres konzeptuelles Wissen. Die *Ergebnisse der Neuntklässler* sind erwartungsgemäß in fast allen Ländern besser als die der 15-Jährigen. Die Rangfolge der Länder ändert sich auch hier kaum.

(2) In allen Ländern zeigt sich eine verhältnismäßig große *Leistungsstreuung*. Der Abstand zwischen den Besten und den Schlechtesten ist überall größer als dies im Durchschnitt der OECD-Länder der Fall ist. Der Anteil an Schülern der *Spitzengruppe* (Kompetenzstufe 5) ist im Ländervergleich in Bayern mit 12,2 % am höchsten.

Die naturwissenschaftliche Grundbildung ist demgegenüber in Bayern schwächer entwickelt. Bayern liegt damit an dritter Stelle nach Baden-Württemberg mit 6 % und Schleswig-Holstein mit 5,6 %. Die geringere Leistungsstreuung in Bayern, der vergleichsweise kleine Prozentsatz von Schülern im untersten Leistungsbereich und schließlich die signifikant besseren Ergebnisse der Schüler mit Migrationshintergrund weisen auf eine intakte Hauptschule und auf eine gute Förderung auch an nicht gymnasialen Schulformen hin. Der erfolgreiche Kompetenzerwerb dieser Gruppen ist ein wichtiger Beitrag zum Ausgleich *sozialer Benachteiligung*.

(3) Der Anteil an Schülern in der *höchsten Kompetenzstufe* entspricht im Mittel dem internationalen Durchschnitt (9 %), jedoch erzielen die Besten im internationalen Vergleich kaum Spitzenleistungen. Alle Länder haben einen relativ hohen Anteil an „*Risikoschülern*", vor allem in der Schlüsselkompetenz „Leseverständnis" (Bayern 14,5%, Bremen 36%, OECD-Durchschnitt: 18%, die Spitzenstaaten: 10%). Das sind Schüler, deren Kenntnisse und Fähigkeiten nicht über das am Ende der Grundschulzeit erreichte Niveau hinausgehen. Sie haben deshalb keine guten Chancen beim Einstieg in das Berufsleben. Bayern hat in allen Fachbereichen den geringsten Anteil an *Risikoschülern*, deren Leistungen auf Kompetenzstufe 1 oder darunter liegen: Lesen: 14,5 % (Bremen 36 %), Mathematik: 18,5 % (Bremen 38,8 %), Naturwissenschaften: 19,4 % (Bremen 38,1 %).

(4) In allen deutschen Ländern besteht ein engerer *Zusammenhang zwischen sozialer Herkunft, Leistung und Schullaufbahn* als in den meisten anderen Teilnehmerstaaten von PISA 2000.

(5) In allen deutschen Ländern ist die Wahrscheinlichkeit, dass ein *Schüler mit Migrationshintergrund* zur Gruppe der Risikoschüler gehört, mindestens doppelt so hoch wie für einen Schüler mit deutschem Elternhaus. Es ist bemerkenswert, dass bei guter Sprachbeherrschung die Bildungsbeteilung der Kinder aus Zuwandererfamilien weniger abhängig vom Sozialstatus ist als die der deutschen Kinder. *Schüler mit Migrationshintergrund* schneiden in Bayern signifikant besser ab. Im Bereich Naturwissenschaften haben die Migrantenschüler in Bayern mit 479 Punkten den mit Abstand besten Mittelwert. Es folgen das Saarland (463) und Baden-Württemberg (456).

(6) Im Gymnasium ist die Leistungsverteilung in allen untersuchten Fachbereichen relativ homogen. Sie liegt im mittleren Niveau zwischen 574 und 578 Punkten (Lesen) und damit knapp eine Standardabweichung (84 Punkte) über dem Gesamtmittelwert. Unter diesem Niveau liegen Sachsen-Anhalt, Mecklenburg-Vorpommern, Brandenburg und Bremen. Die Unterschiede entsprechen wiederum einem Leistungszuwachs von eineinhalb Schuljahren. Durch differenzierte Analysen im Fall von Bayern und Schleswig-Holstein wurde festgestellt, dass die Leistungsunterschiede nicht allein auf die Selektivität zurückzuführen sind. Bei einem höheren Anteil an Gymnasiasten bleibt die Leistungsspitze unbeeinträchtigt, jedoch kann offenbar die Förderung im unteren Leistungsbereich nicht angemessen sichergestellt werden. Ein niedriger Gymnasialanteil garantiert aber nicht zwangsläufig ein hohes Leistungsniveau! In den Naturwissenschaften liegt Bayern hinter Schleswig-Holstein und Baden-Württemberg auf Rang drei.

In allen deutschen Ländern besteht ein enger Zusammenhang zwischen *sozialem Status und Gymnasialbesuch.* Kinder aus Familien, deren Väter der „oberen Dienstklasse" angehören, haben bei gleicher Leistungsfähigkeit eine mehrfach höhere Chance, ein Gymnasium zu besuchen, als Kinder aus Arbeiterfamilien.

3 Analyse einer Beispielaufgabe aus der PISA-Studie: Das Thema Ozon[1]

3.1 Fragen zum Ozon. Basiswissen: Ozon – eine Modifikation des Elements Sauerstoff

Zum besseren Verständnis seien einige fachliche Informationen vorangestellt (vgl. auch Zurawski & Pfeifer 2000): Der „Normalsauerstoff", lebenswichtiger Bestandteil (21 Vol%) der Atemluft, besteht aus 2-atomigen Molekülen (O_2) und wird daher auch als „Disauerstoff" bezeichnet. Unter besonderen Bedingungen (Energiezufuhr!) kommt es zur Spaltung von Disauerstoffmolekülen in je 2 Atome, die sich mit noch intakten Molekülen zu 3-atomigen Molekülen - den Ozonmolekülen (O_3) - zusammenlagern können. Dies ist der Fall z.B. bei Gewittern (elektrische Entladung), bei Einwirkung harter, kurzwelliger UV-Strahlung (Ozonosphäre) und unter den Bedingungen der Photosmogbildung. Auch im Alltag kann Ozon entstehen, z.B. beim Elektroschweißen oder durch UV-Strahler (z.B. Höhensonne).

Ozon ist neben dem Normalsauerstoff eine allotrope, energiereiche Modifikation (also endotherme Verbindung) des Elements Sauerstoff. Unter Normalbedingungen ist er wie Disauerstoff ein Gas. Im Vordergrund seiner Eigenschaften steht seine stark oxidierende Wirkung. Es ist thermodynamisch instabil, kinetisch aber metastabil. Noch klarer als auf stofflicher Ebene kann Ozon aber auf Teilchenebene vom normalen Sauerstoff (Disauerstoffmolekül) unterschieden werden.

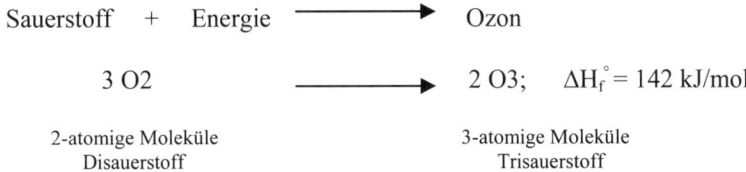

Sauerstoff + Energie ⟶ Ozon

3 O2 ⟶ 2 O3; $\Delta H_f^\circ = 142$ kj/mol

2-atomige Moleküle   3-atomige Moleküle
Disauerstoff   Trisauerstoff

Während vielfach der Schadstoffcharakter des Ozons, z.B. im Kontext der Bildung bodennahen, also troposphärischen Ozons, im Vordergrund des Interesses steht, dürfen aber positive Aspekte dieses Spurengases nicht in den Hintergrund treten, sei es das Thema „Ozon – Schutzschicht vor harter UV-Strahlung" oder „Ozon und Wasserentkeimung" (Zurawski & Pfeifer 2000). Diese Anwendung von Ozon, z.B. zur Behandlung von Schwimmbadwasser, ist vielen nicht bekannt.

---

[1] Siehe: http://www.mpib-berlin.mpg.de/pisa/

Aus der vorliegenden Beispielaufgabe (Frage 65) lassen sich Einsichten gewinnen, auf welche Art von Chemieverständnis Wert gelegt wird (Abb. 2). Dies ist deshalb umfassend zu leisten, weil das Thema Ozon von didaktischer, methodischer und experimenteller Seite sehr gut erschlossen ist (vgl. Flörke 1951; Kremer 1990; Tausch, Kolkowski & Weilert 1993; Blume & Wiechoczek 1994; Barthel 1996; Häder 1996; Parchmann et al. 1998; Heydtmann, Kusch & Rosing 1998; Zurawski &Pfeifer 2000).

In den anschließenden Fragen 66, 67, 68 ist zwischen „gutem Ozon" (Stratosphäre) und „schlechtem Ozon" (Troposphäre) zu unterscheiden. Weiterhin ist die Beziehung zwischen ultravioletter Sonneneinstrahlung und Hautkrebs aufzuführen und zu erkennen, ob Fragen durch wissenschaftliche Forschung beantwortet werden können oder nicht. Es wird deutlich, dass sowohl konzeptuelles als auch prozedurales Wissen über Ozon zur Lösung der Aufgaben erforderlich sind und somit als Kompetenzen im Sinne einer naturwissenschaftlichen Grundbildung erfahrbar werden.

3.2 Die Aufgabe(n) „Ozon" und naturwissenschaftliche Grundbildung

Um im Rahmen der PISA-Untersuchung Aussagen über die naturwissenschaftliche Grundbildung der Probanden machen zu können, wurden folgende drei Aspekte verfolgt:

3.2.1 Wissen um naturwissenschaftliche Konzepte

Angewandt auf das Beispiel „Ozon" sind mehrere für Chemieverständnis unverzichtbare Basiskonzepte angesprochen:

- Stoff-Struktur-Eigenschaften: Die Eigenschaften des Gases Ozon finden ihre Erklärung/Ursache in der Existenz 3-atomiger Moleküle (O_3).
- Lösen und Knüpfen chemischer Bindungen: Die Entstehung von Ozon aus normalem Sauerstoff (O_2) wird verständlich durch das Lösen und Knüpfen chemischer Bindungen samt der damit gekoppelten Energie (Licht!). Die Bedingungen hierfür sind in der Troposphäre und Stratosphäre unterschiedlich (vgl. Flörke 1951; Kremer 1990; Tausch, Kolkowski & Weilert 1993; Blume & Wiechoczek 1994; Barthel 1996; Häder 1996; Parchmann et al. 1998; Heydtmann, Kusch & Rosing 1998; Zurawski & Pfeifer 2000).

Frage 65: OZON

OZON TEXT

Lies den folgenden Ausschnitt aus einem Artikel über die Ozonschicht.

Die Atmosphäre ist ein Ozean aus Luft und eine wertvolle natürliche Ressource für die Erhaltung des Lebens auf der Erde. Leider schädigen menschliche Aktivitäten, die auf nationalen/persönlichen Interessen beruhen, diese gemeinsame Ressource vor allem dadurch, dass sie die empfindliche Ozonschicht zerstören, die als Schutzschild für das Leben auf der Erde dient.

5 Ozonmoleküle bestehen aus drei Sauerstoffatomen im Gegensatz zu Sauerstoffmolekülen, die aus zwei Sauerstoffatomen bestehen. Ozonmoleküle sind äußerst selten: Auf eine Million Luftmoleküle kommen weniger als zehn Ozonmoleküle. Dennoch spielt ihr Vorhandensein in der Atmosphäre seit nahezu eine Milliarde Jahren eine entscheidende Rolle für den Schutz des Lebens auf der Erde. Je nachdem, wo das Ozon sich befindet, kann es das Leben auf der Erde schützen oder
10 schädigen. Das Ozon in der Troposphäre (bis zu 10 km über der Erdoberfläche) ist „schlechtes" Ozon, das das Lungengewebe und die Pflanzen schädigen kann. Aber rund 90 Prozent des Ozons in der Stratosphäre (10 bis 40 km über der Erdoberfläche) ist „gutes" Ozon, das bei der Absorption der gefährlichen ultravioletten Strahlung der Sonne (UV-B) eine sehr nützliche Rolle spielt.

15 Ohne diese nützliche Ozonschicht wären die Menschen wegen der verstärkten Einwirkung der ultravioletten Sonneneinstrahlung viel anfälliger für bestimmte Krankheiten. In den letzten Jahrzehnten hat der Ozongehalt abgenommen. 1974 wurde die Hypothese aufgestellt, dass Fluorchlorkohlenwasserstoffe (FCKW) eine Ursache dafür sein könnten. Bis 1987 war die wissenschaftliche Beurteilung von Ursache und Wirkung nicht überzeugend genug, um FCKW verantwortlich zu machen. Im September 1987 trafen sich jedoch Diplomaten aus der ganzen Welt in Montreal (Kana-
20 da) und vereinbarten eine strenge Begrenzung der Verwendung von FCKW.

Im obigen Text wird nichts darüber gesagt, wie das Ozon in der Atmosphäre gebildet wird. Tatsache ist, dass jeden Tag Ozon gebildet wird und anderes Ozon verschwindet. Die Bildung von Ozon ist im folgenden Comicstrip illustriert.

  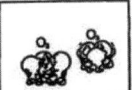

Bild 1   Bild 2   Bild 3

Vollständige Lösung:
- *Erster Aspekt*: ein oder mehrere Sauerstoffmoleküle (die jeweils aus zwei Sauerstoffatomen bestehen) werden in Sauerstoffatome aufgespalten (Bild 1)
- *Zweiter Aspekt*: die Aufspaltung (der Sauerstoffmoleküle) findet unter Einwirkung von Sonnenlicht statt (Bild 1)
- *Dritter Aspekt*: die Sauerstoffatome verbinden sich mit anderen Sauerstoffmolekülen und bilden Ozonmoleküle (Bilder 2 und 3).

Nehmen wir an, du hättest einen Onkel, der versucht, die Bedeutung dieses Comicstrips zu verstehen. Er hatte allerdings keinen naturwissenschaftlichen Unterricht in der Schule und versteht deshalb nicht, was der Autor hier erklärt. Er weiß, dass es keine kleinen Männchen in der Atmosphäre gibt, aber er fragt sich, was denn diese Männchen im Comicstrip darstellen, was diese seltsamen Bezeichnungen O_2 und O_3 bedeuten und welche Prozesse der Comicstrip beschreibt. Er bittet dich, ihm den Comicstrip zu erklären. Nimm an, dass dein Onkel weiß:

A dass O das Symbol für Sauerstoff ist   B was Atome und Moleküle sind

Schreibe eine Erklärung des Comicstrips für deinen Onkel.

Verwende in deiner Erklärung die Wörter Atome und Moleküle so, wie sie in den Zeilen 5 und 6 verwendet werden.

ABSICHT DER FRAGE: Prozess: Kommunizieren
                         Thema: Chemische und physikalische Veränderungen
                         Gebiet: Naturwissenschaften – Erde und Umwelt

Abbildung 2:   Die Beispielaufgabe Ozon – Struktur und didaktische Absicht
                     (leicht abgeändert nach OECD-PISA 2000: 9-10)

Zusammenfassend sei betont, dass sich PISA auf zentrale und grundlegende Ideen aus den Naturwissenschaften Physik, Chemie, Biologie und Geowissenschaft konzentriert, die in der folgenden Abbildung zusammengestellt sind:

Struktur und Eigenschaften von Stoffen
(Wärmeleitfähigkeit und elektrische Leitfähigkeit)

Atmosphärische Veränderungen
(Strahlung, Transmission, Druck)

Chemische und physikalische Veränderungen
(Aggregatzustände, Reaktionsgeschwindigkeit, Zerfall)

Energieumwandlungen
(Energieerhalt, Energieabbau, Photosynthese)

Kräfte und Bewegung
(Kräfte im Gleichgewicht/Ungleichgewicht, Geschwindigkeit,
Beschleunigung, Impuls)

Form und Funktion
(Zelle, Skelett, Anpassung)

Humanbiologie
(Gesundheit, Hygiene, Ernährung)

Physiologische Veränderungen
(Hormone, Elektrolyse, Neurone)

Artenvielfalt
(Arten, Genpool, Evolution)

Genetische Steuerung
(Dominanz, Vererbung)

Ökosysteme
(Nahrungsketten, Nachhaltigkeit)

Die Erde und ihre Stellung im Universum
(Sonnensystem, diurnale und saisonale Veränderungen)

Geologische Veränderungen
(Kontinentaldrift, Verwitterung)

Abbildung 3:   Naturwissenschaftliche Themen (mit Beispielen für zugeordnete Konzepte) für die Ermittlung naturwissenschaftlicher Grundbildung / Internationales Rahmenkonzept (Deutsches PISA-Konsortium 2001: 7)

Für die Chemie sind folgende Basiskonzepte repräsentativ (vgl. MNU 2000): das Teilchenkonzept, Stoff-Struktur-Eigenschaften, chemische Reaktionen als Umgruppierung von Atomen, das Donator-Akzeptor-Konzept, das Gleichgewichtskonzept, das Energiekonzept.

Dennoch stehen diese Basiskonzepte nicht für sich, sondern für ihre Auswahl ist entscheidend, inwieweit sie für alltägliche Situationen relevant sind (Anwendungsbereiche!) und ob sie Anschlussfähigkeit für nachfolgendes Lernen gewährleisten. Zur konkreten schulischen Umsetzung haben Altenbach und Asselhorn einen Vorschlag ausgearbeitet und in ein Konzept naturwissenschaftlicher Allgemeinbildung integriert (vgl. Altenbach & Asselborn 2002: 60):

Übersicht Themenkreise Chemie
- Beitrag zur naturwissenschaftlichen Sachkompetenz -

Themenkreis 1: Stoffe – von der Vielfalt zur Systematik
  Gemisch/Reinstoff (Trennung, Reinigung, Reindarstellung); Verbindung/Element (Elementaranalyse); Stoffeigenschaften; Quantifizierung von Stoffportionen (Stoffmenge); Analyse methoden

Themenkreis 2: Aufbau der Stoffe – von der Zusammensetzung zur Struktur
  Atombau, Periodensystem, Ionen, Chemische Bindung, Moleküle, Komplexe, Massenverhältnis – Verhältnisformel; Molare Masse – Molekülformel; Strukturaufklärung; Isomerie; Strukturformel

Themenkreis 3: Chemische Reaktionen – Umwandlung von Stoffen
  Massengesetze; Reaktionsgeschwindigkeit; Energie bei chemischen Reaktionen; Aktivierungsenergie, Katalyse; Chemisches Gleichgewicht; Reaktionsmechanismen

Themenkreis 4: Brennstoffe – von alten und neuen chemischen Energieträgern
  Luft; Verbrennung; Oxidation; Brände; Brennstoffe (Erdgas, Erdöl, Kohle, Benzin, Kohlenwasserstoffe, Biodiesel, Brennstoffzelle); Kohlenstoffkreislauf, Energiehaushalt der Atmosphäre; Smog- und Ozon-Problematik

Themenkreis 5: Metalle – Werkstoffe und mehr
  Vom Erz zum Metall; Metall/Metalleigenschaften; Legierung; Redoxreaktionen; Spannungsreihe; Elektrolyse; Korrosion; Batterien und Akkus

Themenkreis 6: Säuren – Basen – Salze
  Säuren im Haushalt; Konservierungsstoffe; Protolysen

Themenkreis 7: Chemie im Haushalt – Chemie im Alltag
  Seifen, Waschmittel, Kosmetika, Duftstoffe

Themenkreis 8: Farbstoffe – schön und nützlich
  Farben, Pigmente, Lacke, Lichtabsorption, Reaktivfarbstoffe, Waschbeständigkeit, Lichtstabilität

Themenkreis 9: Kunststoffe – neue Materialien und mehr
  Polymere, Makromoleküle, Schaumstoff, Kunstfaser, Polyethylen, Polystyrol, PVC, Polyester, Polyurethan, Teflon

Themenkreis 10: Naturstoffe – von Biomaterialien bis zu Molekülen des Lebens
  Wolle, Baumwolle, Seide; Nährstoffe, Vitamine, Drogen, Duftstoffe, Fette, Öle, Proteine, Kohlenhydrate, Zucker

Schülerinnen und Schüler brauchen konzeptuelles Wissen, um Phänomene der natürlichen und der vom Menschen geschaffenen Welt zu verstehen. PISA untersucht vor allem das Verständnis und die angemessene Anwendung von naturwissenschaftlichen Konzepten. Im Blickpunkt steht weniger, inwieweit Schülerinnen und Schüler über Kenntnisse verfügen oder Faktenwissen reproduzieren können. PISA bemüht sich vielmehr, ein konzeptuelles Verständnis zu erfassen, das mit der Anwendung von Alltagskonzepten beginnt und bis zu einem Arbeiten mit naturwissenschaftlichen Modellvorstellungen reicht.

Im Folgenden wird auf die (erwarteten) Kompetenzstufen am Beispiel des Ozons näher eingegangen.

In der in der Aufgabe (für den Onkel) zu gebenden Erklärung der drei Comicstrips (vgl. Abb. 2) müssen folgende Aspekte zum Ausdruck kommen:

- Erster Aspekt: ein oder mehrere Sauerstoffmoleküle (die jeweils aus zwei Sauerstoffatomen bestehen) werden in Sauerstoffatome aufgespalten (Bild 1).

- Zweiter Aspekt: die Aufspaltung (der Sauerstoffmoleküle) findet unter Einwirkung von Sonnenlicht statt (Bild 1).

- Dritter Aspekt: die Sauerstoffatome verbinden sich mit anderen Sauerstoffmolekülen und bilden Ozonmoleküle (Bilder 2 und 3).

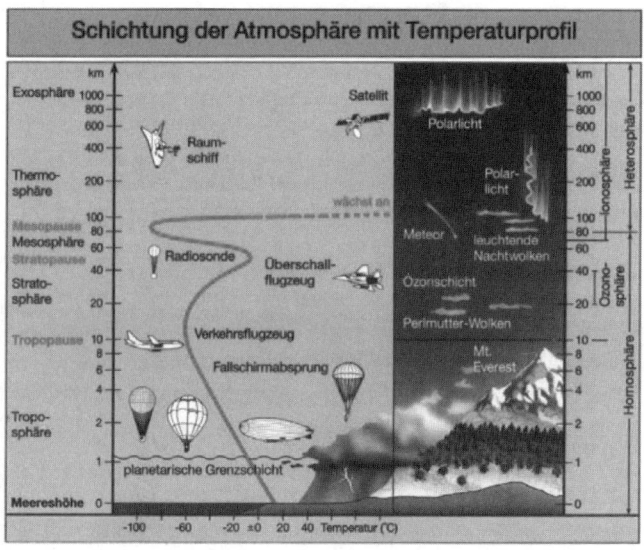

Abbildung 4:   Schichtung der Atmosphäre (Pfeifer & Pfeifer 1996)

Im Idealfall kommt konzeptuelles und prozedurales Verständnis zum Ausdruck (Stufe IV/V):

- Chemische Veränderung i.s. einer chemischen Reaktion auf Teilchenebene: Lösen und Knüpfen chemischer Bindungen unter Einbeziehung des Atom- und Molekülbegriffs und der Energiebeteiligung (UV-Strahlung).

- Erkennen des Basiskonzepts „Stoff-Struktur-Eigenschaften": die entstehenden O3-Moleküle sind bestimmend für das Gas Ozon, welches sich in wesentlichen Eigenschaften vom Gas Sauerstoff unterscheidet. Die Überlegungen zu seiner Entstehung in der Atmosphäre und in unserer Umwelt münden ein in die Kategorie prozedurales Verständnis.

- Wissen um die Schichtung der Atmosphäre und Zuordnung der Begriffe „troposphärisches Ozon" und Ozonschicht in der Stratosphäre („gutes Ozon") (vgl. Abb. 4).

Je nachdem, wie weit sich die Probanden vom Comic-Charakter der Bildsequenz lösen und chemisch-naturwissenschaftliches Verständnis anwenden können, erfolgt die Zuordnung zu den einzelnen Kompetenzstufen. Abgeschlossen wird dieses Kapitel konkreter naturwissenschaftlicher Grundbildung mit der Reflexion über die Ozonbildung im Alltag. Der Einsatz entsprechender Nachweisverfahren erlaubt zuverlässige Aussagen über die Belastung mit Ozon an bestimmten Arbeitsplätzen oder bei der Nutzung von Freizeitangeboten (z.B. Solarstudio). Damit wird verdeutlicht, dass naturwissenschaftliche Grundbildung im konkreten Fall durch folgende Aspekte eingelöst werden kann:

- das Verständnis zentraler naturwissenschaftlicher Begriffe und Prinzipien;
- die Vertrautheit mit naturwissenschaftlichen Denk- und Arbeitsweisen;
- die Anwendung auf realistische Fragestellungen und Probleme.

Frage 66: OZON

Ozon entsteht auch bei Gewittern. Es verursacht den typischen Geruch nach einem Gewitter. Der Autor unterscheidet in den Zeilen 10-14 zwischen „schlechtem Ozon" und „gutem Ozon".

Ist das Ozon, das bei Gewittern entsteht, nach den Aussagen des Artikels „schlechtes Ozon" oder „gutes Ozon"?

Wähle die Antwort und Erklärung, die im Text enthalten ist.

	Schlechtes Ozon oder gutes Ozon ?	Erklärung
A	Schlecht	Es entsteht bei schlechtem Wetter.
B	Schlecht	Es entsteht in der Troposphäre.
C	Gut	Es entsteht in der Stratosphäre.
D	Gut	Es riecht gut.

Gelöst
Code 1: Antwort B – Schlecht – Es entsteht in der Troposphäre.

Frage 67: OZON

In den Zeilen 15 und 16 steht: „Ohne diese nützliche Ozonschicht wären die Menschen wegen der verstärkten Einwirkung der ultravioletten Sonneneinstrahlung viel anfälliger für bestimmte Krankheiten. "

Nenne eine dieser Krankheiten.

....

Gelöst
Code 1:   Antworten, die sich auf Hautkrebs beziehen, beispielsweise:
-   Hautkrebs
-   Melonom (Notiz: Diese Antwort kann als richtig betrachtet werden, trotz der Tatsache, dass das Wort falsch geschrieben ist).

Abbildung 5:   Ozon – Beispielaufgaben mit Bezug zur Lebenswirklichkeit (OECD-PISA 2000: 10)

Die Fragen 66 und 67 – entnommen aus den Beispielaufgaben von PISA 2000 – verdeutlichen das oben skizzierte Anliegen

3.2.2 Naturwissenschaftliche Prozesse – naturwissenschaftliche Denk- und Arbeitsweisen

Die große Chance der naturwissenschaftlichen Fächer in der Schule besteht darin, dass die naturwissenschaftlichen Denk- und Arbeitsweisen in den Unterricht integriert und verstärkt zum methodischen Prinzip der Unterrichtsführung werden können. Dennoch gelingt es seltener als erwartet, dass die naturwissenschaftlichen Arbeitsweisen zur Klärung des Denkens wirksam werden. Was offensichtlich nicht zufriedenstellend gelingt, ist deren erfolgreiche Umsetzung im Unterricht.

Die internationale PISA-Konzeption bezieht sich auf die folgenden naturwissenschaftlichen Prozesse:

- Das Verständnis der Besonderheiten naturwissenschaftlicher Untersuchungen umfasst die Fähigkeit, Fragestellungen zu erkennen, die naturwissenschaftlich untersucht werden können und das Wissen über die Anforderungen an solche Untersuchungen. Weitere Aspekte betreffen das Identifizieren von Daten, die benötigt werden, um eine Behauptung oder Erklärung zu überprüfen.

- Das Umgehen mit Evidenz bezieht sich auf die Fähigkeit, naturwissenschaftliche Daten und Befunde als Belege für Behauptungen oder Schlussfolgerungen zu verwenden. Dazu gehört, Schlussfolgerungen aus vorliegenden Befunden zu ziehen oder Schlussfolgerungen auszuwählen, die den Daten am besten gerecht werden.

Naturwissenschaftliches Arbeiten

Grundlegende Verfahren

1. Beobachten (Observing)
Beginnend mit dem Identifizieren von Objekten und Objektmerkmalen schreitet diese Sequenz voran zur Identifizierung von Veränderungen in verschiedenen natürlichen Systemen zur kontrollierten Beobachtung und dem Ordnen einer Serie von Beobachtungen bis hin zur wissenschaftsorientierten Fragestellung. Zum Erkennen naturwissenschaftlicher Fragestellungen gehört unter anderem, die Frage oder Idee zu erkennen, die in einer bestimmten Untersuchung geprüft wurde (oder geprüft werden könnte).

2. Klassifizieren (Classifying)
Die Entwicklung beginnt mit einfachen Klassifizierungen von verschiedenen physikalischen, chemischen und biologischen Systemen und schreitet fort zur mehrstufigen Klassifikation einschließlich Tabellierung.

3. Gebrauch von Zahlen (Using Numbers)
Diese Sequenz beginnt mit dem Identifizieren von Mengen und deren Elementen und setzt sich fort im Ordnen, Zählen, Addieren, Multiplizieren, Dividieren, Finden von Durchschnitten, Gebrauch von Dezimalbrüchen und Zehnerpotenzen. Übungen im Gebrauch von Zahlen werden eingeführt, bevor sie als Lernvoraussetzungen für Unterrichtseinheiten in den anderen Verfahrensdimensionen benötigt werden.

4. Messen (Measuring)
Beginnend mit dem Identifizieren und Ordnen von Längen schreitet die Entwicklung in diesem Fertigkeitsbereich voran mit der Darbietung von Verfahren zur Messung von Länge, Fläche, Volumen, Gewicht, Temperatur, Kraft, Geschwindigkeit und einer Anzahl von abgeleiteten Maßen, die auf spezielle physikalische, chemische und biologische Systeme anwendbar sind.

5. Kommunizieren (Communicating)
Die Entwicklung in dieser Kategorie beginnt mit graphischen Beschreibungen von einfachen Phänomenen durch Balkendiagramme und schreitet fort über das Beschreiben verschiedenartiger Objekte und Systeme und deren Veränderungen zur Konstruktion von graphischen Darstellungen und Diagrammen von beobachteten Ergebnissen der Experimente. Das Kommunizieren bezieht die Alltags- und Fachsprache mit ein. Der Schwerpunkt liegt auf der Fähigkeit, Schlussfolgerungen anderen mitzuteilen und zu vertreten – sowohl innerhalb einer Arbeitsgruppe als auch nach außen.

6. Voraussagen (Predicting)
In diesem Bereich schreitet die Entwicklungssequenz voran von der Interpolation und Extrapolation graphisch angebotener Daten zur Prüfung von Voraussagen.

7. Schlussfolgern (Inferring)
Zu Beginn wird der Gedanke entwickelt, dass zwischen Folgerungen und Beobachtungen unterschieden werden muss. Wenn die Entwicklung voranschreitet, werden Schlüsse von Beobachtungen abgeleitet und Situationen im Experiment konstruiert, um Schlussfolgerungen zu überprüfen, die aus Hypothesen abgeleitet wurden. Aus alternativen Schlussfolgerungen sind diejenigen auszuwählen, die zum Datenmaterial passen.

Integrierte Verfahren

8. Operational definieren (Defining operationally)
Beginnend mit der Unterscheidung zwischen Definitionen, die operational und solchen, die nicht operational sind, schreitet diese Entwicklungssequenz zu dem Punkt voran, an dem das Kind operationale Definitionen zu neuartigen Problemen konstruiert.

9. Formulieren von Hypothesen (Formulating hypotheses) und Prognosen
Am Anfang der Sequenz soll das Kind Hypothesen von Schlussfolgerungen, Beobachtungen und Voraussagen unterscheiden lernen. Die Entwicklung wird bis zum Stadium der Konstruktion von Hypothesen und dem Versuch ihrer Überprüfung fortgesetzt.

10. Interpretieren von Daten (Interpreting data)
Diese Sequenz beginnt mit Beschreibungen von graphischen Daten und Schlussfolgerungen, die auf ihnen beruhen, und schreitet voran zur Konstruktion von Gleichungen, um Daten wiederzugeben, zur Verbindung von Daten mit hypothetischen Aussagen und der Formulierung von allgemeinen Aussagen, die durch experimentell gefundene Daten gestützt werden.

11. Variablenkontrolle (Controlling variables)
Die Entwicklungssequenz für diesen „integrierenden" Prozess beginnt mit der Identifikation von manipulierten und antwortenden Variablen (unabhängige und abhängige) in einer Beschreibung oder Demonstration eines Experiments. Die Entwicklung geht voran bis zu dem Stand, auf dem dem Schüler ein Problem, eine Folgerung oder Hypothese gegeben wird, tatsächlich ein Experiment durchführt, in dem er die Variablen identifiziert, und beschreibt, wie die Variablen kontrolliert werden.

12. Experimentieren (Experimenting)
Dies ist der Schlussstein der „integrierenden" Prozesse. Er wurde entwickelt durch ein Kontinuum von Sequenzen zur Kontrolle von Variablen und enthält sowohl die Interpretation von Berichten wissenschaftlicher Experimente, als auch die Aktivitäten zur Problemstellung, Hypothesenkonstruktion und Durchführung von experimentellen Verfahren.

Abbildung 6:   Naturwissenschaftliches Arbeiten (Pfeifer 2003: 10)

- Das Kommunizieren naturwissenschaftlicher Beschreibungen oder Argumente umfasst die Fähigkeit, anderen Personen Beschreibungen, Argumente oder Erklärungen mit naturwissenschaftlichem Gehalt verständlich und zutreffend mitzuteilen. Hier handelt es sich um eine seit Jahrzehnten verfolgte pädagogische Leitlinie für den Chemieunterricht (vgl. MNU 2000).

Eine Schlüsselrolle für das Verständnis naturwissenschaftlicher Arbeits- und Denkweisen nimmt das Experiment ein. Zusammenfassende Darstellungen dieses Kompetenzbereichs wurden jüngst veröffentlicht bis hin zum forschend-entwickelnden Unterrichtsverfahren (vgl. Pfeifer 2003; Schmidkunz & Lindemann 2002).

Ein tieferes Verständnis naturwissenschaftlicher Denk- und Arbeitsweisen wird vor allem dann erwartet, wenn die Schülerinnen und Schüler im Unterricht immer wieder Gelegenheit erhalten, selbst zu experimentieren. Damit soll zugleich ein Stück der Faszination der Naturwissenschaften erlebt werden, die zur Entwicklung eines Interesses an dem Fach beitragen kann. Gegenüber diesen Erwartungen sind die empirischen Befunde über Wirkungen des Experimentierens im naturwissenschaftlichen Unterricht ernüchternd bis enttäuschend (vgl. Prenzel & Parchmann 2003).

Empirische Studien zeigen, dass durch das Experimentieren im naturwissenschaftlichen Unterricht häufig weder das Interesse angeregt noch das Verständnis naturwissenschaftlicher Denk- und Arbeitsweisen nachweisbar so gefördert wird, wie man es sich wünscht. Experimentieren darf nicht auf ein oberflächliches Arbeiten beschränkt bleiben, das zwar Schüleraktivitäten vorsieht, aber die geistige Beteiligung und das naturwissenschaftliche Denken vernachlässigt!

3.2.3 Charakteristische Elemente einer naturwissenschaftlichen Untersuchung - dargestellt an der Wirkung eines Ozongenerators (Barthel 1996)

Fragestellungen erkennen und formulieren: Zur Entkeimung von Wasser, z.B. in Hallenbädern / Freizeit-Thermal-Bädern wird häufig Ozon eingesetzt. Hergestellt wird es vor Ort mit Hilfe von Ozongeneratoren (Großgeräte) auf der Basis stiller elektrischer Entladungen. Die Frage lautet also: „Wie kann in einem Modellversuch unter schulischen Bedingungen Ozon durch stille elektrische Entladung erzeugt werden?"

Die Antwort beinhaltet die Entstehung, den Nachweis, die Bestimmung und die Wirkung von Ozon. Es ergibt sich ein facettenreiches didaktisches Potential.

Zugleich wird gezeigt, welche Kompetenzen mit einer derartigen Untersuchung vermittelt werden können.

Um eine Vorstellung von der höchsten Kompetenzstufe zu vermitteln, sei auf eine experimentelle Umsetzung des Grundanliegens, eine „Erklärung bereits auf der Basis konzeptueller Modelle zu geben und mit einem differenzierten Verständnis naturwissenschaftlicher Untersuchungen [...] zu analysieren", näher eingegangen. Folgende *Versuchsanordnung* mit entsprechenden Geräten ist zu entwickeln:

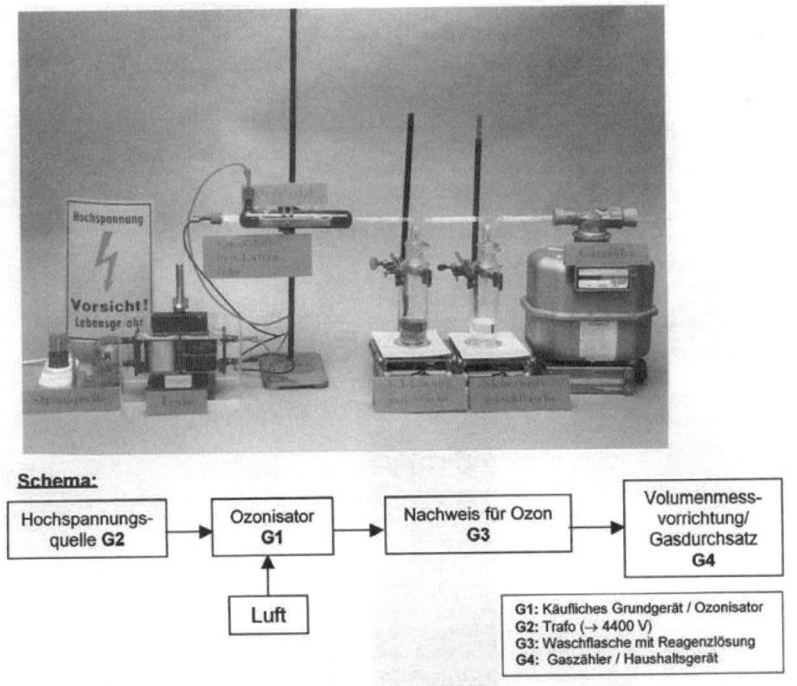

Abbildung 7:   Modellversuch zur Entstehung von Ozon durch elektrische Entladung (Zurawski & Pfeifer 2000: 327).

Es handelt sich um ein Umgehen mit Evidenz, d.h. der Fähigkeit, naturwissenschaftliche Daten und Befunde als Belege für Behauptungen oder Schlussfolgerungen zu verwenden, wie es eine wissenschaftliche Untersuchung erfordert. Im

Folgenden wird dieses Experiment, welches einem wissenschaftlichen Anspruch genügt, näher ausgeführt (Zurawski & Pfeifer 2000).

4 Experiment zur kontinuierlichen Ozon-Erzeugung

4.1 Aufbau und Funktionsweise des Ozonisators

Der experimentellen Schulchemie steht zur Erzeugung von Ozon schon seit langem ein geeignetes Gerät zur Verfügung. Der eingesetzte Ozonisator wurde auf der Basis des von Siemens 1857 entwickelten Gerätes gebaut und gehört auch heute noch zum Repertoire des Lehrmittelhandels.

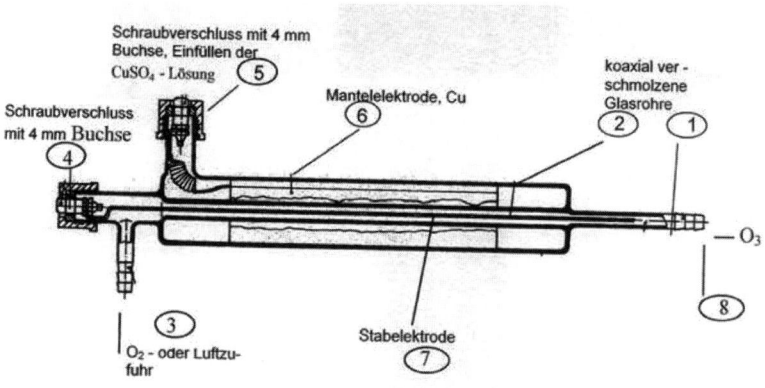

Abbildung 8:   Der Ozonisator (Zurawski & Pfeifer 2000: 324)

Der Ozonisator besteht aus zwei koaxial verschmolzenen Glasrohren. Im inneren Rohr 1 befindet sich eine Stabelektrode 7, die mit der Buchse im Schraubverschluss 4 leitend verbunden ist. Die Mantelelektrode 6 (aus Kupfer) im äußeren Glasrohr 2 besitzt eine Verbindung zur Buchse im Schraubverschluss 5. Das innere Rohr ist zusätzlich mit zwei Schlaucholiven ausgestattet:
  –   Olive 3: Zufuhr von Luft oder Sauerstoff
  –   Olive 8: Austritt des gebildeten Ozons.
Wird nun an den beiden voneinander isolierten Elektroden eine Wechselspannung angelegt, so entsteht ein elektrisches Wechselfeld. Eine genügend hohe

Feldstärke wird mittels eines Hochspannungstransformators durch Anlegen einer Wechselhochspannung erreicht. Wenn durch dieses Feld Sauerstoff bzw. Luft geleitet wird, bildet sich aufgrund einer „stillen elektrischen Entladung" Ozon.

$$3O_2 \rightarrow 2O_3 \qquad \Delta H_f^0 = 142 \text{ kJ/mol}$$

Der Einsatz eines Hochspannungstransformators stellt eine einschneidende Stelle bei dem Versuchsaufbau dar. Zum einen ist hier der Bezug zur Physik ganz wichtig, zum anderen müssen in der Schule beim Arbeiten mit Hochspannung entsprechende *Sicherheitsvorkehrungen* getroffen werden.

Die Brücke zum Physikunterricht kann durch das Eingehen auf die direkte Proportionalität zwischen Spannung und Windungszahl der Spulen des Transformators erfolgen:

$$\frac{U1}{U2} = \frac{N1}{N2}$$

$U1$ = Primärspannung
$U2$ = Sekundärspannung
$N1$ = Windungszahl Primärspule
$N2$ = Windungszahl Sekundärspule

In unserem Fall waren
$N1 = 600$ Windungen
$N2 = 12\,000$ Windungen
$U1 = 220$ Volt.

Daraus folgt:

$$U2 = \frac{U1 \cdot N2}{N1} = \frac{220V \cdot 12\,000}{600} = 4\,400\,V \qquad \text{(theoretisch, ohne Verluste)}$$

Das Experiment kann nur als *Demonstrationsversuch*, nicht aber als Schülerexperiment eingesetzt werden.

Wichtige Sicherheitshinweise:
- *Bananenstecker dürfen nie in Netzsteckdosen* gesteckt werden.
- Um die Gefahr, die beim direkten Einbringen von Bananensteckern in Steckdosen ausgeht, zu verhindern, wurde in die Leiste mit dem Hauptschalter ein *Sicherheitsadapter* zwischengeschaltet.
- Nach jedem abgeschlossenen Experiment ist die Spannung sofort abzuschalten, Kabelverbindungen sind zuerst an der Spannungsquelle zu lösen.

- Bei Experimenten mit Hochspannung *Warnschild* aufstellen; auf Transformator Aufkleber „Vorsicht Hochspannung" anbringen. Schüler außerhalb des Gefahrenbereichs halten.

- Sehr gefährlich ist die durch Aufbautransformatoren erzeugte Hochspannung insbesondere dann, wenn die Primärspannung dem Netz entnommen wird.

- Die berührungsgefährlichen Teile des Hochspannungstransformators wurden durch Spezialglas abgeschirmt, bleiben aber dadurch trotzdem sichtbar belassen. Zusätzlich zu dem aufgestellten Schild wurde der Transformator selbst noch mit Aufklebern „Vorsicht Hochspannung" ausgestattet.

4.2 Zur Ermittlung der entstehenden Ozonkonzentration

a) *Geräte und Chemikalien*: Stromquelle mit Hauptschalter, Sicherheitsadapter für Bananenstecker, 4 Messleitungen, Hochspannungstransformator (Primärspule: 600 Windungen, Sekundärspule: 12 000 Windungen), Ozonisator (Fa. Phywe), 2 Waschflaschen, Gaszähler (Stadtwerke oder Gemeinde), 2 ca. 3 cm lange Glasrohre als Verbindungsstücke links und rechts des Gaszählers, 3 ca. 3 cm lange Silikonschlauchstücke, zwei durchbohrte Gummistopfen, passend zum Gaszähler, Hochspannungsschild, Stoppuhr, 100-ml-Becherglas, Rührfisch, Rührplatte, Bürette, 50 ml Pipette,
    150 ml Kupfersulfatlösung (X_n), $c(CuSO_4) = 1$ mol/l, Kaliumiodid-Lösung, $w(KI) = 1$ % in neutralem Phosphatpuffer, $c = 1$ mol/l (Kaliumdihydrogenphosphat KH_2PO_4 und Dikaliumhydrogenphosphat K_2HPO_4); stark verdünnte Stärkelösung, Natriumthiosulfatlösung, $c(Na_2S2O_3) = 0{,}0005$ mol/l.

b) *Versuchsaufbau*: Man baut die Versuchsapparatur wie in Abb. 7 auf.

c) *Versuchsdurchführung*: In das äußere Glasrohr des Ozonisators wird die vorbereitete Kupfersulfatlösung gefüllt. Dazu öffnet man den Schraubverschluss 5 (siehe Abb. 8) nur soweit wie nötig, da sich sonst der Verbindungsdraht am Kupfer-Mantel ablösen kann.
    Beim Stromanschluss muss unbedingt darauf geachtet werden, dass man mit den *Bananensteckern beim Ozonisator* beginnt und von dort aus zum *Transformator* über den Schutzschalter zur *Stromquelle* weiter verbindet. Keinesfalls am Netz mit dem Anschluss beginnen!
    Als zusätzlicher Sicherheitsfaktor wird empfohlen, den Hochspannungsteil der Versuchsanordnung außerhalb des Abzugs zu platzieren, damit beim even-

tuellen Eingreifen in den Versuch jegliche Berührungsgefahr ausgeschlossen wird.

Zur Herstellung von Ozon wird entweder Luft mit Hilfe einer Wasserstrahlpumpe oder Sauerstoff aus einer Sauerstoffflasche durch den Ozonisator geleitet. Die durchgesetzten Gasvolumina werden über einen Gaszähler am Ende der Versuchsanordnung bestimmt und kontrolliert. Es wird ein Gasstrom (zwischen 5-7 l/min) eingestellt. In die beiden Waschflaschen werden 50 ml der vorbereiteten Kaliumiodid-Lösung und einige Tropfen Stärkelösung gefüllt. Zur selektiven Bestimmung von Ozon nutzt man aus, dass Ozon auch in alkalischen Lösungen Iodid zu Iod oxidiert.

$$O_3 + H_2O + 2I^- \quad \rightarrow \quad O_2 + 2OH^- + I_2.$$

Dieser Nachweis wurde bereits 1840 von Schönbein, dem Entdecker des Ozons, eingeführt. Schönbein verwendete dazu Kaliumiodid-Stärke-Papiere (Schönbein-Filter). Mit der Durchführung/Elaborierung dieses Experiments sind nun folgende Erkenntnis leitende Fragen zu stellen und zu beantworten: Entsteht überhaupt Ozon in dieser Anlage?

d) Prinzip: Das von Ozon freigesetzte Iod wird mit der Iod-Stärke-Reaktion nachgewiesen und iodometrisch bestimmt.

e) Beobachtung/Schlussfolgerung: Die Reagenzlösung in der ersten Waschflasche hat sich intensiv blau gefärbt – ein Indiz, dass Ozon entstanden ist, das auf Grund seiner oxidierenden Wirkung Iod freigesetzt hat, welches mit Stärke die typische blaue Lösung ergibt. Es wurde überprüft, dass kein weiteres Gas entsteht, welches ebenfalls Iodid zu Iod oxidieren kann. Wie viel Ozon ist während des Zeitintervalls entstanden? Der Inhalt der ersten Waschflasche wird nun gegen eine Thiosulfatlösung bekannter Konzentration titriert. Es gibt folgende Beziehung: $n(O_3) = n(I_2)$.

f) Versuchsauswertung: In der gepufferten Absorptionslösung hat sich folgende Reaktion abgespielt:

$$2 \text{ KI} + O_3 + H_2O \quad \rightarrow \quad 2 \text{ KOH} + I_2 + O_2 \quad \Rightarrow \quad n(O_3) = n(I_2)$$

Titration mit Thiosulfatlösung

Redoxreaktion: $2 \text{ S}_2\text{O}_3^{2-} + I_2$ $S_4O_6^{2-} + 2 \text{ I}^-$

bzw.: $2 \text{ Na}_2\text{S}_2\text{O}_3 + I_2$ $Na_2S_4O_6 + 2 \text{ NaI}$

$\Rightarrow$ 1ml Thiosulfat-Lösung (c = 0,0005 mol/l) = 12 mg Ozon

g) Ozonisatorleistung: Um zuverlässige Aussagen über die Leistung des Ozonisators machen zu können, muss eine Eichung vorgenommen werden. Dazu wird die Ozonmenge nach 1, 2, 3, 4 und 5 Minuten bestimmt. Um Reproduzierbarkeit zu gewährleisten, wurden jeweils zehn Messwerte ermittelt und die Mittelwerte für die einzelnen Reaktionszeiten graphisch aufgetragen. Zusätzlich ist noch die Standardabweichung angegeben (vgl. Abb. 9).

Beispiel einer Berechnung der Ozonkonzentration:
Einleitzeit: 2 Min.
Durchströmtes Gasvolumen in L nach Gaszähler: 12,0 L
Verbrauch an Thiosulfatlösung: 5,45 mL
=> $m(O_3) = 65{,}4 \ \mu g$

Hochrechnung der Ozonkonzentration auf $\mu g/m^3$:

in 1000 L (= 1 m³) : c(Ozon) = 5450 $\mu g/m^3$ = 2,73 ppm

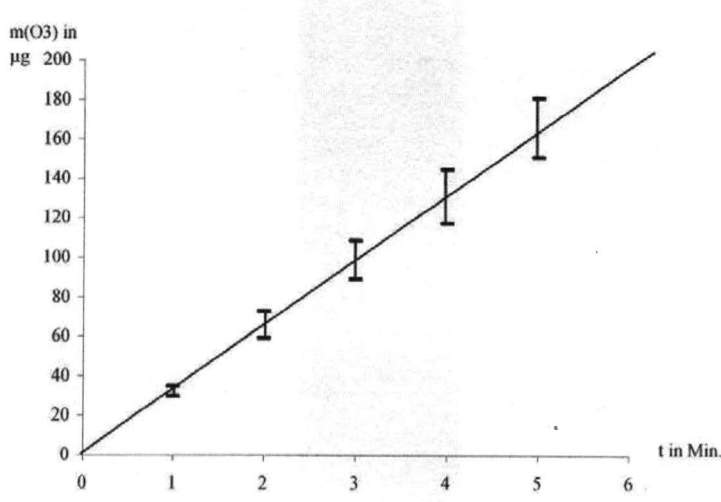

Abbildung 9:   Ozonkonzentration bei Betrieb des Ozonisators mit Wasserstrahlpumpe und Außenluft mit Angabe der Standardabweichung (Zurawski & Pfeifer 2000: 329)

h) Leistung des Ozonisators: Von allen 50 Messwerten wird nun der Mittelwert für den Verbrauch an Thiosulfatlösung bzw. an produzierter Ozonmenge und durchgeleitetem Luftvolumen gebildet und schließlich für die Konzentration (ppm-Werte) noch die Standardabweichung berechnet.

≈ 5500 mg/m^3 $\pm$ 15 % $\cong$ 33 mg/min bei $\cong$ 5,98 l/min bzw. $\cong$ 2,75 ppm $\pm$ 15 %

i) Wie kann die Leistung des Ozonisators gesteigert werden? Ist für bestimmte Experimente eine höhere Ozonkonzentration erforderlich, so setzt man anstatt von Luft reinen Sauerstoff durch den Ozonisator. Die folgende Abbildung zeigt die deutlich höhere Ozonausbeute (Abb. 10). Im *Vergleich zu Luft wird mit reinem Sauerstoff ungefähr die dreifache Menge an Ozon* produziert.

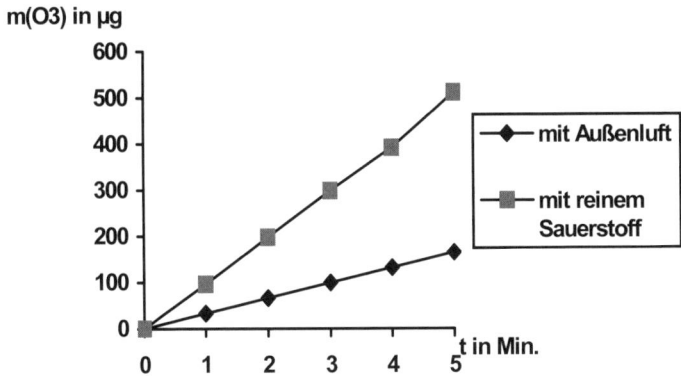

Abbildung 10:   Linearität zwischen Ozonmenge und Einleitzeit bei Betrieb mit reinem Sauerstoff und mit Außenluft (Zurawski & Pfeifer 2000: 330)

5   Ausblick

Diese quantitativen Untersuchungen zeigen, dass mit dem Schulgerät ohne Schwierigkeiten kontinuierlich Ozon erzeugt werden kann. Von fachmethodischer Seite aus kann eine Anleitung zu effektivem und sicherheitsbewusstem Experimentieren gegeben werden. Zentrale Frage ist: „Unter welchen Bedingungen stellt sich eine reproduzierbare Ozonisatorleistung ein?" Diese Aufgabe kann z.B. im Rahmen freieren Unterrichtens in der Oberstufe, u.a. auch im Berufsbildenden Schulwesen, angegangen und gelöst werden. Entsprechend methodisch aufbereitet wird ein Beitrag zu einem Fächer verbindenden Unterricht geleistet, v.a. dann, wenn z.B. die entkeimende Wirkung dieses Gases demonstriert wird. Insgesamt stellt das Thema Ozon ein repräsentatives Kapitel „Umweltchemie" dar.

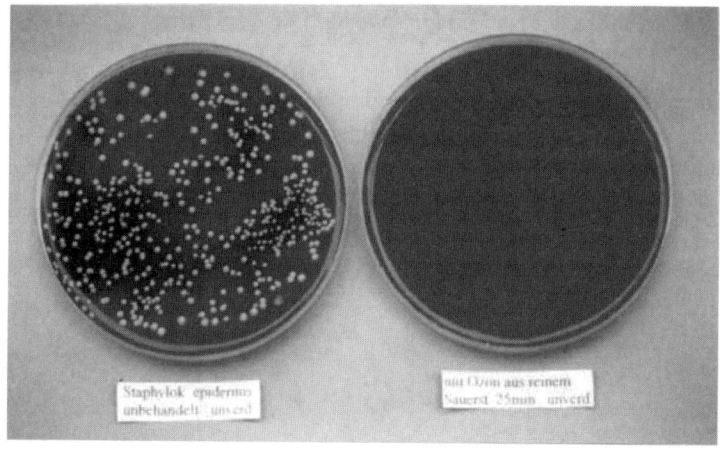

Abbildung 11:   Entkeimende Wirkung von Ozon durch den Vergleich von a) Staphylokokken epidermis unbehandelt und b) Staphylokokken epidermis 25 Min. mit Ozon aus reinem Sauerstoff behandelt (Zurawski & Pfeifer 2000: 336)

6   Schlussfolgerungen und Reaktionen

6.1 Naturwissenschaftsleistungen im Vergleich

Zur Erklärung der Unterschiede im Leistungsvergleich für die Naturwissenschaften kann man mehrere Aspekte in Betracht ziehen:

- die gesellschaftliche Wertschätzung von Naturwissenschaften und naturwissenschaftlicher Bildung (auch in den Elternhäusern),

- den relativen Stellenwert der naturwissenschaftlichen Fächer innerhalb eines Schulsystems,

- die Art und Organisation des naturwissenschaftlichen Unterrichts,

- die Ausrichtung und Gestaltung des naturwissenschaftlichen Unterrichts (didaktische Ansätze, Lernunterstützung).

Die gesellschaftliche Wertschätzung von Naturwissenschaften und naturwissenschaftlicher Bildung stellt eine Hintergrundbedingung dar, die in Deutschland vergleichsweise wenig ausgeprägt ist. Sie spiegelt sich unter anderem im Status der naturwissenschaftlichen Schulfächer wider. Ein entscheidendes Signal für Schülerinnen und Schüler wie auch für Eltern wird gesetzt, wenn die Naturwissenschaften als Hauptfach eingerichtet sind und Bedeutung für die gesamte Schulkarriere erhalten. Dabei scheint es bei einem Fach *Science* als Rahmen für unterschiedliche disziplinäre Schwerpunkte leichter zu fallen, einen Hauptfachstatus zu sichern, im Vergleich zu einer Aufgliederung in drei bis vier „kleine" Fächer.

Neben einer Weiterentwicklung der Lehr-Lern-Kultur im naturwissenschaftlichen Unterricht – gekennzeichnet durch Ausgewogenheit zwischen Instruktion und Konstruktion – geht es im Chemieunterricht um die Anwendung von Begriffen und Prinzipien sowie von Denk- und Arbeitsweisen auf realistische Fragestellungen und Probleme.

Die erheblichen Schwierigkeiten, die deutsche Schülerinnen und Schüler im Bereich des naturwissenschaftlichen Verständnisses und bei der Anwendung ihres Wissens haben, weisen darauf hin, dass der naturwissenschaftliche Unterricht in Deutschland noch zu wenig problem- und anwendungsorientiert angelegt ist. Naturwissenschaftliche Denk- und Arbeitsweisen und ein Verständnis der Besonderheiten der Naturwissenschaften werden im deutschen Unterricht, verglichen mit skandinavischen und angloamerikanischen Ländern, bisher eher selten und unsystematisch berücksichtigt.

Auch ein nach Fächern differenzierter Naturwissenschaftsunterricht kann konsequent problemorientiert geführt und im Rahmen fachübergreifender und fächerverbindender Ansätze auf interessante Anwendungen bezogen werden. Nach wie vor gilt es, die in Deutschland erkennbare Neigung zum fragend-entwickelnden und einseitig fachsystematisch orientierten Unterricht zu überwinden und durch Anwendungsbezug, Problemorientierung sowie Betonung mentaler Modelle das Interesse an den Naturwissenschaften und die Entwicklung eines tiefer gehenden Verständnisses und flexibel anwendbaren Wissens zu fördern. Dass naturwissenschaftlicher Unterricht in dieser Hinsicht als verbesserungsbedürftig gilt, wird schon seit Jahrzehnten angemahnt (Bauer 1972: 119):

„... *dass naturwissenschaftlicher Unterricht nicht gleich- bedeutend ist mit der Weitergabe von Fakten* ... . Dieses Denken vom Ende her hat naturwissenschaftlichen Unterricht seit eh und je in die größten Schwierigkeiten gebracht, die mit fortschreitender Erkenntnisfülle geradezu lawinenartig zugenommen haben. Alle Bemühungen, dieses „Systemlernen" zu retten, indem man „Auswahlkriterien" ersann, führten nicht zum Ziel, weil damit das System, als Ordnungs- und Ergebnisübersicht gedacht, gerade diese Funktionen einzubüßen begann.

Überdies konnten damit die bedenklichen Symptome dieser Unterrichtskonzeption nicht beseitigt werden: der maßlose Stoffdruck, der Lehrern und Schülern das Leben schwer machte; das Einzelwissen ohne Sinnbezug; die hohe Vergessensrate; das „Lernen auf Vorrat" (Wagenschein); das Mitschleppen von blutleeren, letztlich unverstandenen Sätzen, Formeln, Zahlen, Gleichungen, sowie deren mechanischer Gebrauch; die geringe Verfügbarkeit des Gelernten bei der Nötigung zur praktischen Anwendung; das Unvermögen zur Verknüpfung, Einordnung und Strukturierung des Gelernten ..."

6.2 Weiterentwicklung des naturwissenschaftlichen Unterrichts

Ansätze für eine entsprechende Weiterentwicklung des naturwissenschaftlichen Unterrichts werden im Modellversuchsprogramm der Bund-Länder-Kommission zur „Steigerung der Effizienz des mathematisch-naturwissenschaftlichen Unterrichts" ausgearbeitet und erprobt (SINUS) (Ostermeier 2003: 1-3).

Modul 1:	Weiterentwicklung der Aufgabenkultur
Modul 2:	Naturwissenschaftliches Arbeiten
Modul 3:	Aus Fehlern lernen
Modul 4:	Sicherung von Basiswissen
	- verständnisvolles Lernen auf unterschiedlichen Niveaus
Modul 5:	Zuwachs von Kompetenz erfahrbar machen
	- kumulatives Lernen
Modul 6:	Fächergrenzen erfahrbar machen
	- fächerübergreifendes und fächerverbindendes Arbeiten
Modul 7:	Förderung von Mädchen und Jungen
Modul 8:	Entwicklung von Aufgaben für die Kooperation von Schülern
Modul 9:	Verantwortung für das eigene Lernen stärken
Modul 10:	Prüfen: Erfassen und Rückmelden von Komptenzzuwachs
Modul 11:	Qualitätssicherung innerhalb der Schule und Entwicklung schulübergreifender Standards

Abbildung 12:   Das Modul-Konzept des Sinus-Projekts (Ostermeier 2003: 3)

Die Weiterentwicklung des Unterrichts erfolgt an der Basis und hat eine Etablierung von Qualitätsentwicklungsverfahren in den Fachgruppen der Schüler zum Ziel. Im Mittelpunkt steht ein *Modul-Konzept*, welches gemäß dem aktuel-

len Stand der Lehr-Lern-Forschung ausgearbeitet wurde. Die elf Module betreffen, wie in Abbildung 12 zu erkennen ist, einzelne Aspekte des Unterrichts, von
denen insgesamt eine Steigerung der Unterrichtsqualitäts im Bereich der Naturwissenschaften zu erwarten ist.

6.3 Ausblick

Die vor kurzem veröffentlichten Ergebnisse von PISA 2003 zeigen für Deutschland einen positiven Trend. In den Naturwissenschaften liegt das Ergebnis mit
502 Punkten (2000: 487 Punkte) im internationalen Durchschnitt (500 Punkte).
Dies ist eine signifikante Verbesserung gegenüber PISA 2000. Die Spitzengruppe bilden Finnland (548 Punkte), Japan (548 Punkte) und Südkorea (538 Punkte). Allerdings ist auch bei den Naturwissenschaften in Deutschland zusammen
mit Frankreich und Japan die Leistungsstreuung groß. Deutschland liegt mit 18,8
% der Jugendlichen, die weniger als 400 Punkte erreichen, über dem OECD-
Durchschnitt von 17,9 %. Mit 19,9 % der Jugendlichen, die über 600 Punkte
erzielen, liegt Deutschland gleichauf mit Schweden (19,5 %) und über dem
OECD-Durchschnitt von 17,6 %. Bemerkenswert ist, dass die Kompetenzverbes-
serungen nicht gleichmäßig über das gesamte Leistungsspektrum verteilt sind.
Bei den einzelnen Schularten ist an den Gymnasien und integrierten Gesamtschulen im unteren *und* oberen Leistungsbereich eine Verbesserung festzustellen,
bei den Real- und Hauptschulen gilt dies nur für den oberen Leistungsbereich.
Noch besser schneiden deutsche Schüler beim Problemlösetest ab. Mit 513
Punkten liegt das Ergebnis signifikant über dem OECD-Durchschnitt. Mädchen
erzielen in diesem Kompetenzbereich im Schnitt 6 Punkte mehr als Jungen.
    Die bei PISA 2003 feststellbaren Leistungssteigerungen der getesteten
Schüler im Bereich der Naturwissenschaften können durchaus als Indikatoren für
erste Erfolge in den Anstrengungen zur Optimierung des naturwissenschaftlichen
Unterrichts verstanden werden. Denn für die im Rahmen von TIMSS und PISA
aufgedeckten Defizite im naturwissenschaftlichen Unterricht stehen mittlerweile
durchaus Konzepte zu deren Behebung und damit zur Qualitätsentwicklung an
Schulen zur Verfügung. Den mit fachdidaktischer Forschung Befassten überraschen die Ergebnisse deshalb nicht sonderlich, offensichtlich ist es aber ein weiter Weg, Ergebnisse fachdidaktischer Arbeit in der Unterrichtspraxis wirksam
werden zu lassen. Hierfür braucht es Orientierung, wie sie in einem praxisorientierten Chemieunterricht und in der Strategie „Chemie im Kontext" gegeben
werden.

Für die Chemiedidaktik ist anzuführen, dass die Bedeutung naturwissenschaftlicher Denk- und Arbeitsweisen früh kontinuierlich und nachdrücklich herausgestellt (vgl. Klieme 2003), das Einsetzen für einen problem- und anwendungsorientierten Chemieunterricht (Schülerübungen!) angemahnt (Sommer 2003: 91-97) und zu einem Wandel ermutigt worden ist und wird (ISB 2001). Die beharrlichen Anstrengungen der Fachgruppe Chemieunterricht (GDCh) und des Fördervereins für den mathematisch-naturwissenschaftlichen Unterricht (MNU) sind hierfür ein beredtes Zeugnis (vgl. MNU 2000). Erforderlich ist sowohl ein Wissenstransfer von der Hochschule und anderen Forschungseinrichtungen an die Schule und zugleich eine Bottom-up-Entwicklung, in der sich Schulen und Lehrkräfte die Qualitätsentwicklung des naturwissenschaftlichen Unterrichts zu ihrer Sache machen. Hinzu kommt, dass – mehr noch als in anderen naturwissenschaftlichen Fächern – Chemielehrkräfte für die Bedeutung des Faches im Sinne einer Querschnittswissenschaft werben müssen. Mit der Verknüpfung von Chemieunterricht und Lebenswelt dürfen aber keine alten, überwundenen Gegensätze zwischen theoretischem und praktischem Lernen wieder aufgebaut werden.

7   Literatur

Altenbach, H.-J. & Asselborn, W. (2002): Themenkreise Chemie. In: Schäfer (2002): 58-68.

Barthel, H. (1996): Ozon – experimentell untersucht. PdN – Chemie 4 (1996): 36f.

Bauer, H.-F. (1972): Fachgemäße Arbeitsweisen in der Grundschule. Bad Heilbrunn: Klinkhardt.

Blume, R. & Wiechoczek, D. (1994): Unterrichtsexperiment: Nachweis von Ozon. PdN-Ch 4 (1994): 17-19.

Deutsches PISA-Konsortium (Hrsg.) (2001): Internationales und nationales Rahmenkonzept für die Erfassung von naturwissenschaftlicher Grundbildung in PISA. Opladen: Leske + Budrich.

Deutsches PISA-Konsortium (Hrsg.) (2001): PISA 2000 – Basiskompetenzen von Schülerinnen und Schülern im internationalen Vergleich. Opladen: Leske + Budrich.

Deutsches PISA-Konsortium (Hrsg.) (2002): PISA 2000 – Die Länder der Bundesrepublik Deutschland im Vergleich. Opladen: Leske + Budrich.

Ehmke, T. (2004): PISA 2003. In: IPN-Blätter 4 (2004): 1;3.

Flintjer, B. & Ralle, B. (Hrsg.) (2000): Festschrift für Walter Jansen. Oldenburg.

Flörke, W. (1951): Methode und Praxis des chemischen Unterrichts. Heidelberg: Quelle & Meyer.

Häder, P. (1996): Ozonschicht-UV-Strahlung – Gefahr für das Leben? MNU 2 (1996): 104-110.

Heydtmann, H., Kusch, A. & Rosing, St. (1998): Passiv – Sammler – Verfahren zur Messung von Ozon und Stickstoffoxid in der Luft. CHEMKON 5 Nr. 1 (1998): 19-23.

Hinke, H. (2002): PISA-E – der Ländervergleich. Lehrerinfo 5 (2002): 5-16.

OECD-PISA (Hrsg.) (2000): PISA 2000. Beispielaufgaben aus dem Naturwissenschaftstest. Online-Quelle (zuletzt recherchiert am 10.5.2005):
http://www.mpib-berlin.mpg.de/pisa/Beispielaufgaben_Naturwissenschaften.pdf.

ISB (Hrsg.) (2001): Handreichung – u.a. Alltagschemie in Schülerübungen. München.

Klieme, E. (2003): Zur Entwicklung nationaler Bildungsstandards – eine Expertise. Berlin: Online-Quelle (zuletzt recherchiert am 10.5.2005):
http://www.bmbf.de/pub/zur_entwicklung_nationaler_bildungsstandards.pdf .

Kremer, M. (1990): Demonstration des Abbaus von Ozon durch Chlorfluorkohlen(wasser)stoffe. MNU 5 (1990): 291-295.

Liedtke, M. (2003): Der Streit um die Aufnahme naturwissenschaftlicher Inhalte in den Lehrkanon der elementaren und weiterführenden Schulen und die Frage nach dem Bildungswert der Naturwissenschaften. In: Liedtke (2003a).

Liedke, M. (Hrsg.) (2003a): Matreier Gespräche: Naturrezeption. Graz.

Lutz, B., Pfeifer, P. & Sommer, K. (2001): Praxisorientierter Chemieunterricht – Konzepte, Beispiele. PdN-ChiS 1 (2001): 29 – 37.

MNU (2000): Deutscher Verein zur Förderung des mathematischen und naturwissenschaftlichen Unterrichts. Chemieunterricht der Zukunft – Qualitätsentwicklung und Qualitätssicherung: MNU 3 (2000).

Ostermeier, Ch. (2003): SINUS-Transfer. In: IPN-Blätter (Informationen aus dem Leibniz-Institut für die Pädagogik der Naturwissenschaften) 4 (2003): 1-3.

Parchmann, I. et al. (1998): Das Indigocarmin – Verfahren zur Bestimmung bodennaher Ozonkonzentrationen durch Schülerinnen und Schüler. CHEMKON 5 2 (1998): 83-88.

Parchmann, I., Demuth, R., Ralle, B., Paschmann, A. & Huntemann, H. (2001): Chemie im Kontext – Begründung und Realisierung eines Lernens in sinnstiftenden Kontexten. PdN-ChiS 1 (2001): 2-8.

Pfeifer, P. (1995): Ist ein Umbruch in Sicht? Chemieunterricht an der Schwelle zum Jahr 2000. NiU-Chemie 27 (1995): 4-8.

Pfeifer, P. (2003): Was heißt naturwissenschaftliches Arbeiten. In: Pfeifer, Freiman & Stäudel (2003a): 76 u.77 (2003): 7-12.

Pfeifer, P., Freiman, Th. & Stäudel, L. (Hrsg.) (2003a): Naturwissenschaftliches Arbeiten. Unterricht Chemie 76 u.77 (2003).

Pfeifer, P., Lutz, B. & Bader, H.-J. (2002): Konkrete Fachdidaktik Chemie. Oldenbourg Verlag.

Pfeifer, P. & Pfeifer, G. (1996): Luft. (Folienbeilage) Bd. 6/ Reihe Unterricht Chemie. Köln: Aulis.

Phywe – Bedienungsanleitung des Ozonisators.

Prenzel, M. & Parchmann, I. (2003): Kompetenz entwickeln – vom naturwissenschaftlichen Arbeiten zum naturwissenschaftlichen Denken. In: Pfeifer, Freiman & Stäudel (2003): 15-19.

Rost, J. (2002): Naturwissenschaftliche Kompetenzen im Vergleich der Bundesländer. IPN- Blätter 3 (2002): 13.

Schäfer, G. (Hrsg.) (2002): Allgemeinbildung durch Naturwissenschaften. Köln: Aulis.

Schmidkunz, H. & Lindemann, H. (2002): Das forschend-entwickelnde Unterrichtsverfahren. In: Pfeifer, Lutz & Bader (2002): 203-211.

Sommer, K. (2003): Gelatine und Pektin – Zwei Stoffe, eine Funktion. In: MNU 2 (2003): 91-97.

Tausch, M. W., Kolkowski, M. & Weilert, K. (1993): Ozon – der andere Sauerstoff. PdN-Chemie 1 (1993): 26ff.

Weinert, F. E. (2001): Vergleichende Leistungsmessung in Schulen – eine umstrittene Selbstverständlichkeit. In: Weinert (2001): 17-31.

Weinert, F. E. (Hrsg.) (2001a): Leistungsmessungen in Schulen. Weinheim / Basel: Beltz.

Zurawski, A. & Pfeifer, P. (2000): Kontinuierliche Erzeugung von Ozon im Schulversuch – Nachweis und Wirkung. In: Flintjer & Ralle (2000): 322-338.

Anschriften der Autor(inn)en des vorliegenden Bandes

Prof. Dr. J‚ rgen Baumert
Direktor des Max-Planck-Instituts für Bildungsforschung
Forschungsbereich Erziehungswissenschaft und Bildungssysteme
Lentzeallee 94, D-14195 Berlin
sekbaumert@mpib-berlin.mpg.de
http://www.mpib-berlin.mpg.de/

Prof. Dr. Volker Frederking
Inhaber des Lehrstuhls für Didaktik der deutschen Sprache und Literatur
Friedrich-Alexander Universität Erlangen-Nürnberg
Erziehungswissenschaftliche Fakultät (EWF)
Regensburger Str. 160, D-90478 Nürnberg
diddeu@ewf.uni-erlangen.de
http://www.deutschdidaktik.ewf.uni-erlangen.de

Prof. Dr. Hartmut Heller
Professor für Landes- und Volkskunde
Friedrich-Alexander Universität Erlangen-Nürnberg
Erziehungswissenschaftliche Fakultät (EWF)
Regensburger Str. 160, D-90478 Nürnberg
lvk@ewf.uni-erlangen.de
http://www.lvk.ewf.uni-erlangen.de/

Prof. Dr. Olaf K^ller
Direktor des Institutes zur Qualitätsentwicklung im Bildungswesen (IQB)
an der Humboldt-Universität zu Berlin
Jägerstraße 10/11, 10117 Berlin
Postadresse: Unter den Linden 6, D-10099 Berlin
IQBoffice@IQB.hu-berlin.de
http://www.iqb.hu-berlin.de/

Prof. Dr. Eckart Liebau
Inhaber des Lehrstuhls für Pädagogik II
Friedrich-Alexander Universität Erlangen-Nürnberg
Philosophische Fakultät I (Phil. Fak I)
Bismarck Str. 1, D-91054 Erlangen
Etliebau@phil.uni-erlangen.de
http://www.paedagogik.phil.uni-erlangen.de/

Prof. Dr. Peter Pfeifer
Professor für Didaktik der Chemie
Friedrich-Alexander Universität Erlangen-Nürnberg
Erziehungswissenschaftliche Fakultät (EWF)
Regensburger Str. 160, D-90478 Nürnberg
PRPFEIFE@ewf.uni-erlangen.de
www.chemiedidaktik.uni-erlangen.de

Prof. Dr. Gabriele Pommerin-Götze
Professorin für Didaktik des Deutschen als Zweitsprache
Friedrich-Alexander Universität Erlangen-Nürnberg
Erziehungswissenschaftliche Fakultät (EWF)
Regensburger Str. 160, D-90478 Nürnberg
Gabriele.Pommerin@ewf.uni-erlangen.de
http://www.didaz.ewf.uni-erlangen.de/

Prof. Dr. Werner Sacher
Inhaber des Lehrstuhls für Schulpädagogik
Friedrich-Alexander Universität Erlangen-Nürnberg
Erziehungswissenschaftliche Fakultät (EWF)
Regensburger Str. 160, D-90478 Nürnberg
wrsacher@ewf.uni-erlangen.de
http://www.spaed.ewf.uni-erlangen.de/

Prof. Dr. Annette Scheunpflug
Inhaberin des Lehrstuhls für Pädagogik I
Friedrich-Alexander Universität Erlangen-Nürnberg
Erziehungswissenschaftliche Fakultät (EWF)
Regensburger Str. 160, D-90478 Nürnberg
Annette.Scheunpflug@ewf.uni-erlangen.de
http://www.paed1.ewf.uni-erlangen.de/

Prof. Dr. Dieter Spanhel
Inhaber des Lehrstuhls für Pädagogik II
Friedrich-Alexander Universität Erlangen-Nürnberg
Erziehungswissenschaftliche Fakultät (EWF)
Regensburger Str. 160, D-90478 Nürnberg
www.paed2-ewf.de
paed2@ewf.uni-erlangen.de

Claudia Standfest
Doktorandin am Lehrstuhl Pädagogische Psychologie
Friedrich-Alexander-Universität Erlangen-Nürnberg,
Erziehungswissenschaftliche Fakultät (EWF)
Regensburger Str. 160, D-90478 Nürnberg
castand@ewf.uni-erlangen.de
http://www.psycho.ewf.uni-erlangen.de/

Handbücher

Werner Helsper /
Jeanette Böhme (Hrsg.)

Handbuch der Schulforschung

2004. 994 S. Geb. EUR 69,90
ISBN 3-8100-3659-5

Das Handbuch fasst den aktuellen Stand der interdisziplinären Schulforschung im deutschsprachigen Raum zusammen und ergänzt diesen um internationale Perspektiven. Im Auftakt wird die Entstehung und Etablierung der Schulforschung von ihren Anfängen bis in die Gegenwart aufgezeigt und die damit verbundene Entwicklung von Forschungsansätzen dargestellt. Vor dem Hintergrund der historischen Differenzierung des Schulsystems und damit auch des Lehrerberufs wird das aktuelle Spektrum der Forschungsfelder systematisiert. In den Beiträgen werden Forschungen zur Entwicklung der Schule und ihrem Verhältnis zu angrenzenden Bildungsräumen ebenso bilanziert, wie die Ergebnisse der Unterrichts- und Lehr-Lernforschung und Studien zu LehrerInnen und SchülerInnen.

Heinz-Hermann Krüger /
Cathleen Grunert (Hrsg.)

Handbuch Kindheits- und Jugendforschung

2002. 920 S. mit 13 Abb. und 5 Tab. Geb. EUR 59,00
ISBN 3-8100-3320-0

In diesem Handbuch werden die bislang eher unverbunden nebeneinanderstehenden Bereiche der Kindheits- und Jugendforschung erstmals miteinander verknüpft und deren bisherige Forschungserträge bilanzierend zusammengefasst. Dabei werden die Ansätze und Ergebnisse der zentralen an der Kindheits- und Jugendforschung beteiligten Fachdisziplinen, der Erziehungswissenschaft, der Psychologie, der Soziologie u.a. berücksichtigt.

Rudolf Tippelt (Hrsg.)

Handbuch Bildungsforschung

2002. 845 S. Geb. EUR 39,00
ISBN 3-8100-3321-9

Das Handbuch Bildungsforschung repräsentiert Stand und Entwicklung der (empirischen) Bildungsforschung. Unter Berücksichtigung des interdisziplinären Charakters wird ein systematischer Überblick über die wesentlichen Perspektiven, Theorien und Forschungsergebnisse gegeben. Das Handbuch integriert aktuelle und grundlegende Erkenntnisse der beteiligten Disziplinen Psychologie, Soziologie, Politikwissenschaft, Ökonomie, Philosophie und Geschichte, wobei die Erziehungswissenschaft / Pädagogik als zentrale Bezugsdisziplin verstanden wird. Über fünfzig anerkannte Autorinnen und Autoren geben einen zuverlässigen Einblick für lehrende, studierende und forschende Erziehungs- und SozialwissenschaftlerInnen.

Erhältlich im Buchhandel oder beim Verlag. Änderungen vorbehalten. Stand: Januar 2005.

www.vs-verlag.de

VS VERLAG FÜR SOZIALWISSENSCHAFTEN

Abraham-Lincoln-Straße 46
65189 Wiesbaden
Tel. 0611.7878-722
Fax 0611.7878-400

PISA

Katrin Groß / Martin Senkbeil / Claus H. Carstensen / Manfred Prenzel / Jürgen Rost

Naturwissenschaftliche Bildung in Deutschland
Methoden und Ergebnisse von PISA 2000
2004. 140 S. Br. EUR 19,90
ISBN 3-531-14457-X

Die theoretischen und konzeptionellen Grundlagen des PISA 2000 Naturwissenschaftstests werden in diesem Band ausführlich dargestellt. Damit wird ein weiterer notweniger Hintergrund zu einer realistischen und kritischen Auseinandersetzung mit den Befunden der Studie vorgelegt.

Michael Neubrand (Hrsg.)

Mathematische Kompetenzen von Schülerinnen und Schülern in Deutschland
Vertiefende Analysen im Rahmen von PISA 2000
2004. 277 S. Br. EUR 29,90
ISBN 3-531-14456-1

Diese vertiefende Auswertungen des PISA-Tests zu den mathematischen Leistungen von Jugendlichen in Deutschland stellt die Konzeption und Entwicklung des nationalen Ergänzungstests vor. Eine systematische Auswahl von Beispielaufgaben zeigt die Breite des Tests auf und die Erweiterung des internationalen Ansatzes ermöglicht differenzierte Analysen mathematischer Kompetenzen.

Gundel Schümer / Klaus-Jürgen Tillmann / Manfred Weiß (Hrsg.)

Die Institution Schule und die Lebenswelt der Schüler
Vertiefende Analysen der PISA-2000-Daten zum Kontext von Schülerleistungen
2004. 221 S. mit 27 Abb. und 50 Tab.
Br. EUR 22,90
ISBN 3-531-14305-0

Im vorliegenden PISA-Themenband sind die Ergebnisse vertiefender Analysen zur Bedeutung des schulischen und außerschulischen Kontextes für Schülerleistungen dokumentiert.

Ulrich Schiefele / Cordula Artelt / Wolfgang Schneider / Petra Stanat (Hrsg.)

Struktur, Entwicklung und Förderung von Lesekompetenz
Vertiefende Analysen im Rahmen von PISA 2000
2004. 358 S. mit 27 Abb. und 28 Tab.
Br. EUR 27,90
ISBN 3-8100-4229-3

In diesem Band wird mit der Lesekompetenz einer der drei zentralen Kompetenzbereiche, die Gegenstand von PISA 2000 waren, ausführlicher behandelt. Es wird dabei insbesondere auf die frühe Entwicklung der Lesekompetenz eingegangen, auf wesentliche Prozesse und Befunde zur Lesesozialisation und auf den schulischen Umgang mit der Lesekompetenz.

Erhältlich im Buchhandel oder beim Verlag.
Änderungen vorbehalten. Stand: Januar 2005.

www.vs-verlag.de

VS VERLAG FÜR SOZIALWISSENSCHAFTEN

Abraham-Lincoln-Straße 46
65189 Wiesbaden
Tel. 0611.7878-722
Fax 0611.7878-400